让我们一起追寻

Lords of the Desert: Britain's Struggle with America to Dominate the Middle East

Copyright©2018 by James Barr

This edition arranged with Felicity Bryan Associates Ltd.

through Andrew Nurnberg Associates International Limited

封底有甲骨文防伪标签者为正版授权

沙漠之王

Lords of the Desert

Britain's Struggle with America to Dominate the Middle East

英美在中东的霸权之争

赵叶 —— 译

〔英〕詹姆斯·巴尔（James Barr）—— 著

社会科学文献出版社
SOCIAL SCIENCES ACADEMIC PRESS (CHINA)

谨以此书献给安娜

目　录

前　言 / 001

第一部分　自找麻烦（1941—1948）

1　绝地反击 / 003

2　腐朽的帝国统治 / 020

3　引火上身 / 034

4　暗送秋波 / 053

5　茅坑里的石头 / 064

6　"犹太问题" / 075

7　为巴勒斯坦而战 / 095

第二部分　重大让步（1947—1953）

8　装在一个篮子里的鸡蛋 / 115

9　探索不毛之地 / 129

10　五五分成 / 143

11　不幸的转折 / 157

12　退居二线 / 172

13　密谋摩萨台倒台 / 189

14　置身战场之人 / 200

第三部分　转战苏伊士（1953—1958）

15　以枪为礼 / *221*

16　《巴格达条约》 / *232*

17　过犹不及 / *246*

18　摆脱纳赛尔 / *262*

19　詹金斯的耳朵战争 / *277*

20　失算苏伊士 / *291*

21　政变未遂 / *310*

22　革命之年 / *322*

第四部分　紧咬不放（1957—1967）

23　山中叛军 / *341*

24　伊拉克与科威特 / *357*

25　潘多拉之盒 / *370*

26　秘密战争 / *386*

27　落幕 / *404*

尾　声 / *421*

致　谢 / *426*

注　释 / *429*

参考书目 / *475*

索　引 / *489*

前　言

"我亲爱的伊诺克啊！他之前跟我说过一些话，但我从来都没有想明白过。"前英国首相安东尼·艾登（Anthony Eden）在卸任后回想起20世纪40年代末与伊诺克·鲍威尔（Enoch Powell）的一次谈话时如是道。虽然当时的保守党还是在野党，但艾登被人们视为英国有史以来最杰出的外交大臣。他正在为准备一次演讲向这位睿智非凡的同僚请教有关住房政策的问题。

"对于住房供给问题，我所了解的已倾囊相授，你可以据此准备演讲，"鲍威尔说，"现在我们能不能谈点你知之甚详我却一窍不通的问题？"他继续道："我想说的是，我们在中东最大的敌人是那些美国人。"

"你知道吗，当时我还不懂他这话是什么意思，"多年之后回首往事时，艾登说，"现在，我懂了。"

鲍威尔凛冽的目光给人一丝精神错乱的感觉，他日后在移民问题上的煽动性言论只会强化这种印象。不过至少在这一点上，毋庸置疑，伊诺克的看法是正确的。战事最关键的那几年，他正好在中东，并且目睹了丘吉尔和罗斯福于1943年在卡萨布兰卡（Casablanca）举行的那次令人不快的会议，当时罗斯福总统的参谋长坦承："我方反英情绪高涨。"当然，认为英美在中东互为敌手的绝不止鲍威尔一人。鲍威尔的政敌理查德·克罗斯曼（Richard Crossman）1946年到巴勒斯坦进行访问后写道，美国"是英国在中东统治的最大威胁"。这种看法不仅限于英国人。两年后，曾在开罗参与战争活动的美国情报人员金·罗斯福（Kim Roosevelt）回想起"在场的英国代表多次无视伦敦方面的指令，竭尽所能中伤美国代表，而……当时美国人也是抱着'搞垮英国人'的想法做事的"。战后对这一地区的进一步探访更是让金·罗斯福确信"美英两国在中东的关系其实相当恶劣"。

如今，这些都已是被人遗忘的陈年往事。冷战期间，英美竭力忽略双方存在的差异，但英国政府仍保留着很多与这位盟友有关的密件，直至今日都不愿解密这些价值不菲的文件。显然，把两国关系拿到台面上来说并不是什么明智之举。这种保密政策的实施以及1991年海湾战争和2003年伊拉克战争英美两国的联合作战都有助于掩饰这样一个过去人尽皆知的事实：从1942年起到1971年英国从海湾地区退出，英美两国互为对方竞逐中东的不二对手，而且经常会出现针锋相对的态势。正如本书所述，英美1953年联手推翻伊朗首相穆罕默德·摩萨台（Mohammad Mosaddeq）的政变——人们常援引此例证明英美两国是"一个鼻孔出气"的——只是特例，并非常态。

* * *

本是引人入胜的篇章，因为自有史料记载以来，中东就是各大国角逐的舞台。20世纪上半叶，英法两国是当时竞逐中东的主要势力。其间，英法借第一次世界大战之机瓜分奥斯曼帝国，战争结束后，英法从奥斯曼帝国领土上分割出众多托管地进行委任统治近三十年。1946年，得到英国暗中支持的黎巴嫩和叙利亚民族主义人士将法国势力赶出本国领土。但胜利的喜悦并未让英国人高兴多久，因为另一场与美国的角逐随之而来。

英国控制中东最初主要是出于地缘战略考虑：通过占领埃及至伊朗一带，英国可以扼住欧洲通往印度的咽喉。但到1947年印度独立之际，这种战略考虑变成了多余之举，一种新的考量因素——石油——取而代之。英国公司对中东石油的控制为政府提供了大量的税收收入，不仅改善了英国长期以来入不敷出的财政状况，而且为日后与苏联对抗提供了战略保障。当时很多人认为，石油——正如一位部长所言，是一种"递耗资产"——如果不能被核能（当时人们想的是以此作为汽车能源）取代的话，将会于本世纪末枯竭。这种观点催生了短视思维，人们寄希望于英国能够在石油枯竭之前成功顶住日益高涨的民族主义所带来的压力。

石油及其产生的巨额利润几乎影响了1947年之后发生的所有事件：这是造成华盛顿与伦敦关系紧张的根源。英国政府持有中东地区最大石油公司的绝大部分股权和另一家公司的部分股权，相比之下，美国对石油公司的管理则差得远了，在目标追求上，政府与企业总是分歧不断。一旦意识到该地区可能存在的巨大石油储量，美国阿美石油公司（Aramco）为在沙特阿拉伯寻找石油而做出的妥协就具有了新的战略价值。

短期主义使英国在维护自身利益问题上极具攻击性，相比之下，美国的主要利益因出于商业目的而更务实灵活。阿美石油公司自20世纪40年代末以来一直面临来自沙特的压力，但因为知道可以依靠美国政府这棵大树，公司还是同意与沙特国王五五分成。阿美石油公司的做法不仅为沙特政府实现其地区野心——这也是导致该地区政局不稳的因素——一下子提供了大量资金，而且还开创了这里的先例，这可是他们的英国对手拒不接纳的做法。英国在此事上的失策引发一系列事件，使英国逐渐失去对这一重要资源的控制，而事件之初就是英伊石油公司国有化，这使得曾在此地盛极一时如今四面楚歌的大英帝国拼命挣扎想保持昔日的辉煌。

美国人有意加速了这一进程，艾登当时对此其实心知肚明，但事后予以否认。至为关键的阿拉曼战役之后半年——此时英国仍直接控制着巴勒斯坦并占据半个波斯，而且还能对埃及、约旦和伊拉克国王吹吹耳边风——英国外交大臣撰写了一份备忘录，里面就提到他已看出英美在中东的关系不容乐观。他在备忘录的最后总结道，英国保持其在中东的地位所面临的威胁是"由两股相互敌对势力（阿拉伯主义和犹太复国主义）主导的……民族主义的死灰复燃"，这正是受"美国国内犹太复国主义宣传分子"的鼓动所致。从艾登所使用的"死灰复燃"一词可以看出，英国此前面对过这两种民族主义。不过与以往不同的一点——而且在艾登看来还是颇为不利的一点——就是犹太复国主义分子如今已成功寻求到美国的帮助，这样一来，艾登的劲敌，阿拉伯民族主义强硬派贾迈勒·阿卜杜勒·纳赛尔（Gamal Abdel Nasser）也会如此效仿。

英国人打算借助美国人来解决这两大威胁，他们试图通过说服美国政府承认其在巴勒斯坦的特权地位，以此挫败犹太复国主义分子的野心。如果能取得美国对英国在该地区设计的战后经济体系的支持，那么英国就有可能延续其对整个中东的统治。

如今回看这一战略设计会发现里面存在明显的缺陷，但在1945年，英国人并没有先见之明。他们期望能像一战后那样，使各国重回战前的孤立状态。但当这一切并未如愿时，英国人才赫然发现他们面对着一个多么可怕的对手，而这个对手正是他们一度以为能成为亲密伙伴的盟友。本书正是围绕英美两国在中东的角逐全面展开。

第一部分
自找麻烦
(1941—1948)

1

绝地反击

1942年11月10日，伦敦市市长官邸中，温斯顿·丘吉尔站在伦敦市市长和坎特伯雷大主教中间向众人宣布捷报：英国在中东的决战中取得了决定性胜利。眼前的英国首相察觉到战争已经进入转折点，但现在还不能发表自满的言论。"现在并非终结之时，"在说出那句使此次演讲家喻户晓的话之前，他接着提醒道，"战争远未结束，抑或说，绝地反击的序曲才刚刚奏完。"[1]

不管这一刻意味着什么，可以确定的是长路漫漫征程险阻，整整三年噩耗不断。"历次征战中，形势多有不利，但最终一战深孚众望，"回忆起往事，丘吉尔又接着提醒道，"上一场战争中，在迎来最后的胜利前，我们一直在爬坡过坎。"他还引用希腊前首相的话——英国历来只会打赢一场战争，那就是决战。"不过这次似乎来得更早了一些。"丘吉尔如此说道。众人哄笑。但这笑声并非出于欢腾之喜，而是出于心中石头落地的解脱。

战事连连失利，却只用一句"形势多有不利"轻描淡写地一带而过，这确实是英国人的作风。1940年挪威战役、敦刻尔克大撤退，1941年德国突袭希腊和克里特岛，种种迹象表明，1942年也会是多事之秋。2月，德国的"格奈泽瑙号"和"沙恩霍斯特号"小型战舰未受任何阻挠就通过了多佛海峡。不日，新加坡投降，85000名英军被日军所俘，其中很多人没有生还的可能。丘吉尔曾称驻守利比亚图卜鲁格港（Tobruk）、拥有33000驻军的劲旅是英国抵抗希特勒的关键保障。但到6月他在华盛顿与富兰克林·罗斯福协商战事时，这支劲旅也宣告投降。他不会忘记当时美国总统默默递给他一张纸条，上面写着战败的消息，稍后美国总统还殷切询问是否需要帮助。"战败是一回事，"丘吉尔在回忆录中写道，"蒙羞是另一回事。"[2]

四面楚歌的英国首相从华盛顿返回伦敦后面临各种指责与非难，对其战略的批评夹杂着责令其辞去国防大臣一职的呼声从各处涌来——这些在丘吉尔看来只是迫使其下台的第一步而已。"辩论屡战屡胜，战争屡战屡败"的丘吉尔曾于一场议会辩论中在战争方向问题上被人质疑。尽管他在随后举行的信任投票中轻松胜出，并马不停蹄地亲赴埃及视察情况，但这依然无法否认其批评者说得有理，尤其是8月发动的迪耶普突袭（Dieppe Raid）以惨败告终时，更是印证了批评者的观点。[3]

如今在市长官邸，丘吉尔终于能有一些拿得出手的成绩向其批评者展示。他向众人宣布："如今柳暗花明，我们迎来了胜利，一场非凡且具有决定性的胜利！"现场一片欢呼声。10月底，由英军主导的联合部队发动针对德军的阿拉曼（El Alamein）战役，几天后，中期选举一结束，美国就派出军队从北非的另一侧进攻。为避免被英美两国部队夹击，德军匆忙撤退，丘吉尔声称，此时的德国部队"作为战斗力量已溃不成军"。

如果说丘吉尔在其演讲的前半部分还比较审慎乐观，但到了后半部分说的多是挑战，因为他清楚未来会发生什么。自第一次世界大战就担任要职的他，过往的经历使他能够看清当前的战争在结束之时——不管赢得最终的胜利要多长时间——又会引发英美两国在塑造和平格局一事上的争论。

种种迹象表明，历史是在往复循环中。从大西洋彼岸的美国国家安全考虑，罗斯福早已提出"战后世界无帝国"这种言论，这一点与其前任伍德罗·威尔逊（Woodrow Wilson）一脉相承，不过自始至终都遭到英国的反对。但在1918年停战之时，丘吉尔的私人秘书称，丘吉尔特别感激美国在赢取战争胜利的过程中做出的贡献，以至于他都想亲吻山姆大叔的"双颊"，丘吉尔对此反驳道："但至少不是跪舔。"[4]

1942年11月，丘吉尔害怕万一美国山姆大叔真给他"跪舔"的机会，那他也很难说"不"。一年多之前，希特勒入侵苏联，英国与斯大林结盟。此后不久，丘吉尔收到罗斯福的会议邀请，地点在纽芬兰，他怀揣美国届时将对外宣布参战的一丝希望横渡大洋。结果却大失所望。1941年8月9日晚上进餐时，本对英苏秘密协定更感兴趣的罗斯福总统却说了些让丘吉尔承诺发表联合声明、尊重"世界各民族"自决权和自由贸易权的话。丘吉尔明白，这两点会对英国及其帝国统治带来极为不利的影响，但他不敢惹恼眼前这个男人，后者身上可是寄托着英国胜利的希望。因此，他匆忙会同智库紧急起草一份声明，后来罗斯福对这份声明做了大幅改动，不过为了使声明不那么"有失公允"，丘吉尔还是删掉了美国总统关于贸易"歧视"的规定——这是对大英帝国以"帝国特惠制"而著称的关税制度的打击，在这种关税制度下，美国公司在巨大的市场上销售产品就会陷入极为不利的地步。除了同意这份后来被称为"大西洋宪章"的声明，丘吉尔别无他法。很明显，这些问题一旦提出，美国就不会轻易松口，尤其是当美国开始为英国提供战争经费并在珍珠港事件后参战，更加坚定了美国这样做的信念。

丘吉尔知道，仅凭一己之力不可能赢得战争，因此他从一开始就想方设法地要"把美国拖下水"。如今心愿达成，但不得不面对这样做带来的后果。阿拉曼战役胜利后，站在市长官邸里，他才强烈地感觉到，大英帝国要强化防御能力来应对美国即将到来的抨击。尽管丘吉尔承认在阿拉曼的对德作战中，美国的武器和装备功不可没，但他强调，整场战争中是"英国人在战场上浴血奋战"。丘吉尔称，一年来，面对希特勒的入侵，英国是唯一的反抗力量，而且这一反抗延续至今从未中断。对于国际上经常出现的负面舆论（这些舆论不仅出自敌人之口），他坚定地反驳道，英国的战斗不是"为了利益或领土扩张"，现在是时候澄清一些事实了。"我们的命运要握在自己手中，"他说道，这句话引起一片欢呼，"为了大英帝国的债务清算工作，我没能成为国王的第一首相……但作为这个伟大的联邦以及团结在英国君主制下的各民族团体中的一员，我深以为荣，没有各民族、各团体的共同努力，再伟大的事业也难以为继。生于此，守于此，任世界沉浮也无法撼动大英帝国这块磐石。"

人们普遍认为丘吉尔这番话是针对罗斯福的，但实际上，丘吉尔所指另有其人。

* * *

九个星期之前，当时丘吉尔所宣称的"胜利"还只是遥远而渺茫的愿景，一架四引擎美国轰炸机载着一位重要的客人降落在开罗机场，待飞机停稳后，机侧的门打开，走出一个体形魁梧、看起来有些面熟的人，他穿着起皱的西装，戴着一顶遮阳帽，向前来迎接的一小群人微微挥手致意。

两年前的美国总统大选时，铺天盖地的新闻报道很快就让温德尔·C. 威尔基（Wendell C. Willkie）变得家喻户晓：这位来自印第安纳州埃尔伍德的共和党候选人声如洪钟、孔武有力，如一匹黑马横空出世，与罗斯福竞选美国总统，但最后以失败告终。如今正是受罗斯福总统之命作为特使千里迢迢来到埃及访问。

对威尔基来说，这次艰辛的旅程注定不凡——对英国来说也会具有深远影响。1942 年 8 月底，这位美国政治家从东海岸出发时还是英国最有力的支持者，但抵达西海岸 49 天之后，他却成了英国最直言不讳的批评者。如今回头再看，威尔基在大英帝国在中东的没落进程中起到了推波助澜的作用。

在专机旁摆完拍摄的造型后，威尔基就动身前往美国大使馆，美国大使就目前岌岌可危的形势做了简要汇报。自德军元帅埃尔温·隆美尔（Erwin Rommel）占领图卜鲁格并把英军赶到他们事前准备的防御点——亚历山大港以西仅75英里的阿拉曼,此时已经过去10周了。直到这个时候,开罗才得以从严峻的战争中得到一丝喘息的机会。7月1日,平静的氛围被打破。在"圣灰星期三"(Ash Wednesday)当天,英国大使馆和军事基地无奈之下烧毁了全部文件,烧焦的密件碎片漫天飞舞,恐慌的情绪在这个城市逐渐蔓延。

此后不久,丘吉尔就现身开罗。好不容易通过议会的信任投票,然后立马飞来埃及,他就是为了视察前线时给这里的总司令做动员,要严格执行命令,如果有必要的话,部队要拼死战斗到最后一兵一卒。同样,我们的这位美国大使"对未来也不抱希望",威尔基想起往事时如是说道,他将这归咎于"英国的愚蠢"。[5]

英国与埃及两国关系的交恶使得本就岌岌可危的战争形势更是雪上加霜。1882年,为取得苏伊士运河的控制权以保障通往印度的线路安全,英国入侵并长期占领埃及。"我们并不会统治埃及,"英国第一任驻埃及总领事声称,"我们只是对埃及的统治者进行管理。"这在无形当中疏远了与埃及民众的关系。英国仍然保持埃及作为奥斯曼帝国属地的身份,由埃及总督掌管,总督向奥斯曼帝国苏丹效忠,这种模式一直持续到1914年11月奥斯曼帝国向英国宣战。英国废黜当时的埃及总督,宣布其叔父为埃及苏丹,使埃及成为英国的保护国。直到1922年,埃及苏丹自立为王,埃及独立。[6]

然而,埃及为取得独立而付出的代价使其独立的意义荡然无存。为了获得自由，埃及被迫同意与英国签订的协议，协议规定英国有权在苏伊士运河沿线派驻10000名士兵，如埃及遭遇外敌入侵，英国有权为其提供军事保护，这就为1956年苏伊士运河危机埋下了种子。1939年二战爆发，英国再度向埃及派出数千名皇家士兵，导致严重的通货膨胀和食物短缺。这些针对埃及的"保护"措施本身所具备的侵略性使得日后埃及与英国之间摩擦不断。

处于此次风波中心的人物，同时也是威尔基在听完美国大使汇报后接见的对象，正是当时英国驻埃大使迈尔斯·兰普森爵士（Sir Miles Lampson）。此人是一个身高将近两米的恶霸，他一直觉得埃及就是大英帝国囊中之物。兰普森办公地点并不在办公室，而是位于 Sharia Tolumbat 10号，通常被称为"唐宁街10号"①。威尔基很快就明白大家为什么这么叫了。尽管兰普森只是名义上的驻埃大使，却是实际掌权者。[7]

最让兰普森恼火的是埃及国王法鲁克（Farouq）竟容许亲轴心国情绪在国内蔓延。半年前，也就是1942年2月4日，兰普森试图快刀斩乱麻，但并没有成功，反而使事态恶化。当时的埃及首相辞职后，兰普森向法鲁克发出最后通牒，要求他找一个更听话的人来接替首相的位子，否则就下台。那天晚上六点的时候，法鲁克国王拒不从命，魁梧的驻埃领事带着军队、坦克以及一份要求法鲁克签字的辞呈来到皇室住所阿卜丁宫。

---

① 指英国首相官邸。——译者注

法鲁克选择让步,兰普森在当晚的日记中坦言,此次交锋让他"极度享受",这被后世称为"阿卜丁宫事件",它带给兰普森的宣泄快感只是短暂的。第二天他就写道:"我们仍然面临埃及国王无能的事实,如果形势恶化,他很有可能从背后捅我们一刀。"兰普森与埃及国王的关系有名无实。[8]

威尔基分别会见兰普森和法鲁克之后,就动身到前线与刚上任不久的蒙哥马利将军见面。尽管这位美国特使认为英国军队骁勇善战,但他本人对他们并不抱多大期望,不过蒙哥马利将军"精瘦、博学、充满激情甚至称得上狂热的个性"给他留下了深刻印象。在这位六天前成功击退德军将领隆美尔的英国将军鼓动下,威尔基对随行记者说,他们将目睹"战争的转折点"。[9]

对威尔基而言,当务之急是明确战争胜利后英国的想法会有什么变化。他在位于开罗和前线之间的亚历山大港邀请多名英国官员共进晚餐,并于席间提出这个问题。"我试图弄清这些人对未来,尤其是殖民体系的未来以及与东方各民族关系的看法,"威尔基日后写道,但英国官员的回答令他惶恐不安,"这些人个个都像具有浓厚帝国意识的'帝国诗人'鲁德亚德·吉卜林(Rudyard Kipling)一般,甚至连塞西尔·罗兹(Cecil Rhodes)的自由主义思想都未能影响他们(分毫)……这些严格执行大英帝国政策的人,完全没意识到世界正处于变化中……他们当中大部分人都看过《大西洋宪章》,但从来没想过这对他们的仕途或思维模式可能产生的影响。"现实正如他所担心的那样,而威尔基自然将这归咎于英国首相。[10]

* * *

其实，威尔基对温斯顿·丘吉尔的不信任源于他 1941 年初首次与这位英国首相会晤，当时距美国参战还有 10 个月。虽然前不久在总统竞选中被罗斯福打败，但他的总统梦丝毫未被动摇。他提醒自己，毕竟自己是有史以来共和党候选人在总统竞选中得票最多的人，如果那 60 万选民不是分散在 10 个州的话，或许现在自己已经是总统了。尽管威尔基有意再次参加 1944 年总统选举，但他现在只是一个没有任何政治职务的局外人，因此他需要通过其他途径出现在大众视野中。这就是为什么在 1941 年 1 月的时候，他决定把为英国提供军事援助作为他的下一个行动目标。

如此一来，威尔基就会置身于当时美国最大的政治争端中。20 世纪 30 年代，孤立主义在美国国内甚嚣尘上，罗斯福总统迫于公众压力不得不通过一系列中立法案（Neutrality Acts），以使美国尽可能地远离欧洲战争纠纷。法案要求美国政府不得向交战国出售武器或提供贷款。战争爆发后，罗斯福总统成功说服国会放宽限制，同意以现金方式购买武器，但贷款一事却未能通过。1940 年底，贷款问题越发紧迫。"这一刻就要到了，"丘吉尔在给总统的信中如是写道，"我们将无法以现金方式购买船舶和其他物资。"[11]

虽然丘吉尔将大西洋视为连接英美两国的纽带，但威尔基和罗斯福只把它当作本国的"护城河"。他们都很清楚，英国在战场上拖得越久，美国参战（如果说必须要参战的话）的时间就可以越迟。丘吉尔的信为罗斯福敲响了警钟，于是1940年12月底，罗斯福总统向全国发表了题为"民主的兵工厂"的演讲，并向国会提出一个权宜之计。根据《租借法案》（也称《租借法》），美国可向英国提供战争所需装备，战后英国无需以付款方式而是用军备物资或其他对等交换的方式进行偿还。次年1月中旬，威尔基站出来支持罗斯福的提议，并表示他将赴伦敦进行调研。他警示道："绥靖主义者、孤立主义者、口头支持英国的人都会在背后伺机破坏这一法案的实施。"[12]

一直在寻求共识的罗斯福总统对威尔基的这次出使任务高度认可。由于孤立主义跨越党派界限全面蔓延，国会能通过《租借法案》实属意料之外，此时罗斯福总统迫不及待地向外界表明，即使是共和党人，也有人与自己的想法不谋而合。他还想通过昔日的对手向丘吉尔转达自己对英国的支持。自12月底以来，英国首相就急切地想从美国一方得到一个承诺，但直到最近，罗斯福总统才不得不给出这份承诺。

承诺的滞后表明了一个令人不适的事实。罗斯福总统之所以保持沉默不仅是出于政治原因，还有个人原因。丘吉尔在1918年一次晚宴上的举止（用罗斯福的话说是"专横跋扈……令人生厌"）以及他针对罗斯福总统在30年代推行的新政发表的几篇颇有敌意的文章，让罗斯福总统觉得英国的这位首相似乎与自己不太合拍。这一误解直到罗斯福总统的心腹——尖刻易怒的顾问哈里·霍普金斯（Harry Hopkins）——到伦敦进行访问后才消除，最终，罗斯福总统于1941年1月20日给丘吉尔写了一封信，并由威尔基代为转交,信中引用了朗费罗(Longfellow)的几句诗,罗斯福坦言,这几句诗"不仅适用于美国人民,也同样适用于英国人民":

> 国之巨轮,扬帆起航
> 坚如磐石,乘风破浪
> 民之殇,国之冀
> 前路漫漫尤可期。

1941年1月26日威尔基飞抵伦敦,次日与英国首相共进午餐时将信交给他。

这正是丘吉尔期待已久的承诺。第二天回信时,他说总统的信让自己"深受感动",在他看来,这"是我们友谊的标志,这份友谊是在重重压力下以默契为基础,以电报为媒介建立起来的"。[13]

* * *

对于一直想把美国拖下水的丘吉尔来说,威尔基的来访为正处于德国空袭下的英国提供了一个绝佳的机会。丘吉尔的母亲詹妮是纽约人,因此,他觉得英国与美国之间存在某种内在的联结。此前几年出现的爱尔兰、犹太和东欧移民热潮极大改变了美国的人口结构,但丘吉尔忽略了这一点,他坚信,没有任何事情可以"激发他们(这些美国人)像英国人那样的斗志",而"不列颠民族的英勇抗争"为"他们加入此次战斗提供了良机"。回首往事,丘吉尔说道,考虑到这些因素,威尔基一来,"我们就事先做了安排,也'托了敌军的福',让威尔基看到了濒临绝境的伦敦,而这也正是他想看到的"。英国各媒体记者整天追着威尔基跑,其中一家媒体甚至对威尔基的到来用上了"Veni, vici, Willkie"① 这句名言。[14]

在伦敦访问一周后,丘吉尔于周六晚上邀请威尔基驱车到市郊的首相别墅共度周末,丘吉尔还调侃说他住这里会更安全。作为英国首相,丘吉尔特别热衷于宴请外宾,尤其是可以用外宾接待经费报销相关开支,两人共同度过了相当融洽的八个小时。说到对丘吉尔的印象,威尔基坦言:"他特别健谈,而且善于与他人交换意见,在向别人'开火'的同时,他也能够理解、接受并认可对方提出的刁钻看法。"[15]

威尔基事后回忆道,靠着英国纳税人而不是捉襟见肘的英国首相,两人喝了不少酒,而他自己比那位坊间传闻千杯不醉的英国首相喝得都多。除了一点——两人都在追逐权力的过程中改变过政党——其他再无共同之处。他们属于不同的年代——丘吉尔在印度西北边境的枪林弹雨中出生入死时,威尔基才5岁——而丘吉尔关于英美之间血肉联系的浪漫认识在这位来自印第安纳州的德国移民后裔看来怪诞不经。威尔基对帝国主义深恶痛绝这一点毋庸置疑,而丘吉尔如何理解威尔基对种族和帝国的看法我们就不得而知了,对于此次会晤他只说这是一次"与一位智勇双全之士的促膝长谈"。[16]

---

① 这句话是在拉丁文"Veni, vidi, vici"的基础上改编的,是恺撒大帝著名的三"V",意为"我来,我见,我征服"。——译者注

回到伦敦后，威尔基在公开场合盛赞英国首相的"大无畏精神"和"感召性十足的领导力"，不过私下里，他却对丘吉尔持批评意见。尽管丘吉尔深得民心，但从首相别墅的那次秉烛夜谈可以看出来，连丘吉尔本人也认为"自己的伟大与重要性——尤其是作为大英帝国举足轻重的首相——不言而喻"，因此威尔基很怀疑对于自己的建议，丘吉尔根本没有听进去。在接下来的周四晚宴上，威尔基坦承，在当时的战争环境下丘吉尔是英国首相的不二之选，但"到战后需要面临的经济调整与重建期，丘吉尔先生并不一定是一位好领导"。在返回华盛顿的途中，威尔基对同行的美国副总统亨利·华莱士说，丘吉尔"铁齿铜牙、妙笔生花"，但就是"自信过了头"。华莱士心想，看来威尔基明显"对丘吉尔没什么信心"。[17]

由于公开发表这些言论不会给威尔基带来任何政治上的好处，他也就对此保持缄默。在英国访问十天后，美国国务卿紧急召回威尔基就其议员经历出庭作证。四天后，当飞机抵达拉瓜迪亚（La Guardia）机场时，威尔基当即对在场等候的记者一再保证说："英国只是想从我们这里获得物资和装备，不需要我们的人参战。"就在同一天，对美国辩论的敏感性早已有所耳闻的丘吉尔通过无线电广播发表讲话，其中就引用了罗斯福总统信中的一些话，并对来信做出积极回应。同时，他还附和威尔基在机场发表的言论，完全没有提需要美国协助参战的事。相反，丘吉尔只是大声疾呼："只要给我们装备，我们就能把事办妥。"[18]

在参加2月11日于华盛顿召开的参议院外交关系委员会会议之前，威尔基遇到了一年前在党内提名中被自己击败的对手之一——阿瑟·范登堡（Arthur Vandenberg），一个典型的孤立主义者。范登堡问威尔基，向英国提供驱逐舰来保护其护卫舰的提议是否可以避免美国卷入战争，威尔基反驳道："美国若想置身战事之外恰恰需要援助英国。"加上此次访问已经探出丘吉尔的虚实，威尔基对美国干预一事又补充了一个更有力的理由："如果美国援助奏效，那么战后的事态发展以及最终的和平格局塑造都将由美国来主导。"一天后，刚刚结束听证会（会上范登堡的一位同事竟因口误把威尔基叫成了"总统"），参议院外交关系委员会就通过投票明确支持《租借法案》。次月，参议院通过法案。而英国提出的《租借法案》的适用范围也成了日后争论的焦点。[19]

尽管在推动丘吉尔于8月签署《大西洋宪章》一事中威尔基没能直接帮上罗斯福总统什么忙，但《大西洋宪章》表明威尔基希望由美国塑造战后和平。12月珍珠港事件爆发后，罗斯福总统对日宣战，英国首相对华盛顿进行了一场匆忙的访问，直到这时威尔基才再次与丘吉尔见面。他对丘吉尔虽然称不上喜欢，但也不至于讨厌到不想见对方。考虑到1944年再次面临总统竞选，而威尔基又觊觎一个在媒体面前露脸的机会，这样才能进一步强化自己作为"准总统"的良好形象，因此他提出与丘吉尔会晤。

* * *

英国首相与其盟友罗斯福的重要竞争对手见面，这样的会晤必定高度敏感。其实当年早些时候，罗斯福总统已经察觉到威尔基试图与丘吉尔建立直接的沟通渠道,对此他异常恼火,命令驻伦敦大使断了威尔基这一念想。"我认为英国首相与威尔基先生保持友好关系无可厚非,"罗斯福总统说,"但直接的沟通渠道可是把双刃剑。"[20]

然而,丘吉尔却急于见到威尔基。当丘吉尔抵达华盛顿过圣诞节时,他能明显看出,相较于其他潜在候选人,共和党中的各位领导对1944年总统竞选更看好威尔基。民意测试显示,美国选民认为威尔基是最有可能战胜罗斯福的人选,而罗斯福的支持率正急剧下滑。考虑到罗斯福与威尔基之间的紧张关系,而且大概也不想让外界看起来他巴不得现任美国总统下台,于是丘吉尔决定不向罗斯福总统透露会晤一事。不过,他却极不明智地选择在他临时下榻的棕榈滩给威尔基打电话商量两人秘密会晤之事。由于接线员的失误,他的电话被转到了罗斯福那里,而丘吉尔却并未察觉。

"能与您通话真是太让人高兴了。"还没有问电话那头在他以为就是威尔基的人是否愿意和他一起乘火车返回华盛顿,丘吉尔就滔滔不绝地说起来。[21]

"你觉得你在跟谁通话?"一个声音传来。

"难道我现在不是在跟温德尔·威尔基先生说话?"

"不是,"对方答道,"现在跟你通话的是美国总统。"

"谁?"丘吉尔问道,他都不太相信自己的耳朵了。

"你在跟我——富兰克林·罗斯福——说话。"对方答道。

闲聊几句后,丘吉尔打算结束两人的对话。"对于我想与温德尔·威尔基先生通话的愿望，希望您不要介意。"丘吉尔小心翼翼地说了句。"不会的。"罗斯福答道。

罗斯福总统的回答并没有让丘吉尔信服。秘密会晤总统的竞争对手却被总统抓了个正着，这事之后，丘吉尔不想再自取其辱，因此未做任何解释就拒绝了威尔基想公开会面的要求，坚持两人在白宫里面私下见面。跟大多数政客一样，威尔基也是一个极为敏感的人，这让他对丘吉尔的做法有所误解。他以为丘吉尔的拒绝表示自己已经成了"弃子"，这使他大为恼火。从第一次见面对丘吉尔不信任、第二次见面被丘吉尔怠慢，只需要在接下来的1942年再发生一次不愉快，那两人的关系就彻底破裂了。

* * *

1941年圣诞期间的这次访问同时还暴露出罗斯福与丘吉尔之间存在的其他问题。对之前签署的《大西洋宪章》，丘吉尔现在竟矢口否认，说那只不过是一个"简单粗糙的战时声明"，该声明仅适用于遭受德国入侵的国家，并不是"英国统治下的地区和人民"。在圣诞期间进行的多次会谈中，当罗斯福把话题重新引到之前丘吉尔从《大西洋宪章》中删掉的贸易歧视这一重大问题上时，丘吉尔竟断然拒绝讨论。为避免引起激烈冲突，两人不得不同意在印度问题上各自持保留意见。22

由于丘吉尔的出尔反尔，1942年初，罗斯福总统面对媒体提出的"关于《大西洋宪章》的意义及适用范围"之类的问题只能选择回避。罗斯福总统私下也向丘吉尔发出过警告，如果英国政府继续推行"帝国特惠制"，那美国就不会提供《租借法案》中通过的援助措施。1942年2月新加坡沦陷暴露出英国与其殖民地之间存在的矛盾，罗斯福利用这一点迫使四面楚歌的英国首相屈服，同意签署协定——取消国际贸易中的歧视性待遇，削减关税，打破其他形式的贸易壁垒——就在同一天，罗斯福总统发表广播讲话，声称《大西洋宪章》不仅适用于大西洋沿岸各国，而且广泛适用于世界范围。这个观念是罗斯福政府那年夏天始终强调的一个基本点。[23]

1942年7月，罗斯福找到威尔基让他承担另外一项外事任务，此次外事访问首先从中东开始。罗斯福这样做出于多方面考虑，一方面他想通过威尔基向外界传达美国决意参战并构建持久的后帝国时代和平格局的信号，另一方面可借此机会把这位富有领导魅力的宿敌给支开，这样11月举行的中期选举就会少个障碍，这正是罗斯福的心意。目前民主党已经出现内斗，罗斯福希望通过指派这一新的外事任务让外界看到，共和党内也不是一团和气。

这个任务在威尔基看来是天赐良机，1942年中期的时候，他确信罗斯福已是强弩之末，只要再次赢得共和党初选，那么他就有信心在1944年的大选中击败罗斯福。不管是从理性角度还是从政治层面分析，威尔基都本能地认为这次的任务极具吸引力。这不仅会为自己提供一个发声的舞台、连续六周的持续曝光度，还可以为日后著书积累素材，从而给自己国际政治家的身份添上浓墨重彩的一笔。

2

腐朽的帝国统治

在温德尔·威尔基开启世界之行抵达埃及时，驻扎在此的一位军官曾说："开罗……是通往自由世界的十字路口，是这场战争的交通要冲，要想从美国或英国到达印度及远东地区甚至是俄国，这里都是必经之地。"开罗是威尔基到过的最远的城市，他第一次目睹了中东地区的脏乱不堪，这里的景象让他想起了美国南部各州。"缺胳膊断腿的、天生畸形的、感染眼疾的、患大脖子病的人同那些苍蝇蚊虫一样随处可见，"另一位特派代表回忆道，"大街上还能看到被粗心的司机拦腰撞成两截的马匹，有时候是一些伤口上布满苍蝇的黑人。"[1]

这次经历给威尔基带来了深远的影响，他认为导致这一情形的是英国。而英国又指责埃及。据威尔基说，英国人声称"实际上，阿拉伯人宁愿早点死"，而且"他们信仰的宗教不允许他们积累用以改善生活的财富"。阿拉伯人所信仰的宿命论固然是一个方面，但对英国政府来说，更大的问题在于——由于英埃之间扭曲的关系——埃及人无法容忍英国干涉其国内政策，否则的话这些问题可能也会有所缓解。

威尔基可不接受这套说辞，尤其是他后来对黎巴嫩的访问更让他确信，这些问题之所以没能解决，原因就在于他之前接触过的那些英法政府官员都把精力放在了其他地方。自从在贝鲁特港口见到戴高乐将军后，威尔基就很清楚，驱使戴高乐这位自由法国领导人不断抗争的动力并不是增进黎巴嫩和叙利亚人民的福祉。在一个"满屋子都是拿破仑肖像和雕塑"的房间里，戴高乐将军讲起"与英国人为争夺叙利亚和黎巴嫩主导权而展开的斗争"。[2]

屋子里装饰用的拿破仑肖像和雕塑可谓恰到好处，因为这正和戴高乐将军所讲的斗争一样已"物是人非"。实际上，自18世纪末开始，英法之间就展开了针对该地区的争夺。第一次世界大战期间，为遏制这种影响双方合作的斗争态势的发展，双方秘密约定瓜分中东地区。不过这份于1916年签订的《赛克斯-皮科协定》却让事态更趋恶化，战后格局令昔日的这对劲敌成了相互指责、牢骚满腹的邻居。四年之后法国占领叙利亚并把黎巴嫩从中分离出来，建立一个以基督徒为主的"桥头堡"。为此，20世纪20年代下半期，法国把大部分时间用来平息在他们看来是受英国支持的叛乱。正是基于这种嫌隙，法国在1940年投降后，位于贝鲁特的法国当局并没有选择与英国站在一边，而是选择支持纳粹德国占领下的维希傀儡政府。1941年，当维希政府允许德国把叙利亚作为侵略伊拉克的军事基地时，英国和自由法国政府军乘机攻入并占领叙利亚和黎巴嫩。

为赢得当地人民支持，在展开行动前不久，自由法国就承诺会还叙利亚和黎巴嫩人民"自由和独立"。然而，待自由法国在贝鲁特安顿下来后，戴高乐却出尔反尔。尽管他也想表现得像一个正统的法国绅士，但当威尔基问他什么时候放弃对叙利亚和黎巴嫩的委任统治时，戴高乐却变得闪烁其词。"我受人之托对两地进行代管，"他回答说，"除非法国重新组建政府，否则我是不会放弃委托管理权的，谁都不可能让我这样做。"[3]

当时，英法两国在黎巴嫩和叙利亚独立问题上差点决裂。对于自由法国向叙利亚和黎巴嫩做出的承诺，英国也是打了包票的，来自叙利亚和黎巴嫩民族主义者的压力让英国不得不追究戴高乐的责任。就在威尔基与戴高乐会面当天，他也见到了为督促戴高乐兑现承诺前来贝鲁特的英国政府官员。此人正是丘吉尔的老朋友——路易斯·斯皮尔斯爵士（Sir Louis Spears），在意识到英法两国在中东的利益无法调和之前，他一直都是拥护戴高乐将军的。"我创造了一个怪物，"斯皮尔斯私下承认，"我们之间不是他死就是我亡。"[4]

在见过英法两国黎凡特之争的两位主角后，威尔基又南下来到当时受英国控制的巴勒斯坦。负责治理这个地区的英国高级专员哈罗德·麦克迈克尔爵士（Sir Harold MacMichael）陪同威尔基参观了耶路撒冷这个因脏乱差而臭名远扬的老城。两人走在路上看到一群营养不良、骨瘦如柴的小孩在街边玩耍，麦克迈克尔用丝毫不带任何讽刺意味的口气跟威尔基说："这里是基督教的中心，也可以说是我们为之抗争的核心所在。"这让威尔基难以置信，这位美国政府官员竟一时哑然。"我只能想到一句可以接的话，而这话也是我很早之前在印第安纳听到的。"威尔基最终开口道，"此刻站在基督诞生的地方，我却只想祈求他让我回到我出生的地方。"[5]

那时巴勒斯坦地区的紧张局势已愈演愈烈。大约25年前，出于建立一个"犹太缓冲国"来保护苏伊士运河东部路线从而牵制法国的战略意图考虑，英国政府以当时的外交大臣阿瑟·贝尔福（Arthur Balfour）的名字命名，颁布了《贝尔福宣言》（Balfour Declaration），承诺只要不对巴勒斯坦现有的非犹太团体的公民权利和宗教权利造成影响，英国就支持犹太人在巴勒斯坦建立自己的民族家园。该宣言的颁布为1920年英国取得巴勒斯坦委任统治权提供了保障。[6]

英国人自认为这一举动既可以让犹太人对英国感恩戴德，又能让阿拉伯人借助犹太人的资本获取经济利益，从而对英国感激不尽，只可惜两种想法都太天真了。"巴勒斯坦的问题，"用一名英国将军的话来说，"和爱尔兰一样，都是两个相互恨之入骨的民族挤在一块面积狭小的国土上。"大量涌入的犹太移民导致1936年阿拉伯大起义的爆发，英国随即提出分区而治，然而这一方案只是火上浇油，面对这种局面，英国于1939年初出台《关于巴勒斯坦问题白皮书》，规定在接下来的五年中，巴勒斯坦移民数量要限制在每年15000人，这一规定引发极大争议。二战爆发后，英国声称出台这一政策一是为了维护巴勒斯坦的稳定，二是为了防止德国间谍的渗透。但随着针对犹太人的纳粹暴行日益加剧，英国严格限制犹太移民数量的举动加剧了中东和美国的犹太人对极端主义的支持。其实早在年初的时候，巴勒斯坦就已经出现一股恐怖袭击的浪潮，而这才刚刚开始。[7]

不管英国是否愿意面对，巴勒斯坦问题如今都急需一个解决方案。在一个夏日的傍晚，威尔基结识了一位自称有解决办法的女人——亨丽埃塔·索尔德（Henrietta Szold）。索尔德出生于美国巴尔的摩，当时已是耄耋之年，在19、20世纪之交移民到巴勒斯坦。那年夏天早些时候，她和其他几人共同创立了一个较温和的政党，鼓励犹太同胞与阿拉伯人在个人层面发展友谊，并以此作为建立犹太-阿拉伯双民族国家的第一步。索尔德的提议让威尔基相信"善意与坦诚"或许能够解决阿拉伯人与犹太人之间的问题。但同时他也借此机会问了索尔德落实这一提议的不利因素。"我问她是否认为存在某些外国势力蓄意在犹太和阿拉伯民族之间挑起事端，以维护自己手中的控制权。"

"不得不遗憾地告诉你，事实确实如此。"索尔德答道。[8]

* * *

在巴勒斯坦访问不到24小时，威尔基又飞往自1921年起一直由英国支持的哈希姆王朝统治的伊拉克。由于当时的国王才7岁，因此威尔基在到达当晚就私下和圆滑狡诈的摄政王阿卜杜勒·伊拉（Abdul Ilah）共进晚餐。第二天晚上，伊拉克亲英首相努里·赛义德（Nuri Said）盛情款待威尔基及同行人员。努里·赛义德是阿拉伯民族主义的先驱之一，曾担任奥斯曼帝国陆军军官，联手阿拉伯的劳伦斯一起为现任伊拉克国王的祖父费萨尔（Feisal）冲锋陷阵，协助费萨尔当上现代伊拉克第一任国王。努里是个为达目的不择手段的人，为了引起对手的恐慌，他曾挥舞手榴弹前往议会。晚宴上，威尔基的空勤人员问能否欣赏一下这里有名的舞女表演，这让美方同行人员大吃一惊。威尔基的一名公关人员回忆起后来发生的事情道："当时至少有八家城里最红的舞厅过来表演了，每家舞厅的妈妈都逐个介绍了自家的姑娘，她们稍稍跳了一小段舞，朝自己认识的客人招了招手，然后就匆匆跑开了。"[9]

尽管巴格达素有"异域风情"的美誉，但当时的少年国王及其辅佐大臣却比开罗的法鲁克国王生活节俭得多。一名曾到王宫参观过的访客记得里面"很多地方都是涂的棕漆"，而且在他看来，与伊拉克国王所用的地毯相比，法鲁克的要高级得多。与埃及一样，伊拉克表面上是独立国家，但实际上只不过是英国的傀儡。1930年，努里·赛义德强行让伊拉克议会通过《英国-伊拉克同盟条约》，英国在伊拉克占用两个军事基地，即巴士拉（Basra）附近的沙伊巴（Shaiba）和巴格达西面的哈巴尼亚（Habbaniyah），哈巴尼亚还有一座教堂、一家电影院和一个猎狐场。"这一切都极具浦那（印度西部城市）风格。"一位到访的英国游客如此评价。当时巴格达的政策决策权实际掌握在英国大使和一小部分英国顾问手中，英国情报部门MI6（军情六处）代号为"C"的一位处长曾吹嘘说，他们部门不用半个小时就能知道伊拉克王宫里召开的某次会议的结果。英国政府还持有伊拉克石油公司（Iraq Petroleum Company）的大部分股权，公司雇用的阿拉伯人、库尔德人、亚述人、土库曼人以及亚美尼亚人"相互猜疑与排斥"，这就确保公司"永远不会……有任何劳资纠纷"。[10]

当时伊拉克的国民收入有五分之一是来自石油，但这并未给这个国家带来任何改变。95%的伊拉克人还是文盲。由于婴儿死亡率高，伊拉克的人均寿命只有 30 岁。威尔基逐渐意识到问题的根本所在，与埃及和叙利亚一样，伊拉克的大部分土地资源掌握在一小撮富有的地主手里。"在跟几个地主接触之后，"威尔基写道，"我发现，除非影响到他们地位的永久性，他们中的大部分人对政治不感兴趣。"[11]

在动身前往莫斯科和中国之前，威尔基一路向东穿越整个中东，飞过位于阿拉伯世界东部前沿的重重高山，将最后一站选在伊朗首都德黑兰。在那里见到了年仅 22 岁的掌权者——沙·穆罕默德·礼萨·巴列维（Shah Mohammed Reza Pahlavi）国王，他曾在瑞士接受教育，那时已经和法鲁克国王的妹妹结婚。巴列维国王即位一周年纪念日当天，威尔基和他在户外共进午餐，不过对这位年轻的国王而言，这可不是什么值得庆祝的时候。一年前，希特勒入侵苏联，英国和苏联为确保途经伊朗的物资运送通道安全，联合出兵占领伊朗，巴列维国王的父亲礼萨汗被迫离开伊朗，伊朗由此沦为英苏势力范围。由于掌握着享有特许权的盎格鲁-波斯石油公司大部分股权，因此伊朗南部对英国而言具有重大的经济利益。一些美国人猜想，英国政府应该很乐意与苏联一起无限期延长伊朗的分裂状态。毫无疑问，这位年轻的伊朗国王对英国充满憎恶之情。在独自踏上访问莫斯科的行程之前，威尔基邀请这个年轻人共同乘机体验一番——这还是伊朗国王人生中第一次坐飞机。

＊＊＊

在长达49天的出访期间，威尔基有19天都是在飞机上度过的，这也给了他足够的时间去反思之前的所见所闻。在抵达德黑兰之前，他就已经有了自己的看法。"不管是宗教、疾病、脏乱的环境，还是教育的缺失、现代工业发展的滞后，抑或是政府的专制"，这些他在中东目睹到的一切都是"国内势力交错和国外利益干涉"所产生的外在表现形式。[12]

威尔基担心，殖民势力对美国的依赖会让中东各国认为，中东之所以出现目前的局势是殖民势力与美国串通一气的结果，但实际上美国并不掌控局势。威尔基事后回忆道，"一次又一次"，他被问到美国是否打算"支持由国外势力控制本国政治、主宰本国人民生活的体制，不管这些国外势力有多讲究'礼数'，也不管主宰的手段有多隐晦，而所有的这一切都只是因为我们的国家恰好位于世界军事、贸易路线上的战略要塞"。威尔基针对这一问题的答复往往是否定的。数天之后，在温斯顿·丘吉尔的刺激下，威尔基对这一观点进行正式声明。[13]

＊＊＊

威尔基从抵达莫斯科开始就受到了来自约瑟夫·斯大林的巨大压力，在此重压下，他呼吁尽快在欧洲开辟第二战场以缓解苏联的压力，这样一来，丘吉尔想让他掩饰的话题又被他重新摆到了台面上，此时他与丘吉尔之间原本就岌岌可危的关系在这一刻达到第三同时也是最终阶段。

就在1942年夏天威尔基紧急访问开罗后，丘吉尔秘密出访莫斯科与斯大林会晤。他试图劝说苏联领导人停止开辟第二战场的呼声，为此他告诉斯大林，欧洲将于1943年展开一场全面进攻，而英美两国都认为，在此之前，任何为将德军从东方战场转移出来而过早采取的行动都注定以失败告终。威尔基的访问对丘吉尔而言毫无裨益，因为这让丘吉尔劝说斯大林相信英美在这一问题上达成统一意见的努力付诸东流。

随着威尔基的干预成为各大媒体的头条新闻，丘吉尔在议会上被人问到一个不太友好的问题。"不知道威尔基先生是否会利用可以获得的内部消息来吸引民众的眼球，若要他对任何与开辟第二战场这一问题有关的公开声明或业已发表的专家推测不做评论，估计需要极度克制才行。"与丘吉尔同属一个政党的议员如此问道。丘吉尔当即表示这种说法有失礼仪。其实他说到这就应该打住了，但他却用了一种极为笨拙的方式企图息事宁人，丘吉尔接着向同僚保证，这些说法都是基于"推断，并非……内部消息"。会场一阵哄笑，议员站起来为这场对话添上最后的点睛之笔："那能不能请阁下把这话带给温德尔·威尔基先生呢？"[14]

这场短暂的对话被媒体报道：威尔基已经对英国阻止他访问印度一事极为恼火，现在竟然还对他说过的话指手画脚，这件事成为终结他与丘吉尔友谊的最后一根稻草。丘吉尔的出言不逊更加让威尔基认为，这位英国领导人觉得自己不可能战胜罗斯福当上美国总统，因此即使贬低一下也无妨。当时正在中国访问的威尔基对英国的帝国主义制度直接进行公开抨击。"殖民时代已经结束。"他声称，"我们相信，这次战争定将表明帝国对他国的统治就要走到头了。"但英国政府在审查时删掉了这两句话中的第一句。[15]

威尔基于 1942 年 10 月 13 日返回美国，此时距美国中期选举还有三个星期。次日罗斯福约见了他，他告诉罗斯福自己要"汇报一些不太好的消息"，英国在中东的统治正激起强烈的不满，而这一点恰好被轴心国拿来大做文章。作为英国的盟友，美国的形象也因两国之间关系密切而受到影响。威尔基建议罗斯福总统尽力给中东民众"一种全新的印象：美国不仅不会允许大英帝国主义在中东无限期存在，反而会致力于发展该地区政治与经济自由"。[16]

两周后，威尔基通过广播就这一主题发表了半个小时的"告美国同胞书"演讲。在这次广播中他讲述了自己的出访经历以及与他人的谈话内容，他说美国历来崇尚博爱，正因如此，世界各国看待美国的眼光"交织着尊敬与希望"。然而，威尔基继续说道，"世界人民对美国抱有的深切好感"现在却因为美国无法明确此次战争的目的而面临大打折扣的危险。"除了为亚洲和东欧盟友提供战争物资，我们还要向他们声明战争目的。"[17]

毫无疑问，这个问题的答案是"自由"，但威尔基声称，美国一直不愿面对追求这一目的可能产生的结果。他说："无论是对非洲、中东还是整个阿拉伯世界，甚至是中国和远东而言，'自由'就意味有秩序、有规划地废除殖民体系，一个民族被其他民族统治不是自由，更不是我们必须以战争方式加以维护的东西。"

尽管威尔基否认自己说的是英国，但他在广播中多次拿美国与这位大西洋彼岸的盟友比较，而且这些对比均是负面的。他说，世界各国人民都很清楚，美国"不是为争夺利益、战利品或领土而战，更不是为夺取凌驾于其他民族或政府之上的特权而战"。"我们的事业"之所以受到世界人民的拥护是因为"与其他大多数工业化国家的企业不同，我们的企业不会对所在国进行政治渗透或推行帝国主义政策"。威尔基在 1940 年大选时赢得 2200 万选票，继上次大选失利两年后，约有 3600 万美国选民——约占美国总人口的四分之一——转而支持他。

然而，随着美国国会中期选举迫在眉睫，威尔基却对一小众选民——犹太选民——越来越上心。1942 年美国的犹太人约有 500 万，其中大多数分布在伊利诺伊、密歇根、新泽西、纽约和俄亥俄。1940 年大选的时候，威尔基就是在这几个州以微弱差距输给罗斯福的，因此这也是他 1944 年大选想要获胜务必争取的几个州。美国中期选举的前一天正好是《贝尔福宣言》发表 25 周年纪念日，这也给威尔基面向犹太人发表演讲提供了一个机会。七周之前，他花了整个周五的时间在巴勒斯坦调研，就凭这一点他觉得自己也有资格发表这次演讲。[18]

跟之前通过《租借法案》一样，威尔基故技重演，意欲引起争端。随着人们日益看清纳粹德国在东欧针对犹太人展开的大屠杀，《贝尔福宣言》对犹太人而言犹如保命的护身符。美国《生活》（*Life*）周刊于当年早些时候刊发了一篇针对波兰犹太人进行"有预谋的大屠杀"的文章，文章配有系列惨不忍睹的照片加以佐证。随后，"斯特鲁马"（Struma）号轮船沉没的消息传来，这艘并不适宜航行的废旧船只上面挤满了为摆脱死亡命运从罗马尼亚逃出来的犹太难民。由于英国政府拒绝该船进入巴勒斯坦，"斯特鲁马"号被迫停靠伊斯坦布尔港口已有两个月的时间。之后，它被拖出港口，在黑海上遭遇水雷或鱼雷袭击，769名乘客几乎全部遇难，只有1人幸存下来。[19]

美国犹太复国主义运动中的激进分子借机利用"斯特鲁马"号沉船惨案激起的民愤。二十多年来，被称为"修正主义者"的激进分子一直致力于在约旦以东建立独立的犹太国。自战争爆发，他们就强烈要求放宽英国政府设定的移民限制政策，加快建立犹太军队——表面上是要参加反法西斯同盟，实际上最终还是为了日后扩张领土。不过，在"斯特鲁马"号沉没之前，他们的活动并没有多大进展，事件发生之后，该组织逐渐在政治层面获得大力支持。

5月，就在威尔基开始出国访问前不久，美国犹太复国主义者在纽约召开会议，会议表明舆论开始倒向修正主义者这一边。在纽约市内的比尔特摩尔酒店讨论五天之久后，与会代表发表了一份具有标志性意义的声明，这便是日后的《比尔特摩尔宣言》（Biltmore Declaration）。声明强烈谴责英国政府的移民限制政策"残忍无道、罪不可恕"，要求将移民政策决策权移交巴勒斯坦的犹太人，由此拉开了建立"融入民主新世界格局的犹太共和国"序幕——换句话说，就是要建立一个独立的犹太国。声明还支持修正主义者建立犹太军队的要求。[20]

之前考虑到对这些问题的干预调解都不可避免地要与丘吉尔扯

上关系,所以罗斯福一直竭力避免谈及巴勒斯坦问题。但如今逃避也日渐困难,犹太复国主义者集资在报纸上买下整版版面,连续刊登义愤填膺的宣传广告,要求罗斯福总统采取行动。被罗斯福选为内阁成员的两名共和党人已经倒戈,如今公开支持犹太人组织的军事活动。无独有偶,罗斯福的妻子埃莉诺也对犹太复国主义运动给予支持。

随着沉默已经无济于事,罗斯福政府旋即发表了一份纪念《贝尔福宣言》发表25周年的声明。不过,这在外界看来倒像是罗斯福政府着手干预犹太复国和移民限制这两大亟待解决的政治问题。这个声明对罗斯福政府而言或许弊大于利。

由于不用像罗斯福那样受到外交考虑的约束,威尔基把这个25周年纪念日的作用发挥得淋漓尽致。国会中期选举前夕,威尔基发表演讲重申犹太修正主义者的要求。他声称"希特勒展开的犹太清剿行动"意味着"巴勒斯坦的大门"将"不得不向在战争中幸存下来而无家可归的中东欧犹太人敞开"。应该由犹太人——而不是英国人——控制移民的数量,他继续说道:"《贝尔福宣言》中承诺在巴勒斯坦建立的'犹太民族家园'也应该在未来的世界新秩序中找到其归属。"[21]

伦敦方面,丘吉尔与外交大臣安东尼·艾登就如何应对威尔基一事争论不休。已经被威尔基的电台演讲惹恼的艾登认为,让威尔基闭嘴的最好方式就是邀请他来英国,这样英国的审查制度可以让他禁言。但丘吉尔并不同意,他和罗斯福的关系仍然很微妙,而且圣诞节那通电话带给他的羞辱感仍未褪去,他不想再露出任何端倪让罗斯福觉得他巴不得威尔基在大选中获胜，即使他确实是这么想的。"我的整个计划都是建立在与罗斯福总统的友谊之上的，"他对艾登说，"心急吃不了热豆腐，不能让别人觉得我们过于趋炎附势。"²²

11月举行的中期选举中，威尔基持孤立主义政策的竞争对手获胜，一周后阿拉曼战役取得胜利，这两件事促使丘吉尔很快采取了更为直截了当的应对方式。考虑到如今威尔基已经没有机会取得1944年总统选举提名，丘吉尔决定向世界公开表明，他坚决反对美国不出一兵一卒就打倒大英帝国的企图。

美国那边，威尔基认为丘吉尔在市长官邸中的讲话——讲话中他直接否认了英国"为利益或领土扩张"而参战的说法——矛头直指自己。六天后，这位前总统候选人发表演说，声称整个世界都对丘吉尔为"腐朽的帝国主义秩序"辩护的做法感到"震惊"。他的言论在伦敦报道后，驻华盛顿英国大使立即找到威尔基，两人开始了一番唇枪舌剑。英国大使痛斥威尔基"指桑骂槐"，威尔基则反驳说自己才是丘吉尔"毒舌"下的受害者，而且自己早就察觉到，丘吉尔在看到战争胜利的曙光后"就不像之前那样注重与美国保持战略同步"。英国大使又指责威尔基试图在广播中"诋毁整个殖民体系"，还问他是否考虑过这样做"绝对是对英国思想体系的进攻与挑衅"。如果威尔基考虑过这一点，那他这样做明显是因为自己对此毫不在意。据英国大使说，威尔基对此如是答道："我们现在正在上演一幕丑剧，对我们来说，越早下台越好。"²³

这句话或许是对接下来几年美国对英国在中东地区的看法与政策的绝佳概括。

3

引火上身

威尔基呼吁"巴勒斯坦大门"向犹太难民敞开表明美国犹太复国主义势力渐长。不久后,美军在西北非登陆,以英国为首的盟军取得阿拉曼战役的胜利,巴勒斯坦一片欢腾,但随之而来的是横扫整个中东并使其陷入混乱的强烈紧迫感。

早在丘吉尔的市长官邸演讲前,身处巴勒斯坦的复国主义运动主要领导人戴维·本-古里安(David Ben-Gurion)就已经察觉到战争即将结束。他动员犹太人民自发组织起来,因为一场必定涉及巴勒斯坦问题的和平会议已经在酝酿之中了。

本-古里安负责处理对英事务,是代表巴勒斯坦犹太人利益的犹太代办处主席。他一直认为犹太复国主义者应该更加明确地提出自己的要求。"斯特鲁马"号沉船事件发生时本-古里安还在美国,当时他就已经洞察事态发展方向,因此组织发动美国犹太复国主义者召开比尔特摩尔会议,而后来的情形也进一步证明了犹太舆论的急遽转变,而这对修正主义者有利。回到巴勒斯坦后,他敦促犹太代办处执委会的同僚接受《比尔特摩尔宣言》。尽管之前因为排斥犹太修正主义者,执委会反对采取这一行动,但犹太舆论转而支持修正主义者的势头正盛,他们不得不听从本-古里安的命令,于11月10日接受宣言——这一天恰好与丘吉尔在市长官邸发表演讲是同一天。

两周后,本-古里安宣布,《比尔特摩尔宣言》将成为犹太代办处在后期召开的和平会议上提出的"纲领性要求"。为此,代办处将加快推进犹太军队的建立,提高巴勒斯坦地区人口承载量以容纳"大量犹太人"。这一发展蓝图引起阿拉伯人的骚动和英国的恐慌,但本-古里安对此毫不在意。"骚乱在所难免,"他后来说道,"希特勒政权垮台后的一段时间内,欧洲将充满不确定性,巴勒斯坦更是如此,我们务必利用这一时期造成既成事实来对抗英美干预。"[1]

阿拉伯人很快针对本-古里安的提议采取应对措施。几天之后,伊拉克首相努里·赛义德提出了自己的一套方案,美其名曰"新月沃土"(Fertile Crescent)计划。努里·赛义德在方案中呼吁同盟国将叙利亚、黎巴嫩、巴勒斯坦和约旦联合起来,赋予巴勒斯坦犹太人一定的自治权。不久后伊拉克加入其中形成阿拉伯联盟,随后又有其他一些阿拉伯国家陆续加入。努里·赛义德声称这是"唯一公平的解决方案……是维护长久和平的唯一希望"。[2]

自素有"阿拉伯的劳伦斯"之称的英国情报军官 T. E. 劳伦斯带领阿拉伯人开展独立战争以来,英国一直支持阿拉伯国家实现统一,这样做部分是出于对哈希姆王朝的补偿,英国在对奥斯曼帝国的战争中为取得哈希姆王朝的支持曾许诺对方,待外约旦与伊拉克战争结束后他们将得到一定的领土,但事后哈希姆王朝得到的领土数量比英国政府许诺的数量少得多。开罗的英国官员再次在背后支持他们的老盟友努里·赛义德提出的方案。他们担心本-古里安的言论会引起巴勒斯坦阿拉伯人的强烈反对，从而影响中东地区稳定。对英国政府而言，"新月沃土"计划不仅能够安抚持温和态度且不信任本-古里安的犹太人，还能让阿拉伯人接受犹太人在巴勒斯坦永久存在这一事实，以此延续战后英国在中东的地位。

负责落实这一计划的人正是英国的莫因勋爵（Lord Moyne）。温文尔雅的莫因勋爵青发碧眼，身材瘦弱，是丘吉尔的另一位多年好友，虽为百万富豪却又战功赫赫，20世纪30年代曾因纵情探险活动一度放弃仕途。"他对大海情有独钟，也热衷于长途探险，"据他同时代的人说，"喜欢收集游艇，发现不同的鱼和猴子，还喜欢拈花惹草。"英国外交大臣安东尼·艾登却提及了他在一战期间从这位探险家身上看到的不那么轻浮的一面。他说莫因是一个"对危险有着敏锐嗅觉且有勇有谋"的人。正因如此，1940年的时候，丘吉尔才请这位老友再度出山，1942年8月派他远赴开罗担任英国中东事务大臣。其实莫因的真正任务是确保德军元帅隆美尔攻破防线的时候，英国全体官兵能够严格执行首相的命令"战斗到最后一兵一卒"。[3]

阿拉曼战役的决定性胜利使莫因免于马革裹尸的命运。他甚至一度觉得自己是"大材小用"，但这种感觉很快就没有了。之前在伦敦担任过丘吉尔政府的殖民大臣，因此莫因对巴勒斯坦问题了如指掌，他看出此次胜利让中东地区长期以来的紧张局势再度凸显，而这种紧张局势曾一度因隆美尔率部进逼巴勒斯坦而有所缓和。在给朋友写的数封信件中,莫因坦言随着"轴心国的阴影消散,阿犹之间的敌意复苏",他本人"对日后形势忧心忡忡"。莫因的担忧不无道理,因为他日后被犹太复国主义极端分子暗杀了。[4]

* * *

莫因很快就意识到,将"新月沃土"计划——或英国人常说的"大叙利亚"(Greater Syria)计划——从设想转变为现实绝非易事,他不仅要面对来自本-古里安的反对意见,就连阿拉伯世界本身在努里提出的这项计划面前也并非铁板一块。没过多久,莫因发现,由于这一计划与哈希姆王朝息息相关,这让一个人尤为担心。努里刚一说出这人是谁,莫因就收到了沙特阿拉伯国王阿卜杜勒·阿齐兹-伊本·沙特(Ibn Saud)邀请他去沙特见面的函。莫因于1942年末在红海港口城市吉达与沙特国王会面。

伊本·沙特一直把努里背后的哈希姆王朝视为劲敌。在攻下利雅得之后——据说伊本·沙特把利雅得市市长的头割下来扔到等待的人群中——他把哈希姆王朝的族长谢里夫·侯赛因(Sharfi Hussein)赶出圣城麦加。然而,由于有英国的扶持,侯赛因的儿子费萨尔当上了伊拉克国王,而费萨尔的兄长阿卜杜拉则成为外约旦的埃米尔。这就意味着伊本·沙特被两个怀有复仇野心的邻居给围困在阿拉伯半岛上。假设双方像努里·赛义德设想的那样能够联手的话,这对沙特来说必定是一个不小的威胁。

哈希姆王朝的威胁将成为伊本·沙特人生剩余十一年的梦魇。

身高1.83米的伊本·沙特比莫因高很多，但这个传奇斗士现在只是残存着之前那个令人闻风丧胆的自己的影子。刚刚60出头的伊本·沙特因白内障导致视力骤降，战争留下的旧伤让他连楼梯也爬不了了。为了粉碎坊间说他"雄风不再"的谣言，他竟直接造访谣言最盛的部落，从那里挑选并迎娶一位新娘，两人随后就在国王御用的毛毡帐篷里完婚。

如果说身体虚弱是伊本·沙特的一大薄弱点，那财政吃紧则是他的另一个薄弱点。1933年沙特国王特许美国加利福尼亚阿拉伯标准石油公司（California Arabian Standard Oil Company）在沙特境内进行石油勘探，但直到1938年这家公司才勘探到石油。第二年战争的爆发打乱了沙特石油的早期市场，更重要的是，战争给构成国家收入重要组成部分的朝圣带来的影响使沙特王国陷入经济危机。一场旱灾更是让国家形势雪上加霜。沙特国王是依靠国家财政向占全国人口大多数的贝都因人发放补贴从而让他们效忠国家，因此这次危机对他来说影响深重。

担心自己的两大薄弱点被哈希姆王朝利用，伊本·沙特向英国和加利福尼亚阿拉伯标准石油公司寻求资金支持。公司害怕在上一次战争中帮助伊本·沙特摆脱困境的英国这次会提一定的交换条件来换取对沙特的支持，因此在没有向美国政府提出补偿要求的前提下，就匆匆于1941年初向沙特许诺预付300万美金的特许权使用金。当罗斯福拒绝对公司进行补偿时——他认为沙特阿拉伯似乎"离美国远了点儿"——双方采取了一个折中的方法，即由英国政府将从美国借来的钱以及通过《租借法案》获得的战争物资转手提供给伊本·沙特。1942年，英国通过这种方法向沙特阿拉伯提供的援助达300万英镑。[5]

如果莫因觉得这些钱或许会影响伊本·沙特对"新月沃土"计划的反应，那他就要大失所望了。在被沙特国王召集到600英里外讨论要事前，"我们谈了很多问题"，莫因事后回忆说。这位昔日的战神用低沉嘶哑的声音向眼前的客人诉说着对努里所提计划的敌意。沙特国王并不排斥与北边这两位阿拉伯邻居进一步加强经济联系，但当莫因提出联合他们构建阿拉伯联盟时，"他对这一设想的反应并不积极"。从一个被英国视为客户的人那里得到这样的反应让莫因备感失望，要知道这些阿拉伯人脚上穿的袜子可都印有"纯羊毛——英国制造"的标识（虽然英国人也乐意看到这样的景象）。[6]

* * *

吉达会晤进一步证实了莫因之前的想法——英国需要采取一种更加循序渐进且无关痛痒的方式。英国人的另一位朋友——持温和观点的杰出犹太复国主义者犹大·马格内斯（Judah Magnes），恰好于次月提出了这样的解决方式，这件事或许绝非巧合。马格内斯以耶路撒冷希伯来大学校长的身份在美国《外交事务》（*Foreign Affairs*）杂志上撰文，提议在类似于努里之前描述的更广泛的阿拉伯联盟下建立一个双民族的巴勒斯坦。由于这个目标的实现"复杂且棘手"，他建议先成立经济联盟。"成立这样一个令人向往的经济联盟，"他以谨慎的措辞写道，"可能需要最大化发挥中东供给中心（Middle East Supply Center）的作用。"[7]

成立于1941年的中东供给中心理论上是英美联合机构，但实际上由英国主导，二战爆发导致地中海航运阻塞，商船队如今要想去埃及只能绕道好望角。每当货船数量严重不足或到了中东每年需进口500万吨食物的时候，中心的主要工作就是以尽可能少的运费来保障当地居民和驻军的食品供应。中心的官员很快就意识到，最有效的解决方法应该是提高该地区的自给能力，因此他们又赋予中心干预权。很快，这些官员就设置了进口配额，并且针对该地区各个国家重新分配了美国《租借法案》所提供的援助物资。截至1943年，中心还控制了所有的区域内运输，并就农业技术、灌溉以及工业等各方面提出意见建议。中心甚至成立了可在中东各地区巡视的防蝗小组，之所以设置这样的小组，用该小组组长的话来说是因为"蝗虫一旦繁殖起来，将引发巨大的政治问题"。马格内斯是公开主张发挥中心的作用，而莫因却在私底下鼓动将中心的权力扩张一直延续到战后。中心将针对中东经济委员会设置执行机构，由中东地区各个国家的代表组成，当然还要包括美英两国委派的代表，美英两国代表的主要任务就是推动战争向和平的缓慢转变。[8]

美国的参与是这项计划成功的关键所在。自阿拉曼战役以来，英国就开始试图让美国盟友相信，中东供给中心就是之前威尔基指出的各类问题的答案。根据中心主任的简要说明，英国《经济学人》（The Economist）杂志声称"职能调整后的中东供给中心作为美国在该地区的代表，能够提供资本、机械设备、专家、顾问、教育工作者等人力物力资源，没有这些资源的话，中东人民的生活就不会迅速改善，物资贫乏导致的危机将周而复始，真心实意的政治合作寥寥无几，大国之间争权夺势的角逐永无休止"。只有在没人的时候，莫因及其同僚才会说出他们如此热衷于维持中心运作的真正原因，控制这个不好拿捏但大权在握的机构是"把中东主导权抓在手中最有希望的方法之一"。[9]

* * *

英国的长远战略正在形成并可能成功——如果犹太复国主义分子没有首先掌握主动权的话。1943年4月，英国已搜集到足够多的情报证明犹太复国主义分子试图暴力实现其目标。本-古里安负责的犹太代办处将15%的年度预算用在"内部安全"上，英国认定这些钱都是用来武装哈加纳（Haganah）的。作为一支拥有80000名成员的非法准军事组织，哈加纳所用的武器部分是在叙利亚境内向法国秘密购买，部分则通过对驻巴勒斯坦的英国部队进行大规模、有组织的盗窃得来的。在英国委任统治期间，仅一个月的时间里，600支步枪、20挺机关枪、子弹以及3吨炸药就从英军的军火库里不翼而飞了。不知道英国是利用窃听器监听还是通过告密者透露，他们竟获取了哈加纳头目在一次会上的讲话内容。"众所周知，犹太复国问题迟早有一天要通过武力来解决，政治协商是永远解决不了问题的，唯有战斗！"[10]

在看过一份关于哈加纳正积极与一些更极端的犹太恐怖主义团

伙寻求和解的谍报后，莫因的上级，英国常驻公使理查德·凯西（Richard Casey）决定是时候提醒伦敦方面了。1943年4月，他向英国政府发出警告，说巴勒斯坦"正走向前所未有的暴乱危险边缘……只消欧洲战场上的战争一结束，或者比这还要早几个月"。至于引发新一轮暴乱的确切原因众说纷纭，对此凯西并不否认，"但是暴乱的爆发——除非英国政府采取某些避免事态恶化的措施——则毋庸置疑"。[11]

凯西个人认为最有可能引发战乱的事端应该是犹太复国主义分子试图促成本-古里安所谓的"既成事实"，因此他当下提议先发制人。在凯西看来，犹太复国主义分子叫嚣的公关活动主要是为了争取或至少是分化英美两国的舆论，这样，当复国主义分子最终发起攻击的时候，两国政府都会选择默许的态度。为打乱他们这一策略，凯西提议英美两国政府尽快公开发表声明，对任何"武力改变"巴勒斯坦政府现状，尤其是"武力建立犹太国"的行为采取"零容忍"的态度。[12]

但英美两国任何一方都不想发表这样的声明——双方在这个问题上都是竭尽全力地少发表观点。为了打破这种沉默的局面，凯西及其同僚决定以迂回的方式先从美国入手。

考虑到相较于伦敦方面发出的严正警告，美国可能更重视他们从自己线人身上得到的秘密情报，凯西他们决定把手上掌握的情报都透露给在开罗的美国间谍。1942年底，美国战略情报局（Office of Strategic Services）的哈罗德·霍斯金斯（Harold Hoskins）上校现身埃及首都。他此次肩负的任务是就中东政治发展形势撰写一份评估报告,并在该地区建立一个情报基地。英国人是万万不想让他来这里,不过阻挠无果后,他们发现这人或许还是有他的利用价值的。霍斯金斯不仅社交甚广——连美国总统罗斯福和国务院二把手萨姆纳·威尔斯(Sumner Welles)都在他的交往之列——而且他父亲在叙利亚做传教士,因此他能说一口流利的阿拉伯语,同时他跟犹太修正主义者的关系并不近。

考虑到之前英国一直对霍斯金斯来开罗一事小心阻挠,现在他们却为了让他了解开罗这个秘密世界大开方便之门,这让人颇为震惊。霍斯金斯来后不到四天,他就被凯西介绍给了军情六处和特别行动处(Special Operations Executive)地区行动小组的两位负责人,以及政治作战处(Political Warfare Executive)和新闻部(Ministry of Information)的代表。随后,凯西又让他搭自己的便机飞抵贝鲁特。

功夫不负有心人。1943年4月20日,霍斯金斯用凯西警示伦敦方面的那套说辞对威尔斯说,巴勒斯坦存在"重新开战"的可能性。为引起罗斯福的注意,他提醒道,巴勒斯坦再度爆发阿犹冲突会对美国产生严重影响。从国家层面来说,这很可能导致针对居住在周边阿拉伯国家的犹太人的大屠杀;从军事层面来说,阿犹冲突将令北非阿拉伯国家不稳定,对进驻该地的艾森豪威尔将军的部队安全构成威胁。

霍斯金斯继续说道,作为避免冲突的权宜之计,最好是由同盟国发表声明,承诺待战争结束并且"与阿拉伯国家和犹太民族进行充分协商"后,才会对巴勒斯坦问题进行"最终决策"。要论长久之计,他提出一个集犹大·马格内斯和努里·赛义德两者计划于一体的方案：在大黎凡特联邦内建立一个阿犹双民族国家。霍斯金斯的建议得到英国的全面认可。[13]

几天后，凯西与其他高层官员召开会议，确定延长中东供给中心的作用发挥直至战后一事，当然最好是同美国一道。美国方面并未受邀参与此次秘密会议，不过他们知道有这样一次会议的召开。会议一结束，凯西就被美国驻开罗大使"请"去谈事情。这位常驻公使在报告中说道，他"直接开门见山地问我会上都讨论了什么问题"，"在当时的情况下，我只能说一些面上的话"。[14]

* * *

理查德·凯西这种打太极的做法只会增加美国对英国在中东活动的疑虑。就在当年上半年，美国人渐渐认清一个事实：英国利用《租借法案》提供的援助，其实就是拿着美国的钱来巩固自己在该地区的地位，至此他们的疑虑进一步加深。1943年1月，伊本·沙特声称尽管"美国可以提供几乎所有的东西……但如果我们有任何需求，只管去找大英帝国，英国国王定会满足我们的需求"。此话一经传出，美国驻开罗大使就下定决心查清楚中东供给中心到底葫芦里卖的什么药。去了一趟吉达后，驻开罗大使回来汇报说，美国"在沙特阿拉伯人眼中的威望大跌，他们越来越觉得英国才是唯一的患难之交"。[15]

美国外交官在为国家声誉担心的时候，美国的石油商则更多地担心钱的问题。加利福尼亚阿拉伯标准石油公司的行政领导和股东们都害怕如果沙特国王无力偿还对英债务的话，他会撤销公司的特许权，继而转授给英国。2月，公司董事长及两位股东带着一个方案来找罗斯福。如果美国政府帮助沙特王国偿还对英债务，那公司就会给政府同等价值的石油。

这个方案立刻吸引了内政部部长哈罗德·伊克斯（Harold Ickes）的注意，因其同时兼任战时固体燃料供应署署长一职，他还负责美国石油资源的合理使用。作为一个说一不二的家长式作风政府官员——娶了一位比自己小四十岁的女人——伊克斯很早之前就认为由于石油属于有限资源且美国的石油产量很快就会开始下降，因此美国政府应该像英国那样对持有国外石油特许权的公司进行战略性股权收购。加利福尼亚阿拉伯标准石油公司的提议对贯彻他的主张迈出了重要一步。

2月16日，在和罗斯福总统共进午餐期间，伊克斯提醒道，"不放过任何一个机会插足石油地带"的英国正"试图挤进"沙特阿拉伯——"这个国家或许拥有全世界面积最大、产油最多的油田"。此时，罗斯福的收文篮里已经放了一份请示报告，要求将《租借法案》提供的援助直接发放给沙特阿拉伯，杜绝英国再以中间人的身份来慷美国之慨。那天午饭后，罗斯福立即签批了这份报告。"我认为，沙特阿拉伯的防务对于美国来说至关重要。"两天后罗斯福发表声明如是说道。这为日后两国关系打下了坚实的基础。[16]

随着美军进驻北非，罗斯福突然对阿拉伯世界的政治形势上起心来。3月底，他又派出另外一名公使来此调研。曾在胡佛手下当过陆军部部长的帕特里克·赫尔利（Patrick Hurley）在成为新政的热情支持者之前是一位共和党人，战争爆发后，他为罗斯福执行过几次外交任务。在最近的这次任务中，赫尔利的身份是美国总统在中东的私人代表。那年春天，赫尔利追随威尔基的脚步先是在巴勒斯坦访问两天，接着到黎巴嫩和叙利亚进行为期十天的访问，然后又飞往巴格达和德黑兰。5月初，他从开罗向总统汇报。

虽然赫尔利是一名反英分子，但因其报告内容印证了美国政府先前的猜想，因此华盛顿方面很轻易地就相信了报告内容。赫尔利在途中听到很多人说，英国政府官员鼓动宣传"美国人坚持要在巴勒斯坦建立犹太主权国"这样的言论。"这种宣传方式，"他在报告中写道，"明显有助于提升英国在阿拉伯世界的威望。"赫尔利听到的另一个谣言说，丘吉尔上次来开罗时，曾在一次私人会谈中透露自己支持犹太建国的想法，而且罗斯福总统对此也将"全盘接受"。赫尔利在最后总结道，英国现在已经无法仅凭一己之力来解决愈演愈烈的阿犹问题。此时，霍斯金斯的报告已经到了罗斯福手中，两人观点一致，赫尔利也认为现在到了美国出手干涉的时候了。[17]

* * *

罗斯福很快就找到机会和丘吉尔面对面讨论这件事了。1943年5月11日，丘吉尔到美国参加了一场事后证明气氛极不融洽的关于未来战略的会议。一周后，两人在香格里拉的总统度假地吃早餐时看到了犹太复国主义分子在《纽约时报》上刊登的另一则广告：

"请丘吉尔先生停止委任统治！"罗斯福借机引出这个话题，他还把赫尔利的报告拿给丘吉尔看。据说丘吉尔首相看后说道，这份报告里的言论"让我简直不敢相信自己的眼睛"。[18]

罗斯福倾向于按照霍斯金斯提议的那样发表一份声明，但丘吉尔另有打算。在试图于一战后和哈希姆王朝就巴勒斯坦问题达成协议的犹太复国主义组织领导人哈伊姆·魏茨曼（Chaim Weizmann）的影响下，丘吉尔一直认为伊本·沙特——在他看来是"整个阿拉伯世界中的人杰"——或许能够与犹太复国主义分子举行一次重大谈判。[19]

这种想法简直是痴人说梦，但到了5月底，罗斯福总统收到一封沙特国王亲笔信，信上的内容让他感到不安，此时丘吉尔的想法看起来反倒越来越有吸引力。沙特国王在信中严厉控诉犹太复国主义分子的宣传在美国国内引起的反响，显然，相关新闻已经传到了利雅得。就算犹太人发起的公关活动成功说服同盟国同意把巴勒斯坦移交给犹太人，沙特国王在信中写道，但基于巴勒斯坦有限的国土面积，这一方式也无法解决"犹太问题"。他呼吁罗斯福总统为犹太人寻找其他居住地以此来阻止犹太难民涌入巴勒斯坦，同时禁止犹太人在巴勒斯坦购置土地。结合赫尔利之前的观察以及英国最先知道伊本·沙特给美国总统写信这件事，罗斯福严重怀疑事件背后是英国在搞鬼。有消息称，英国政府坚持要通过中东供给中心来继续输送美国通过《租借法案》提供的援助物资，这无疑只会让华盛顿方面认为英国是蓄意阻挠。[20]

伊本·沙特的信用了一个月的时间才到达华盛顿，信的内容让美国高层一阵恐慌。罗斯福立即回信，在说出丘吉尔的主要意图之前，他让沙特国王先不要轻举妄动。罗斯福在信中表示，如果"阿犹相关双方"能够在战争结束前就巴勒斯坦问题达成"友好谅解"，这将是各方"都想看到的"。他还向沙特国王保证，"在未与阿犹双方全面协商的情况下，不会做出任何有损巴勒斯坦现状的决定"。[21]

罗斯福的答复对沙特国王来说是一颗"定心丸"，只可惜回信到伊本·沙特手中太迟了，一时间做任何事都于事无补。尽管沙特国王在4月的时候承诺不在公开场合发表任何有损总统颜面的言论，不过他的立场后来明显发生了转变。1943年5月31日，《生活》杂志在采访完伊本·沙特国王之后刊登了一则封面故事。杂志的封面是一张看起来极富同情心的个人肖像，并配有伊本·沙特国王的一个声明，对犹太复国主义分子宣示巴勒斯坦主权的行为不予理会，同时再度要求颁布犹太人买卖土地的禁令。"如果犹太人真的到了寻找栖身之地的危难关头，那欧洲、美洲以及其他一些地方的国土都比巴勒斯坦面积更大、土壤更肥沃，从犹太人的福祉角度来说也更合适居住。"杂志引用了伊本·沙特的原话。[22]

赫尔利乘飞机去见伊本·沙特，试图调查清楚让国王转变心意的原因。他发现沙特国王对英国利用《租借法案》提供的援助物资改善其在伊朗和伊拉克的石油设施一事分外不安，相比之下，加利福尼亚阿拉伯标准石油公司却敷衍得多，也没有在海湾地区进行任何相应的投资。这篇报道为华盛顿方面敲响了警钟，让他们看清了一件事，那就是美国日后在沙特阿拉伯的石油特许权以及巴勒斯坦境内的阿犹冲突这两件并不相干的事情如今变得纠缠不清了，至少在伊本·沙特看来是这样的。在返回开罗的途中，赫尔利向罗斯福建议，为保障对石油开采特许权的投资，同时架空《租借法案》，美国政府应当在沙特阿拉伯成立一个军事石油储备机构，并且直接控股加利福尼亚阿拉伯标准石油公司。美国政府的投资额应确保公司能够提高出口量，从而为伊本·沙特带来更多的税金，更重要的是，降低国王对英国的依赖。

自从 2 月与罗斯福共进午餐后，伊克斯的想法就与赫尔利不谋而合。如今他动员总统支持建立国有石油储备公司，不仅要全部购入加利福尼亚阿拉伯标准石油公司的石油，同时还要拥有公司的控股权。他告诉罗斯福，他的目的是"对抗某些势力所进行的活动，这些活动损害美国在阿拉伯石油储备中的利益"。罗斯福对伊克斯所指的"某些势力"心知肚明，因此同意了他的建议。两大要员都建议采取这种不同寻常的方式，足以见得英国在他们眼中的威胁多大。[23]

与此同时，美国也在寻求与英国政府联合发表关于巴勒斯坦问题的公开声明，这样就能制止英国政府官员继续对外宣称美国致力于建立犹太国家，从而达到安抚伊本·沙特的作用。6 月 11 日，罗斯福与魏茨曼会晤，并告知对方他已在英国首相最近访问期间"令丘吉尔先生同意召集阿犹双方共商相关事宜"——这也是魏茨曼最初的构想。罗斯福的亲信萨姆纳·威尔斯也参加了此次会晤，在威尔斯的建议下，罗斯福与魏茨曼同意派遣哈罗德·霍斯金斯到利雅得去探一下伊本·沙特的口风。[24]

过了一个多月，英国政府才对美国要求发表联合声明一事做出回应，之所以拖这么久主要是因为不管是丘吉尔还是艾登都不想这样做。自1921年首次访问巴勒斯坦后，丘吉尔就对犹太复国主义抱支持态度，他极度反感1939年《白皮书》对犹太移民和土地买卖的限制政策，害怕若发表关于巴勒斯坦问题的声明，人们就会看到，他致力于废除限制政策的努力将以失败告终。曾于牛津大学学习阿拉伯语和波斯语的艾登本能支持阿拉伯，担心发表联合声明只会又形成一份极具争议性的文件，若被阿犹双方过度解读，两方只会把矛头对准英国。尽管艾登本人也承认"由阿拉伯主义和犹太复国主义两大敌对势力掀起的民族主义复兴运动已初见端倪，并呈现迅速发展的势头"，但他还是觉得美国国内的犹太复国主义造势分子才是让阿犹问题恶化的主要原因。在他看来，处理这些造势分子的关键在罗斯福，要先从包括战争部部长亨利·史汀生（Henry Stimson）在内的内阁成员中的犹太复国主义支持者开始处理。[25]

说服丘吉尔和艾登转变这种看法的人似乎是凯西。在一次从开罗到伦敦的出访中，凯西试图寻求英国内阁成员对新巴勒斯坦和中东策略的支持。7月2日，他参加了内阁讨论巴勒斯坦问题的会议。1939年颁布的《白皮书》还有9个月就要到期，因此采用针对该问题的新主张来代替之前《白皮书》确立的具有争议性的政策已迫在眉睫。会上，凯西一一列举了自己能想到的系列建议，尽力维持国内和平，而新的内阁委员会则提出了关于委任统治的新政策。为此，他再三催促英国政府与美国一道发表联合声明。

然而，丘吉尔却觉得现在"还不是就长期政策发表声明的时候",凯西对他说这只是权宜之计。艾登认为这样做能够使犹太修正主义分子看到英国政府为探索巴勒斯坦新政策做出的努力,从而阻止他们通过武力改变现状,因此,他转而支持凯西的提议。丘吉尔的态度终于有所缓和,不过让他同意发表一份"不痛不痒的声明"是有条件的,那就是同盟国在战场上取得更大优势之前,他不会再进行任何有关此事的公开讨论。此后,英国内阁才对美国的提议做出正面回应。7月14日,丘吉尔及其同僚召开内阁会议进一步讨论英国的大中东战略。[26]

14日的内阁会议上,凯西不等向参会人员阐明中东供给中心和中东经济委员会的作用,就直接在讨论一开始的时候说:"我们唯一能够在战后施加影响的机会就是通过经济手段。"供给中心的作用是提供专家指导和物资上的援助,这"可能比政治教育更能被接受";而经济委员会则有助于将中东地区融入类似于"世界性商品与货币管控体系中,从而在和平解决争端过程中被各方认可"。[27]

虽然这一思路还不太清晰,但对一个因战争而债台高筑的国家来说仍然具有重大意义。让那些认为英国利用战争已经赚回成本的人大跌眼镜的是,英国为埃及等国提供防御耗资不菲:当年年底的时候,英国仅对埃及一国的债务就超过了2.5亿英镑,这些钱均用于英国军队从埃及人手中赊购各类商品。通过延长货币管制,继续提供指导,英国希望以此垄断战后与埃及诸国的贸易,以便偿还债务。要是能成功说服美国同意对英国主导的中东供给中心和中东经济委员会给予支持,凯西继续说道,就能让债权人相信英国政府。至于美国为什么会同意,凯西没有说。

会上，凯西还提到了石油问题，他希望能够与华盛顿方面达成谅解，避免双方在这个问题上产生更多摩擦。但丘吉尔对此并不认可。他只是勉为其难地同意对巴勒斯坦政策进行审议，眼见同盟国刚刚攻占西西里岛，这让丘吉尔觉得中东战争已经告一段落了。"为什么要讨论这些宽泛的问题？"他在讨论中问道，"待到局势稳定，谁主沉浮自然知晓。在中东地区我们还用不着美国帮忙，而且从现在开始，我们也不想看到太多的美国人出现在这里。"[28]

巴勒斯坦声明本来拟定于7月27日当天由大西洋两岸的英美两国共同公布，但最终还是泡汤了。之前美国国务卿科德尔·赫尔（Cordell Hull）已批准这一声明，但之后或许是因为英国就"两国均无法容忍犹太复国主义分子使用武力"这一部分的措辞进行修改，使其警示意味更明确，让赫尔后来似乎有些畏缩不前。由于最先就巴勒斯坦可能发生暴力冲突一事提出警告的是与霍斯金斯一样的陆军军官，赫尔以此为由向战争部部长亨利·史汀生提出该事宜。之所以把这个问题抛给史汀生，赫尔心里很清楚原因，因为史汀生公开支持犹太复国主义分子，而且《纽约时报》也于7月30日报道说声明将很快公布。8月5日，史汀生在电话中告诉赫尔，巴勒斯坦的情况并没有之前想象中那么糟糕，这就给了赫尔放弃声明所需的借口。英国大使事后透露，计划泡汤是由于犹太复国主义分子的游说。

凯西6个多月来试图将美国纳入英国对巴政策的不懈努力最终徒劳无功。而在开罗那边，哈罗德·霍斯金斯则意欲证明丘吉尔关于"美国对中东的兴趣将日趋减弱"的自满臆断是大错特错。

4

暗送秋波

人们常说，最先把美洲人带到中东的要么是上帝，要么就是黄金。最早一批来这里的多是传教士或商人，这些人于1815年美国打击海盗的巴巴利战争取得最终胜利后来到此地，为美国在地中海地区厚植势力提供了有利的环境。第一批来这里的商人用朗姆酒换土耳其的无花果和鸦片，随着内战的结束，他们又用剩余的武器和器械来换取包括甘草和烟草在内的更多商品。石油也是一种重要的商品。1879年美国驻君士坦丁堡的领事吹嘘说，位于麦地那的先知墓穴四周照明烧的石蜡都来自宾夕法尼亚州。1943年美国间谍哈罗德·霍斯金斯到沙特阿拉伯执行任务的时候，中东地位显著提升的一个重要原因就是石油重要性的凸显。[1]

来这里的传教士就包括霍斯金斯的父亲富兰克林。出于对千禧年的信仰或对基督教义中反犹太主义的负罪感，他们最初来的目的是帮助犹太人重建以色列古国，但其中很多人最后变成向奥斯曼帝国中的亚美尼亚人和阿拉维派教徒传教了。不过，这个进程却极其缓慢：直到1860年的时候才首次实现一名阿拉维派教徒皈依新教，而第二个皈依者的出现则是四年之后。

教育在传教士的传教策略中发挥了关键作用。美国人在此建立的学校中最负盛名的当属位于贝鲁特的叙利亚新教学院，富兰克林·霍斯金斯正是在这所学校执教。后来更名为贝鲁特美国大学，截至1940年，学校在册学生人数达2000人，表明美国已超过法国成为该地区最重要的教育输入国。这所大学和一战后在开罗建立的美国大学进一步提升了美国"无私慈善家"的声誉。几年后，一位英国官员写道，这两所教育机构估计"在提升美国在中东的利益方面比英国所有的外交官和军队加起来所能实现的价值都要高"。[2]

如果说指引富兰克林来到中东的是上帝的话，那么促使他的儿子哈罗德于1943年夏季重返该地区会见伊本·沙特的则是黄金。表面上他的任务是调查清楚伊本·沙特是否有与犹太复国主义组织领导人哈伊姆·魏茨曼会晤的意愿，但到了他真正动身前往利雅得的时候，这个任务已经变成了掩饰另一项更为重要且敏感的任务的幌子，对于这个真正的任务，美国人一直极力保密以防英国人从中作梗。实际上，这或许才是一直以来霍斯金斯出访中东的真正原因。

* * *

罗斯福政府的国务卿科德尔·赫尔一听说哈罗德·伊克斯有收购在沙特阿拉伯地区拥有石油开采特许权的加利福尼亚阿拉伯标准石油公司的控股权的想法时，他就意识到美国政府首先要做的是取得伊本·沙特的认可。尽管加利福尼亚阿拉伯标准石油公司与沙特国王签订的协议看起来并没有任何关于伊克斯所提建议的限制性规定，但赫尔还是觉得，哪怕是出于礼貌，公司也应该跟沙特国王提前知会一下。还有一点，沙特国王特别喜欢对美国人说，他之所以授予美国特许权的原因之一就在于"你们离我们够远"。因此，对于这样一个无疑会增强美国对沙特王国融入度的建议，没人知道沙特国王会有什么样的反应。赫尔提议派遣一名中东"特别代表"与美国驻开罗和吉达大使先交换意见，然后几人再一起去见伊本·沙特国王。[3]

赫尔把这个计划告诉罗斯福之后的第二天，他就通知霍斯金斯"立即动身前往沙特阿拉伯"。特别荒诞的是，他指示霍斯金斯仅就伊本·沙特是否愿意与魏茨曼会面一事进行调查。但如果这就是霍斯金斯要执行的任务的话，那这项任务没有任何意义。仅在两个月前，美国驻沙特阿拉伯大使谈到同样问题时，他就已经上报美国国务院说，伊本·沙特与魏茨曼会面的"可能性很小"。此后，无论是《生活》杂志的访谈报道，还是沙特国王与总统私人代表帕特里克·赫尔利谈话的主旨，大意都或多或少地证实了这一结论。艾登本人对霍斯金斯的出访任务也极为困惑，他不像丘吉尔那样对魏茨曼的方案充满热情，他知道——而且他也清楚美国也知道——沙特国王不可能同意这一方案。然而，艾登似乎没有表露出任何怀疑的态度。[4]

霍斯金斯的出访只有隐含更深层次的秘密目的，那他这次的出访任务才能说得通。当然，霍斯金斯一到开罗，他就像赫尔设想的那样开始执行自己作为"特别代表"的任务，把加利福尼亚阿拉伯标准石油公司的计划透露给了美国大使。不过让华盛顿方面没想到的是大使的反应，他竟对此计划甚为恐慌。沙特人曾反复对美国大使说,他们之所以选择加利福尼亚阿拉伯标准石油公司,从最开始的时候就是认为美国人不像英国人那样别有用心。"过于明显的政府干预,"美国大使向华盛顿方面告诫道,"只会让沙特人觉得我们和英国是一丘之貉。"[5]

对美国政府的这个计划抱怀疑态度的不仅仅是美国大使,就连加利福尼亚阿拉伯标准石油公司的两名股东——德士古（Texaco）和南加州（SoCal）两家公司的董事长——8月初在华盛顿从伊克斯那里听到这个秘密的时候也都提出了质疑。

赫尔知道,购买控股权的计划实行起来不可能一帆风顺,因此他让霍斯金斯对此计划守口如瓶。由于不确定他的这位"特别代表"是否会遵从自己的指令,担心英国会监听其通信,因此赫尔又告诫霍斯金斯不要用电报发送他与国王之间的具体谈话内容,而是改用书面报告的形式用外交邮袋送到华盛顿。伊克斯购买加利福尼亚阿拉伯标准石油公司控股权的计划一直在暗中偷偷进行着,直到10月该计划的相关细节被媒体曝光后,美国驻沙特阿拉伯大使才不得不向沙特国王大体阐述了一下这个计划。令人吃惊的是,这个计划并没有对伊本·沙特产生什么影响,倒是引起了美国国内很多小型独立石油公司的警觉,它们害怕出现一个由政府作后台的强劲对手。迫于这些小型石油公司的压力,伊克斯不得不暂缓该计划的实行,最后还是以失败告终。

* * *

就在霍斯金斯见过伊本·沙特本人且证实国王丝毫没有兴趣与

魏茨曼会晤之后没几天，另一队美国官员来到开罗。这是一个被称为"五大参议员"的调查小组，目前正在环球走访的途中，调查各地战事进程。8月18日，调查小组与英国大使兰普森和美国大使共进晚餐。

小组中的两名成员，詹姆斯·米德（James Mead）和拉尔夫·布鲁斯特（Ralph Brewster），于次日早上动身前往巴勒斯坦调研一天。"很快就看出来，他们在巴勒斯坦问题上的无知简直令人发指。"英国大使如此抱怨道。这种走马观花式的短暂调研打破了布鲁斯特所秉持的黄金法则。"我觉得一天不足以使你了解一个国家。如果能多花个一两天时间的话，那你就可能变成抱有偏见的本地人，"他曾这样跟一位同仁说，"不过两天的时间就差不多能让你变成真正的专家了。"[6]

凯西是在两人快吃完晚餐的时候过来的，他向二人透露了更多关于犹太复国主义势力策划独立斗争方面的消息，不过这两位参议员不太可能对这个问题感兴趣，因为他们此行另有目的。这两人都是由哈里·S. 杜鲁门（Harry S. Truman）提名的。杜鲁门也是参议员，因遏制战争期间的资源浪费而被人熟知。两人受杜鲁门之托调查美国"在境外的行政管理事务"以及美国对外援助的分配情况——换句话说，也就是英国如何使用《租借法案》的。尽管罗斯福事后否认参与此事，但调查小组所执行的任务明显带有罗斯福的行事风格：调查将提出一系列美国总统不想与丘吉尔对峙的难题，继而引发一场政治风暴，届时丘吉尔将不得不进行回应。

调查小组于1943年9月底返回华盛顿向各级领导做工作汇报。

他们回国没多久，布鲁斯特和米德就在一场新闻发布会上宣称，英国的外事与经济活动都走在了美国前面，同时警告说，英国正利用《租借法案》提供的资金修建石油设施和机场。另外，布鲁斯特又补充道，虽然美国占有世界上已知石油储量的四分之一，但其中的三分之二都用来打仗了。"长此以往的话，等过个十年、十五年我们又卷入另一场战争，到那时候，我们可能得拿着锡斗四处求爷爷告奶奶地去买别人的石油了。"布鲁斯特如此说道。[7]

只在英国委任统治地调研一天或许还不足以让布鲁斯特对紧张的阿犹冲突有多深刻的认识，不过他对美国国内政治的理解却很到位。由于当时美国东海岸已经面临严峻的石油短缺，石油成了国内敏感问题。在接下来的一周，罗斯福被记者追问道，英国是否为了保存自己的石油储量以备日后所用，从而故意不向同盟国提供石油。总统解释说，与把中东石油经波斯湾再绕道好望角最后北上运回欧洲相比，利用船舶吨位把美国的石油运过大西洋更有效。

虽然罗斯福说的是事实，但他给出的解释却不能让那些参议员信服。他们发表声明要求英国在石油供给一事上切实尽责，同时还把他们的结论在一次参议院秘密会议上透露给了参会同僚。选择性地曝光会议内容引发了一场政治风暴，罗斯福和丘吉尔相继被牵扯进来。10月28日，调查小组的组长理查德·罗素（Richard Russell）决定公开发声。他向参议院报告说："我是怀着对英国高效管理水平近乎嫉妒的敬佩之情回国的。"就在英国寻求"在世界的各个角落制定明确的外交政策"时，罗素调研过程中遇到的美国人还都处于混乱无序且短视无知的状态。对英国利用《租借法案》

提供的援助在世界范围内收买人心以及美国当冤大头提供份额最多的石油这两件事，美国政府应该出手制止了。罗素说："随着地中海地区的开放以及船舶数量的大幅增长，已经没什么合理的理由不去利用其他地区的油田而让我们自己的油田'休养生息'一下了。"[8]

一周后，杜鲁门委员会提出一项建议。如果英国负担不起美国的石油，而且也没有船把他们控制下的油田所开采的石油运送出来，那美国政府就要考虑让英国转让"拥有同等价值的国外石油储备区的所有权或英国持有的相应公司的证券"。这是一个极具煽动性的提议，英国对此做出讽刺性的回应。他们对媒体说，要想做到杜鲁门委员会提议的那样，那英国就需要利用《租借法案》提供的援助升级他们位于阿巴丹岛上的炼油厂，这样才能产出更多的航空燃料，同时还要用这些援助再修建一条从伊朗到地中海的输油管道。[9]

此时身处国务院大楼的赫尔看起来极为不安。美国政府意欲控股加利福尼亚阿拉伯标准石油公司的计划落空被媒体报道出来那一天，他就给伊克斯写了一封语气恶劣的信，警告说之前几周发生的事情让沙特对美国政府和加利福尼亚阿拉伯标准石油公司的信心不升反降，英国已经做好趁火打劫的准备了。美国政府官员发现，英国驻沙特阿拉伯大使背地里正想方设法把加利福尼亚阿拉伯标准石油公司的特许权协议弄到手——这样英国政府就能向沙特国王提出更诱人的报价，赫尔就是如此推测的。他指示自己的这位同人赶紧想个新的办法来改善美国在中东的石油设施。"如果英国人……拿着美国的物资……来进一步扩充他们在中东的石油开采设施，那到时候我们将面临严厉的谴责，"他在信的结尾处写道，"这会阻碍美国企业的发展，甚至危及他们的控股情况，最后的结果就是使美国以后都要依赖英国的石油。"[10]

* * *

伊克斯很清楚，赫尔的要求说起来容易做起来难。如果说过去几个月证实了什么事情的话，那就是英国在关系到石油的各方面占有绝对优势。英国政府持有本国石油公司的大量股份确保了英国政府与石油产业的利益息息相关。反观美国，政府不持有任何一家石油公司的股份，而国内石油产业规模巨大也加剧了问题的复杂程度，造成政府和产业之间龃龉。美国政府想保存国内石油储量，而国内的石油公司则想继续开采石油。正如伊克斯建议由政府收购加利福尼亚阿拉伯标准石油公司一事引发的反应所充分表明的，这些国内石油生产商极力反对政府支持大型公司开采海外油田，因为害怕石油过剩会压低国内市场价格。

另外一种可供政府选择的介入方式就是私人投资，不过这对加利福尼亚阿拉伯标准石油公司来说是行不通的。最有可能作为资本来源的两家公司——新泽西标准石油公司（Jersey Standard）和纽约美孚石油公司（Socony）——被排除在可投资沙特阿拉伯的公司之外，因为这两家公司在沙特的对手——伊拉克石油公司——持有少许股份。1928 年，他们和伊拉克石油公司另外几个股东共同签订了《红线协定》，规定如有股东反对，其他各股东均不得投资中东其他油田。这些股东里有一个就是英国政府占控股权的英伊石油公司，因此只要《红线协定》还生效，那英国就对美国私人投资加利福尼亚阿拉伯标准石油公司一事拥有否决权。

显然，出于利益考虑，美国需要放弃《红线协定》。1943年11月底，美国国务院中东问题专家华莱士·默里（Wallace Murray）写道，现在是向英国施压废除这个十五年之约的时候了。近期，英国外交部频频与美国接触，建议双方就中东未来进行会谈，希望能取得美国对中东供给中心和新的中东经济委员会的支持，这两个机构是英国维持其在中东影响力的关键。作为交换条件，美国提出会谈时要讨论中东石油问题。

就在英国还在为会谈的范围和级别闪烁其词时，美国已经出手反击了。一方面，伊克斯公布了被他称为"贸然之举"的一项新方案，即由石油储备公司出资修建从沙特阿拉伯到地中海沿岸的输油管道，这样就能使阿拉伯美国石油公司［Arabian American Oil Company，简称"阿美石油公司"（Aramco）］——美国出于外交考量对之前的加利福尼亚阿拉伯标准石油公司进行更名——与同样向地中海地区输送石油、由英国主导的伊拉克石油公司正面竞争。另一方面，美国《纽约时报》于1944年2月11日（在双方敲定会谈的具体范围和级别之前）报道了英国政府将派遣代表团到华盛顿协商有效开发中东石油的新闻。美国国务院也继续施压，它先是威胁要公开讨论《红线协定》违背《大西洋宪章》有关条款的问题，因为丘吉尔曾表示要致力于"享有……在平等的条件下获得……世界的原材料"。但这并没能使英国动摇，随后美国国务院又放话要对外公布会议由总统和以科德尔·赫尔为首的美国代表团主持召开，这就表明美国人期望整个会议议程是具有决定性和约束力的。"罗斯福这是想尽快拖我们跳进关于中东石油问题的圈套里——简直猖狂，"艾登的私人秘书写道，"我们绝不能容忍任何人触碰这方面的利益——即使是我们的朋友。"[11]

英国驻美国大使要求与罗斯福会面，罗斯福于2月18日接见英国大使。其间，美国总统试图打消英国的担忧，还给他看了一幅自己画的中东草图。他说，伊朗的石油归英国，伊拉克和科威特的石油由英美共同所有，而沙特的石油则归美国。[12]

关于此次会谈的报告并没有让丘吉尔安下心来。他仍然对1943年底与斯大林共同参加的德黑兰会议上，罗斯福对自己的轻蔑态度耿耿于怀，于是他直接向美国总统发了一封电报，由此两人之间展开了长达两周的口水战。

丘吉尔在电报中斥责调查小组的行为，他指出"我们有些人担心，美国政府觊觎我们在中东的石油资源"，而美国国务院威胁要对外宣布罗斯福和赫尔将参加中东石油会议更是让这种担忧有增无减。他警告道，如果罗斯福参加英美之间的会谈，"那这个问题就会变成议会的重大事项之一"，"这会给我们一种被人胁迫的感觉"。罗斯福也针锋相对地表明了自己对"传言英国意欲涉足沙特阿拉伯的石油"的担忧，并拒绝了丘吉尔关于技术会谈的提议。英国首相仍不死心，威胁说如果美国坚持一意孤行，对外进行公布的话，那两国将面临在诺曼底登陆前"暴发更多不和"的危险。一周后，罗斯福回复丘吉尔说"我们对伊拉克或伊朗的油田不感兴趣"，但会议时间不能再拖下去了。对罗斯福的承诺颇为满意的丘吉尔也向美国总统"保证绝对没有干涉贵国在沙特阿拉伯的利益或资产的任何想法。"[13]

两天后，英国内阁证实英国政府将派遣代表团赴美进行初步会谈。相应的，美国国务院批准其中东问题专家华莱士·默里于同一时间赴伦敦参加关于中东未来的会谈。[14]

到1944年2月底的时候，两国政府看似会就中东问题上存在的不同意见达成和解。英国人希望得到美国对中东供给中心计划的支持，而美国人则希望与英国签订一份协定，消除他们对英国试图争夺其在沙特阿拉伯的特权地位的担忧。伦敦与华盛顿之间达成了不堪一击的"停战"。而在中东，双方代表则另有打算。

5

茅坑里的石头

就在罗斯福与丘吉尔互相指责对方垂涎中东的野心时,莫因勋爵于1944年2月以新任英国常驻中东公使的身份返回埃及。

过去的半年中,莫因在英国列席由丘吉尔主持召开的内阁委员会讨论关于巴勒斯坦的长远战略,结果只是一场空。会上内阁委员再次提出"分而治之"的方案,但因为丘吉尔本能地不喜欢这个方案,而且对于这个旨在让阿拉伯人同意巴勒斯坦分治的大叙利亚计划,艾登亦对其可行性持怀疑态度,最后内阁同意在正式制定新的政策前就其细节要再进一步讨论。莫因于当年春天带着一项棘手的任务回到了开罗,偷偷实施原则上由内阁通过但未经丘吉尔和艾登认可的方案。[1]

让莫因的计划实行起来难上加难的是,方案中涉及的两项政策均需要美国的支持才能成功,不过当时开罗这边的形势看起来并不乐观。就在他离开埃及到伦敦参会期间,一个不太友好的新任美国代表抵达开罗,刚刚因功受封为基勒恩勋爵的英国大使兰普森一见到此人就非常不喜欢他。美国混乱无章的行政管理模式被调查小组诟病后,政府就任命詹姆斯·兰迪斯(James Landis)为中东经济管理主任。基勒恩勋爵指责他"对待埃及人的态度盛气凌人又嚣张跋扈",做事独断专行。他觉得这个新来的经济管理主任就是"茅坑里的石头——又臭又硬",莫因一回来,勋爵就向他简要汇报了一下这个新对手的情况。[2]

兰迪斯的任命事实上充满争议。他父亲是个吹毛求疵的传教士,本人是哈佛大学法学院的院长,嗜酒如命、工作忘我,因自卑而不懈地去证明自己。与威尔基支持新政相反,他于20世纪30年代下半叶华尔街大崩盘后针对金融市场起草了严格的市场法规,进而被人所知,之后进入美国证券交易委员会相继担任委员、主席一职。为宣传自己的理念,他曾从食堂要了份45美分的"豪华午餐"带到办公室招待爱摆谱的纽约证券交易所主席。厌倦了永无出头之日的战时工作,也为了逃离一场无心修复的失败婚姻,当罗斯福在1943年9月提出任命要求时,他欣然接受了这次去国外工作的机会。"原谅我再次逃避,"任命公布后,他写信给哈佛大学法学院常务副院长,"但我真的觉得那里有我的使命,到时我会为美国人民的未来做出贡献。"[3]

兰迪斯动身前往开罗之时,"美国人民的未来"却面临黯淡无光的危险。罗斯福政府越来越担忧和平局势下的经济挑战。战争消耗了美国60%的工业产出,如果战争胜利的话,这一需求就会化为乌有,继而引发美国民众大量失业。解决问题的方法就是用出口来帮美国摆脱困境。但兰迪斯到埃及没多久就发现,这一经济策略的实施会使美国与英国盟友发生冲突,因为美国在中东地区发展出口的最大阻碍就是承载着英国战后经济复兴与地区影响之厚望的机构——中东供给中心。

兰迪斯事后说："这个机构引起了我的极大兴趣。"他了解得越多,越觉得大英帝国就像20世纪30年代罗斯福政府试图解散的大型控股公司之一。英国利用中东供给中心维持其地区影响力的一种方式就是阻碍美国出口商向该地区出口。由于运输船只的不足,中心对机器和手工工具——以及其他一些商品——的进口实行限制。这不仅使美国制造商失去了产品外销的机会,而且还会使该地区在制造业产品进口上更加依赖英国。如果仍以海上运输能力作为借口的话,那么中心就能够保障中东地区进口商品的决定权主要掌握在英国而不是距此更远的美国手中。这也解释了为什么伊本·沙特穿的是英国的袜子。[4]

在兰迪斯看来,英国制定的贸易框架对美国构成了经济与道德上的双重挑战。他指出,像巴勒斯坦这样的地区已经对美国形成以美元计的贸易顺差(主要通过向美国出口柑橘),但巴勒斯坦人用贸易顺差的钱购买美国奢侈品的能力却因英国的货币管制而受限,这一管制政策影响着每一个英镑区的成员——这些地方的货币不是英镑就是与英镑挂钩——而巴勒斯坦也是英镑区的一部分。美国对此要么默不作声要么就大胆发声,兰迪斯说,显然他本人更倾向后者。若美国对这一政策默许的话,那就有与英国沆瀣一气之嫌,因为英国为保护其帝国主义经济体系完整性,通过这一政策有意压低英镑区国家和地区的生活水平。

兰迪斯明白,仅凭身在开罗的自己不可能解决这一难题。这是关系到最高政策层面的问题,只能通过美英高级政府官员之间直接对话才能解决。由于美国大使似乎更热衷于"用茶局、酒局和饭局拉拢一些不牢靠的关系",兰迪斯决定自己出手做些什么。他飞回华盛顿对美国政府称,现在是时候对英国的中东经济政策方针提出质疑了,因为以船只和供给不足的借口作为供给中心存在的理由已经"不再貌似合理"。然而,他发现政府高层并不想在诺曼底登陆前夕激化与英国的矛盾,最后不得不无功而返。[5]

兰迪斯的一名同事回忆道:"兰迪斯这人根本不管别人为此付出的努力,始终视英国而非德国为他的最大敌人。"在兰迪斯返回开罗的途中,他认定最好的办法就是抽空中东供给中心的职员。尽管在他手下供职的人员数量已经快速增长到50人,而他自己也是中心的美国代表,但这50人中只有13人在这里上班。其他人中,有一半和英国人一起针对德国打经济战,剩下的那一半——有些是从事地下工作的战略情报局间谍——则忙着扩大美国贸易。而最后这一批人——据英国观察——是最能干的,也是对工作最热情的。埃及国家铁路公司的总经理说,这些人为了得到铁路公司当前及后期采购计划的具体信息竟对他百般纠缠。他们还特别擅长在席位本就短缺的返美航班商务舱找地方。基勒恩勋爵在3月中旬以紧张的口吻汇报道:"他们以最高优先权帮一位当地的特工运送纺织机械到美国,还曾为当地一家知名棉纺织厂的埃及经理提供类似服务。"[6]

基勒恩勋爵逐渐看清兰迪斯及其同僚以打压中东市场的方式威胁英国战略这一事实。或许是因为在上一次战争中与美国人共事看到了他们死板又无序的一面,此时的莫因仍颇为自大。"凭借丰富的经验、四通八达的关系网以及我们一直保持的善意和威望,我相信英国能够渡过难关。"莫因如此心想。[7]

这种想法蒙蔽了莫因看待当前事态的双眼。当他与兰迪斯见面讨论中东供给中心人员不足一事时,这位明显不想与莫因发生正面冲突的美国政府官员还推脱美国国务院不给他配备推动中心发展所需要的工作人员。他还口是心非地说,除非他能有更多的人手,否则他将不得不结束美国对该事业的参与。听信了兰迪斯的鬼话后,莫因在发给伦敦的电报中对他提出的要求表示认可。

早就闹得沸沸扬扬的英美会谈于1944年4月11日在伦敦召开,英国政府借机提出这一议题。在收到莫因的电报后,英国外交部中东司司长莫里斯·彼得森(Maurice Peterson)于4月18日谨慎地向美方官员华莱士·默里提出此事。在听说"兰迪斯先生可能仅仅因为联络工作不畅而被迫改变美国参与中东供给中心的现状"后,他说:"这个事态的发展着实让人震惊。"[8]

默里因其暴躁的性情而声名狼藉,而他公然蔑视英国中东政策更是让一位英国官员认为他"对我们恨之入骨……他提出的政策只不过是对我国政策的阻挠"。但在那年春天动身到伦敦之前,上面已经嘱咐他不要在诺曼底登陆之前节外生枝,因此他暂时还算守规矩。"美方对此看法一致。"当彼得森询问美国对供给中心的态度时,默里含糊地答道。说完他还另外补充说明了一点,虽然供给中心"在战时发挥了作用……但我们不希望将那些贸易壁垒和限制政策延伸到战后"。然而,那些英国政府官员只抓住了默里言论中较为积极的那层意思,因此他们误以为"通过中东供给中心这一提供社会服务的独立机构推动中东发展,如今已成为英美双方一致认可的政策"。直到一个半月之后——美方推动中心工作开展的人员仍未到位——莫因才回过神来。"兰迪斯……千方百计地利用职务之便只是为了扩大美国的贸易利益,"他写道,"美国人在中东供给中心方面的合作只不过是装装样子罢了。"[9]

* * *

直到此时,沙特阿拉伯那边的事态发展已经让美国人看清了英国人不守信的嘴脸。美国人还没有忘记英国大使斯坦利·乔丹(Stanley Jordan)在去年10月试图窃取阿美石油公司特许权协议一事,因此他们现在饶有兴趣又不失警觉地密切关注着这位英国使节。乔丹是位职业外交官,他上一次出使吉达是20世纪20年代。此人古板守旧,时隔十五年之后再次来到这里,他被沙特的"一成不变"震惊了。唯一能看出来的变化就是沙特王室在此期间修建的官邸增多了。他在给伦敦方面的报告中说:"这里充满了贿赂腐败。"英国实行政府补贴这一保障并不会促使沙特人努力解决该问题。[10]

英国政府在1943年已经提供了450万英磅的巨额资金,为此,外交部力劝政府削减它们支付给伊本·沙特的费用,尤其是因为作为国王主要财政收入来源的朝圣现在已经逐渐恢复。由于政府补贴最初只是为了弥补沙特国王因战争造成的财政损失,因此到1944年初,英国以偿还1943年的部分政府补贴为由,开始扣留朝圣期间针对教徒征收的朝圣关税,这些税收之前通常都是交给沙特国王的。沙特人把这件事透露给了美国大使,他们视英国的这一措施为挑衅之举。早就为伊本·沙特日益依赖英国一事伤透脑筋的美国人现在担心英国人会威胁沙特国王取消政府补贴,进而以此胁迫国王。此后不久他们又发现乔丹似乎策划了一轮针对伊本·沙特身边亲美顾问的排挤打压,这更加深了美国人的担忧。

1944年召开的伦敦会谈上,还没等美方代表华莱士·默里提出关于沙特阿拉伯的问题,彼得森就率先在第二天指出了该问题。当默里提出伊本·沙特对英国克扣其财政收入一事不满时,彼得森直接转换话题,说沙特国王已经问过斯坦利·乔丹,看他能否推荐一位逊尼派教徒担任财政顾问。显然默里并不知道这件事,他立即意识到任此职务者必能左右沙特财政,如果沙特国王真的在物色这样一个人的话,英国会觉得他们提供合适人选远比美国政府容易得多。

美方质疑沙特国王对人选的要求有没有这么明确,其实是在暗讽乔丹推荐穆斯林人选是为了压制美国。华盛顿那边,国务卿科德尔·赫尔坚持必须由美国人担任该职务,以反映"美国在沙特阿拉伯的突出经济利益"。不过为了满足外交部的要求,他在会上提出的关于某次军事行动负责人人选的问题上做出让步,答应可由英国军官担任,但彼得森拒不改变自己的观点。在对赫尔的回复中,他坚持财政顾问必须是穆斯林,因为沙特国王的国库在圣城麦加,进这里的人必须是穆斯林。[11]

这一回复在华盛顿与伦敦之间引发了激烈的口水战。赫尔向彼得森提议由乔丹及美方相关代表共同觐见沙特国王，向他推荐一名英国白人军事顾问和一名美国财政顾问，看国王怎么说。该提议一出，两国之间的信任瞬间土崩瓦解。赫尔还威胁说，如果英国不同意该提议，他就派自己的代表单独拜见伊本·沙特国王。赫尔的警告激起彼得森愤怒反驳，他对赫尔提出的美国在沙特阿拉伯经济利益远超英国的利益这一说法表示怀疑，通过观察，朝圣构成的财政收入远比石油高得多，而且在可预见的未来，这一形势也不会有所变化。

参加会谈的两方相持不下，而开罗那边的兰迪斯和莫因虽然同意后期由两国政府共同承担针对沙特阿拉伯的政府补贴，但双方在本年度补贴上争执不休，补贴经费仍未到位。事到如今，沙特政府越来越迫切地给美国打电话要钱。然而，英国政府毫不动摇，他们从沙特驻伦敦大使那里得到可靠消息，国王身边的几个顾问，包括财务大臣在内，在汇报国家存在的问题时习惯夸大其词，以便中饱私囊。如今已经对美国失去信任的英国政府担心自己的情报来源被查明、切断，因此他们认为不能把这个消息告诉美国。

当莫因与兰迪斯无法打破两人之间的僵局时，兰迪斯再次返回华盛顿协商。7月底，赫尔决定单方面采取行动。年初时，他曾暗示为了确保沙特具备偿债能力，美国政府愿提供1000万银里亚尔。现在赫尔正式确认该消息属实。美国的考虑是，只要把石油开采特许权牢牢抓在手里，那现在为了取悦沙特国王花得那点钱跟最终的利益比起来简直微不足道。这样一来还能打破英国对沙特阿拉伯施加经济管制措施的企图，因为阿美石油公司支付的使用金目前仍是打到沙特阿拉伯财政大臣的纽约银行个人账户。莫因叹惜道："在中东纷繁复杂的形势下，还有一点要看清的是，针对英美合作一事，美国的逻辑就是我们要一味给予，而他们是一味索取。"[12]

1944年9月1日，美国新任大使常驻吉达。与哈罗德·霍斯金斯一样，比尔·埃迪（Bill Eddy）也是一名传教士的儿子，其父在黎巴嫩传教，实际上两人还是表兄弟。战争爆发前，埃迪在开罗的美国大学任教，其间还把篮球比赛规则翻译成了阿拉伯语。他和霍斯金斯都曾被吸收进美国战略情报局。事后，他将自己抵达吉达的时刻作为"美国涉足近东"的开始。[13]

埃迪的强硬与兰迪斯如出一辙，斯坦利·乔丹很快就发现他的新对手不简单。这位美国外交官明确表示，对于日后美国向伊本·沙特提供的经费数量，美国政府将不再允许英国插手。乔丹开始退缩。在与埃迪第一次接触后，他写信给艾登声称现在到了英国政府从当前对沙特负有的财政责任中抽身出来的时刻了。他说，"以新手合伙人的身份跟在美国屁股后面跑……太有失大英帝国颜面"，而且与华盛顿共同承担政府补助的好处"微乎其微"。身在开罗的莫因也同意。"与埃迪上校的会谈表明，在对沙特阿拉伯的给予问题上，美国人想给的东西远比我们之前想的多得多。"莫因在埃迪任命两周后如是写道。这成为日后美国在财政方面击败英国的预兆。[14]

* * *

同年秋天，兰迪斯从华盛顿动身重返开罗，他下定决心要把中东供给中心除掉。美国坚称《大西洋宪章》——更确切地说是最初的《租借协议》——已经规定英国要消除贸易歧视。随后，英国在同年夏天举行的布雷顿森林会议上接受以多边自由贸易为设想的经济体系，该体系与中东供给中心一直监督实行的限制性措施相违背。兰迪斯前往埃及时途经伦敦，他向英国官员表示，他的首要目标就是"砍掉"阻碍美国出口商在中东进行销售的"繁文缛节"。尽管兰迪斯对目前限制美元兑换英镑数量的外汇管制表示愿意接受，但他提议，除部分稀缺商品外，其他商品的进口限制要解除。实际上，"唯一的管制方式就是出口商不得不遵守的船舶吨位要求"。针对英国提出进口限制是为防止战后出现通货膨胀的辩解，兰迪斯向英国保证："在目前的船舶运输条件下，这些新的提议只可能使中东进口出现小幅度的增长。"[15]

问题是，进口什么商品？这才是让英国头疼的事情，而且这也是一个合情合理的关注点。尽管中东供给中心已经显著提高该地区自给能力，但日常商品的进口还是必需的。英国政府官员不知道，若美国进口商发现"200台收音机比相同船舶舱位可装载的粮食或硝酸盐赚的钱更多"时，会发生什么样的事情。怎样才能阻止埃及进口商把以美元计的津贴全都花在奢侈品上？[16]

起初，英国人觉得他们和兰迪斯的观点差异并不太大，但当英国列出近100种截然不同的进口商品（从特定的工农化工产品到包括卡车、客车和家具在内的各类制造产品）清单，希望中东供给中心继续进行管制时，这种差异迅速扩大成不可逾越的鸿沟。清单上最先引起争议的商品就是轮胎和内胎。英国位于马来半岛上的橡胶园仍掌握在日本人手中，因此英国政府想阻止美国人进入中东市场，在这里一套四条装的轮胎转手可卖 3000 美元，而美国国内已经形成大规模的合成橡胶产业。如果兰迪斯拒绝合作的话，那英国也是束手无策。在兰迪斯离开英国首都之际，放松进口管制的协约已经准备就绪了。[17]

莫因一直在努力应对美国国务院就中东供给中心管制措施这一特殊经济任务的调查，他很乐意看到兰迪斯于 10 月底再次出现在开罗。1944 年 11 月 6 日，他在午餐时间提出送兰迪斯一程，但被拒绝了。在回住所的路上，莫因被两名伺机等候的犹太刺客枪杀。

莫因没能活着看到美国国务院对这一经济任务进行的裁定，裁定结果认为，如今海洋领域足够安全，进口管制已无必要，而且英美合作虽足够真诚，但双方"从未将中东供给中心真正深化为双方的共同事业"。他也没有看到兰迪斯在 1945 年 1 月辞职前于头年 12 月发表的告别演说中对英国政策毫不掩饰的攻击。"对我而言，和平意味着开放自由的碧海蓝天、畅通无阻的商业贸易和不加束缚的观念碰撞，"兰迪斯说道，"而不是重商主义、非经济或政治性补助、狭隘的民族主义、特定的群体偏好，甚至是一个种族凌驾于另一个种族之上的法西斯主义。"[18]

尽管莫因为推动阿拉伯团结所做的努力有助于促进阿拉伯联盟的实现，但英国高层官员为延续对该地区的主导权而寄予厚望的中东供给中心还是于 1945 年 11 月 1 日解体了。直到那时，英国关于这一机构的理想抱负全都变成了遥远的回忆。

6

"犹太问题"

别说参加竞选了，温德尔·威尔基甚至都没活到 1944 年的总统选举，他于莫因勋爵被谋杀后的第二天病逝。这一有望在当年 11 月战胜罗斯福的人于大选开始前一个月死于突发性心脏病，终年 52 岁，同年夏天他未能赢得共和党党内提名。与威尔基两年前的设想——这也是最初促使他出访中东的考虑——相反，选举结果表明罗斯福并非"强弩之末"。1944 年 11 月 7 日，罗斯福总统以压倒性优势大败其对手托马斯·杜威（Thomas Dewey）。

因未对犹太难民提供更多帮助而受到犹太复国主义分子大肆攻击的罗斯福，在选举期间为赢得犹太人选票比之前更卖力了。投票开始前三周，罗斯福宣称他赞同"放开巴勒斯坦对犹太移民的限制"。一天后，他表示自己深知"犹太人民为建立一个自由民主的犹太共和国所做的长久努力与祈祷"。如果能够再次当选的话，他继续道："我会协助他们实现梦想。"[1]

* * *

虽然这番言论帮助罗斯福赢得了第四次连任，但损害了他和伊本·沙特之间的关系，特别是罗斯福政府在两个重大项目的推动上需要沙特国王支持的时候。一个项目是哈罗德·伊克斯于当年早些时候提出的横贯阿拉伯的输油管道。另一个是在沙特阿拉伯东北部达兰市的石灰岩高原上修建空军基地。

威尔基从自己长期的乘机经历中看到，一个国际长途飞行的新时代即将来临。美国人鼓励英国生产战斗机的时候，自己却在研制轰炸机，因此他们掌握一定的技术优势，不过英国却掌握着更多的飞机着陆权，尤其是在中东地区，开罗经哈巴尼亚（Habbaniyah）、阿巴丹岛（Abadan）、巴林（Bahrain）到卡拉奇①（Karachi）的主要航线。沙特阿拉伯东北部唯一一处地质构造适合重型飞机起降的点位就在达兰市，在这里修建飞机跑道的话，就可以使美国绕过英国的补给站，开辟一条横贯中东的新航线，而且这一航线具备比之前航线短322千米的明显优势。美国发现英国空军军官近期也对该地进行了勘探，这让美国政府意识到，自己必须要一举拿下此地。

鉴于事情的紧迫性，美国总统需要修复与伊本·沙特的关系。不过，他似乎觉得举行一次会晤可能效果更好。如果他能说服国王同意犹太人在巴勒斯坦居住，那就有可能彻底解决美国国内政治引发的紧张局势。数月前罗斯福还给伊本·沙特写信，表达了他对两

---

① 巴基斯坦港口。——译者注

人未曾会面的遗憾。1945年2月，两人会面的机会就来了，美国总统参加完由丘吉尔、斯大林共同参与讨论结束战争以及欧洲的战后安排的雅尔塔会议后，在返回美国的途中绕道开罗。罗斯福希望通过在会晤中展示个人魅力，或许能让沙特国王改变之前的立场。他想再次寻求与沙特达成共识。

2月12日，伊本·沙特登上美国停在吉达的驱逐舰，随行人员包括一位占星家，一名试味员，多名佣人、保镖、侍女以及六只羊。两天后，在苏伊士运河的大苦湖上，沙特国王与罗斯福总统第一次——也是唯一一次——见面。在伊本·沙特就两人的年纪和身体状况寒暄一番后，一脸阴郁的总统把他的备用轮椅送给了沙特国王，还询问了国王对解决巴勒斯坦问题的意见。国王再次重申自己反对犹太人向巴勒斯坦地区移民的立场，"阿拉伯民族，"他说，"宁愿选择死亡也不会把土地拱手让给犹太人。"[2]

"谈话持续了三个小时，我拼命想说服这位老朋友，但他始终固执己见，"罗斯福事后透露，"我真是拿他一点儿办法也没有。"[3]

* * *

罗斯福一回国就在国会表示，他"与伊本·沙特谈话五分钟所了解到的诸如穆斯林问题、犹太问题等整体情况比双方交换二三十封信件了解得都多"。此话一出引得众人不悦。不过到目前为止，谈话的最大成果就是一份极富煽动性的备忘录。备忘录由美国大使比尔·埃迪记录翻译，据他透露，罗斯福为拉拢伊本·沙特，提议或许可由波兰——而不是巴勒斯坦——"为大量无家可归的犹太人"提供"移居空间","作为美国总统"罗斯福"不会做任何协助犹太民族对抗阿拉伯民族的事情",而且他还认为,派遣一个阿拉伯代表团到美国进行访问会是"非常好的想法",因为美国国内很多人"都被误导了"。[4]

三周后,伊本·沙特试图以书面形式摘录他与罗斯福总统之间的对话来巩固他的胜利。3月10日,他给罗斯福写了一封长信陈述他反对犹太复国主义分子对巴勒斯坦地区的要求,并请求美国总统阻止犹太人在托管地进一步巩固其地位。

国王的信一到华盛顿,关于大苦湖会晤的备忘录就从国务院档案中被提出来了,罗斯福于4月5日给沙特国王回信。他在信中提醒国王自己曾在1943年5月做出的公平保证,即"在未与阿犹双方全面协商的情况下,关于巴勒斯坦问题不做任何决定。罗斯福继续说道,现在,这一方针不仅没有变化,而且他还愿重申自己曾在两人会谈中所做的保证。身为美国总统,他将"不会采取任何……与阿拉伯人民敌对的行动"。但备忘录显示,这并不是他说过的话,不过他也没有机会对其中的不同进行说明了,因为罗斯福总统在一周后就逝世了。[5]

不得不接手突然撒手人寰的罗斯福手上工作的,是他的竞选伙伴——做了三个月副总统的哈里·杜鲁门。如果说罗斯福是天生的首领,那杜鲁门就是完美的军师:认真诚恳,戴一副眼镜,给人一种很亲民的感觉。在进入参议院之前,务过农,经过商,可惜经商失败。他因作为国防调查委员会主席为战争所做的努力而名声大噪，1943年底，该委员会声称英国或将国外油田的股份移交给美国政府，这在伦敦引发愤怒。众人熟知的杜鲁门委员会让杜鲁门成为纳税人反对欺诈和浪费、反对无能政客和官僚、反对商界大亨和工会巨头的斗士。

在他第一届任期内，杜鲁门深知人们选的总统是罗斯福，而不是他。当被问到当上总统是什么感觉时，他说："我不觉得我是总统，我只是觉得我在尝试着继续别人未完的事业。"杜鲁门一边摸着石头过河，一边遵循着罗斯福那不太明晰的巴勒斯坦政策。面对外约旦国王，也是伊本·沙特的哈希姆对手和邻居对此事的质疑，杜鲁门总统签发了一封由国务院起草、内容延续罗斯福"未经全面协商……不做任何决策"这一说法的信件。不过这就与他和罗斯福之前亲犹太复国主义的宣言的立场相悖，因此他很快就意识到这种说法站不住脚。同年5月，欧洲战场战事的结束使得大规模难民危机最终凸显出来。据粗略估算，有25万"无家可归的人"待安置，其中约13.8万是犹太人，而犹太复国主义分子坚持要在巴勒斯坦对他们进行安置。[6]

杜鲁门觉得此事事关重大，因为从宣誓就职那一刻起他就知道自己执政路上的第一个考验就是1945年11月6日纽约市市长一职的竞选。纽约市是美国所有城市中犹太人数量最多的：这里聚集的犹太人数量大约是巴勒斯坦犹太人总数的四倍。与他所在的政党不同，民主党选了一个爱尔兰血统的人作为候选人，而共和党那边的竞选人则是犹太人。

纽约市市长一职的竞选使得杜鲁门对美国犹太人在巴勒斯坦问

题上的利益尤为敏感。"很抱歉，各位，"他对那些不愿面对这一事实的美国外交官说道，"我不得不面对成千上万个对夺取犹太复国主义胜利毫不含糊的犹太人，但我们选民中没有成千上万个阿拉伯人。"为了向犹太复国主义者表明自己已经有所行动，他命令政府间难民委员会（Inter-Governmental Committee on Refugees）的美国代表厄尔·哈里森（Earl Harrison）到欧洲的美占区进行调查。但他没等哈里森做出情况汇报就在8月中旬的一次新闻发布会上，针对记者提出的问题答复道，他的目标是"把尽可能多的犹太人安置在巴勒斯坦的同时，保持巴勒斯坦内部的稳定"。由于杜鲁门不想派出50万美国大兵到巴勒斯坦维持和平，因此此事的关键在于英国和阿拉伯世界对这一计划的默许。[7]

八天后，哈里森汇报了他在美占区了解到的惨状。犹太人大屠杀中的幸存者前途未卜，因无家可归不得不继续生活在集中营里，他们穿的还是集中营的囚服或德军士兵丢弃的军装。考虑到冬天来临时严寒将会引发更多人死亡，他特别强调了一项由犹太代办处提出的"有说服力"的建议，即英国政府另外增加10万个移民签证，让"所有在德国和奥地利不可返还他国的犹太人依据个人意愿迅速撤离至巴勒斯坦"。[8]

这个巨额数字引起了杜鲁门的关注。一周后他把这份报告发给了英国新任首相克莱门特·艾德礼（Clement Attlee），随附的还有一封要求他接受10万名犹太难民进入巴勒斯坦的信。由于杜鲁门心中惦念即将到来的市长选举，因此他还同意曾作为民主党参议员、后转为支持犹太复国的说客——盖伊·吉勒特（Guy Gillette）

向外界透露他私下对艾德礼提的要求。

杜鲁门的这一开局之举并没有改善他和艾德礼的关系，反倒使双方关系一开始就颇为恶劣。艾德礼刚当上首相就发现一封总统来信，信中明确表示，杜鲁门曾认为丘吉尔会赢得选举。而杜鲁门同意吉勒特透露他私下对艾德礼提出的请求一事表明，他认为艾德礼同意自己的提议是理所当然的事情。虽说这有些武断，但也不是毫无缘由的。因为艾德礼是个安静谦逊的人，可能杜鲁门把他的这一性格特点误认为是软弱了。同样，杜鲁门或许也不会明白他的提议在英国可能引起多大的争议。总之，与11月美国民主党在大选中获胜一样，英国工党也在那年夏天的选举中以支持犹太复国主义者的姿态赢得选举。正如哈里森在汇报中指出的，现任艾德礼政府财政大臣的工党政客休·多尔顿（Hugh Dalton）曾公开表示，德军攻占欧洲后"在犹太人身上实施了难以言表的恐怖统治"，在这种情况下还把那些想进入巴勒斯坦的犹太人阻挡在外的话，"在道义上说不过去，在政治上也站不住脚"。

让杜鲁门和哈里森始料未及的是英国新一届政府中一位关键人物的突然变卦。新任外交大臣欧内斯特·贝文（Ernest Bevin）有一天对艾德礼说："克莱姆，关于巴勒斯坦的问题，从办公室那里得到的消息来看，我们好像是会错意了，现在要从长计议。"[9]

杜鲁门的信到艾德礼手上花了十一天的时间，在这期间，贝文重新审视了英国的中东政策。这位质朴粗犷的彪形大汉最初是农场帮工，传言他直接用刀吃东西，这一度在外交部引起恐慌。不过，他展现出国家利益坚定捍卫者的形象打消了他们的恐慌。贝文从一开始就对《大西洋宪章》持批评态度,而且作为一个顽固的反共分子,他认为,英国在中东地区的持续存在能够确保其持续的国际影响力,还可阻止苏联势力向南扩张到非洲及以南地区。

由于埃及国内反对英国继续驻军的呼声越来越高,贝文希望把英国的军事基地从苏伊士运河沿岸一侧转移到另一侧。他想的是通过谈判从埃及撤军,提升英国在整个阿拉伯世界的声望,继而允许英国与犹太人之间达成约定,使英国拥有在巴勒斯坦长期驻军的权利。只有达成这样的协定,英国政府才会允许向巴勒斯坦输入少量的移民。根据军方建议,解决"巴勒斯坦当地的麻烦"所需军队数量远比平息"整个中东阿拉伯世界发生的广泛骚乱"要少得多,因此大臣们认为现在要做的就是"安抚犹太人的情绪",而不是引发阿拉伯世界的骚乱。[10]

除非英国处在一个真空里,精心设计的如意算盘才有可能维持下去。因此,这一现状很快就被杜鲁门要求艾德礼接受大量犹太难民进入巴勒斯坦一事打破了。信件寄出四天后,杜鲁门的国务卿詹姆斯·伯恩斯(James Byrnes)告诉贝文,总统有意于当晚对哈里森的报告结论签字背书,对此,外交大臣威胁说,对杜鲁门干预可能引发的混乱,英国将公开要求由美国军队来维持治安。艾德礼与贝文一唱一和,警告美国总统说,其政策或将"引得中东擦枪走火",使大西洋两岸关系受到"严重损害"。[11]

杜鲁门开始有所放缓,因其针对巴勒斯坦问题提出的要求还受到来自另外两条战线的反对。从国内战线来看,杜鲁门遭到自身政府的联合抵制,由于担心杜鲁门的做法有损美国与沙特阿拉伯之间的关系,在国务院的牵头下,由陆军部对杜鲁门发出警告,如其坚持支持犹太移民,那他极为重视的复员计划将被无限期延迟。因为英国驻德部队将被调遣至中东平息阿拉伯人的骚乱,这样的话,美国将不得不增派部队进驻德国。从国外战线来看,托盖伊·吉勒特的福,杜鲁门支持大量犹太人移民巴勒斯坦的消息传到了巴格达和开罗。阿拉伯联盟秘书长称,杜鲁门总统坚决同意 10 万犹太人进入巴勒斯坦的做法与同年 2 月罗斯福总统向伊本·沙特国王做出的承诺相冲突,罗斯福总统承诺美国"永远不会支持犹太复国主义分子"为夺取巴勒斯坦向阿拉伯世界开战。[12]

罗斯福与伊本·沙特当年 2 月大苦湖会晤的相关信息首次被披露出来,关于这次会晤的具体细节激起了记者的兴趣。在一次新闻发布会上,当被问到罗斯福总统是否确实说过这样的话时,杜鲁门本能地答了句"很简单的'没有'"——显然这并不是真话。为了让自己显得更有理有力,他又称"自己已仔细查阅外事会议记录,并未找到类似承诺"。因此,"既然没有记录显示其前任于白宫做出过这样的承诺,他也就不会受到类似承诺的约束"。但这一说辞听起来根本站不住脚。[13]

杜鲁门的所作所为激怒了新闻广播的热心听众伊本·沙特及其顾问。听到总统发表相关言论的报道后,他们告知美国大使比尔·埃迪,国王会要求杜鲁门就此事进行说明。他们知道——埃迪也知道——沙特国王与罗斯福会晤的备忘录明显与杜鲁门的说法相矛盾。在给杜鲁门的信中,伊本·沙特威胁要公开备忘录,这引起杜鲁门政府的极度恐慌,因为这份会议记录就是颗"炸弹"。这不仅会让人知道美国总统在这件事上撒了谎，而且，正如一位国务院的高级官员看到的那样，对罗斯福所持观点的公布"将会在国内外招致不幸的后果"。[14]

迫切想在选举前阻止伊本·沙特将威胁付诸实施的杜鲁门低声下气地给沙特国王写了封信，他在信中称自己的言论被不实报道了，自己愿意公布罗斯福4月5日的信件，但不能公布双方会晤的原始备忘录，因为这样做"在现在这个时期……不符合两国的共同利益"。经伊本·沙特同意此提议后，罗斯福的信件于10月18日公布。同日，杜鲁门称，他仍然希望艾德礼能够接受自己的提议，试图以此在选举前重新掌握主动权。[15]

正如英国政府所察觉到的，杜鲁门现在就指望着能从艾德礼首相这边得到积极回应，他们立即抓住了杜鲁门的这一软肋。在要求出台新的对巴政策的压力下，贝文希望组建一个英美联合调查委员会。考虑到其宏观战略目标是在巴勒斯坦建立军事基地，因此他把落脚点放在劝诱美国同意英国保留其在巴勒斯坦驻军的长久之计上。时间紧迫，尽管未明确新的对巴政策，英国政府目前仍在使用之前《白皮书》通过的剩余移民许可名额，但这些名额很快就会用完了。与此同时，军情六处报告称，巴勒斯坦境内两个主要的犹太激进组织，斯特恩帮（Stern Gang）和伊尔贡（Irgun），已在哈加纳的指示下准备对英国军队发起联合突击。杜鲁门召开新闻发布会后的第二天，英国大使带着一份有关贝文提议的简要备忘录去见伯恩斯，称外交大臣拟于10月25日宣布该提议。"那就是下个星期四了！"美国国务卿气急败坏地说道。更重要的是，届时距纽约市市长选举就只有12天了。[16]

在接下来的两周，贝文和伯恩斯就委员会是否要把巴勒斯坦问题明确下来进行讨价还价。贝文认为，这样做就排除了寻找其他安全庇护所的可能性，而一只眼睛盯着纽约市市长选举的伯恩斯却坚持必须明确下来。因害怕贝文狗急跳墙，在投票开始前就宣布其提议，伯恩斯后来干脆撤回了参与委员会的提议。结果，纽约市市长选举结束后的第二天杜鲁门就驳回了国务卿的决定。要他同意的条件就是把巴勒斯坦作为委员会调查的重中之重，不过现在杜鲁门也附带接受另一项提议，即可由委员会探讨犹太难民移居其他国家的可能性。

在确定委员会的职权范围上，贝文没有达到自己的预期，不过他已经没有讨价还价的资格了。10月31日晚，针对巴勒斯坦境内150处铁轨发起的系列破坏行动致4人死亡，这也证实了之前军情六处所提供情报的准确性。委任统治地已经进入一个更为暴力的新阶段，而此时艾德礼已经毕恭毕敬地跑到华盛顿请求美国贷款37.5亿美元，以此来支撑工党政府建设福利国家的雄心壮志。美国政府开出了各种苛刻的条件，包括到1947年夏季之前实现英镑与美元的自由兑换。贝文在一次内阁会议上抱怨道："现在人为刀俎，我为鱼肉。"他不会再尝试修改委员会的职责范围，贝文解释说，因为他可不想"使我们与美国的政治关系进一步恶化"。而且，实际上他已经达到了自己的目的。11月13日，他在下议院宣布美国政府已接受其邀请，同意加入委员会时，引起阵阵欢呼声。[17]

* * *

调查委员会的 12 名成员于 1946 年 1 月在华盛顿会面，英国一方是由一些有头有脸的人组成的比较传统的代表团，包括三名议会议员、一名法官、一名米兰银行的经济学家和一名劳资纠纷方面的专家。美国一方的人员构成就复杂得多了。由于都不想招惹犹太复国主义游说团，国会议员里没人敢蹚这趟浑水。他们的代表团里包括一名得克萨斯州的法官、一名前国务卿、一名新闻编辑、国际联盟难民事务前高级专员和一名事业有成的加利福尼亚律师。"我们有一个共同点，"英国议员理查德·克罗斯曼说，"那就是对问题都一无所知。"[18]

在华盛顿举行过一场证人包括阿尔伯特·爱因斯坦在内的听证会后，英国代表团觉得自己就像审判秀上的被告，此后的伦敦听证会也让美国代表团切实体会到被监视的感觉，委员会随后在整个欧洲大陆分散展开考察调研。他们对自己的所见所闻感到震惊，各成员在维也纳再次碰头时纷纷表示反犹主义的流行之广令人咋舌。一个德国饭店保安不无鄙夷地对加利福尼亚的律师巴特利·克拉姆（Bartley Crum）说道："这些人都该去死！我们不想看到任何一个犹太人！""这场仗没有再多打两三个月，真是可气！"一个红脸的英国军官对克拉姆和克罗斯曼说，"那样就能把这些垃圾都处理掉了，我们就不会有现在这些问题了。"调查委员会在犹太幸存者身上看到的情形也同样骇人听闻。部分犹太人返回了故乡——正如罗斯福所设想的那样——只不过回去之后才发现自己的同胞已惨遭毒手。返乡的这些犹太人，有些选择了自杀。一个犹太年轻人拿出自己的班级照片，照片中43个孩子，只有10个逃到巴勒斯坦的孩子活了下来。这背后的故事不言而喻。[19]

委员会经由开罗前往巴勒斯坦。"这里简直就是得克萨斯。"火车抵达巴勒斯坦南部城市卢德（Lydda）时，美国法官一下火车就感叹道。眼前的场景让克拉姆想到了加利福尼亚。时值初春，他们看到这里的犹太人幸福健康；阿拉伯人明显比他们的埃及表亲生活更宽裕。简言之，这里一片祥和。除了一起针对军火库的突袭外，调查委员会在巴勒斯坦期间并未发生重大袭击事件，因为哈加纳、伊尔贡和斯特恩帮等激进组织认为这样做更符合它们的利益。英国政府为委员会成员配备的严密安保在美国人看来就像夸张的作秀。[20]

这种明显没有任何意义的安保措施更让克拉姆确信问题的根源不是犹太人，而是英国驻军的存在。美国律师认识威尔基的一个朋友，因此有幸再读威尔基关于1942年出访任务的回忆录《天下一家》（One World）的副本，威尔基在文章中引用亨丽埃塔·索尔德的话，暗示英国才是犹太问题的根源。爱因斯坦在华盛顿也说过同样的话：巴勒斯坦问题是由英国"人为制造"的。"如果存在一个能将阿拉伯人与犹太人联合起来的诚信政府，"这位理论物理学家强调，"那就没有什么好担心的了。"在巴勒斯坦度过的三周让克拉姆坚信，犹太复国主义对阿拉伯国家也有好处。由于英国政府与当地地主的勾结阻碍中东各国的发展，因此他确信，把英国人赶出中东就会迎来"自由与进步"。[21]

克拉姆和委员会中的另一个美国成员有次在大卫王酒店中一个名为"La Régence"的地下酒吧里喝酒,这个酒店正是他们在巴勒斯坦下榻的酒店,酒吧上面是英国行政总部的所在地。"我恨不得膜拜这些人,"克拉姆的同事承认道,"一直以来我都为我的祖先能在原始森林里开垦出庄稼地而感到自豪。但这些人却能在不毛之地种庄稼。"在听证会上,犹太人也付出了同样艰苦卓绝的努力。"载着犹太难民驶向巴勒斯坦的破船就是他们的'五月花号',"哈伊姆·魏茨曼说,"这是整整一代人的'五月花号'。"克罗斯曼认为,历史可以解释很多事情。美国一方同情作为开路先锋的犹太复国主义者,而大部分的英国同僚却因"国外征服者的入侵……产生的民族恐惧"支持阿拉伯主义。1946年3月底,委员会全体成员一同前往瑞士的洛桑市撰写调查报告。4月3日,伊尔贡激进组织重启战事,对铁路系统再次展开大规模袭击。[22]

时至此刻,委员会成员之间仍是龃龉不断。美国代表团认为贝文比杜鲁门棋高一招。在华盛顿方面的持续施压下,他们决定只对总统之前就犹太移民问题提的要求表示支持,避免美国在泥潭中越陷越深。美方态度激怒了英国代表团,因为这意味着英国设在巴勒斯坦的行政总部将不得不独自应对10万犹太移民入境势必引发的暴力事件。

另外,委员会中的英国代表都清楚贝文希望英美双方能达成一致:克罗斯曼担心双方产生分歧会让美国收回对英国至关重要的数十亿贷款,而且他们私下从英国老兵那里得到可靠证据,实施亲阿拉伯人解决方案比亲犹太人解决方案要昂贵得多。这跟数月之前军方给出的说法恰好相反，不过这也是完全有可能的：他们在巴勒斯坦调查期间，为两名遇袭身亡的犹太人举行的葬礼竟吸引了约6万名哀悼者前来悼念。

眼看委员会就要拟出两三份意见不一的调查报告了，因害怕与美国撕破脸，委员会中的英国代表选择妥协。鉴于英方同意美方关于10万犹太人进入巴勒斯坦的提议，作为交换条件，美方同意在报告中增加关于犹太恐怖主义的细节描述以及建议犹太代办处恢复与英国政府合作以"坚决镇压"恐怖主义的内容。考虑到若同意分区而治将会引发的暴乱，全体委员会成员只能提议维持巴勒斯坦的委任统治，美国是否介入仍悬而未决。这一结果与委员会寻求永久解决方法的初衷还差得远。[23]

报告在伦敦引起极为恶劣的反响。尽管在内阁会议上讨论此事时贝文仍为自己辩解，但他也承认没有美国的支持，自己的提议也无法实施。仅继续维持委任统治地治安这一项任务的潜在成本就是天文数字。外交大臣——曾是犹太复国主义狂热支持者——估算前期成本约为1亿英镑，一年后政府因财政压力削减军费后，此时的成本大概500万至1000万英镑。贝文最后说："这是我们无法想象的。"艾德礼也同意他这一观点。他说，委员会"忽略了所有人的责任，就是没忽略我们的"。尽管他支持贝文试图让美国明确承担的财政负担份额，但他显然不指望他们的外交大臣能成功。"事实上，"艾德礼对其内阁成员说，"美国是想花我们的钱谋自己的利。"[24]

艾德礼的悲观看法确有依据。1946年4月30日大西洋两岸的英美两国公布调查报告后，杜鲁门抓住了报告认可其移民提议的契机，声称"对这些可怜人的转移，就应该在现在以最快速度最大批次来完成"。但他拒绝讨论英国政府所坚持的其他议题，只说他们提出的问题需"仔细研究"。[25]

被杜鲁门的不公行径激怒的艾德礼于5月1日在下议院提出了报告中被美国总统忽略的那一部分内容，拒绝接受大规模移民进入巴勒斯坦，直到那些非法军事组织全部解散并缴械投降。艾德礼尖锐地指出，在这个过程中，犹太代办处扮演着重要角色。[26]

* * *

犹太代办处最初成立是为了向英国委任统治当局表达巴勒斯坦犹太居民的利益诉求，但到1946年5月的时候，代办处早已不止扮演顾问角色，其行径更像是一个令人不安的"预备政府"，其组织机构包括由选举产生的立法机关、委员会、各行政部门，还有半公开的独立军队。英国在巴勒斯坦的行政负责人告诉调查委员会，位于耶路撒冷乔治五世大道上包豪斯风格的犹太代办处总部可谓"国中国"。另一位高级官员跟克罗斯曼说，英国政府发布绝密文件后的第二天，犹太代办处就想方设法地偷到手。[27]

同样，英国政府也在监视犹太代办处。1945年底，英国政府已经证实犹太代办处串通勾结恐怖分子。从截获的电报以及安插在里面的线人那里得知，10月31日的铁路袭击事件是经过代办处的行政部门同意的。据军情六处报告，代办处对伊尔贡和斯特恩帮制造的这起"前奏"做出了积极回应,为两个组织"在我们的指示下分派任务"进行部署。英国政府发现代办处主席戴维·本-古里安拒绝对委任统治地愈演愈烈的暴力行径进行谴责。在对调查委员会的证词中,本-古里安只是对魏茨曼不赞成近期袭击事件的态度表示认同,他坚持认为代办处在阻止恐怖主义方面做出的努力"都会因大英帝国所推行的政策变成徒劳",本-古里安将此归咎于"这个国家的悲剧局面"。[28]

六个月来,英国驻巴勒斯坦高级专员一直在劝说其上级——殖民地大臣乔治·霍尔(George Hall),对代办处和哈加纳采取行动,但屡遭拒绝。英美联合调查委员会离开后发生的一系列恐怖袭击更增强了其劝说的决心。1946年4月23日,伊尔贡袭击了拉马特甘(Ramat Gan)的警察局,导致一名警察死亡,不过他们自己也损失了两名成员——一人被打死,一人重创被捕。斯特恩帮也不甘落后,于两天后的夜晚袭击了驻扎在特拉维夫区(Tel Aviv)第六空降师的停车场,导致七名士兵死亡,其中有两人当时还在军营帐篷中熟睡。事件发生后的第二天晚上,军队士兵开始反击,他们愤怒地冲进附近的两个城镇,肆意破坏房屋,痛打他们见到的犹太人。要不是一些高级军官听到风声后及时阻止事态蔓延,这些士兵的报复行动将更加猛烈。5月中旬,英军驻巴勒斯坦总指挥官返回伦敦时发出警告,他手下的士兵已经蠢蠢欲动,如果后续再发生恐怖袭击的话,他可能阻止不了这些士兵了。

压垮骆驼的最后一根稻草出现在6月18日。两名伊尔贡激进分子因袭击事件被判死刑后,伊尔贡激进组织绑架了五名在特拉维夫区军营俱乐部吃午饭的英国军官。第六个人是绑架发生后没多久在耶路撒冷乔治五世大道——正是犹太代办处所在的那条大道——被绑架的。六名被绑架者的命运可想而知。伊尔贡声称,除非他们的成员被减刑,否则"我们就要以鲜血祭奠鲜血"。[29]

在高级专员再次呼吁运用自由裁量权后,殖民地大臣乔治·霍尔会见了当时正在伦敦的犹太代办处主席戴维·本-古里安。这位犹太领导人否认自己与斯特恩帮和伊尔贡组织有任何联系,但当霍尔问到代办处与哈加纳的关系时,他却对此避而不谈。在次日召开的内阁会议上,霍尔提供的此次谈话内容最终说服其同僚同意授权英国驻巴勒斯坦高级专员针对代办处进行突袭。新任帝国总参谋部将领的人正是四年前就因"几近狂热的个性"让威尔基为之折服的伯纳德·蒙哥马利,几天后上任的蒙哥马利在此事上的言辞更为激进:"如今犹太人都骑到我们脖子上了,为此我们必须要把他们打得满地找牙,彻底消灭他们的非法组织。"[30]

6月29日星期六①当天黎明,英国发动了阿加莎行动②,军队突袭了犹太代办处、代办处各领导人的家、他们所掌握的哈加纳成员及其精锐部队帕尔马赫。他们从代办处带走了三卡车文件,逮捕近3000人,其中几乎一半都是帕尔马赫的中坚力量。针对犹太人居住点同步展开的搜查中又缴获了数百支步枪,约50万发子弹以及数千枚手榴弹和迫击炮弹。当犹太居民对前来搜查的英国士兵冷

---

① 当天为犹太人安息日。——译者注
② 此次行动也被称为黑色星期六行动。——译者注

嘲热讽时，他们气急败坏地大吼："我们最需要的是毒气室才对。"犹太居民回到被洗劫的房屋发现墙上涂满了纳粹标识和"犹太人去死"这样的污言秽语。事后，第六空降师在报告中承认此次行动"让我们失去了犹太人民中的朋友"，他们希望双方关系的破裂只是暂时的。但实际上，破镜怎能重圆？[31]

杜鲁门迅速谴责了此次突袭，并要求艾德礼就此事进行解释。这次行动的时间也比较尴尬：还有几天美国国会就要讨论是否给予英国贷款一事，而且此次表决程序预计会很严格。媒体猜测部分议员的态度可能会因英国在巴勒斯坦开展的这次行动而有所转变，艾德礼不得不采取行动了。在一次深夜针对此次行动展开的辩论中，面对指责的英国首相决定揭露事实真相："我们有证据——我会在适当的时候把证据拿出来的——表明犹太代办处与哈加纳之间存在紧密联系。同时我们还能证明哈加纳与伊尔贡两者也有联系。"[32]

艾德礼的声明带来了意想不到的严重后果。英国政府到底掌握了哪些证据让哈加纳首领捏了一把汗，抱着现在还能摧毁证据的侥幸心理，他指示伊尔贡组织的领导人梅纳赫姆·贝京（Menachem Begin）把英国行政总部所在的大卫王酒店炸掉。之所以这样做，还有一点是猜测英国政府是在这里对6月29日搜查到的文件进行分析解读。贝京——日后的以色列总理——谋划这样的行动已有数月之久。7月22日，7个伊尔贡成员乔装打扮成阿拉伯送奶工通过了酒店的安检。他们推着装有250千克烈性炸药的牛奶桶混进"La Régence"地下酒吧，四个月前，巴特利·克拉姆和他的同事就是坐在这里赞颂着犹太人的开拓进取精神。随后7人迅速从酒店撤离，跳上停在拐角处的车逃之夭夭。酒店对面发生的另一起规模较小的爆炸分散了部分正在赶来的安保力量，据伊尔贡透露，电话警告被无视。最大的爆炸发生在夜里 12 点 37 分。"先是听到巨大的爆炸声，"一名目击者说，"然后酒店的西南角似乎一下子膨胀了起来，随着震耳的轰鸣声和灰褐色的滚滚浓烟，酒店轰然倒塌。"此次爆炸导致 91 人死亡，53 人受伤。次日早上的《纽约时报》刊登了题为"遭遇轰炸的纽约公司酒店"的新闻，消息被公之于众。[33]

英国驻巴勒斯坦的行政负责人，即首席秘书，在爆炸中侥幸逃过一劫。"我损失了近 100 名最优秀的下属和老友，"他在两周后给克罗斯曼写信说道，"我断断续续在巴勒斯坦待了有十一年，不管是英国政府官员，还是包括几个犹太人在内的那些忠诚可靠的巴勒斯坦人，他们对我而言都非常重要。我的警卫作为我密不可分的同伴兼朋友，追随我已有一年零八个月，还有我那亚美尼亚籍司机以及其他一些类似的佣人，都在此次爆炸中遇难。我帮着把他们腐烂发臭的尸体从废墟中挖出来，3 天时间里参加了 14 场葬礼。"[34]

"我手下大半工作人员在爆炸中死亡、失踪或受伤。"殖民地大臣乔治·霍尔在爆炸发生后的第二天向其同僚叙述此事时如是说道。伊尔贡对英国行政总部开展了近乎毁灭性的打击，他们接下来把注意力转向消除任何英美合作倡议的可能性上，但英国仍不想放弃巴勒斯坦。[35]

7

为巴勒斯坦而战

1946年7月29日,大卫王酒店发生爆炸后一个星期,一个名为"自由巴勒斯坦美国联盟"(以下简称"美国联盟")的组织于《纽约邮报》(*New York Post*)刊登公开信,向杜鲁门发起挑战。据该组织观察,杜鲁门要求艾德礼同意10万名犹太人进入巴勒斯坦已一年有余,但目前没有任何结果。"欧洲150万希伯来人还在满是鲜血的犹太社区、难民营、高速公路或港口处焦急等待,期盼着美国、期盼着您——总统先生的表态,证明他们不仅没有被抛弃,还被赋予了有尊严地自由生存于世的基本权利。"[1]

该联盟的创立者是一个自称为彼得·伯格森(Peter Bergson)的人,之所以发起这一挑战,部分原因是这个问题极其尖锐。此时的杜鲁门在总统任期内问题不断:失业人数增加,薪酬减少,复员计划被延期。随着中期选举只有三个月之遥,杜鲁门的共和党对手把他们的竞选词直接浓缩成了一句话——"闹够没?"他们在竞选海报上这样写道。

美国联盟这封充满挑衅意味的公开信让越来越多的人不看好杜鲁门。信件暗讽美国总统自英美调查委员会于4月提交报告以来,要求英国同意10万犹太人进入委任统治地一事仍毫无进展。艾德礼已公开表态，只有解除活跃于巴勒斯坦的犹太地下组织武装，他才会执行调查委员会的建议。随后，当艾德礼坚持先由英美专家小组讨论解决报告中提出的系列问题时，杜鲁门表示默许。

讨论结果是以英美各方专家小组带头人名字命名的"莫里森-格雷迪方案"的出台。方案提议建立一个包括阿拉伯省和犹太省在内的联邦国家，由联合国托管。但该方案被格雷迪手下一名不喜欢此提议的人透露给了《纽约时报》，结果引来致命打击。7月26日，《纽约时报》指出该计划"将会使英国主导的中央政府拥有更大的权力，只给阿拉伯省和犹太省极少的自治权"，而且一天后，阿拉伯人还得到5000万美元拨款以保证国家的生存能力。此事发生两天之后，美国联盟就再次在《纽约邮报》上刊登了宣传广告。[2]

"自由巴勒斯坦美国联盟"之所以选择在这个节点进行干预还有一个更深层的原因。大卫王酒店爆炸发生后第二天，杜鲁门立即发表声明，呼吁"犹太相关领导人"与他一道"谴责这一肆意杀戮平民的行为"。杜鲁门同时警告道，这种暴行"可能会阻碍"犹太人向巴勒斯坦的移民进程。该联盟必然担心此次爆炸袭击可能会弄巧成拙，因此试图以此转移公众视线。毕竟打头阵的只是此次爆炸背后的激进组织伊尔贡的一支前线部队。"彼得·伯格森"是个假名字，该联盟创立者的真名叫希勒尔·库克（Hillel Kook）。[3]

* * *

库克是巴勒斯坦首席拉比的侄子，20世纪30年代加入伊尔贡，

1940年来到美国。他这样做的原因很简单。与戴维·本-古里安一样，他也认为建立犹太国家是实现犹太复国主义抱负的关键所在，部分因为高达500万的犹太人口，部分因为美国政府作为英国的最后贷款人可能对英国施加的压力。看到美国的犹太复国主义者没能采取足够有力的强硬手段提升犹太人利益，库克便着手组织一系列单一议题的活动，旨在通过这些民众不会轻易反对的议题来赢取美国人对犹太复国主义的支持。从建立犹太军队到拯救欧洲犹太人的紧急委员会再到最终的"自由巴勒斯坦美国联盟"，背后都是库克出谋划策，这次建立美国联盟就是为了把巴勒斯坦变成独立的犹太国家。联盟的成立反映出美国和巴勒斯坦犹太人态度日渐强硬，通过将犹太复国主义者反抗英国统治与150年前的美国独立战争进行比较，唤起美国民众的同情心，为伊尔贡筹集资金。美国联盟付费在另一则宣传广告中预言道："同为在反抗大不列颠帝国暴政之中诞生的民族，我们深知抗争的艰苦，但希伯来的大卫王终将击败英国的歌利亚。"相对于"犹太人"或"犹太人的"这样的字眼，库克更倾向于使用"希伯来"一词，认为这样可以避免激发反犹太主义的情绪，同时引起美国新教徒的共鸣。在新教徒看来，帮助以色列人重新取得"上帝的应许之地"是他们的职责所在。[4]

库克的才能在于他在历次策划的活动中总能争取到重量级人物支持。为向罗斯福政府施压，他于1943年底劝说盖伊·吉勒特提出一项决议，呼吁美国政府建立帮助犹太难民的专门机构。身材高大、满头白发、穿衣无可挑剔的吉勒特是毫无疑问的政界元老，也是库克奋力争取的重要人物。作为一个娶了位犹太妻子的孤立主者，他在参议院外交关系委员会拥有一席之位，年轻时曾试图报名参加布尔人与英国人为争夺南非殖民地而展开的战争。在其提议得到包括杜鲁门在内的多位政要广泛支持的情况下，罗斯福不得不于1944年初成立战时难民事务委员会。吉勒特在同年晚些时候的选举中丢了艾奥瓦州的选票，此后便接受库克邀请担任"自由巴勒斯坦美国联盟"的主席一职。杜鲁门正是因此才在1945年9月把他对艾德礼提出的要求一五一十地告诉了吉勒特，并怂恿他将这一消息散布出去。

1945年底成立英美调查委员会后，美国联盟怀疑其背后存在暗箱操作，因此又成立了一个影子机构呼吁结束英国的委任统治，谋求巴勒斯坦的独立。随后，该组织又授意吉勒特前往巴勒斯坦"寻求被英国殖民政府人为分开的希伯来与非希伯来居民达成协议"。[5]

毫无疑问，英国最不愿看到的就是吉勒特作为委员会成员出现在巴勒斯坦。1946年春，他们挫败了吉勒特访问巴勒斯坦的企图。直到大卫王酒店爆炸事件发生后，他才趁乱于7月27日进入巴勒斯坦。针对爆炸事件，这位前参议员曾指责这出自"同一批制定对巴政策的英国官员之手"。他一到耶路撒冷，连行李都没放就径直跑到伊尔贡制造的爆炸现场进行调查，然后搭了辆运送爆炸残骸的卡车返回酒店。[6]

吉勒特抵达的时间正好是莫里森-格雷迪方案中有关在巴勒斯坦建立联邦国家的泄密信息见诸报端的第二天。因担心英国可能利用爆炸引发的民众同情心，从而不顾美国的意见，借机实行该方案，吉勒特便使出浑身解数想要打破英国的计划。根据该计划，犹太人得到的国土面积比1937年初次提出的分治计划确定的面积还要少。尽管英国政府反对，但吉勒特还是在抵达巴勒斯坦几天后设法与高级专员见了一面，当然，专员肯定不想错失这个教训他一顿的机会。然而，此次会面只不过更加强化了吉勒特的公信力。随后，他给杜鲁门发了一封电报，称"建立联邦国家的建议会让巴勒斯坦从一个暂时受委任统治的独立国家变成大英帝国下面的一个省"。[7]

美国联盟出手后没几天，杜鲁门就否决了莫里森-格雷迪方案。联盟可以将这一结果视为一种胜利，但实际上，这是杜鲁门早就做出的决策。7月30日，联盟极具挑衅意味的公开信刊登在《纽约邮报》的第二天，杜鲁门就组织召开了一次内阁会议，并在会上表示自己将摒弃该方案。他指了指犹太复国主义者攻击莫里森-格雷迪方案的那叠10厘米厚的电报说："耶稣在世时都无法取悦他们，我又怎么可能有此殊荣？"[8]

* * *

长达两周的走访为吉勒特提供了大量回国后可作演讲用的素材。尽管英国政府拒绝了他与判刑入狱的犹太恐怖分子见面的要求，并对其行踪进行严密监控，防止他和伊尔贡的领导人碰头，但吉勒特还是在海法港见到了英国政府驱逐非法移民至塞浦路斯所用的船只。他在一篇新闻稿中把这些船说成是"奴隶运输船"，"真不敢相信,我在孩提时从书中看到的南非船只竟会再次出现在 20 世纪"。[9]

吉勒特一回国就飞到洛杉矶向联盟设在西海岸的洛杉矶分支作演说,随后又在芝加哥进行电台广播,接着又到费城和纽约组织公众集会进一步扩大演讲范围。

从吉勒特对洛杉矶的访问可以看出库克在争取演艺界支持方面取得的成功。1946 年 9 月,美国联盟的一出新剧在百老汇首次公演时,库克就动用了其人脉。由本·赫克特(Ben Hecht)编剧、库尔特·韦尔(Kurt Weill)作曲,包括埃莉诺·罗斯福(Eleanor Roosevelt)、伦纳德·伯恩斯坦(Leonard Bernstein)和纽约市市长(去年秋季杜鲁门曾为该职位的选举极为担忧)在内的赞助委员会大力支持,《旗帜的诞生》(*A Flag Is Born*)一剧讲述了三位集中营幸存者——一对老夫妇和一个名为戴维的年轻人〔由前程远大的年轻演员马龙·白兰度(Marlon Brando)饰演〕——历尽艰辛到达巴勒斯坦的故事。当老夫妇双双离世后,戴维想到了自杀,这时舞台上出现了三名分别代表伊尔贡、哈加纳、斯特恩帮的士兵。他们告诉戴维:"我们……用枪杆子说话。"士兵向戴维保证:"要像曾经的美国人民一样,把我们的家园从英国的利爪下夺回来……来吧,戴维,为巴勒斯坦而战!"赫克特坦言,这出话剧"在我看来就是为被剥夺权利的种族开展的单纯而直接的宣传"。在到其他拥有大量犹太人口的美国城市进行巡演之前,这出话剧在纽约连续演出 14 周。[10]

因杜鲁门和艾德礼之间的协定丝毫没有实现的迹象,该剧的目的主要是为非法运送犹太难民到巴勒斯坦筹集资金——通过这种方法共募资40万美元。这些钱一部分用来购买了一艘命名为"SS本·赫克特号"的船，这艘船将于12月底启航前往法国。关于话剧的纪念特刊落到英国安全机构军情五处的手里后，他们通过蛛丝马迹发现该剧的票房收入还被用来购买其他东西了。特刊的封面将巴勒斯坦的犹太先锋比作1776年的美国革命者，除此之外，还有一个伊尔贡的标志——在巴勒斯坦和外约旦的地图上，赫然挥舞着一只紧握枪支的拳头。[11]

与库克最初设想的一样，《旗帜的诞生》一剧让巴勒斯坦问题成为1946年中期选举中不可回避的议题。当民主党风闻纽约州共和党州长托马斯·杜威拟于10月6日宣布支持犹太人移民巴勒斯坦时，他们顿时慌了神。尽管杜威只不过是重申自己三年前的口号，但鉴于他将是杜鲁门在1948年总统选举中的最大竞争对手，杜鲁门的一个顾问力劝他先下手为强。10月4日——犹太人的赎罪日前夕，也是杜威拟发表声明的前两天——杜鲁门先发制人，呼吁建立一个"有效的犹太国家"。两天后，杜威再加筹码，要求同意"成千上万名犹太人"进入巴勒斯坦。当杜威胜利归来后，杜鲁门将对外宣称，自己选择此时发声明与选举投票毫不相干。几个月后，贝文将对外透露，他从美国国务院那里得知，杜鲁门一直以来都想战胜其对手，这一点毋庸置疑。当这位英国外交大臣解释说"如果地方性选举的议题始终涉及杜鲁门所面临的难题，那在对外关系上他就始终无能为力"，这一说法引起下议院阵阵欢呼——以及杜鲁门的严厉指责。[12]

* * *

让贝文暴怒的原因之一在于，截至 1947 年初，可以明显看出，他维持英国中东地区影响力的战略正迅速瓦解。外交大臣曾指望通过与埃及成功对话来增加阿拉伯世界对英国的好感，从而使他能够撤掉设在苏伊士的军事基地，待英国在巴勒斯坦问题上取得有利形势时，再把军事基地转移到苏伊士运河东岸。但英埃双方对日后苏丹地位问题存在分歧，埃及想取得对苏丹的主权，但英国想继续掌管苏丹，两国谈话继而于 1 月破裂。而英国政府认为犹太人将会容忍其在巴勒斯坦的长期存在这一观点，似乎也过分乐观了。

大卫王酒店爆炸袭击之后，英国先是采取较为宽大的政策，随后因 1946 年秋季伊尔贡重启谋杀活动，英国遂放弃宽大政策。在首席军事顾问蒙哥马利的施压下，艾德礼不得不于 1947 年 1 月中旬召开的内阁会议上同意采取"更为有力的行动"。1 月 24 日英国高级专员批准了于 1 月初对 1946 年夏天袭击拉马特甘警察局一案中受伤被捕的伊尔贡成员判处死刑的决定，此事恰恰表明了英国所说的"更为有力的行动"。伊尔贡成员多夫·格鲁纳（Dov Gruner）将于四天后因其在袭击事件中所扮演的角色被处以绞刑。[13]

对格鲁纳这样一个比较特殊的人判处死刑能起到杀一儆百的作用，因为他之前曾加入英国军队并为英国而战。伊尔贡对此立即展开反击，绑架了英国法官——拉尔夫·温德姆（Ralph Windham），当时他正坐在特拉维夫的法庭上审理一个"极其无聊的"案件。如果坚持对格鲁纳处以绞刑，那温德姆必死无疑，英国当局不得不屈服。英国高级专员准予格鲁纳死刑缓期执行，让他有更多时间考虑向伦敦的枢密院上诉——一直以来格鲁纳拒绝这样做。私下里，高级专员威胁特拉维夫的市长和犹太代办处的高层说，如果他们不尽全力确保法官安全释放的话，英国将实行戒严令。当天晚上伊尔贡将温德姆毫发无损地放了回来。[14]

当格鲁纳还在死牢里苦苦等待的时候，英国政府又酝酿出一个新计划。"我们还是要找到一种掌控中东的方法。"贝文在2月的时候对内阁成员如此说道，他又提出了另一项实现该目的的建议。但他的想法——英国政府现在应该寻求以联合国信托人身份对双民族巴勒斯坦再进行为期五年的管理——立即被本-古里安拒绝。严冬的临近和煤炭的短缺加重了英国政府的危机感。一周后，贝文返回唐宁街提议把全部问题提交联合国。2月18日，他在议会上宣称，由于"各方所协商的解决方案都无望化解这一冲突"，而且委任统治并没有授予英国独断专行的权利，因此对英国政府而言，唯一可行的方法就是"把问题交给联合国决断"。到时候，他们只需要摆问题，不提任何解决方案。联合国设立了巴勒斯坦问题特别委员会（UNSCOP），该委员会将于5月中旬带着联合国的指示前往耶路撒冷，并于秋季再次召集联合国大会时回来汇报调查结果。[15]

* * *

事后看来，贝文的声明标志着英国结束其在巴勒斯坦的统治的开始。不过那时，英国外交大臣并没想到事情会变成这样。他认定犹太人会觉得他说要把这一问题提交联合国只不过是在虚张声势，现如今他就像之前威胁的那样，企图把他们重新拉回谈判桌上来。2月15日，贝文用略带自满的口气告诉内阁，因为犹太人想避免联合国介入必然产生的不确定性，所以自打他发出声明以来，犹太复国主义分子一直"被我们牵着鼻子走"，试图与英国政府达成妥协。贝文希望这一不确定性能够激起犹太复国主义分子寻求解决方案的欲望。[16]

几天后，殖民地大臣进一步阐明了英国政府的方针策略。他在议会上说，英国政府"不会把托管地交给联合国"，"我们只是在联合国提出这一问题，询问他们对托管地治理一事的建议。如果不能维持我们所要求的托管地现状的话，又怎么可能改善巴勒斯坦内部的状况"。伊尔贡当然明白他话里的意思。四天后，他们把英国在耶路撒冷的军官俱乐部给炸了，该俱乐部正好位于犹太代办处马路对面，大卫王酒店爆炸事件后，英国政府扩大了其安全区域，而俱乐部可能就在安全区域里面。此次爆炸导致13人死亡，16人受伤。[17]

连续的爆炸袭击表明英国政府在此次斗争中正逐渐失利。如今，恐怖活动和非法移民一样，都已经处于失控状态。多亏了像库克的美国联盟之类的组织进行募捐，犹太移民才得以乘坐空间更大、速度更快的船只前往巴勒斯坦。1946年底，经英国情报部门确认，20艘轮船将从欧洲港口启航运送犹太难民，随后的评估报告又指出还有另外近20艘船只可能也在做相应准备。[18]

英国在战时能够登上并接管任何他们想要的船只，但在和平时期，《国际海商法》的法律效力更大一些，这就意味着英国只能登上位于巴勒斯坦领海之内的船只。1947年的时候，巴勒斯坦仅有2.6海里的领海权——也就是航速为20节的轮船行驶9分钟的距离。这让负责在该海岸巡逻的皇家海军陷入被动境地。

继殖民地大臣提出要"尝试其他方法"来保卫巴勒斯坦海岸线之后，英国秘密情报机构军情六处率先提出一系列阻止犹太移民启航的办法。2月，贝文同意对停在港口、准备运送犹太移民至巴勒斯坦的船只实施蓄意破坏，同时污染船只所用水源与食物，他们还造谣说这是"一个强大的阿拉伯地下组织"所为，想以此"吓破那些水手的胆"。英国用这种方式破坏了5艘船。[19]

尽管困难重重，英国皇家海军还是成功阻截了多艘前往巴勒斯坦的船。其中一艘就是"本·赫克特"号——用《旗帜的诞生》票房收入购买的轮船。这艘船是3月时在离巴勒斯坦不远的地方被拦截下来的，当时船上挂了洪都拉斯的国旗，却声称要前往智利。船上的所有乘客被拘禁在塞浦路斯，船员也全都被送进了监狱。船上一名无线电话务员的母亲在美国联盟的协助下，对华盛顿的国会议员进行游说，最终这批人没有被审判，而是被驱逐了。

与此同时，英国的对巴政策开始摇摆不定。英国军官俱乐部遇袭之后，英国高级专员宣布在巴勒斯坦实行全面戒严令。伊尔贡认为，英国政府这样做的目的就是想证明自己对巴勒斯坦的实际掌控权，以此说服联合国正式承认英国作为巴勒斯坦的统治者，对此伊尔贡开始以恐怖行动来打击报复。在经历了近三十次袭击，又导致三人死亡数十人受伤后，英国高级专员的态度在半个月的时间里发生了一百八十度的大转变。尽管内阁对这一举动可能释放的信号甚为恐慌，但他们很快就意识到，这一转变是明智之举。实行戒严令只会疏远英国平定暴乱所倚仗的那部分犹太人。问题的症结正如艾德礼所言，不是单纯地解除紧急状态，而是找出导致问题产生的原因，在这一点上向来都是"当局者迷"。[20]

讽刺的是，随着国内法律程序的恢复，戒严令的终止使英国政府采取了截至目前最严厉的措施。在没有任何警告的情况下，多夫·格鲁纳于4月16日在阿卡监狱中被处以绞刑。"这是秘密谋杀。""自由巴勒斯坦美国联盟"在同一周刊登的宣传广告上如此断言。其动员读者为"巴勒斯坦的自由事业"进行募捐，"修建多夫·格鲁纳纪念馆"。"把750万美元用在刀刃上就能够打赢这场争夺巴勒斯坦的战争……这场战争的胜利不是靠别人的施舍或世界媒体的社论赞扬得来的，而要靠希伯来人的鲜血和勇气……还有你们手中的钱。"抗议者冲进英国设在纽约的领事馆，在曼哈顿的一次集会上，一位反对伊尔贡的拉比把格鲁纳称作"第二个内森·黑尔①（Nathan Hale）"[21]。

随着本·赫克特设计的另一则赞扬"巴勒斯坦恐怖分子"所获成就的煽动性宣传广告刊登出来，英国政府提出抗议。英国外交部常务秘书造访美国大使，用明显带有"乞求"的口吻请美国政府不要再说无法阻止所谓的煽动行为。英国的"诉状"登上了《纽约

---

① 美国独立战争时期著名的爱国者。——译者注

时报》的头版头条，这反倒让赫克特受到更多的关注。尽管杜鲁门确实在6月呼吁美国人民"在参加或协助任何可能进一步激发巴勒斯坦居民战争热情的活动时……保持克制"，但美国联盟称，他们将无视杜鲁门的呼吁，美国政府对此表示无能为力。尽管他们已经对伊尔贡制作的宣传电影进行了审核，但政府无权阻止他人印刷广告，同时因害怕引发公愤，政府也不可能取缔像美国联盟这类慈善组织的免税资格。[22]

正因如此，募捐才得以继续。背地里，纽约的高层官员还在帮着这些组织筹措资金。一名在该市公众募捐办上班的女职员向英国外交工作人员透露，"上面的人"经常"放宽规定以便延长犹太组织的募捐期限，还会为中意的组织提前好多天预留募捐日期"。在布朗克斯（Bronx），犹太复国主义运动资金筹集人强迫当地居民为购买武器捐款，要是有人不捐的话，他们就在那些人的家门上画纳粹标识。美国中央情报局（Central Intelligence Agency，CIA）一名官员在1948年最终承认道："伊尔贡……所获得的资金支持大多出自美国。"[23]

对多夫·格鲁纳处以绞刑使英国政府的形象在美国一落千丈，没过多久，连仅剩的一些对英国持同情态度的美国人也疏远了这个国家。1947年7月12日，名为"出埃及记"（Exodus）号的轮船从马赛港启航前往巴勒斯坦。这是一艘曾定期前往切萨皮克湾（Chesapeake Bay）的旅游船，后被哈加纳买下，通过升级轮船引擎以便最大限度地超过英国的海岸巡逻船。船上有4500余名乘客，包括老幼病孕，这些弱势群体是哈加纳精心挑出来的，他们知道若英国政府试图驱逐船上的人——这一点是肯定的——势必引得人神共愤。

乘坐快艇尾随"出埃及记"号的军情六处突袭队试图用鱼雷炸毁该船的申请被伦敦方面否决后，7月17日，两艘英国驱逐舰在"出埃及记"号仍在公海水域的情况下故意撞击这艘旅游船。船长通过无线电向岸上的犹太支持者实况转播了事件的经过，英国船员登上轮船取得轮船的控制权，在这个过程中还杀死了美国大副和两名乘客；随后驱逐舰把被撞歪的轮船拖进了港口。由于之前安置非法移民的收容所已经没有多余的地方，英国政府决定采用之前的老办法——遣返或送这些人回他们来的地方。在海法港，全副武装的英国士兵把乘客赶到了三艘已经等在那里要把他们送回法国的船上。据一名美国记者报道，他们"看起来像是经历了一场大战"。[24]

当时，联合国特别委员会的人已经在巴勒斯坦。因为哈加纳和犹太代办处的通风报信，委员会主席和他的一名同事及时赶到现场目睹了当时的场景。带孩子的母亲与孩子一起抱头走下轮船的一幕给两人带来极大的震撼，更加让他们相信英国政府已经完全丧心病狂了。

与此同时，另一个委员会的人来巴勒斯坦已经有一个月。他们刚来的时候，报纸上铺天盖地都在报道一起极度恶劣的丑闻——一个名为罗伊·法兰（Roy Farran）的英国士兵被指控杀害一名张贴斯特恩帮宣传海报的小男孩。英国政府又对另外三名伊尔贡成员判处死刑。当委员会成员请求宽大处理时，英国政府让他们不要插手此事。死刑就在其离开之后的7月29日执行。

伊尔贡再次以牙还牙。与温德姆法官事件相同，伊尔贡三名成员的死刑判决下来后，该组织绑架了两名在军情处工作的英国中士，当时两人正与一名线人碰头。但与温德姆事件不同的是，这两个人都没有被释放。相反，在伊尔贡成员被执行死刑后的第二天，伊尔贡模仿英国的法律术语发表了一份公报，宣称两人非法入境、非法持有枪支，被处以绞刑。第二天，人们在桉树林里发现两名中士的尸体被挂在树上，"判决书"被隔着衣服塞进尸体里。《每日快报》（*Daily Express*）头版刊登了这一惨绝人寰的图片，上面配有大标题"被绞杀的英国同胞：让世界震惊的照片"。可惜结果却与英国料想的不尽相同。虽然关于此次谋杀事件的报道在当年夏天引发英国数十个城镇的反犹运动，但美国国内报道更多的是英国政府的报复行为，而不是这两名中士骇人听闻的悲惨命运——两人被处死前在暗无天日的地牢里待了近半个月。

此时，载着"出埃及记"号乘客的三艘轮船已经抵达法国。船上只有31人接受法国政府的邀请上了岸，英国政府官员威胁其他人说，如果他们不下船，就把他们送到德国去，对此，其他人都置若罔闻。三艘轮船于8月23日离开法国前往汉堡。在那里，1000名英国士兵一边用扩音器高声播放音乐试图掩盖抗议声，一边使用消防水管、警棍、催泪弹等把人们从船上往下赶。

这一暴力场景更加坚定了联合国特别委员会大部分成员之前做出的决定，尽快结束英国委任统治，经过一段过渡期后，将巴勒斯坦划分为独立的阿拉伯国和犹太国。但还没等联合国召开大会对该提议进行讨论，英国就仓促行事了。

艾德礼认为，特别委员会的提议对阿拉伯人不公平，而且缺乏可行性。当年夏天英国掀起的反犹运动让艾德礼的同僚休·多尔顿大为震惊。美国方面为巴勒斯坦问题的解决提供财力支持的意愿明显不足，现在看来，在巴勒斯坦建立军事基地显然不再具备任何价值。1947年9月26日，殖民地大臣在联合国宣称，如果联合国继续推进未得到阿拉伯人和犹太人双方共同支持的提议，英国将于1948年5月从巴勒斯坦单方面撤军，以便为决议的执行保留"一定的选择权"。其实，英国政府只是不想在这个必定有流血冲突的过程中收拾烂摊子。[25]

11月，联合国大会在纽约召开，讨论分治提议，该提议需经过三分之二多数通过方可作为会议决议。至此，犹太复国主义者认为，现在的情况是他们所能取得的最好结果。然而，投票赞成分治的方式却完全出乎他们的预料。

联合国大会讨论开始后，分治提议明显还未获得确保其通过的绝大多数国家赞成时，有一个人就开始行动了。身材高大、仪表堂堂的伯纳德·巴鲁克（Bernard Baruch）是美国驻联合国原子能委员会代表，也是个腰缠万贯的股票经纪人，通过为伍德罗·威尔逊及后来的几位民主党总统候选人提供资金支持成功谋得外交身份。他被人们称为"投资鬼才"。正是他制订的"现购自运"计划使罗斯福政府能够在《租借法案》出台前帮丘吉尔渡过难关，也是他主张发展合成橡胶产业引起美英在中东的摩擦。

但鲜为人知的是巴鲁克通过"自由巴勒斯坦美国联盟"对伊尔贡提供的支持。当其他人因为美国联盟刊登富有争议性的宣传广告而与之划清界限时，巴鲁克主动找到这些广告的发起人本·赫克特。"我跟你站在一边，"他告诉这位剧作家，"你就把我当成手持长枪穿梭在茂密草丛的犹太斗士中的一员吧。"[26]

11月26日，就在联合国大会关于分治决议进行投票前，巴鲁克拜访了法国驻联合国代表，提醒他说如果法国不赞成分治的话，美国就要重新考虑是否对法国重建提供资金。法国开始动摇，巴鲁克的施压最终见效。11月29日，法国投了赞成票。同样的还有法国的邻国比利时、卢森堡以及荷兰。分治决议最终以微弱优势获得通过。

事后，杜鲁门承认，他当时确实被几个提议要"对主权国家施压，让他们在联合国大会上投赞成票"的"极端犹太复国主义领导人连番轰炸"。但他否认自己屈服于这些人的压力，更没有在选举前对他国进行胁迫。杜鲁门坦言："我向来不赞同把本国意志强加于弱国之上的做法。"不过，巴鲁克的做法与总统的声明自相矛盾，要么就是总统在说谎，要么就是总统对本国代表所作所为一无所知。[27]

* * *

英国突然撤军的决定和巴勒斯坦愈演愈烈的暴乱局势，让美国政府陷入恐慌之中。因担心战争的爆发会让苏联军队在征得联合国同意后进入中东地区，1948年3月20日，新任国务卿乔治·马歇尔（George Marshall）最后一次尝试让英国先不要轻举妄动，称美国将支持英国作为联合国受托方继续管理巴勒斯坦。

马歇尔的目的就是阻止苏联插手巴勒斯坦,但贝文因不满巴勒斯坦问题在美国政治中变成了烫手山芋而不为所动。两天后,他对内阁同僚说,美国现在"不得不面对他们在支持分治提议之前早该预料到的后果……这要归咎于美国国内选举对其外交政策的影响"。他说他现在反倒希望犹太人建立一个国家,然后由他们的邻居,约旦国王阿卜杜拉,占领巴勒斯坦境内犹太复国主义分子无法占据的领土。"我觉得我们不能用自己的军队来阻止事态的发展,"在英国撤军当天,贝文这样对同僚说道,"巴勒斯坦分治也许是事出必然。"[28]

英国于1917年进驻巴勒斯坦地区,承诺要建立"新秩序"。三十年后的1948年5月14日,正如他们之前所威胁的那样,英国从该地撤离;第二天爆发第一次阿拉伯-以色列战争(即第一次中东战争),以色列宣示国家主权,杜鲁门率先承认。阿卜杜拉占领了他垂涎已久的约旦河西岸,埃及、叙利亚和伊拉克企图将犹太人赶到海里去,但以惨败告终。过了将近一年,双方最终停战,赢家是以色列和约旦,输的是四散而逃的巴勒斯坦人。

第二部分
重大让步
(1947—1953)

8

装在一个篮子里的鸡蛋

早在1947年初,欧内斯特·贝文就察觉到其中东战略已经开始瓦解,于是他把目光转向那个与英国的渊源长达三十余年的人。

英国与约旦国王阿卜杜拉的关系自开始就出现不祥之兆。1914年2月,途经开罗的时候,阿卜杜拉询问英国能否为哈希姆王朝提供武器,这样他们就能反抗奥斯曼帝国的统治。但因当时英国和德国都在拉拢土耳其,所以直接回绝了。

第一次世界大战爆发后,奥斯曼帝国选择站在德国一边,而且苏丹还号召大英帝国统治下的所有穆斯林都揭竿而起,反抗其统治者,这时英国开始重新考虑阿卜杜拉的要求。阿卜杜拉的父亲谢里夫·侯赛因(Sharif Hussein)统治圣城麦加,他和他的子孙都是穆罕默德的直系后代。鉴于哈希姆王朝这一身份,英国不禁怀疑,在伊斯兰世界中心掀起反抗是否有助于削弱奥斯曼苏丹发动圣战的号召力。他们向侯赛因慷慨地做出一项刻意模糊化的承诺,描绘了一幅包括阿拉伯半岛在内,北至现代叙利亚与土耳其边界的战后帝国蓝图,于是谢里夫·侯赛因在1916年奋起反抗奥斯曼帝国。自此,英国与哈希姆王朝之间建立同盟关系,虽说过程起伏不断,但一直持续至今。

个子不高但有君威的阿卜杜拉绝非善茬,不过他在反抗过程中发挥的作用有限。T. E. 劳伦斯认为此人反复无常,因此相较于阿卜杜拉,英国政府更青睐他那更为温顺的弟弟费萨尔。直到战争结束,他才开始受到英国政府的器重。当法国把费萨尔赶出叙利亚,而阿卜杜拉被迫来到英国在巴勒斯坦新建立的委任统治地东部——紧临费萨尔刚刚失去的领地,丘吉尔——当时负责英国在中东新建立的委任统治地——急忙扶持他当上了外约旦的埃米尔,以防与法国发生冲突。本来这只是一个权宜之计,但在后来的二十五年中,阿卜杜拉以英国委托人的身份继续统治外约旦。英国政府以他的名义创建了一支由英国军官指挥的阿拉伯军团,并斥资维系其运作,军团兵力达12000人,这让阿卜杜拉成了当地最具震慑力的统治者。

然而,强大的王权与军权并没有让阿卜杜拉忘记自己的初衷。1946年3月,约旦宣布独立,法国在黎凡特的统治走向终点,这时阿卜杜拉开始就接管叙利亚一事私下试探犹太代办处的立场,并在不久后公开表达其野心。"世界上不存在什么大叙利亚或小叙利亚,"当年夏天他对一名埃及新闻记者说,"只有一个西临海洋,北接土耳其,东至伊拉克,南靠汉志的国家,这就是叙利亚。"阿卜杜拉想统治叙利亚的雄心一望而知。[1]

* * *

对于莫因勋爵在战时拥护的"大叙利亚"方针,艾登并没有过多重视，因此到 1947 年初，贝文的选择余地所剩无几。随着其中东战略日益瓦解，支持阿卜杜拉变得越来越有吸引力。正如丘吉尔之前所言，在所有的阿拉伯统治者中，这个新任的国王是唯一一个在战争当中自始至终忠于英国的人。英国继续对约旦施加强大的影响力。他们不仅以国家独立为交换条件获得长期的军事基地使用权，而且还给阿卜杜拉发放津贴，为阿拉伯军团提供资金支持。伦敦的英国军官私底下把阿卜杜拉称为"贝文先生的小国王"。

阿卜杜拉在约旦最信任的英国顾问就是大使亚历克·柯克布赖德（Alec Kirkbride），此人曾在阿拉伯大起义中与劳伦斯一起并肩作战，而且与约旦国王有近三十年的交情。1946 年底，柯克布赖德提出新形势下的约旦需吸收巴勒斯坦的阿拉伯区域才能存活于世界之林，此话引起贝文的注意。1947 年 1 月，贝文宣布将巴勒斯坦问题提交联合国之后不久，这位外交大臣就在内阁会议上对其同僚说，由于巴勒斯坦无法独立生存，英国政府"或许可以推动巴勒斯坦与其他阿拉伯国家融合"。正如柯克布赖德在给伦敦方面的信函中所言："英国正把所有的鸡蛋都放在一个篮子里，因为其他的篮子都不愿意装我们的鸡蛋。"[2]

* * *

按理说，英国官员关于巴勒斯坦问题的讨论都是秘密进行的，但贝文在内阁会议上提议后没几天，伊本·沙特的儿子沙特王子（Prince Saud）就指使说客游说杜鲁门政府反对英国的"敌对"活动。在去华盛顿"化缘"时,沙特王子受到时任国务卿詹姆斯·伯恩斯的冷遇,他说他没有发现任何能够证实王子指控的证据。然而,伯恩斯下台后没多久,乔治·马歇尔就接替他成为新任国务卿。伊本·沙特再次进行尝试。2月,沙特国王声称,他现在已经知道英国意欲扶持阿卜杜拉接管叙利亚。相较于其前任,马歇尔可没那么乐观。2月14日,鉴于媒体和一些情报报告令"大叙利亚计划即将实施"的声音"再次甚嚣尘上",而且传闻该计划的实行受英国外交官员或间谍鼓动,马歇尔决定,现在是时候要英国政府阐明其立场了。[3]

英国政府的答复不置可否。尽管美国官员在会见英国外交部近东司司长时,司长断然否认英国外交官员或情报工作人员有帮助或教唆阿卜杜拉,但美国官员显然不相信他的话。在关于此次会议的记录中,他们对司长称近东司曾提醒"外交部所能想到的每一位驻中东的英国政府官员"关于英国政府的模糊立场——那就是"既不支持也不反对大叙利亚"——的说法都打上了引号。马歇尔也不相信这些话,并授意他在伦敦的代表转告英国政府把阿卜杜拉看住了,因为近期的传闻正对整个阿拉伯世界产生颠覆性的影响。

然而,即便面临外来压力,英国政府仍然拒绝站出来反对阿卜杜拉的计划。4月,约旦国王与伊拉克签订同盟条约,并发布一份长达300页的"白皮书",坚称约旦与巴勒斯坦、叙利亚的联合"并非出于个人意志,而是阿拉伯民族共同的渴望",此事使得中东态势进一步升温。阿卜杜拉的直接目标很简单:影响叙利亚国内政治议程,因为叙利亚选举将于6月举行。[4]

*　*　*

让马歇尔担忧的是，阿卜杜拉和他的英国"金主"可能会破坏一项前途未卜的重大工程：从沙特阿拉伯到地中海沿岸的跨阿拉伯输油管道（TAPLINE）的建设。美国政府1944年企图国有化阿美石油公司失败后，该工程的计划应运而生，最初是为了刺激英国同意针对石油市场进行谈话，直到近期美国才开始真正推动工程实施。1947年3月，在国务院的协助下，阿美石油公司终于废除《红线协定》，使其竞争对手伊拉克石油公司里的两名美国股东能脱身出来，向这条长达1609公里长的输油管道投资2亿美元。经过长时间的激烈争吵后，公司同意修建以沙特阿拉伯为起点，经由约旦、叙利亚直至黎巴嫩的管道路线。公司答应每年分别支付约旦和黎巴嫩政府使用费来换取必需的通行权。接下来唯一要做的就是取得叙利亚政府的同意。

相较于目前使用油轮和苏伊士运河所需费用，TAPLINE的修建能为阿美石油公司节省数百万美元。同时，它对美国政府也具有重大的战略价值。通过让欧洲市场上的沙特石油价格低于美国石油，输油管道能够确保沙特推动欧洲经济复苏，同时美国还能保存国内石油储量，以防与苏联一战。好处还远不止这些，通过增加阿美石油公司的石油输出量，为伊本·沙特赚更多钱，以此修复被杜鲁门支持犹太复国主义分子言论而破坏的双方关系。财政收入的增加能够进一步巩固伊本·沙特的地位，这里所说的地位不仅是他作为本国统治者的地位，也包括他在管道穿过的几个国家的地位——这些国家在管道修建上都存在利害关系。管道的修建让各方皆大欢喜。欧洲对沙特石油的购买会为阿美公司带来利润，而这些利润又会为美国股东和美国政府分别带来红利和税收收入。这样，美国政府就能弥补国务卿于 1947 年 6 月 5 日在哈佛大学提出的"马歇尔计划"的巨额开支。

马歇尔最为担心的是伊拉克会试图阻挠 TAPLINE 工程的实施。在他眼中该工程为美国带来的诸多商业和政治利益，在巴格达看来却是种种威胁。这不仅是因为工程实施所需钢铁——当时的供应量极为短缺——是伊拉克修建自己的输油管道所需的原材料，而且输油管道一旦建成，阿美石油公司就有能力在欧洲市场上与伊拉克石油公司抗衡，沙特和美国的影响力还会随管道线路延伸到被哈希姆王朝视为后花园的其他地区。因此，当美国国务卿发现自己在哈佛发表演说仅一周后，阿卜杜拉就到巴格达进行会谈时，他指示驻伊拉克大使设法弄到更多关于约旦国王出访的情报。不久，驻伊拉克大使向他报告，称阿卜杜拉重申其"联合伊拉克实现叙利亚大团结"的目标时，马歇尔似乎就已经下定决心是时候破灭约旦国王的美梦了。[5]

* * *

对阿卜杜拉的计划进行破坏的过程中，发挥关键作用的人是一个叫金·罗斯福的温顺年轻人，为给《哈泼斯杂志》写系列特刊，此人于1947年5月携妻子波莉（Polly）来到开罗。年仅31岁的罗斯福身体健壮，做事认真，举止温文尔雅，曾就读于斯巴达式新英格兰私立学校和哈佛大学，是极富冒险精神的西奥多·罗斯福的孙子，也是富兰克林（在1941年底丘吉尔那次颇为尴尬的访美过程中，富兰克林曾于圣诞节当天邀请他和丘吉尔在白宫共进午餐）的表亲，是个富有魅力、仪表堂堂的人。他"彬彬有礼、说话温和……不管是主是客，都是学历与学识兼备，友善与谦逊俱有"，曾在华盛顿与罗斯福有过一面之缘的金·菲尔比（Kim Philby）说道，"他给人一种'出淤泥而不染'的感觉"。[6]

由于罗斯福的真实身份并非记者而是间谍，因此为杂志写特刊的说辞只能为他执行美国中央情报组（American Central Intelligence Group）——其前身是战略情报局，后成为CIA的前身——的任务提供一些微不足道的掩护，在情报局的这份工作是他大学毕业后找到的。1944年1月，他以战略情报局军官的身份首次访问开罗。当时，作为詹姆斯·兰迪斯的经济代表团成员，这一头衔为他在中东搜集情报提供了"保护伞"。

尽管罗斯福来自一个亲英派家庭，但战时与英国人共事的经历让他厌倦不堪。回想起"在场的英国代表完全无视伦敦方面的指令，竭尽所能中伤美国代表，而……当时美国人也是抱着'搞垮英国人'的想法做事的"，罗斯福认为"美英两国在中东的关系其实相当恶劣"。不久他便简单明了地阐明了其中的缘由："任何一个想要扩张领土的大国都明白，占据中东主导权是至关重要的一步；而任何一个想阻止他国势力扩张的大国也明白，必须不惜一切代价维护自己在中东的利益。"正是基于这一观点,罗斯福一复员就又回到了开罗,想方设法要摧毁英国支持的大叙利亚计划。他认为最好的方法就是对伊拉克和约旦的哈希姆王朝支系在争夺新国家领导权过程中产生的冲突加以利用。[7]

就在乔治·马歇尔询问其驻伊拉克大使更多情报时,罗斯福夫妇已经离开开罗到贝鲁特了,然后又从贝鲁特前往巴格达。罗斯福这个姓氏为金大开便利之门,同时也掩饰了其真实身份。因此,当他获得采访国王的伯父(当时的摄政王)——"一个亲切精明、身材瘦小、胡子稀疏,说一口流利英式英语的年轻人"——的机会时,针对阿卜杜拉当前的所作所为,他表达了美国人的厌恶之情。"其实这并不是记者的事,"他给母亲的信中写道,"不过好像也没人在意。"[8]

继巴格达后,罗斯福又前往安曼(Amman)觐见阿卜杜拉国王。虽然国王对他的到来表示欢迎,但两人的谈话并不顺利。"他完全不跟我讲阿拉伯的政治,"这位美国间谍事后写道,"或许他已经听说我反对他的'大叙利亚'计划,也可能是因为我对他的老对手伊本·沙特过于友好让他产生了怀疑。"[9]

不过,另外一场接见活动进行得更顺利一些。罗斯福在安曼期间还见了阿卜杜拉的首席顾问——亚历克·柯克布赖德。虽然老谋深算的约旦国王守口如瓶,但罗斯福不具威胁性的态度让柯克布赖德很受用,该说不该说的全都说了。"阿卜杜拉不会出什么问题的,"他对比自己小 20 岁的罗斯福说,"人确实是有点古怪,不过骨子里是个挺不错的人,而且你也知道,阿拉伯人需要一个国王。"[10]

罗斯福当时肯定察觉到自己很快就能挖到大新闻了。几天前在伦敦的时候，面对美国的压力，一位英国大臣曾再次否认英国政府支持"大叙利亚"计划，并称包括柯克布赖德在内的一些当地官员的态度都是"绝对中立"。因此，罗斯福并没有打断柯克布赖德。"建立独立的叙利亚和黎巴嫩共和国这一想法简直是无稽之谈，"这位从政多年的英国官员继续说道，"叙利亚、黎巴嫩、外约旦，还有我们现在所说的巴勒斯坦，这些之前都是一个国家，那就是叙利亚。还不是因为凡尔赛召开的巴黎和会及其安排才让叙利亚四分五裂的。只有建立一个完整统一的国家才能抵抗苏联的渗透，这是三四个小国力所不及的。阿卜杜拉正是把它们集聚在一起的带头人。"[11]

"阿卜杜拉正是把它们集聚在一起的带头人。"罗斯福终于听到他想要的信息：美国正好可以用这句出自英国政府官员之口的话来狠狠打英国政府的脸，之前正是英国大臣声称他们对"大叙利亚"计划保持中立的。与此同时，通过揭露英国背地里更青睐约旦国王而不是他的伊拉克表亲这一事实，离间阿卜杜拉和伊拉克的摄政王。

时机很快就来了。1947年7月叙利亚选举之后，阿卜杜拉国王于8月11日公开呼吁召开大叙利亚会议，建立统一战线对抗巴勒斯坦的犹太复国主义分子。他私下给叙利亚总统舒克里·库阿特利（Shukri Quwatly）写信施压，让他支持此次行动，同时提出制定新的叙利亚宪法。库阿特利长期追随沙特国王，于是把阿卜杜拉的事情告诉了自己的"大哥",提醒他留意事态发展。

在此之前,伊本·沙特还感觉比较安全。叙利亚选举结束后没多久,因相信大叙利亚危机已经过去,伊本·沙特最终同意 TAPLINE 工程。因此,当阿卜杜拉再次施压,并出现"约旦国王意欲借阿拉伯军团达成其目的"的谣言时,伊本·沙特开始恐慌起来。

与此同时,美国外交官员正试图安抚沙特国王,一再向他保证英国不可能允许阿卜杜拉采取主动行动,罗斯福利用三天的时间飞到沙特阿拉伯首都利雅得,在那栋雉堞状赭色土制塔式皇宫会见沙特国王。"尽管译员可能只是逐字逐句地翻译,但他总是有办法让你感觉自己像是他的家庭成员一样。"罗斯福事后如此写道。与此同时,罗斯福的妻子波莉也拜访了国王的后宫。"独自占有自己的丈夫,"后宫一位佳丽若有所思地说,"肯定很幸福吧!"[12]

伊本·沙特显然被"大叙利亚"计划弄得心事重重。不过,他对此事的分析比罗斯福预期的更微妙。问题的症结并不是"大叙利亚"计划,国王说道——实际上他觉得这项计划"有可行性和必然性"。准确地说,问题的症结在阿卜杜拉这个人身上。"陛下说这项计划并非基于理性或历史,"译员解释说,"而是基于个人野心的幻想,陛下说阿卜杜拉是过分狂妄地夸大自己——我不知道怎么翻译,但陛下说英语里有相应的词。"

"妄自尊大?"罗斯福问道。

"这个词听起来不错,"伊本·沙特说,"把这个词引用上。"[13]

这次危机于 1947 年 9 月结束。为进一步推进"大叙利亚"计划,阿卜杜拉通过向伊拉克摄政王阿卜杜勒·伊拉允诺巴勒斯坦和外约旦的王权,以此分化伊拉克皇室。但到9月中旬时,伊拉克摄政王突然公开退出阿卜杜拉的计划,宣布伊拉克在是否建立"大叙利亚"一事中保持中立。这话听起来不痛不痒,却具有非常重大的政治意义,因为这是伊拉克摄政王首次公开与阿卜杜拉持不同意见。十天后,在柯克布赖德的施压下,阿卜杜拉公开表示他"同意不再插手当前'大叙利亚'之争"。[14]

不久后,罗斯福将暗示自己在让摄政王回心转意的过程中所发挥的作用。他在数月后发行的《哈泼斯杂志》中写了一篇关于此事的评论文章,里面罗斯福把"大叙利亚"计划的破产归功于一位"从一开始就准确认清当地形势"的"美国代表"。通过复述伊本·沙特对他说过的话,罗斯福称阿卜杜拉的倡议"在阿拉伯世界得到广泛支持";不过说这话的人可不这么想,"由阿卜杜拉领导这样的国家,简直让阿拉伯人笑掉大牙"。与三十年前的劳伦斯一样,罗斯福把约旦国王描述成一个富有魅力但不可靠也不严肃的人。"作为政治人物,"他写道,"他就是一个政界笑柄。"尽管如此,有些英国官员还是对他有几分"眷恋之情"。事实表明,只有"美国的坚定立场才有助于防止可能损害阿拉伯国家、英国与美国利益的事态进一步发展"。一直以来,人们都认为美英两国在二战期间已停止暗中监视对方,但这件事表明,至少在美国这一方面,事实并非如此。[15]

金·罗斯福这篇文章于1948年4月发表。自己的宏图大志被美国人挫败后,阿卜杜拉只能满足于当年5月英国从巴勒斯坦撤军后，外约旦对约旦河西岸的占领。这也使贝文得到些许安慰，因为对西岸的占领能够增加约旦在中东生存下来的可能性。但跟贝文的"傀儡国王"之前想统治的领域比起来，这么个弹丸小国只不过是那片领域的"下脚料"。

* * *

然而，阿卜杜拉的雄心壮志被挫败并不意味着输油管道的宏大工程也戛然而止。在阿美石油公司的压力下，虽然库阿特利已经代表叙利亚政府同意 TAPLINE 工程的实施，但还需要议会批准。直至 1947 年 11 月 29 日美国政府在联合国大会投票赞成巴勒斯坦分治的时候，议会仍未批准该工程。美国的赞成票——再加上杜鲁门不顾乔治·马歇尔的反对，于 1948 年 5 月迅速承认以色列——激起阿拉伯世界的愤怒。1947 年 11 月，2000 名暴徒冲进美国在大马士革的大使馆。与此同时，为修建 TAPLINE 在约旦境内搭设的营地也遭到袭击。

1947 年叙利亚选举期间，阿美石油公司和美国政府花钱干预选举，试图让亲美候选人成功当选。在沙特强烈要求提高使用费的巨大压力下，阿美石油公司并未认真考虑"在叙利亚境内采取积极行动"，包括"斥巨资购置合适的地方"，以此来让叙利亚议会批准 TAPLINE 工程。为增加叙利亚的压力，阿美石油公司甚至开始重新考虑南部一条耗资更大的通往埃及的管道路线，不过这一想法因阿拉伯联盟难得一见的团结而落空。1948 年初，阿拉伯联盟成员国一致同意，在巴勒斯坦问题明确之前，任何成员国不得配置新的石油特许权。阿美石油公司的行贿行为反倒弄巧成拙，据英国外交官员称，美国为叙利亚国会议员送钱的谣言已经传得沸沸扬扬，而那些"没有接受贿赂的议员也不会善罢甘休"。经此一闹，议会批准 TAPLINE 工程更加遥不可及了。[16]

其实，叙利亚拒绝批准 TAPLINE 工程惹恼的不仅是美国人，还有黎巴嫩人，他们还想着从中获取巨大利益呢。可能是曾任黎巴嫩领导人的法里德·谢哈卜（Farid Chehab）在 1948 年的某个时候把中央情报局驻贝鲁特分部的斯蒂芬·米德（Stephen Meade）介绍给野心勃勃但又有些浮夸的叙利亚陆军中校胡斯尼·扎伊姆（Husni Zaim），当时他正积极奔走寻求支持推翻政府。米德于 1948 年 11 月 30 日第一次与扎伊姆见面，在给华盛顿方面的反馈中，他称这个陆军中校是"'香蕉共和国'① 独裁者式的人"。"让叙利亚人民走上通往民主和发展的道路只有一种方法，"在两人的一次会面中，陆军中校一边拿马鞭用力地敲着面前的桌子一边说，"那就是用鞭子。"当库阿特利因针对 TAPLINE 的抗议加剧而再次推迟对该工程的批准时，扎伊姆似乎成了打破当前僵局的合适人选。[17]

中情局在大马士革的分局负责人，也是米德的上司，名为迈尔斯·科普兰（Miles Copeland），是个福斯塔夫式的牛皮大王，"一头浅棕色的浓密头发……眼里闪烁着兴奋的光芒"，他说自己被中情局吸引是因为"有机会打着国际利益的旗号置身于见不得光的尔

---

① 指政局不稳且又小又穷的国家，是一种蔑称。——译者注

虞我诈中"。他和米德决定，为了让库阿特利政府丧失合法性，让政变合理合法，他们应该找个说辞，证明当前政府无法保护国外外交人员安全。通过散布科普兰家中藏有机密文件的谣言，两人故意伪装成家中无人的假象引诱叙利亚情报官员潜入科普兰家中，而此时他们已经等候多时。在《纽约时报》对叙利亚情报官员非法闯入科普兰住宅后引发的枪战报道中，科普兰被塑造成"神枪手"。[18]

不久，扎伊姆于1949年3月30日向高级军官下令逮捕总统，并占领大马士革重要据点，还把那些躲在柜子里记录当时情境的秘书都给关起来了，接着便以惨无人道的方式夺取政权。四天后，扎伊姆对促使他推翻旧政府的"混乱秩序和投机倒把行为"公开进行抨击，并宣布批准TAPLINE工程，美国人最终如愿以偿。尽管扎伊姆的统治仅持续136天后就被推翻，并且他本人也被杀死，但这项工程已成开弓之箭。经过六年的设想，工程终于在1950年9月竣工，三个月后就开始采油了。

作为英美对抗的产物，TAPLINE的修建使中东对美国而言具有重大战略意义，也让美国对过境国国内政治的干预达到前所未有的程度。其影响还不止于此，通过大幅提高阿美石油公司在沙特阿拉伯的采油量，伊本·沙特能够获取大量财富。为了使其收入最大化，沙特国王下了一着恶化英美关系的棋。

9

探索不毛之地

1948年1月25日,伊本·沙特收到一封来自国境南部一个偏远村落首领的电报,电报的内容让他"暴跳如雷"。三天前,一个名为威尔弗雷德·塞西杰(Wilfred Thesiger)的人突然出现在利雅得西南480多公里处的村子里。在命令村落首领把塞西杰丢进监狱之前,沙特国王问道:"这人是谁?"这个探险家的突然到来让伊本·沙特很不情愿地意识到他统治下的南部边陲还处在一种不明确、不稳定、不安全的状态。更重要的是,大家都认为这附近埋藏有石油。[1]

要抵达这个村落,塞西杰不得不穿过640多公里的沙漠。这片被称为"空白之地"的鲁卜哈利沙漠(Rub al Khali)一直以来都令人闻风丧胆。这里的沙丘可堆积至213米之高,相互敌对的部落常常因为数不多的水源和贫瘠的牧场大打出手。住在沙漠边缘的村民说:"连真主都不会来这里。"如果说这片沙漠算不上沙特阿拉伯与地处阿拉伯半岛南部海岸及半岛之角处各沿海酋长国(英国的保护国)的正式边界,但它至少也构成了双方之间难以逾越的自然屏障。[2]

那时的制图师将沿海酋长国的边界线用虚线表示，当他们向内陆探险，靠近广阔无垠的鲁卜哈利沙漠时，虚线慢慢消失，如果不用这种方法的话，地图上就会出现大片空白。1913年奥斯曼帝国与英国分别承认对方在阿拉伯半岛南部的势力范围，但据此制定的蓝线协议——根据签订协议所用笔的颜色命名——并未得到认可，战争结束后，奥斯曼帝国瓦解，毫无意外，伊本·沙特拒绝承认该协议。他认为国界的划分应以部落对谁效忠来确定。沙特国王声称他的家族最初就来自这片饱受争议的土地，因此他派出税务员来表明对这片区域的所有权。从那时起，沙特国王便以本国税务员在该区域找到的部落成员愿意向自己纳贡为由，主张自己对这片领土的所有权。

不断移动的沙丘和摇摆不定的人心，并没有阻止沙特国王或海湾地区各酋长及马斯喀特（Muscat）和阿曼的苏丹向多家石油公司在声称属于本国领土的区域内授予石油开采权。沙特国王授予阿美石油公司在"沙特阿拉伯境内东部地区"独家开采权，而比阿美石油公司更大、受英国掌控的竞争对手英伊石油公司和伊拉克石油公司则从邻国卡塔尔、阿曼和波斯湾沿岸各酋长国购买石油开采权，对于国界仍未确定的区域，各国也做出了类似的承诺。1945年阿美石油公司的地质学家信誓旦旦地指出鲁卜哈利沙漠下面有石油，在这片还存在领土争端的区域，各公司竞相开展的探索活动迟早会让它们及其背后的英美两国卷入冲突之中。1948年初，塞西杰在沙特阿拉伯境内的出现让沙特国王又离冲突近了一步。[3]

* * *

英国一听说阿美石油公司确信鲁卜哈利沙漠下面有石油，威尔弗雷德·塞西杰就跑到沙漠南部边缘进行调查，虽然不清楚这是否纯粹的巧合，但英国驻沙特阿拉伯大使于1945年1月向伦敦方面汇报了美国认为当地有石油的看法后，英国政府立即决定于当年春天组织一次"针对鲁卜哈利沙漠南部区域的夏季蝗虫调研活动"。到4月的时候，中东防蝗小组就已经指派塞西杰执行此次探险任务。[4]

塞西杰事后承认道："我对蝗虫并不感兴趣。"但他对穿越"空白之地"极为热衷，而加入由曾经盛极一时的中东供给中心剩余人员组成的防蝗小组是他穿越这片沙漠最好的方式，因为小组里的政府官员——不像欧洲外交官员——经伊本·沙特允许可自由行动。不管此次防蝗任务背后是否还有其他动机，但至少为塞西杰探索沙漠中各部落的效忠情况提供了机会。[5]

那时的塞西杰已经是位极负盛名的探险家。1910年出生于阿比西尼亚①（Abyssinia），读完伊顿公学和牛津大学后，塞西杰屡次返回阿比西尼亚寻找更大的挑战，并穿越该国东北部位于苏丹统治下的禁地。在苏丹政治处工作五年后——其间他猎杀70头狮子并积累了大量沙漠探险的经验——塞西杰加入了把阿比西尼亚从意大

---

① 埃塞俄比亚的旧称。——译者注

利手中解放出来的游击队。在海尔·塞拉西（Haile Selassie）一世（塞西杰于1930年参加他的加冕礼）邀请他回到亚的斯亚贝巴担任自己的政治顾问前，塞西杰还相继进入英国的特别行动处和特种空勤团（Special Air Service，SAS）。就在这份工作开始让塞西杰觉得恼火时——他"对官场有一种抵触情绪"，当时一起共事的人如此说道——防蝗小组组长找到了他。[6]

在1945年10月首次执行的任务中，英国并没有要求塞西杰深入沙漠。不过在探险途中，塞西杰听说一支贝都因人突击队从波斯湾出发穿过了鲁卜哈利沙漠。一年后，塞西杰旧地重游，他决定再现突击队的壮举，只不过这次是从相反的方向。由于塞西杰身高将近1.9米，而沙漠附近的部落对基督徒的敌意又特别深，因此向导觉得最好的方式就是让塞西杰假扮叙利亚人，正好他在特别行动处工作时对南部叙利亚的情况有所了解。

塞西杰穿越"空白之地"的时间是1946年与1947年之交的冬季，正值沙特边界争议加剧之时。由于阿美石油公司急于勘探卡塔尔半岛南部是否存在石油，伊本·沙特手下在东部地区任职的地方长官伊本·吉鲁韦（Ibn Jiluwi）便向该地派出数名税务员来响应国王对争议领土的所有权声明，不过沙特国王却怂恿迪拜的酋长攻击附近的阿布扎比（Abu Dhabi）酋长国部落，以此来给自己最大的竞争对手——阿布扎比酋长国首领——谢赫布特制造些麻烦。此次冲突的焦点是阿布扎比西南部的利瓦绿洲（the Liwa oasis），正好也是塞西杰的目的地。但当塞西杰历时三周跋涉724公里来到这里时，他的贝都因人向导意识到他们此次带的这位雇主在沙漠中留下的巨大脚印会暴露所有人的行踪。"如果伊本·沙特的税务员听到风声,会把我们都抓起来送到伊本·吉鲁韦面前的,"一位向导胆战心惊地说,"上帝会保佑我们的,我知道伊本·吉鲁韦这个人,他就是个冷血的暴君。"几个向导知道塞西杰的叙利亚人身份经不起盘查,于是他们不得不让塞西杰调头向东,然后再往南走,穿过阿曼腹地返回印度洋海岸。[7]

塞西杰一回到伦敦就向外交部和伊拉克石油公司简要汇报了自己的所见所闻,这一举动开始打破沙特对卡塔尔南部领土所有权的主张。1947年10月,在皇家地理学会的一次讲座中,塞西杰隐瞒了自己之所以在未完成探险的情况下被迫打道回府是因为那里有沙特税务员的事实。相反,他称自己发现居住在利瓦绿洲的居民与阿布扎比酋长国之间有贸易往来,而且唯一游荡在鲁卜哈利沙漠的部落也是与阿曼及阿布扎比境内的布赖米(Buraimi)和伊布里(Ibri)绿洲的居民有往来,而不是距离最近的两个沙特权力中心——利雅得和胡富夫。塞西杰掌握的这些情况显然具有重要价值,因此讲座之后没多久,阿美石油公司就找上门来,问他是否愿意到公司工作。后来塞西杰总是声称他当时拒绝了公司的邀请,但那次讲座结束后没几天,他就又踏上了重返阿拉伯半岛的路程,他希望这次能够深入鲁卜哈利更西的地方。

之前塞西杰就此次探险还向国王发出过请求,但伊本·沙特未予批准。这次,他决定直接跳过国王。"我要违抗国王的命令,"他事后写道,"但我希望能在沙漠深处的水源地补充些水,然后再神不知鬼不觉地溜回来。"然而,塞西杰并未严格按照计划行事,当穿过沙漠到达他想去的那处水源地后,塞西杰并没有立即返回,而是继续往前深入,到了一个名为苏莱伊勒(Sulaiyil)的小村庄。村里的首领向伊本·沙特报告了塞西杰现身此地的事情。[8]

要不是伊本·沙特身边的英国顾问——一名变节的公务人员圣·约翰·菲尔比——在国王收到村庄首领的电报时就在国王身边,塞西杰可能要在沙特的监狱里慢慢等死了。曾在20世纪30年代独自穿过鲁卜哈利沙漠的菲尔比从一开始就知道塞西杰的计划,而且他也愿意为塞西杰打掩护。他解释说塞西杰当时是在执行防蝗任务(其实这项任务早就成了挂羊头卖狗肉的事情了),他的同胞是因为饮水或食物耗尽,迫不得已才闯入最近的水源地。

起初,伊本·沙特并不想宽恕塞西杰及其同行的贝都因向导非法入境的行为。"未经允许他们无权入境,"他怒吼道,"如果我们对这些人的忤逆行为视而不见,其他人也会效仿。"不过,当天晚上他就缓和了不少,最终让塞西杰再次踏上了探险之旅。[9]

塞西杰又一次前往利瓦绿洲。自上次探险之后的11个月里,当地部落已经赶走了伊本·沙特派来的多名税务员,而且当时又恰逢迪拜和阿布扎比之间达成停火协议,因此塞西杰这次才得以到达阿布扎比。

* * *

尽管这次非法入境的事情并不算严重,却对沙特国王产生了很大的影响。他意识到,自己那些受英国支持的对手已经跑在了自己前面,对此,他迅速采取了应对措施。就在塞西杰闯入苏莱伊勒的时候,沙特正跟阿美石油公司就双方之间的协议进行再次谈判。在最初的协议中,沙特国王授予阿美石油公司60年的独家开采权,作为交换条件,公司要以每桶油22美分的价格向国王交纳使用费。但现在国王很后悔。塞西杰的闯入让他更加烦躁不安,即他们没有拿出任何能够激励阿美石油公司加快进度的措施。谈判最后,沙特不仅迫使阿美石油公司将使用费提高到每桶油33美分,而且还让他们做出了一个引发巨大反响的让步。

1948年4月修订完毕的协议要求阿美石油公司每三年就要放弃一片他们不想要的土地,这样公司就开始了一场与时间的赛跑,他们需要在规定的期限内从公司具有开采特许权的土地上找出哪里有石油,这一举措会把周边持有特许权的竞争对手也卷入类似的活动中。与往常一样,沙特国王这样做主要还是为了钱,但通过这一条款,他希望日后关于边界的纷争最终爆发时,能把石油公司及其美国股东以及对阿美石油公司征税的美国政府都变成自己的盟友。

* * *

就在沙特阿拉伯最终敲定针对阿美石油公司的最新条款时,塞西杰仍在探险途中。到了阿布扎比之后,谢赫布特酋长接见了他,随后塞西杰又继续深入161公里前往布赖米绿洲觐见谢赫布特酋长的兄弟扎伊德（Zayid），这片绿洲日后将显示出重大的战略价值。位于阿拉伯半岛"角尖"处的布赖米绿洲与波斯湾和印度洋等距，不仅为海湾地区酋长国提供了自然优势，而且紧扼通往半岛东南部阿曼的交通要道，一年前塞西杰就是借此来躲避沙特税务员的检查的：谁控制了这片绿洲，谁就取得了阿拉伯半岛东南部的主导权。

布赖米并非像图画书上画的那样是一片沙漠，在泉水的滋养下，绿洲附近长着成片的枣椰林。这片枣椰林及途经此地的交通支撑着周边九个村落的发展。谢赫布特的兄弟扎伊德就住在属于阿布扎比的六个村落之一；剩下的三个——包括布赖米——名义上则在马斯喀特苏丹的控制下。伊拉克石油公司代表——一个名为理查德·伯德（Richard Bird）的英国人——就住在阿布扎比统治下的另一个村庄里。

怀疑论者可能会说，伊拉克石油公司向阿布扎比和阿曼购买特许权的初衷就是防止美国对手捷足先登。但由于伊拉克石油公司之前在石油勘探上并未采取积极主动的措施，现在还是要追赶对手的步伐，因为它们察觉到阿美石油公司加快了阿拉伯半岛东南部的活动进度。奇怪的是，它们面临的最大障碍竟是最初授予公司特许权的马斯喀特苏丹。由于苏丹对阿曼内地的统治并不稳固，他不想刺激内地的敏感神经来挑战自己的统治权威。因此，苏丹不太愿意批准公司的勘探行为，因为这需要当地部落的默许。

为了绕过苏丹，当时在布赖米的理查德·伯德试着与他找到的有实权的两个人磋商进入内地的途径,一个是当地的酋长,另一个则是掌握内地实权的人——阿曼的伊玛目①,也是苏丹的对头。可能是担心英国带来的广泛影响会结束利润丰厚且成为绿洲经济发展支柱的奴隶贸易,酋长和伊玛目都对伯德的动机抱有很深的疑虑。"向阿曼的渗透是一个相当微妙的问题,"伯德抱怨道,"要知道婚礼上的新娘是最害羞的。"在这个节骨眼上,塞西杰竟于1948年4月5日闯入这片区域,声称自己之所以涉足敏感地带"是为了搜集一种野山羊标本",这种羊被当地人称为塔尔羊(tahr)。塞西杰的闯入让英国人非常不快。当伯德拿着这种羊的羊头说,这样的羊在当地随处可见时,塞西杰立马改了口,说他对阿曼内地的动植物群很有兴趣。[10]

伯德最初的直觉就是赶紧把塞西杰这个烫手山芋给打发走。这位英国石油商提到一件让他觉得好笑的事:尽管塞西杰连撒尿这种事都模仿贝都因人用匕首尖掏出下面的东西,而且还把"汽车"说成是罪恶的发明,不过面对搭便车的邀请时,他却从来都是"毫不犹豫"地接受。但伯德很快就不得不重新审视这个人了,现在的情况是他必须要到塞西杰一年前就已经穿越过的区域考察一番,因为据塞西杰说,他曾在那片区域好几个地方见到石油冒出来。这就证实了伯德之前有所耳闻但一直无法考证的谣言。正如他自己承认的那样,"塞西杰肯定知道哪里可以找到石油。"[11]

当塞西杰告诉伯德,那片区域的部落效忠于伊本·沙特时,这

---

① 对伊斯兰教宗教首领的称呼。——译者注

不禁引起了伯德的猜疑。伯德知道这种说法对阿美石油公司和沙特阿拉伯是有利的,因此他很怀疑塞西杰是不是在为他们做事。他不怀好意地问塞西杰,美国石油公司在伦敦找到他时,他是不是已经同意为公司做事了。伯德后来透露说:"我当时纯粹是在诓他而已。"不过这还真让他歪打正着,塞西杰被伯德已经掌握的情况吓了一跳,赶紧说他拒绝了公司的邀请——这样才把事情给搪塞过去。接着他又说,美国人已经进入阿布扎比的领地。那次谈话后,伯德提醒自己的上级,他们的对手已经有意挖塞西杰了,他建议伊拉克石油公司或英国政府立即把塞西杰雇为己用。[12]

塞西杰事后称:"我很讨厌石油公司,它们惧怕变化和社会解体,但这些又是它们必然会带来的结果。"不过,等他下次再谈到他的探险活动时,他已经成了拿着伊拉克石油公司薪水的"荒野探索先遣队员"。1948年10月,当他再度到皇家地理学会做演讲时,详细描述了"欧洲人从未踏足过"的利瓦绿洲。谈及绿洲上的居民,他说:"他们向阿布扎比的阿布·法拉赫谢赫效忠。"至于当地其他部落对伊本·沙特的效忠情况,鉴于沙特阿拉伯驻伦敦大使就坐在会场第一排,为谨慎起见,塞西杰未加评论。[13]

和上次一样,塞西杰又在演讲结束后立即前往阿布扎比。接下来的这场探险所采用的模式恰恰凸显出伊拉克石油公司当前的重点工作。塞西杰于1948年11月在利瓦绿洲的这次探险打着寻鸨的幌子,但其真正目的可能是搜集美国进一步入侵此地的证据。1949年1月,塞西杰南下深入阿曼内地,因为之前他曾经在这里发现过石油的迹象,而且当地部落表现出亲沙特的倾向。在开始这次旅程之前，伊拉克石油公司围绕一些注意事项对塞西杰进行培训。正是在这次探索过程中，他发现了被称为萨拉赫（Salakh）和马德哈马尔（Madhamar）的两座山丘。在给皇家地理学会期刊的投稿中，他顺带提了一笔这两座山丘。但直到过了很长一段时间，塞西杰才在自己的书中详细阐述了它们的重要性。"这两座山丘均呈半球形，我后来才想到，地质学家经常把这样的构造与石油联系起来，这让我懊悔不已。"他这话中的懊悔之情简直是惺惺作态。[14]

* * *

塞西杰一回到布赖米就听说了一起危机。数月来，美国在该区域的活动愈加频繁的消息屡见报端。3月，伊拉克石油公司在卡塔尔的分公司报告说，阿美石油公司已经在其享有特许权的区域修了路，还建了三角测量点。两周后，从沙迦传来消息，一架阿美石油公司的飞机对公司在阿曼境内享有特许权的领地边缘已展开调查。1949年4月3日——正是塞西杰抵达布赖米三天前——有人在迪拜通往阿布扎比的路上发现一支由美国制造的越野车组成的护卫队，里面有六名美国人及其阿拉伯司机和几名警卫。虽然这些美国人声称他们要前往迪拜，但在伊拉克石油公司驻当地代表赶来核实时，他们已经消失得无影无踪——这更加激起英国的猜疑，认为阿美石油公司正在明确属于沙特阿拉伯领土的远东区域勘探石油。几天后，伯德向上级报告说，美国石油公司一名主管亲口承认他所在的公司是受美国国务院支持的。伯德认为美国政府是故意挑起英美石油公司之间的争端，因为他们料定英国政府出于对美国资金的依赖肯定不愿与美国发生冲突。

英国政府之所以直到现在都在边界问题上保持沉默，主要是因为政府各部门在是否应该向年老体弱的伊本·沙特提出这一问题上意见不一，他们不确定他的王国是否能够延续下去。关于阿美石油公司正在利瓦绿洲开展调查的谣言进一步扩散后，谢赫布特酋长发出的正式控告最终成为英国政府打破沉默的有力推手。伊拉克石油公司官员飞过阿美石油公司享有特许权领域上空并确定公司营地位置后，英国驻阿布扎比政府官员和伊拉克石油公司代表于 4 月 21 日乘车穿过沙漠向阿美石油公司递交责令该公司撤离此地的信函，信函于一天后送抵。他们在营地见到了阿美石油公司的地质学家，不过这些人很坦率地承认道，他们从地图上知道自己已经进入阿布扎比的领地。"我们可以去任何一处沙特警卫能带我们去的地方。"其中一位地质学家如此说道。[15]

不出所料，理查德·伯德并不相信阿美石油公司的人所说的话，他猜测这些人身边的警卫不仅仅是保护他们，还能为其提供一些有效的恐吓手段。据一名住在布赖米的阿拉伯居民透露，有传闻说沙特意图在阿美石油公司染指利瓦前接管这片绿洲，在迪拜通往阿布扎比的路上，伯德向上级报告说，布赖米的各个酋长都认为伊本·沙特对阿曼图谋不轨。"我也一样。"他如此补充道。[16]

英国外交部认可了伯德的说法，而且很快就对他的提醒重视起来。如果伊本·沙特掌控了位于海湾各酋长国和阿曼之间的布赖米，那他就能阻止伊拉克石油公司通过绿洲到阿布扎比或阿曼进行勘探。伯德还预测了此后的事情。一旦沙特把英国势力赶出绿洲，"由伊本·沙特授权的美国人就会进入我们永远也无法渗透的区域……我认为当地的部落出于对伊本·沙特的恐惧，是不敢伤害这些美国人的"。[17]

伯德急忙赶往马斯喀特，他希望阿美石油公司染指绿洲的消息能促使苏丹采取行动，但结果让他大失所望。或许是不想测试各酋长的忠诚度，苏丹拒绝签署要求布赖米绿洲各酋长直接与伯德接触的信函。当伯德返回布赖米用尽各种办法贿赂酋长们接受苏丹的统治时，却遭到一致拒绝。问及塞西杰的意见时，他认为"现任苏丹在布赖米绿洲不太稳定的东部或南部边界树立威信的可能性非常小……他太软弱无力了，而且也没有与各部落保持充分且直接的联系"。[18]

时至今日，伊本·沙特的身体每况愈下，甚至因年老而极度恐慌。同年 8 月，叙利亚陆军上校扎伊姆的统治被推翻，他本人也被杀死，而其继任者又重新与伊拉克联合起来，因此沙特国王认定英国在挑唆周边国家把自己赶下台。作为反击，沙特国王果然如英国预测的那样于 1949 年 10 月 14 日声明对卡塔尔半岛、利瓦绿洲和布赖米地区的主权——一个月后英国驳回该声明。

与塞西杰在公共场合谈到的当地部落效忠情况相反，他私下向英国政府透露，现实并非如此。当英国政府驳回沙特的声明时，塞西杰当时正在波斯湾海岸准备再次向阿曼进发。这次他想登上将内陆与沿海分开的绿山（Jebel Akhdal）。不过由于阿曼的伊玛目派出一支 100 人的部队来追杀塞西杰，他差点就没完成任务。当他最终回到沿海地区并向驻迪拜的另一名伊拉克石油公司官员爱德华·亨德森汇报此事时，塞西杰声称，如果有必要的话，他这次九死一生的经历可以证明，"苏丹在绿山以西没有任何影响力"。[19]

亨德森曾在战时与塞西杰在特别行动处共事，他很尊重这位老战友，不过老战友的这次经历却预示着公司将遭遇厄运。他总结道："如果说连塞西杰在伊玛目的地盘上行动起来都困难重重，而且有些地方还进不去的话，这就足以证明这位掌权者的狂热程度和我们将面临的困难程度。"伊拉克石油公司在可预见的未来是不可能在阿曼内地勘探石油了，而伊本·沙特可能会利用当前这种不稳定局势，这样一来，布赖米也岌岌可危。

为防止事态进一步恶化，塞西杰建议支持谢赫布特的兄弟，怂恿他夺取布赖米东南部领土。但这个建议对一向倡导谨慎行事的驻海湾地区英国官员来说太冒险。"不能因为一些'莫须有'的东西，"他说，"就打破目前的形势，这不符合我们的利益……打破现状是非常危险的事情。"与伊本·沙特一样，伊玛目也是日渐衰老，而且时不时曝出就要逝世的新闻，所以，苏丹或可等到伊玛目死后控制内地各部落。实际上，伊本·沙特到1953年才逝世，而伊玛目则撑到了1954年。像之前一样保持沉默是最省事的选择，一旦英国政府接受了海湾地区英国官员"谨慎行事"的建议，它唯一能做的就是祈祷与等待。[20]

10

五五分成

虽说沙特阿拉伯针对阿美石油公司特许权问题再次举行的谈判促使该国在声明鲁卜哈利沙漠所有权一事上加快了脚步，但这跟双方于 1950 年底协商做出的进一步调整而言根本不值一提。这次调整不仅会对英国或阿拉伯半岛东南地区，甚至对整个中东都会产生深远影响。

与之前一样，对拥有近千名家族成员但又面临财政困境的伊本·沙特来说，钱才是最重要的。尽管这位国王在 1948 年 4 月修订的协议中已经将使用费提高到 33 美分/桶，与之前相比价格上涨 50%，但他很快就反悔了。在美国国务院施压下，阿美石油公司不得不给一些独立的美国石油公司分一杯羹，让渡介于沙特阿拉伯和科威特之间中立区的部分开采权。此后，沙特于 1949 年初将特许权转卖给另外一家愿意把使用费涨到约 55 美分的美国公司。这笔买卖让伊本·沙特觉得他能从阿美石油公司那里攫取更多利润。

当阿美石油公司削减产量时，沙特的不满情绪进一步加剧。1949 年，世界石油供需达到平衡，此时推行马歇尔计划的官员向公司施压降价。同年，英国政府因英镑危机出台各项措施，阻挠石油进口国购买以美元定价的石油，从而排挤美国生产商，导致石油需求下跌。面临双重打击，阿美石油公司相应缩减产量并将延后其扩张计划。由于特许权协议将使用费与石油产量挂钩，减少产量对沙特来说就意味着财政缩水：据美国国务院推测，阿美石油公司的举措可能会使沙特阿拉伯财政收入减少 2500 万美元。

财政收入灾难性地骤减给伊本·沙特造成沉重打击，此时他的伊拉克对手——其以英镑计价的石油销量正稳步增长——似乎又想重启"大叙利亚计划"，而英国也不提自己对布赖米绿洲的立场。因年老而愈发偏执的沙特国王认定这一切绝非偶然，英国正试图围困自己，于是他向阿美石油公司提出能否借款 600 万美元，然后再迅速于 1950 年 1 月把钱转借给叙利亚，以此来阻止其与伊拉克结盟。几天后，沙特财政危机初现端倪，该国财政大臣要求提前支付本应于 2 月底到位的使用费，就在阿美石油公司把钱存入银行当天，国王的一个儿子就派人来问什么时候可以拿到自己的份额，而当时银行的收银员还在数钱呢。

为避免与沙特产生摩擦，阿美石油公司同意了他们提出的要求，但公司的高管们对伊本·沙特如何使用这 600 万美元贷款极为恼火。此外，公司享有特许权的土地周边形势不稳，这就意味着他们不可能一直为沙特提供贷款。1950 年初，公司决定以一件不太寻常的事情为契机向美国政府求助。当时《国家地理》（*National Geographic*）杂志准备再版非洲和中东地图，此前发行的地图上海湾地区酋长国卡塔尔和阿曼的边界线均有部分延伸至鲁卜哈利沙漠。由于制图师不肯屈服于公司的压力，阿美石油公司便转向美国国务院，询问能否"对存在争议的区域先不上色"。1950年3月出版的地图就成了国务院同意提供协助的有力证据。虽然在塞西杰的数次探险后，这一版地图对鲁卜哈利沙漠的地形增补了更多细节，但在之前版本上表示边界的虚线却不见了。[1]

杜鲁门政府不想过多卷入其中。沙特对布赖米所有权的声明让美国驻吉达的外交官心生怀疑，尤其是听到国王的手下伊本·吉鲁韦私底下承认这一声明毫无根据可言时更加重了其疑心。对杜鲁门政府来说，与他们当前的头等大事——说服沙特政府续签即将于1949年到期的达兰空军基地租约——比起来，这些边界争端都是不值得上心的琐碎小事。作为交换条件——无疑也是为了给英国施压——伊本·沙特想与美国建立正式的军事联盟。但华盛顿方面并不想这样做，因美国上下对"深陷各类联盟"持怀疑态度，让国会通过此议案必定困难重重，而且也很可能会招致以色列游说团的反对。但同样，他们也不想让阿美石油公司为此失去石油开采的特许权。

杜鲁门总统针对沙特阿拉伯的军事需求展开了一次详尽的调查，以此来安抚沙特国王并拖延时间。沙特国王之所以给阿美石油公司施压是害怕英国图谋不轨，深知这一点的杜鲁门政府又传达了伦敦方面做出的承诺，称英国政府将借助其影响力来阻止"中东任何一国对另一国使用武力"。不过，这离伊本·沙特的要求还差得远。"英国就是一个喜欢出尔反尔的民族，"他有一次说道，"他们又是发声明又是做保证，可总是会在最后一刻食言。"1950年2月，沙特又向阿美石油公司提出一个棘手的要求：公司要支付即将完工的 TAPLINE 的维护费。由于这条输油管道的走向与伊拉克边界一致，美国大使一眼就看穿了沙特的意图：保护沙特阿拉伯北部边界免遭位于侧翼的哈希姆王朝的威胁，并把这些费用全部转嫁到阿美石油公司身上。[2]

由于不能实现沙特的要求，美国国务院开始启动个人外交。3月，负责中东事务的助理国务卿乔治·麦吉（George McGhee）带着一封杜鲁门给国王的私人信件前往利雅得面见国王，杜鲁门在信中表示希望两国之间的深厚友谊能够永续长存。虽然只有38岁，但麦吉深谙其中的利害关系。作为还未出师的地质学家，他已经在石油贸易中赚得盆满钵满，因此现在才能为美国国务院提供无偿服务。他的岳父埃弗里特·德戈利尔（Everette DeGolyer）是他们那个年代顶尖的石油地质学家，也是第一个发现沙特阿拉伯拥有巨大石油储量的人。[3]

"我最大的愿望，"麦吉后来回忆说，"就是为美阿关系打下一个坚实的基础，以此协助阿美石油公司巩固其沙特石油唯一开发者的地位。"麦吉抵达利雅得之后与伊本·沙特的顾问们展开初步会谈，其间他巧妙地避免了卷入鲁卜哈利沙漠边界争端，并对哈希姆王朝给他们造成的恐慌表示同情。三天后麦吉与国王一起进餐，国王还给他讲了自己在1902年带领40名部下夺取利雅得的故事。[4]

直到老国王上床休息后，麦吉和国王的顾问才开始讨价还价。麦吉明确表达了美国不结盟的态度，但他提出两国可以签订友好条约，还对美国根本没什么内容的出价粉饰一番，称按照杜鲁门总统上一年提出的"四点行动计划"，他们可以为沙特提供贷款和专业技术支持。同时，麦吉还很明智地将武器装备——这才是伊本·沙特最想要的东西——与沙特续签空军基地租约联系起来。

麦吉记得他离开利雅得时沙特皇室同意了他的提议，但在缓解阿美石油公司的压力方面没有多大进展。因为公司的税务情况受到当时替伊本·沙特掌管麦加财政的阿卜杜拉·苏莱曼（Abdullah Suleiman）的严格审查，一位英国外交官曾令人印象深刻地评价他是"我唯一见过喝掺甲醇的烈性酒的财政大臣"。[5]

苏莱曼一直在努力弄明白阿美石油公司与股东之间商业关系的秘密调整对利润产生的影响，这次调整使公司利润大增，从而向美国缴纳的税款也更多。但调查结果让人震惊，估计会把这位财政大臣气得借酒浇愁：1949年阿美石油公司被迫缴纳给美国政府的税款竟然比它支付给利雅得的使用费都要多。[6]

委内瑞拉的一次制度创新为沙特指明了前路。这个南美国家立法规定所有石油公司必须缴纳所得利润的50%。如果沙特阿拉伯在1949年就对阿美石油公司实行这一"平分法则"，那它就能从公司额外获取3300万美元。

当沙特聘请的美国税务专家排除掉"平分法则"可能带来的一种不确定性后，实行这种税收规定对沙特越来越具有吸引力。专家向阿卜杜拉保证，增税并不会影响阿美石油公司对沙特业务的投资，因为根据现行美国法律，公司可通过国内纳税义务来抵销这笔新增的国外税务。只要沙特对阿美石油公司的征税额不超过公司对美国政府的欠债，那最后遭殃的就既不是沙特也不是公司，而是美国的纳税人。1950年5月，苏莱曼告诉比尔·埃迪——前美国驻吉达公使，现在阿美石油公司工作——沙特政府拟"提高对阿美石油公司的利润分成"。[7]

因为苏莱曼酗酒成性，阿美石油公司的高管们都不确定该如何应对此人，起初他们提出推迟支付沙特本应于8月出借的600万美元叙利亚贷款。当发现眼前这位财政大臣并非虚张声势时，他们才意识到自己手中没有任何筹码。即使把公司对沙特的所有债务一笔勾销，这笔钱也才只不过占沙特实行委内瑞拉的"平分法则"后每年获利的一半。6月，阿卜杜拉·苏莱曼向阿美石油公司下最后通牒，要求公司每年捐赠不少于1000万美元的福利基金，并承担新建基础设施所需费用，同意各类发票均可延期至次年1月付款。由于这些费用都不能被美国的企业所得税抵销，沙特提出这一要求就是为了让"平分法则"更有吸引力。7月，公司董事长向美国驻沙特阿拉伯大使坦言，不能再这样继续下去了：谋求更多的特许权"不仅会让沙特政府得寸进尺，而且从经济上来说也不明智"。8月，董事会授权公司高管以"平分法则"为底线针对1933年的协议重新展开谈判。这样做实际上就是让美国的纳税人自愿为沙特皇室的奢侈生活埋单。[8]

虽然这对美国的纳税人来说是个坏消息，但对麦吉来说是好消息。尽管当年早些时候，总统拒绝了他提出的向其负责的中东和南亚各国援助10亿英镑的请求，但在他看来，沙特阿拉伯的战略价值正日益凸显。6月底爆发的朝鲜战争使美苏战争的可能性大为增加。如果真到了那一步，达兰的重要性就会骤增，因为它是唯一一处可以使美国的轰炸机到达苏联南部工业区的空军基地。这样算下来，给沙特的变相补贴根本不值一提。

麦吉对这一结果感到满意还有另外一个原因，那就是当时的英国也同样面临伊朗政府要求英伊石油公司提高使用费的压力，在这一结果的影响下，英国也不得不采取类似的应对措施。美国国务院官员现在担心，如果阿美石油公司失去或放弃沙特的特许权，那中东各国就会面临共产主义的渗透，他们害怕因此产生的动乱所带来的后果。但若相邻的伊朗屈服于苏联压力之下——在美国看来，英国的固执会使这一风险增加——沙特也会受到共产主义的影响。"只要阿美石油公司对沙特阿拉伯做出实质性让步一事尽快明确下来，"麦吉事后回忆道，"那我们就必须对英国发出警告，这样英伊石油公司就有可能增加对伊朗的筹码。"9

* * *

截至目前，在中东各石油公司中，最大的英伊石油公司已经不把阿美石油公司放在眼里了。但30年前它初来乍到之时，跟那些掌握着市场主导权的资深对手比起来，这家公司还只是一个需要拉拢客户、筹集资本的新手。1914年，时任英国海军大臣的温斯顿·丘吉尔宣布英国政府将投入200万英镑并签订为期20年的合同为海军部提供价格优惠的燃料，此时英伊石油公司迎来突破性发展。在前任海军大臣"不惜一切代价掌控公司……并确保英国始终掌握绝对控制权"的敦促下，英国政府购买了英伊石油公司的大部分股票，并在董事会占据两个席位。但事情的结果有些复杂。欧内斯特·贝文坦言,英伊石油公司"是一家国有企业没错",但他觉得他对公司"没有任何权力或影响力……来做任何事情"。[10]

丘吉尔曾把英伊石油公司获得的特许权说成"无可比拟的一份厚礼"。即使当伊朗也得出同样的结论并迫使英国于 1933 年重新谈判签订协议,其结果对公司也是更为有利的,因为协议将特许权期限延长了 60 年,同时还把伊朗对公司的税率也固定下来,直到 1963 年才能更改。再次修改协议"是公司最不想看到的事情",来自英国格拉斯哥市、不怒自威的公司董事威廉·弗雷泽爵士（Sir William Fraser）在 1948 年说道:"重新签订的特许权不可能会比当前这一版更为有利。"因此,随着委内瑞拉立法通过"平分法则",他也被迫于第二年回到谈判桌上,这个现实让他难以接受。[11]

在战争的推动下,石油贸易的规模越来越大,因此不管是对英伊石油公司还是对英国政府来说,1949 年的这次谈判双方面临的风险都不小。当时阿美石油公司日产油量是 50 万桶,而英伊石油公司的产量则比他们高出 50%。其中近四分之三的石油要在位于阿拉伯河航道上的阿巴丹市（Abadan）的炼油厂进行加工。随着炼油厂在战争期间大肆扩张,现在已经是世界上最大的炼油厂,也是英国"最重要的单一性海外投资";一名伊朗青年用"叹为观止"来形容这家工厂。这是一家"吞云吐雾的综合工厂",里面有大型贮水池和各种管道,还有很多高耸入云的烟囱,其生产力是位于波斯湾沿岸的拉斯坦努拉的阿美石油公司名下炼油厂的四倍。散发着硫黄和煤油臭气的炼油厂,源源不断地为英国的权力之争提供着原油。[12]

英伊石油公司下面的阿巴丹炼油厂不仅为英国政府提供了战争经费，而且以英镑结算的石油贸易每年为英国带来1亿英镑政府急需的外汇收入以及大量税收和分红。炼油厂以5先令/吨的价格从伊朗购进原油，经过加工后再以20倍的价格在欧洲出售。除此之外，英国政府还会向英伊石油公司征税，并以持有公司大半股份的股东身份收取红利，同时对公司支付给其他英国股东的股息征收税费。通过这种形式，英国政府从1948年到1950年三年间获利约1.16亿英镑。[13]

但这笔巨额收入并不包括英伊石油公司下面其他50多家分公司向政府缴纳的税收。英国贸易委员会称未将其纳入年度财务报告是因为——公司董事坚持认为——这样做"存在误导性"。[14]

与之相比，"暴露真相"这个词可能更贴切一些。这些分公司的经营活动多涉及分配和营销，那时与现在一样，这些下游加工环节是石油公司各项经营活动中利润最丰厚的一块。英国政府同意英伊石油公司将分公司的财务业绩剔除在年底财务报告之外的行径实质是与公司串通一气掩盖事实真相。公司首先在伊朗提取原油并在阿巴丹进行提炼，然后把大部分的资金投入分公司开展的营销业务中，通过这种方式获取的收益，伊朗就无权染指。英国燃料与电力大臣私下透露："这些波斯人从中获取的利益远不及我们。"[15]

现在的问题是这些波斯人已经开始蠢蠢欲动了。在围绕双方之间的协议条款进行重新谈判前，伊朗从法国聘请了法学教授吉尔贝·吉德尔（Gilbert Gidel），请他评估当前的特许权协议，并对英伊石油公司的各项活动仔细进行审查。吉德尔发现，当前这一版协议的理论依据存在缺陷，英伊两国政府依据协议所获取的收益相差悬殊，而且这一差距还在不断扩大；同时，他还揭露了英伊石油公司下属分公司的盈利能力——这是在英国政府纵容下，公司极力掩盖的秘密。

伊朗财政大臣拿着吉德尔的报告提出伊朗应对每吨石油征收1英镑的使用费。但这一说法把英伊石油公司那位令人生畏的董事给惹毛了，他在6月12日给出的最后出价比伊朗财政大臣的要价少了三分之二。弗雷泽厚颜无耻地辩解道，伊朗之所以不能照搬委内瑞拉的做法，向公司提出利润均分的要求，是因为英伊石油公司下面的分公司所经营业务都不在伊朗境内。财政大臣指出，如果没有他们的石油，这些分公司就没有任何东西可卖。

打破僵局的是伊朗统治者——沙①。他授意国内几位大臣接受弗雷泽的提议，双方于1949年7月17日签订公司所谓的《补充协议》。公司高管希望伊朗国王能够迫使伊朗议会在月底解散前通过这项协议。

不过，他们的愿望还是落空了。所谓的《补充协议》并不是伊朗人想要的利润均分，也没有满足他们想从分公司分一杯羹的要求。与此同时，公司又不合时宜地提出历史最高利润这一说法，可想而知，这并不能打动伊朗财政大臣。为防止议会可能通过这项协议，财政大臣把吉德尔的报告公之于众。议会中对公司怀有敌意的议员于是在最后几天极力说服议会拒绝通过该协议。

---

① 旧时伊朗国王的称号。——译者注

为确保1950年初伊朗能够选出一个合英国心意的议会，英国政府可是下足了本。但如果他们觉得议会中有多数亲英议员就能使《补充协议》迅速得到认可的话，那他们就大错特错了。选举期间，一个反对英伊协议、自称为"民族阵线"（National Front）的政治组织也赢得了8个席位。由前财政大臣穆罕默德·摩萨台领导的民族阵线指责外国干预是伊朗诸多问题的原因，承诺要推行真正的变革。摩萨台等人成功迫使伊朗议会将是否通过《补充协议》一事提交议会委员会进一步审议，而民族阵线也在由18人组成的委员会中占据6个席位。摩萨台本人任委员会主席。

伊朗国王罢免了首相和财政大臣，任命精瘦且自负的将军阿里·拉兹马拉（Ali Razmara）为新的伊朗首相。拉兹马拉自信如果英伊公司做出某些让步的话，他就能促使议会通过《补充协议》。在美国的鼓动下，他要求公司提高透明度，同时让伊朗和公司至高客户——英国皇家海军——享受同等待遇。

拉兹马拉希望得到英美的暗中支持，可能他也期待与对方达成共识。若他们真在这一点上达成共识的话，历史可能就要改写了。不过，拉兹马拉提出的要求遭到英伊石油公司管理层的反对：他们最不能接受的就是把公司账簿曝光，这样的话，伊朗人就会摸清分公司的实际盈利水平。公司的这一立场得到英国政府的支持，在伊朗2月举行的选举中，英国政府眼睁睁地看着本来应该有超过半数的亲英议员，一下子被削减到只有个位数字了，如果关于特许权的协议按照伊朗的意思重新修改的话，那英国财政收入必定损失严重。1950年8月，贝文在伦敦与美国大使的会谈中争辩说，《补充协议》的条款已经很"慷慨"了，英国不会做出任何让步，因为"伊朗人向来贪得无厌，不知满足"。[16]

* * *

担心英国的冥顽不灵可能会带来的恶劣后果，助理国务卿乔治·麦吉于9月飞往伦敦，试图说服英国同意拉兹马拉的要求，但落了个空。尽管当时的种种迹象表明，由共产党支持的伊朗人民党在伊朗的根基渐深，但英国觉得美国认为伊朗政府濒临崩溃并会被苏联掌控的说法言过其实。即使当麦吉警告他们说，阿美石油公司准备向沙特做出的让步"巨大，伊朗议会不可能会批准《补充协议》"，英国也不为所动。英伊石油公司的反应也没有好到哪里去。麦吉事后回忆说："实际上，董事会的人还让我别多管闲事。他们比我们更了解伊朗。"公司的一名主管还跟他说："这些伊朗人只会得寸进尺。"[17]

麦吉心想，那就这样吧。在试图避免英国人自食其果的努力无果后，麦吉返回美国，并于11月6日召集阿美石油公司高管和美国驻沙特阿拉伯大使开会。两天前，沙特又提出针对阿美石油公司征收所得税的新要求，麦吉告诉石油商，他倾向于选择"退避忍让"。公司这些代表也都同意麦吉的想法，对这笔多出来的钱他们还是能负担得起的；五五分成的税费协议之所以对他们还有吸引力，"是因为这可能并不会给公司带来额外开支"。当麦吉坦言自己还未就此事探出财政部的口风时，公司副总裁詹姆斯·特里·杜斯

（James Terry Duce）表示，他已经找过财政部的官员了，他们在这件事上似乎"并不太担心"。可见公司还是提前做了功课的。副总裁的说法让麦吉特别高兴：他不用为了申请对沙特的变相补贴而不得不准备冗长的发言来获得国会批准了。[18]

阿美石油公司与沙特政府展开谈判的同时，恰逢 TAPLINE 工程启动，此次谈判仅用时一个月就结束了。杜鲁门重申美国致力于维护沙特阿拉伯的"独立与领土完整"，为谈判的顺利进行铺平了道路。1951 年 1 月 10 日，杜斯带着麦吉的助手理查德·芬克豪泽（Richard Funkhouser）一起完成了签约。通过让这位年轻的外交官反复核算上一年度的总利润、开支、向美国支付的税费和使用费、租金、关税以及沙特提出的两类新税率，杜斯估计沙特在该公司净利润中的份额为 1.1 亿美元。不过这些钱再除以日产量 538000 桶，结果倒也相当实惠。按照谈下来的新规定"杜斯先生算了一下 1950 年的使用费差不多是 56 美分一桶"——也就是说，只比两年前太平洋西部石油公司的出价多了 1 美分。不管芬克豪泽是否密切关注杜斯的工作情况，他都已经抓住了问题的本质。"这种核算费用的方式与目前最高的核算方式是一样的，基本上算是公平的。"他在电报中针对此次签约如是评价道。[19]

芬克豪泽的用词非常精准。从面上看，这种方法极具迷惑性，但实际上，这种核算方式一点也不公平。与英伊石油公司一样，阿美石油公司也篡改了其利润。五五分成的核算方式以公司毛利润作为计算标准，但这个数字其实偏低，因为公司以大幅打折的方式把石油卖给美国的四位公司所有者，这些人再以现行价格转卖出去从中攫取利润。但沙特直到 1953 年中期才意识到事情的真相——他们因此少收近 1 亿美元——并敦促阿美石油公司改变核算标准。阿美石油公司不得不照办，这样沙特的使用费一下子涨了差不多 50%，每桶油变成了 83 美分。

在 1951 年初期的时候，上面这些都还是后话。当时最重要的是，阿美石油公司在美国的支持下开了一个看似慷慨的先河——也是一个即将引发灾难性后果的先河——但英伊石油公司在英国政府这个大股东的支持下拒绝遵循美国的做法，直至为时晚矣。

11

不幸的转折

尽管英美在伊朗是否濒临崩溃一事上看法不一，但伊朗政府确实是在一种严峻的形势下于 1951 年宣布将英伊石油公司国有化的。英伊石油公司对其利润的有效隐匿意味着通过石油获得的财政收入只占伊朗国民收入的一小部分。伊朗仍然是一个以农业经济为主导的贫穷国家。1700 万总人口中，超过一半的人都是目不识丁的农民，靠着从地主那里租的一小块土地在当地卖点自家多出来的农产品勉强维持生计。但即使是这样，他们还要忍受战争和通货膨胀带来的影响，而 1949—1950 年庄稼大面积歉收让国内形势雪上加霜，导致大批农民急遽涌入城市，尤其是首都德黑兰。

政治领导力的欠缺使得伊朗无力解决快速城镇化带来的挑战。与温德尔·威尔基第一次见面时才 22 岁的伊朗国王如今已经 31 岁了，但他依然平庸无为，在美国人看来，他无法"下定决心到底实行君主统治还是政府治理，最后弄得大权旁落"。在军队的支持下，他不得不与由地主、部落首领、商人、牧师以及军官构成的实际统治阶层争夺权力。伊朗议会规模不大，因此能够轻易被这些想维持现状的既得利益者掌握。由于国内没有强有力的政党，伊朗政治像旋转木马一样，日渐衰老的面孔"你方唱罢我登场"，每方上台的时间平均只有六个月。军情六处一位军官曾建议每一个想要了解这个国家的人读一下《爱丽丝镜中奇遇》这本书。[1]

* * *

越来越多的人开始不满伊朗现状，而穆罕默德·摩萨台就是其中之一。又高又瘦的摩萨台有些秃顶，他那鹰钩鼻和急促又不连贯的身体动作总让人忍不住联想到鸟类，而他的出身正是他所批判的阶级。母亲是19世纪统治伊朗的王室公主，父亲曾担任伊朗财政大臣。因此，他自己也在前任国王的统治下做过事。但如今，他已经成为贪污腐败和国外干预的坚决反对者——以至于英国还在战时鼓动他掀起反对苏联企图取得伊朗北部石油特许权的活动。

当英国人变成摩萨台的下一个目标后，他们就要自食其果了，但之所以想借助摩萨台的力量，其中缘由还是显而易见的。摩萨台是强有力且具有表演天赋的演说家，一位英国外交官曾因其长相和苦行僧般的生活方式说他"有点像伊朗的'圣雄甘地'，就是有些不太理性"。1950年的时候，他是69岁还是79岁完全看你选择相信的出生日期，长期以来深受疾病的困扰，摩萨台经常体力不支，容易晕倒。在一次重大活动中，他在议会上的发言讲到一半时突然倒下了。一位是医生的议员推开围观人群给他检查脉搏。这时，之前明显已经失去意识的摩萨台慢慢睁开一只眼对医生使了个眼色。尽管摩萨台睿智、狡猾又肆无忌惮，但美国外交官乔治·麦吉说：

"人们还是忍不住喜欢他。"[2]

起初，由于对摩萨台的误判，英伊石油公司的高管并没有因其举动而过分担心。在此之前，他们都是用钱来解决各种问题的。他们买通了政府各级官员、众议员和参议员，为了让国王接受1949年的《补充协议》，可能还向国王本人行贿。为了败坏对手的名声，这些公司高管甚至花钱让媒体刊登文章称这些人收了公司的钱。

英伊石油公司错就错在以为这套老办法也能用来对付摩萨台。继摩萨台当上议会石油委员会主席后，公司高管们就针对这个由18人组成的委员会列了一份名单，上面有他们的财务状况、政治倾向以及家庭关系。这是贿赂委员会中那13名非民族阵线成员的议员所需准备的基础性工作，但这种方法并未奏效。[3]

对公司来说，问题的症结在于摩萨台对钱不感兴趣。"他并不在乎金钱或每天出多少桶油，"一位伊朗官员写道，"他眼里只有民族主权这个最根本的问题。"10月中旬，民族阵线在议会展开了为期四天的辩论来揭露公司的伎俩，谴责公司的腐败行径造成伊朗现在这种政治生态。这次对公司的抨击成功地让公司之前倚重的支持者在涉及亲英言论时变得缄默不语，因为他们害怕为公司说话会招致腐败和叛国的指责。[4]

结果，当摩萨台于次月组织委员会就是否通过《补充协议》一事进行表决时，尽管英伊石油公司贿赂了其中一些人，但最后还是全员一致反对通过该协议。1950年12月底，议会收到针对协议的批准议案，新上任的亲英派财政大臣还拿出一些数据作为他认为应通过该协议的依据。一位来自民族阵线的议员打断他的发言，指责他这是"拿人钱财，替人消灾"，因为英伊石油公司在报纸上大肆兜售的数据与财政大臣拿出的数据一模一样，还说他们印刷这些报纸是收了公司的钱。

由于这次交锋，拉兹马拉又于同一天撤回了提议批准《补充协议》的议案。1951年1月，就在阿美石油公司刚刚宣布他们与沙特政府达成利润均分的协议时，摩萨台有理有力地提出将英伊石油公司国有化的要求。

* * *

针对摩萨台的要求，英伊石油公司最初并未采取任何行动。尖刻的公司董事威廉·弗雷泽爵士始终咬定公司无力履行平分协议。公司误导性的观点是，这位富有魅力的伊朗政治家提出的这种要求只不过是伊朗瞬息万变的政治形势中一段小插曲而已。当公司一位高层在白厅被问及如何看待"国有化呼声"时，他回答说自己"并没把这当回事"。[5]

尽管言论不当，但这种不屈服的态度受到欧内斯特·贝文的赞许，在伊朗要求石油产业国有化的同时，贝文还要抵制埃及民族主义者要求英国从苏伊士基地撤军的呼声，这让他极为不快。综观1月底的形势，贝文说摩萨台的要求"不切实际"，误以为民族阵线的影响力"言过其实"，要求政府官员坚定不移地执行现有政策。受英伊石油公司及其同僚"钱能摆平一切"的观点影响，贝文称他们要继续支持伊朗首相阿里·拉兹马拉,助他促成伊朗议会通过《补充协议》一事,这样的话,英伊石油公司才会拨付他们在1949年所签协议中承诺的款项。[6]

贝文刚提出这一想法,德黑兰爆发的一件事就让拉兹马拉和英伊石油公司都不得不从长计议了。几天后,一位重要的阿亚图拉①阿布-卡西姆·卡沙尼(Abol-Ghasem Kashani)在沙阿清真寺——德黑兰集市主要的清真寺——前面发起一场支持国有化的集会。"一个干瘪瘦小的穆斯林毛拉。"一家报纸上这样写道,卡沙尼对英国有一种极执着的仇恨。他的父亲死于1914年与英国爆发的战争,而他作为奥斯曼圣战的积极分子,在英国1941年入侵伊朗后遭到英国政府拘禁。此后他就利用自己的遭遇号召虔诚的同胞募捐,然后再用这些钱发展出一张庞大的信徒网,这里面有很多人就是在此次集会所在的集市上干活的。他把自己的组织称为"穆斯林圣战者协会";美国大使称他们是"一伙拿着高薪的职业流氓"。这位阿亚图拉与多起谋杀案脱不了干系。[7]

卡沙尼和摩萨台亦敌亦友,他的目的是取代摩萨台来推动国有化运动——这一野心最后却被英美两国给利用了。不过,目前两人是相互需要的。虽然摩萨台赢得了世俗中产阶级的支持,不过要发动信徒的力量还得靠这个会做宣传的阿亚图拉。1月底在沙阿清真寺举行的集会吸引了约10000人参加,多个来自民族阵线的政治家和毛拉现场呼吁国有化,集会最后,另外一位阿亚图拉还发布一项

---

① 对伊朗等国伊斯兰教什叶派领袖的尊称。——译者注

"法特瓦"①，称先知谴责将属于人民的遗产拱手让与他人、使自己国家的子民沦为苦力的政府。[8]

拉兹马拉和英伊石油公司都意识到这项"法特瓦"的发布让事态愈发不受控制。被这一几乎不加掩饰的威胁震惊到的伊朗首相此时询问英伊石油公司是否能够接受平分协议，公司回复说愿意考虑。2月23日，英国大使极不情愿地证实道，只要伊朗政府反对石油公司国有化，英国政府也"准备审议基于五五分成的利润划分安排"。[9]

若公开接受英国这一提议的话，更会让人说自己被英伊石油公司收买了，因此拉兹马拉想着先不公开这一提议，这样到后面的时候，会看起来像是自己努力争取到的结果。为此，他辩称国有化会引发灾难性的后果，因为伊朗缺乏独立运营石油产业的专门技术和资源，而且这也不合法。他的这番话最终把自己带上了绝路。

就在拉兹马拉在石油委员会上发表此番言论四天之后，他在沙阿清真寺外被人射杀，而这里也正是数周前发布"法特瓦"的地方。摩萨台领导下的石油委员会于刺杀发生的第二天一致同意将英伊石油公司收归国有，并提交议会对此进行表决。伊朗的议员此时一反常态地展现出了独立意识，虽然英国政府让他们不要参与投票，这样表决就无法达到法定人数，但他们不顾英国的施压，毅然于1951年3月15日投票赞成石油公司国有化。英国联合情报委员会（JIC）当天在伦敦观察道："波斯的形势已经发生了不幸的转折。"[10]

---

① 伊斯兰法律的裁决。——译者注

英国政府决定，既然现在这届议会不听话，那就到了解散当前议会并重新选举新议会的时候了——这一策略的实行必须要有伊朗国王的参与。不过正在英国决定这样做时，美国外交官乔治·麦吉却明确告诉他们这种方法不可行。原来，麦吉一听说伊朗议会表决通过石油公司国有化一事后，他就快马加鞭地去了德黑兰。结果发现年轻的国王正懒洋洋地躺在宫殿的沙发上，麦吉对国王说，如果他反对国有化，那美英两国都可以为他提供帮助，但国王"说他不能这样做，也恳求我们不要让他这么做。他甚至连一届政府都组建不起来"。在麦吉眼中，他就是"一个失意潦倒的男人"。一位英国外交官说得更难听："他不仅胆小懦弱，还意志不坚定。"事实上，他患上了抑郁症。[11]

离开德黑兰后，麦吉又前往伦敦与英国进一步商议对策。他迫切想要防止石油公司国有化，因为这样可能会给沙特阿拉伯以启示，因此他建议英伊石油公司按照阿美石油公司给沙特的开价来对待伊朗，这样才能挽回当前的局势。但这种方法也好不到哪里去，因为如果英伊石油公司与伊朗政府之间达成让利更大的协议，那沙特也肯定会再次向阿美石油公司施压加价。

问题的关键在于，两家公司结构不同，所面临的税收体系不同，这就意味着麦吉的提议在实践上不太具有可行性。最关键的一点是英国政府把英伊石油公司视为自己的摇钱树，不可能对它实行美国那样的税收减免，而阿美石油公司之所以能够同意沙特的平分协议，正是因为美国的税收减免令其不用花自己一分钱。最后经过深思熟虑，麦吉也承认道："不要想着弄清楚平分原则的计算标准是按照公司所在国要求的纳税前还是纳税后这样复杂的问题……两家公司还是与所在国政府一起厘清平分协议的实际意义吧。"他这话说了等于没说。[12]

为了表示对平分理念的口头支持，麦吉建议伊朗可以先把资源收回来，然后再与英伊石油公司签订协议，要求公司按照协议规定进行生产，并与伊朗平分利润。由于此时的贝文已到了弥留之际，麦吉把他的想法说给了贝文的继任者——平平无奇的赫伯特·莫里森（Herbert Morrison）。撇开莫里森对工作不太熟悉这个事实不谈，他的无知也足以让人瞠目。当看到莫里森卡在"Euphrates"（幼发拉底河）这个词后，有人说了句："贝文也不知道怎么读这些地名，但他至少知道它们在哪。"莫里森认定麦吉在访问德黑兰期间可能已经把他的想法跟伊朗人说过了，因此两人的会晤进行得很不愉快。"麦吉先生针对我们在中东遇到的一些问题给出的解决方法让我觉得他有点掉以轻心，"这位新上任的外交大臣在内阁会议及随后的驻美国大使馆对其同僚如是说道，"我提醒他要谨慎行事。"[13]

而麦吉和英伊石油公司董事威廉一块吃的那顿午饭也没好到哪里去。与麦吉一样，这个苏格兰人精通石油行业的技术问题，但两人的共同点也仅限于此。麦吉年轻温和，而弗雷泽阴郁专横，当一位英国官员说到英伊石油公司虽然"技术上过硬……但在政治上像瞎犀牛一样缺乏眼光"的时候，他心里想的肯定是公司的这位董事。[14]

弗雷泽涉足石油行业的时间比麦吉的年龄都长，他的一位同事曾评价他是"彻头彻尾的苏格兰人"，对任何事情，他都会先考虑股东们的反应。他们的收益回报已经被每况愈下的工党政府颁布的股利限制政策压榨了不少,如果保守党能够如其所愿很快重新上台的话,弗雷泽大概会对他们更慷慨一些。一听麦吉的提议,他就明白这种方式会影响到他给股东的利润分红,因此并没有把它放在心上。"麦吉先生,你的问题出就出在你是基于错误的信息来处理这些事情的,"他说道,"利润平分是个很不错的口号,但它的实用性就不太好说了。"[15]

麦吉肯定知道弗雷泽话里的真实意思,但他也知道现在迫切需要双方达成协议。回到华盛顿后,他看到了一份 CIA 给出的评估文件,文件声称如果任现在的形势继续发展下去,伊朗"可能迟早变成第二个捷克斯洛伐克",因此他再次找到英国大使。既然国有化的阻碍因素之一就是伊朗无力补偿公司现有股东的损失,他建议英国干脆放弃这部分损失来换取一半的利润。这位之前在牛津大学教过麦吉的大使,对自己以前的学生似乎已经把国有化看作既成事实的行为感到非常生气。他说,英国政府反对"任何迎合当前压力的行为"。后来称交换"并不太顺利"的赫伯特·莫里森此时还在伦敦继续坚持采取由英国掌控公司的解决方案。[16]

* * *

让麦吉始料未及的是,到了 1951 年 4 月,事情的发展使英国政府没有任何回旋余地了。之前于 2 月举行的选举中,工党的多数席位被削减至 5 个,而工党政府在财政预算出来之前被迫于当年春天做出的几项重大决策很可能会使内阁发生内讧，进而损害全党利益。当前，令工党政府感觉不安的还不止这些看不见的难题。贝文于4月14日逝世，而艾德礼听到这个消息时，他自己也因胃溃疡手术正在医院住院。

这位还在康复期的英国首相此时最不需要的就是外交政策危机，但让人担忧的是，这种危机似乎正在发酵。由于年初摩萨台提出石油公司国有化的要求，现在埃及的民族主义分子也开始呼吁收回苏伊士运河的控制权。艾德礼认为，若屈服于伊朗将石油公司国有化的要求，无疑会开一个"危险的先例"，这不仅会使英国政府减少一项重要的财政来源，在埃及问题上也是自找麻烦。而作为保守党领袖的丘吉尔则会借机从中渔利。[17]

从德黑兰传来的消息给了艾德礼和他的新任外交大臣赫伯特·莫里森坚持下去的理由。据英国驻德黑兰大使称，他确信民族阵线"对他们的……政策可能产生的结果越来越感到不安"，英国有可能说服他们达成协议。据英国大使的猜测，伊朗人也愿意接受英国强有力的领导，并且应该紧急采取行动，赶在摩萨台领导下的委员会针对国有化可行性进行的可能调查前。[18]

事后看来，这种一厢情愿式的认识导致英国政府犯了一个无法挽回的严重错误。4月27日，在摩萨台通过石油委员会拿出一个国有化框架的详细决议后，伊朗首相辞职抗议。英国大使听说摩萨台意识到自己的提议不可行后，便开始抓住机会大肆宣扬他在虚张声势。为了扶植一个亲英派候选人作为新首相，大使故意怂恿另一位主要议员提议由摩萨台担此重任。他本以为摩萨台会拒绝，这样就会给英国相中的人选让出位置来。

但摩萨台识破了他们的圈套，毅然接受挑战。在议会大多数成员同意由他担任首相后，摩萨台反倒从中看到了让他的计划得到普遍接受的可能性。他说只有在议会同意石油委员会关于将英伊石油公司国有化的决议后，他才会就职。经议会成员一致同意后，摩萨台于1951年4月29日担任首相一职。第二天，莫里森在内阁会议上谴责这一行为"极度不公"；燃料与电力大臣的评价更为"贴切"，他表示，"说此事背后没有推手的报道显然都是错的"。[19]

现在摩萨台开始考虑以军事手段夺回阿巴丹和各大油田：这是军方提出的计划，他们设想出动一支70000人的大军来达到此目的。军情六处一名官员收买了距阿巴丹最近的霍拉姆沙赫尔市（Khorramshahr）驻军司令，让他放弃抵抗。与此同时，英国大使馆官员假借进山狩猎之名与巴赫蒂亚里（Bakhtiari）和卡什盖（Qashqai）两个部落首领对话，油井就在他们的领地上。但这一切都没有逃过CIA的眼睛，他们推测这两个部落可能会单方面宣布独立，从而创造出一个宽松的环境使得"伊朗的石油开采权仍掌握在英国手中"。[20]

"简直荒谬。"这是美国新任国务卿迪安·艾奇逊（Dean Acheson）听说英国计划后的反应。他很快呼吁英伊两国展开谈判，并在5月18日发表声明，这份声明可谓"一碗水端平"的典范。一方面，他对伊朗做出此番决策表示同情，指出英国应给予伊朗对本国石油资源更大的控制权；另一方面，他又警告伊朗单方面毁约会产生严重后果。[21]

艾奇逊的干预是美国不欲支持英国的预兆，而且干预的方式也让伦敦方面极为不爽——"就好像我们两国是1911年那会儿被爱德华·格雷爵士（Sir Edward Grey）说教的两个巴尔干国家一样。"一位保守党人怒气冲冲地说道。但干预还是达到了美国预期的效果。艾德礼和莫里森将接管伊朗南部一事搁置起来，决定把伊朗违约的问题提交国际法院。更重要的是，莫里森最终对外承认，英国政府现在"打算考虑一定程度上的国有化解决方案"。[22]

在美国的施压下，英国政府做出了巨大妥协，但这一切都是白费力气。两天后，英美大使参加德黑兰会议，但摩萨台拒绝与英国政府对话。美国大使被伊朗首相一再提及"国家多贫穷、多不易"的情绪化言论弄得很不耐烦，他问摩萨台，如果没有英国，他知不知道怎么开采石油？但摩萨台的回答却很"淡定"："运蹇时乖，听天由命吧。""如果石油产业垮掉，伊朗面临财政缺口，随之而来的就是国内局势动荡，共产主义也会乘虚而入。真到了这一步，一切的过错都要归咎到你头上。"[23]

几天后，艾德礼收到杜鲁门的来信，他在信中指出，伊朗"愿意甚至有点迫切地想找出解决方法"。此时"立即展开"谈判就变得尤为重要。但这次会议的结果让艾德礼对此信的回复颇为冷淡。当英国人发现同样的信件也到了摩萨台手上时——可能是意外所致——他们一下子来了精神，这就证实了他们之前的猜想——美国在此事上怀有偏见。当前往德黑兰进行对话的石油公司代表团在十天后无功而返时，他们把这怪罪到美国总统头上。[24]

＊　＊　＊

　　1951年6月11日，伊朗控制了英伊石油公司位于阿巴丹附近的霍拉姆沙赫尔市的总部大楼，随后他们要求撤离阿巴丹的油轮为油轮上装运的石油缴税——这一举动就意味着石油是属于伊朗而不是公司的。公司总经理埃里克·德雷克（Eric Drake）一口回绝。港口处的油轮装载作业随之停止。伊朗没有自己的油轮，气急败坏之下出台一项新法规，对蓄意破坏石油产业的行为判处死罪。担心自身安危的德雷克逃往伊拉克的巴士拉。但艾德礼于6月25日坚持要求把剩余的油轮从港口撤出来。

　　艾德礼及其同僚都明白此举背后的真实意图。正如休·盖茨克尔（Hugh Gaitskell）所言："我们所推行的政策落脚点就是让这些波斯人陷入困境。"没有油轮运送石油的话，阿巴丹的燃料箱很快就会变满，到时候，公司就必须停产，而当地80000名员工也就拿不到工资。这样一来，发生暴动的可能性就会激增。伊朗国内局势动荡会让英国以保护本国国民为由向伊朗派遣军队。当艾德礼在内阁上被问及自己想从这一系列事件中达到什么目的时，他回答说："一个能与我们达成新协议的公道政府。"[25]

　　察觉到英国政府的意图后，杜鲁门派埃夫里尔·哈里曼（Averill Harriman）去找摩萨台以争取时间。作为前驻伦敦大使，哈里曼被人称为"金牌纠纷调解员"，尽管他也被伊朗首相不按常理出牌的行为气得火冒三丈，但哈里曼还是给出了总统想要的结论。"我觉得德黑兰现在的大环境应该能使英国取得一个满意的处理方式,"在伊朗首都待了半个月后,他这样说道,"机不可失,时不再来。"[26]

哈里曼的乐观让英国别无选择,只能派出年轻大臣理查德·斯托克斯(Richard Stokes)针对哈里曼想当然的谈判机遇一探究竟。斯托克斯见到摩萨台后却被告知伊朗政府已经与公司"分道扬镳"。"一个男人和妻子离了婚,然后还企图把她饿死,逼得妻子不得不杀害男人,这个男人的做法不是很奇怪吗?"年轻大臣的回答让人感觉不安。斯托克斯所能给出的解决方案中,石油业务的控制权在很大程度还是掌握在英伊石油公司手上,在伊朗待了近三周后,他也是两手空空地离开了德黑兰。斯托克斯意识到,谈判的大门已经关上了。"平分原则在波斯根本行不通,"他回国后向上级汇报道,"因为他们长期以来没有奠定好的基础。"[27]

艾德礼于9月提出选举时,事情仍未得到解决。工党在他主持的内阁会议上最后一次审度当前局势。听说此次选举的消息时,摩萨台才刚刚宣布伊朗将于10月4日驱逐所有在阿巴丹的英国技术人员,而那天正好是议会解散的当天。这种时机上的刻意把握让莫里森大动肝火,他对着同事大骂伊朗:"波斯人擅自违约,驱逐英国国民,还偷他们的个人财物,盗取英国资产。"现在他们还"打算把英国的工作人员给赶出来"。这位外交大臣依然倾向使用武力手段,但艾德礼不认可。虽然他很清楚动用武力会得到国民的拥护,但他也知道这样做不可能取得杜鲁门政府的支持,而且无论怎么想,都不太可能成功,因此他倾向于把此事交由安理会处理。这一想法得到休·多尔顿的赞成。"我们不可能无视美国，要知道我们对美国的援助依赖太深。"这位前财政大臣一语道破了问题的实质。[28]

1951年10月1日，英国大使前往联合国提交此议题，随后伊朗大使要求给予一定时间，以便让摩萨台赶来纽约进行陈述。"英国人给我的印象就像是在着火的剧院里唱《诸神的黄昏》最后一幕歌剧一样。"美国驻联合国大使听了英国代表在联合国的发言后这样说道。军情六处一位军官说得更直白："在最后的关键时刻却没有一个人出来掌控全局。"[29]

现在看来政党洗牌基本上算是板上钉钉的事了。保守党在民意调查中处于领先地位，而此时的艾德礼看起来"尽显疲态，不再对选举抱有幻想"，在伦敦的美国外交人员如是说道。在他们看来，工党似乎"愿意在当前阶段放弃执政权……但他们还想着在不久的将来……等保守党无力解决从艾德礼政府手上接过的世界性难题……再重返权力中心"。[30]

穆罕默德·摩萨台却不那么肯定。他已经来到纽约代表伊朗参加联合国大会，乔治·麦吉迫切想把他留在那里，希望通过自己的斡旋使伊朗和新的英国政府迅速拿出解决方案。当摩萨台于10月28日见到麦吉时，此时保守党险胜已毫无疑问，他承认自己对这样的结果"有点担忧"，因为害怕丘吉尔比艾德礼"更固执"。尽管麦吉试图说服他并非如此，但事实正是如此。[31]

12

退居二线

当迪安·艾奇逊于1951年11月在巴黎开会的间隙首次见到英国新任外交大臣安东尼·艾登时,他希望能在解决英伊两国长期以来的纠纷上有所突破。在他看来,工党政府的顽固是选举压力、倦怠心态和政党内讧多重因素影响的结果,因此他期望新上台的保守党政府能足够强大,在对伊问题上比前任慷慨一些。不过,他注定要失望了。

实际上,英国的新政府也不比之前步履维艰的工党政府强到哪里去。以建设一个"强大而自由的大英帝国"为竞选宣言的温斯顿·丘吉尔赢得上个月的大选,但其优势并不像他期望的那么绝对。其实工党的选票更多一些,只不过因为自由党选票的骤减以及英国特殊的选举制度①,保守党才以17票的微弱多数赢得选举。

此时还有一个月就到丘吉尔77岁生日了,他深知很多人——尤其是他那个急性子的副手艾登——觉得让他来做首相太老了。在

---

① 英国实行"单议席选区制",议会的议席不与选票多少绝对成正比,而由下院的议席多少来决定。保守党在下院议席多于工党,因此由保守党组阁,保守党赢得大选胜利。——译者注

巡回演说的过程中，丘吉尔力图改变别人的这种看法。有一次，他竟然狂吃一大份煎火腿，还喝了大杯威士忌和苏打水，随后又吸起了大号雪茄——而这时才早上七点半。他的这次"壮举"让已经崭露头角的保守党人哈罗德·麦克米伦（Harold Macmillan）印象深刻，他当时正好与丘吉尔在一起。不过，麦克米伦事后却说他的这位领导"令人钦佩，但总的来说不招人喜欢"。[1]

当丘吉尔重回唐宁街10号官邸时，他面临更大的中东危机。就在摩萨台下令让阿巴丹市所有英国人员于一周内离开伊朗之后没几天，埃及政府也向议会提交了一项法案要求废除埃英1936年协议——该协议同意英国在苏伊士运河沿岸驻军。就在议会通过法案的第二天，埃及政府公开拒绝英美建立中东指挥部的提议，该提议将使苏伊士军事基地的使用问题国际化，同时还会为英国继续在此驻军提供依据。同日，英国军事总部所在地伊斯梅利亚市的埃及人发起暴动。"这是我们与英国抗争必须效仿的典范，"看到英国人被驱逐出阿巴丹，一家埃及报社在报纸上宣称，"只有弱者才会被他们压迫。英国在中东作威作福的时代结束了。"[2]

毫无疑问，丘吉尔认为伊朗把英国人驱逐出阿巴丹的行为给了这些埃及人奋起反抗的胆子，他把当前的苏伊士运河危机说成是"伊朗局势带来的副作用"。他很清楚自己之所以能在大选中险胜，部分原因就是对工党无力维护帝国利益这一软肋的不断攻击，因此他可没心情向埃及或伊朗让步。[3]

此时的艾登也一样。他于11月在巴黎会见艾奇逊时，才刚刚和首相通了电话。丘吉尔"丝毫不可妥协"的提醒还在耳边，因此他对美国国务卿指出,他的提议——承认国有化为既成事实——"完全无法接受"。摩萨台——这时还在纽约等着——看来要一无所获地回国了。艾登继续说道,因为如果伊朗首相这种哗众取宠的表演最终落空的话,"伊朗很有可能迎来一个更负责的政府"。但艾奇逊不这么认为,他觉得艾登还没有意识到时间不可能倒转。"你要学会活在真实的世界里。"事后他尖锐地向艾登的顾问伊夫林·沙克伯勒(Evelyn Shuckburgh)如此说道。[4]

艾登丝毫没有想听从艾奇逊建议的意思。三天后,当他再次与艾奇逊会面,他还带了财政部和燃料与电力部两位资历较深的官员。当石油专家对美国的提议进行深入剖析,阐明提议在商业上不可行的原因后,财政部官员指出,如果越来越多的人知道英国甚至在考虑以美国的提议为基础进行谈判,到时会产生"灾难性"后果。国务卿的表情出卖了他内心的想法。"当我们的专家跟他解释,若英国因设备被没收向波斯人支付额外费用可能会对英国的全球利益产生的危害时,"一位英国外交人员说道,"他看起来很生气。"[5]

艾奇逊在巴黎花了六天的时间才把状况摸清楚。不管是丘吉尔还是艾登都没有任何想接受让摩萨台获利、英国受辱的建议方案的意思。两人也都不愿解除让伊朗难以为继的石油抵制活动。美国国务卿指出,对伊朗的封锁只会把它推到瓦解的边缘,到时从中渔利的只有莫斯科,但这话并没有打动艾登和他的顾问们。"如果你对伊朗形势的评估是准确的,那摆在你面前的路就两条,要么是伊朗投向共产党,要么是英国破产,"英国代表团中一人说道,"两相比较前者更好,希望您也这样认为。"艾奇逊的失望溢于言表。他总结道:"我对工党唯一一点新看法就是他们是一群好勇斗狠的牛皮大王。他们没能再重返舞台完成大英帝国解体的任务。"[6]

丘吉尔于1942年在市长官邸发表的一番具有挑衅意味的言论引得人们赞同是正常的,因为他在演讲中不时地提到战争。丘吉尔认为,"埃及埋葬着50000余名英国人的亡魂"这一事实就是使英军继续在埃及驻扎最有力的理由。从十年前到现在,丘吉尔解决英国所面临危机的指导方针就没有变过。在重新掌权后过了几天,他于11月10日写道:"最重要的是把美国拉下水。"而就在当天,艾奇逊还说丘吉尔及其同僚"与1951年的世界脱节了,这一点让人感到悲哀"。[7]

丘吉尔完全无视艾奇逊的评价,他还在等杜鲁门政府接受自己的想法,因为他提出来的策略更简单易行。他指示艾登,不要做任何"急剧或突然"的转变。"不必在埃及或波斯操之过急,"数天后,他在内阁再次强调,"我们现在有的是时间。"他想的是,美国会迫于伊朗和埃及日益严峻的危机不得不支持英国政府,从而向伊朗和埃及的统治者施压成立能与英国达成协议的新政府。不过,这一策略却存在重大缺陷。[8]

* * *

到1951年底,正如艾奇逊所想,除了将英伊石油公司国有化,伊朗已经不接受任何其他结果了。而在埃及国内,愿意冒着损毁个人名誉的风险与英国谈判的政治家也不多了。自英国大使——恃强凌弱的迈尔斯·兰普森——把坦克开到阿卜丁宫起十年来，英国与心有不甘的埃及之间关系就没有任何改善。即使埃及国内政局动荡也于事无补。战争结束后，曾经的繁荣被萧条的经济和大规模失业取而代之，几届联合政府都无力解决这些问题。1948年在与以色列的战争中埃及战败，加剧了埃及国内危机，而一直在苏伊士运河沿岸驻扎着的数千名英国官兵让埃及更加没有安全感。不断加深的国内困境使穆斯林兄弟会成为最大的受益者，这个有着50万穆斯林成员、从事反帝活动的组织于二十年前在伊斯梅利亚成立，这里正是埃及人和英国人分歧最突出的地方。

如果英国人能像欧内斯特·贝文最初设想的那样于1949年撤出埃及，那他们也不会成为使这个国家积贫积弱的替罪羊。但他们没有那样做，因此就成了穆斯林兄弟会自1951年底以来长达18个多月的袭击目标。兄弟会里的基层骨干都是阿拉伯突击队队员，他们通过往身上涂油脂然后在沙地里滚动伪装自己。这些在前德国军官手底下接受过训练的突击队员中，有一些人的第二职业是埃及辅警，在10月16日暴动后被派往伊斯梅利亚维持秩序。正是得益于这些辅警提供的内部消息，突击队的袭击频率和精准度都有所提高。

英国在苏伊士的军事基地其实就是一些分散的营地，占地1942平方公里。这种驻扎模式导致营地本身和在各个不同军事设施间巡逻的部队很容易受到突击队袭击。即使有带刺铁丝网、弧光灯、警犬和杀伤性地雷，也无法阻止他们每周几次的突袭。由于英国掌握着苏伊士的炼油厂，之前工党政府面对袭击时以定期切断燃油供应作为回击，埃及的面包店、污水处理厂和尼罗河三角洲区域的轻工业全都依赖燃油。丘吉尔继续满腔热情地推行这项政策，希望以此使事态尖锐化。"用石油做文章，"他在11月12日催促道，"让事态不断升温。"[9]

事态也确实随之升温了。五天后，两名驻伊斯梅利亚英国军官在和家人外出购物时，被人从警局里面开枪射杀身亡。英国政府随即将军属从该市撤离，在几名上将要求采取强硬措施的压力下，政府实行了更严厉的石油制裁：每周有一天切断石油供给。对这一政策，丘吉尔给出的理由是检查车辆交通的部队也需要休息。但艾奇逊看得很清楚，这就是故意挑衅。当艾奇逊在同一天举行的外国部长会议间隙见到艾登时，他向这位外交大臣指出，英国的处理方式不会取得任何成效，他同意这种做法完全是大错特错。

与此同时，夜间狙击、破坏电缆、半路伏击等突袭活动还在继续。英国士兵有时会在路上被人用沙袋套住暴打致死。被肢解的尸体经常被发现漂浮在连接尼罗河与运河区的甜水运河上。英军奋起反击。自10月16日暴动后的六周时间里，他们杀害了117名埃及平民，还有400人受伤。而12月5日英军为拓宽一条容易遭到突击队员伏击的道路，动用推土机把平民的房屋给推倒了，导致近300人无家可归。

英国采取这一行动之前没有向埃及政府发出任何警告，现在埃及政府召回驻英大使以示抗议。美国大使在报告中说，埃及人的愤怒已经达到"白热化的程度，爆发一场全面的战争已经不可避免"。他警告道，更不幸的是，现在"不管是媒体、官方甚或是公众，在这个问题上都失去了理智"。[10]

到1951年底，运河区的局势与五年前的巴勒斯坦惊人地相似。越来越多的英国士兵卷入一场不可能取胜的埃及暴动，因为他们现在已经失去了当地大多数人的支持。两名驻埃及的将军请求伦敦方面授予他们拘留、审讯、惩罚那些被抓的突击队员的权力，但艾登很快就以类似于当地戒严令的法律规定驳回了这一请求。撇开这样做肯定会像他们之前在巴勒斯坦那样适得其反不谈，这些埃及人也必然会切断英国在运河区驻军必需的饮水和食物供给来进行报复。要想实现两名将军的请求，那英国政府要么自己提供苏伊士军事基地所需物资，要么就批准同意接管埃及。不过无论是哪种选择都不可能行得通，因此艾登建议给予当地驻军司令任意拘捕犯罪嫌疑人的权力。尽管他也承认这种方式的"合法性令人质疑"，但丘吉尔并没反对。"撑死胆大的，饿死胆小的，"当这个议题提交内阁讨论时，英国首相说道，"不要太拘泥于法律。"[11]

几天后，在英国大使位于巴黎的住所处吃过晚饭后，艾登乘着首相在场的机会提出怎样应对埃及的问题。觥筹交错间，一位目击者回忆起丘吉尔是如何从椅子上站起来，他紧握拳头走到艾登面前。丘吉尔对着外交大臣低声咆哮道："跟那些人说，要是他们再这么不要脸的话，我们就让这些犹太人对付他们，把他们都赶到那些鸟不拉屎的地方去，永世不得翻身。"[12]

次日早上，艾登就让办公室的人为驻开罗大使起草一份指示文件，让他去找法鲁克国王，并向国王提议把当前这一届政府换成能坐下来与英国谈判的政府。想起战时英埃两国关系的发展情况，他还告诉驻开罗大使"用迈尔斯·兰普森的方式来教训国王"。艾登是否真的想让驻开罗大使采用这种方法不得而知,但事实上,这个消息已经传给了美国大使,英国外交大臣希望以此引起美国恐慌,从而使其与英国狼狈为奸。不管怎么样,或许是从美国那边得到了消息,法鲁克并没有解散自己的政府,而是任命两位有名的亲英派做他的顾问。其中一人就是刚刚从伦敦召回的大使。受这一举动的鼓舞,艾登声称是时候帮助埃及国王了。[13]

* * *

1月初,丘吉尔和艾登前往华盛顿寻求杜鲁门和艾奇逊的帮助,解决他们在中东的困境。在见到丘吉尔之前,杜鲁门已了解驻英大使对这位英国首相尖锐且极不友好的评价,也料到了后面会发生什么。这位驻英大使说,丘吉尔"年事已高,无法长期保持头脑清醒、精力充沛。而且他正逐渐与时代脱节,总是按以前的老皇历来说事。这些个性意味着他这人比较难对付"。[14]

丘吉尔、杜鲁门、艾登和艾奇逊四人于1952年1月5日共同进餐。"你有没有觉得,"事后英国首相问艾奇逊,"那晚餐桌旁围坐的正是世界政府?——我要说的,不是主宰世界,而是拯救世界。"艾奇逊是如何回答的无从得知。但艾登及其顾问被杜鲁门对待他们首脑的方式给吓了一跳。当丘吉尔提出希望美国承诺向苏伊士出兵,与英国并肩对抗摩萨台时,杜鲁门却把这个问题交给艾奇逊和艾登去讨论。一位英国官员后来写道,杜鲁门总统"对可怜的老温斯顿……态度很生硬","这不可能不让人意识到我们现在已经退居二线了"。[15]

会谈无果而终。丘吉尔在国会上提出，现在这个问题已经变成"国际责任而不是英国一国的责任"，再次呼吁美国向运河区出兵增援。但是，杜鲁门和艾奇逊打定主意不蹚这趟浑水。"我们就像是困在即将被冲下尼亚加拉大瀑布的小船上两个紧紧抱在一起的人。"美国国务卿说，他"认为我们应该先别顾着拥抱，而是赶紧拿起桨来"。[16]

对于艾奇逊打的这个比方，丘吉尔只是一笑置之。艾奇逊希望英国赞成法鲁克当苏丹国王，并认为这样就会打破中东司令部谈判的僵局，但艾登并未同意。英国外交大臣对1936年协议的各个细节都了如指掌，因为这项协议最初就是由他谈判签订的。由于协议故意使关于苏丹未来发展的尴尬问题悬而未决，艾登声称如果按照艾奇逊的建议行事，那将暗示英国接受埃及废除该协议，这样的让步是他不想做的。

艾登先于丘吉尔返回伦敦，并且毫无保留地向同僚们讲了事情的经过。"他被如今美国人对待我们的方式震惊到了——确切说是吓到了，"哈罗德·麦克米伦后来写道，"他们很有教养，也听完了我们要说的话，但还是按他们自己的意愿做决策。在我们没有恢复财政和经济独立之前，这种状态肯定还会持续下去。"[17]

* * *

就在英美两国努力寻求共识之际，埃及危机进一步加深。1952年1月19日，伊斯梅利亚市内一枚藏在一车橘子中的炸弹爆炸，导致 2 名英国士兵死亡，6 人受伤。人们在街上公开庆祝这一事件，兄弟会的突击队员还冲天鸣枪。接着在淡水运河上发生了一起争夺桥梁的战斗，其间附近修道院一名美国修女被杀。

英军上层了解到，这些辅警的另一个身份还是兄弟会的突击队员：桔车爆炸一事让他们确信，是时候解散辅警了。在得到伦敦方面的许可后，英军于 1 月 25 日发起代号为"飞鹰行动"的突袭，在黎明前包围伊斯梅利亚辅警总部，然后用喇叭向这些警察喊话劝降。

英国有意将突袭时间定为周五——这天正好是穆斯林的休息日——想以此来轻松取胜。然而，埃及的内政大臣从开罗打来电话命令辅警顽强抵抗。在英军用坦克冲破埃及人营地的正门后，一场激烈的战斗爆发了。在近四个小时的交火中，50 名埃及警察和 10 名英国士兵死亡。对英国驻中东部队总司令来说，这次交战发人深省。"我们之前觉得这些埃及人都是懦夫，一旦遇到武力冲突绝对会缴械投降，"他说，"但现在的形势并不是这样。"[18]

次日，埃及人以毁灭性纵火予以回击。据传，内政大臣电话下达"绝不投降"的命令时，他正在浴缸里一边泡澡一边抽雪茄。这个谣言散开后，引起开罗的辅警上街示威抗议。大约到午饭时间，示威渐缓。此时传来消息称市里欧洲人聚集区发生系列火情。当辅警赶到时，他们发现一帮有组织的团伙正放火烧英国人和其他外国人的财产、商店，他们随即加入其中。那天晚些时候，穆斯林兄弟会的人也加入破坏行列。两处英国在此地的标志性建筑——牧羊人酒店（Shepheard's Hotel）和赛马俱乐部（Turf Club）——被大火烧毁。骚动的人群打死了几个从俱乐部逃出来的人,并把他们的尸体扔回大楼中被烈火吞噬。巴克莱(Barclays)各分行、WH Smith公司、托马斯·库克(Thomas Cook)旅行社、英国海外航空公司(BOAC)以及英国文化协会也未能幸免。那一天——后来被称为"黑色星期六"——有9名英国人和其他26名西方人被杀,700处建筑遭到损毁。[19]

英国认为法鲁克助长了此次骚乱的发生,或者说他至少没有做出任何平息事态的努力,未曾设想后来事情愈演愈烈带来的严重后果。可以确定的是,促使法鲁克国王采取行动的原因是有传闻说英国的陆军部队正从苏伊士运河向西开赴开罗。由于害怕自己的国家被英国部队重新占领,国王于"黑色星期六"的次日解散政府。[20]

新任首相阿里·马希尔(Ali Maher)是众所周知的反英派人物,但艾登从中看到了机会,因为新政府就意味着会有选举。英国外交大臣认为,马希尔肯定想通过大选来展示新一届政府在签约一事上取得进展,这就为英国尽快解决埃及危机提供了机遇。但当艾登在内阁提出英国应向埃及表明,英国政府有一年之内从埃及撤军的意愿时,丘吉尔大发雷霆。他说,保守党曾就此事猛烈抨击工党政府,艾登现在的提议"比阿巴丹事件还要恶劣"。在"黑色星期六"事件发生后,丘吉尔担心艾登的提议很容易被解释为绥靖主义。与很多保守党党员一样,对丘吉尔来说,埃及在二战期间对孤立无援的英国抵抗希特勒有着护身符般的重要性,尽管艾登确实是从现实出发,但丘吉尔知道,党内大多数人还是支持自己的。数周后,哈罗德·麦克米伦私下里将内阁比作"一家每况愈下的公司的董事会。他们不敢把实情告诉股东,害怕会彻底损毁公司信用,使公司元气大伤"。[21]

* * *

与艾登一样,艾奇逊也在埃及问题上寻求突破。然而,英国人自诩为——用丘吉尔的话说——"动荡世界中的磐石"。美国国务卿担心,英国继续占领埃及会引发公愤和动乱。"黑色星期六"过去没多久,他就让 CIA 官员金·罗斯福重新返回开罗,看能否劝说法鲁克国王推行具有深远影响的改革,建立一个新政府,通过谈判方式让英国迅速撤离埃及。

在艾奇逊的要求下,罗斯福于刚刚过去的几个月间主持了一个委员会,该委员会以寻求美国在中东的新路径为主要任务。"我们的落脚点,"他和委员会其他成员总结道,"就是推动有能力且相对亲西方的领导者上台,通过推行一系列以此为目标的计划,其中可能包括一些刻意甚至秘密的艰苦付出,来培养、协助这些有潜力的领导者,哪怕他们目前还没有掌握权力。"这表明美国在对埃策略上发生重大转变。之前美国寄希望于民主来改变这片区域,但现在他们也开始积极寻求对这里的管辖权。这一转变预示着美国的对埃政策将更加务实,同时也意味着法鲁克国王将面临挑战,因为他并不具备美国所寻求代理人的价值。[22]

虽然埃及国王愿意协助美国把首相阿里·马希尔搞下台,但如今在美国人看来,这个他们之前认为"有望成为兼具进取心和影响力且对美国有帮助的年轻君主"已经不再可能成为这个国家的救世主。由于第一任妻子没能为他生下儿子作为继承人,法鲁克与前妻离婚,并在一年前娶了第二任妻子纳里曼(Narriman)。婚礼上,纳里曼穿着镶有两万颗钻石的礼服成为埃及王后,而那些处于水深火热中的埃及人民自出生之日起能活到 36 岁就已经算是"高寿"了。这对新婚夫妇并不受国内大多穆斯林的喜欢,因为他们竟在斋月期间去度蜜月,而且纳里曼在很短的怀孕期后就生了儿子,很明显两人是未婚先孕。关于埃及国王的谣言更是满天飞:据说有一次做噩梦后,他竟把开罗动物园里所有的狮子都开枪打死了;他把一把金币丢进一个盛着液体的桶里让一群搬运工哄抢,而这些液体其实是硫酸;他还强迫一个在他的土地上干活的农妇与猿猴交配。类似的谣言数不胜数且耸人听闻。这些事情是否属实已无从考证。重要的是,谣言之所以能传开是因为这些事情听起来实在是太合情合理了,而这更让人觉得埃及国王相信自己可以无法无天、为所欲为。[23]

CIA 近东部的其他官员把罗斯福的这次任务称为"蠢猪行动",当法鲁克国王拒绝罗斯福的提议时,大家丝毫不觉得意外。但罗斯福已经不再对法鲁克抱什么指望,按照自己协助制定的最新对埃政策,他在抵达埃及首都的时候心里就已经有了几个更好的领导人选。几个月前,他与"自由军官组织"取得联系,这是一个对日渐式微的国内统治不再抱有任何幻想的中层军官成立的地下组织。之前曾在塞浦路斯秘密会见过该组织三名代表的罗斯福提出美国可以为他们提供援助,并向他们保证在此次被邀到美国参加培训的 50

名埃及军官中，可以为他们留出6个名额，这一点似乎对他们很有帮助。对该组织持同情态度的埃及空军情报局局长阿里·萨布里（Ali Sabri）就在科罗拉多州学了半年的情报课程。[24]

1952年初，自由军官组织决定先试一下水，于是在军官俱乐部主席选举过程中，没有选法鲁克指定的候选人为主席，正常情况下这名候选人应该会顺利通过选举，但他们另外推选了一位受人欢迎的将军。穆罕默德·纳吉布（Mohammed Neguib）是个待人亲切、彬彬有礼而且不算太聪明的人。正是他赢得了此次选举。

尽管艾登事后承认，"政变来得太快，直到事发前的早上还没有人察觉到"，但美国人对此早就心知肚明。7月13日，此时的埃及首相已经是法鲁克国王在位的第四任首相了，美国驻开罗大使馆的空军助理专员得知自由军官组织即将发起针对政府的行动。一周后，几经尝试的法鲁克国王未能将纳吉布撤职。美国大使称，美国大使馆不会"干涉他国内政"——这一声明实际默认，如果自由军官组织决定发起进攻，美国政府将不会镇压。[25]

自由军官组织于1952年7月23日的黎明发起行动。300名军官率领3000名部下占领开罗市内的军队总部、电台及包括警察局和职能部门在内的其他几处关键建筑。大约在早饭时间，一个名为安瓦尔·萨达特（Anwar Sadat）的军官通过电台向全国宣布，纳吉布出任全国武装部队总司令，现在军队"已经掌握在无论是能力、品格还是爱国之心都可以让大家完全信任的人手中"。[26]

随后，自由军官组织又于当天召回刚刚被法鲁克国王再次罢黜的首相。选择召回阿里·马希尔反映出这一组织缺乏政治经验，但选择这样一个众所周知的人物也能为埃及的重建提供些许保障，与此同时，法鲁克国王已向英美求援平息政变但并未成功。尽管英国担心自由军官组织是某些极端组织的"幌子"，但政变发生后的第二天，英国高级外交官约翰·汉密尔顿（John Hamilton）还是找到纳吉布，说英国政府将此次武力接管事件视为埃及内政，只有当国外公民的生命安全受到威胁时英国才会干预。对自打出生就在英国统治的喀土穆长大的纳吉布来说，现在的一切竟异常地熟悉。"你知道吗？汉密尔顿先生，"他复述着刚才听到的那些话陷入回忆，"这让我想起在戈登学院的听写时光。"[27]

自由军官组织似乎还没有想好怎么处理位于亚历山大的行宫里的埃及国王。当收到国王已向英国求助进行干预的消息后，在阿里·马希尔还未干预之时，他们只简单地想着把国王送到军事法庭审判并予以处决。马希尔于 26 日前往亚历山大劝法鲁克退位。"陛下，木已成舟，"当国王对当前事态愤懑不平时，马希尔说道，"您只有两个选择……是乘机还是坐船离开埃及？"[28]

"过不了几年，世界上就会只剩下五个国王，"法鲁克颇有先见地说道，"英国国王和扑克牌里的四个国王。"在 CIA 秘密支持下的自由军官组织成员护送下，法鲁克国王乘船逃到意大利，并于当晚被流放。[29]

* * *

英国人一直以来自诩为埃及的"国王缔造者"，而美国人只不过是旁观者。但政变把国王赶下了台,在接下来的几周时间里,他们不得不认清大权旁落的现实:英美双方的角色已经互换。自由军官组织要求英国不得干预政变的声明竟是通过美国大使馆传达给英国政府的。虽说一个及时的建议让富有进取心的美国外交官威廉·莱克兰(William Lakeland)与自由军官组织里的一位年轻内敛的军官——喜欢热狗和埃斯特·威廉斯(Esther Williams)主演电影的贾迈勒·阿卜杜勒·纳赛尔(Gamal Abdel Nasser)——成为朋友,但一位英国特工还是抱怨道,就因为美国陆军和空军专员正在里面与纳赛尔见面,他不得不等着见这位新任埃及情报部首长。[30]

1952年8月底,一些英国外交官怀疑美国大使杰斐逊·卡弗里(Jefferson Caffery)鼓动军政府与英国保持距离。英国大使承认道,因为他的"水晶"当时"显示异常",他对后面会发生什么事情心里没底。一周后,在没有任何预兆的情况下,艾奇逊发表了一份希望看到埃及出现"喜人发展态势"并预祝新政府在发展之路上"一帆风顺"的声明,这更让英国大使及其同事的"异客感"与日俱增。埃及新政府把这份声明视为逮捕行动的"绿灯",抓了60人,其中很多是亲英派。阿里·马希尔针对此次干涉行径于次日提出辞职抗议,大概是在美国大使的教唆下,纳吉布接替他成为首相。艾登在伦敦大发雷霆:"卡弗里真是可恶至极。""英国人对他们与埃及军方没有实际联系而我们和埃及关系火热有点不高兴了。"几天后美国大使如此低声咕哝道。[31]

9月27日,麦克米伦在伦敦对目前的形势总结道:"或许我们现在的境遇和上次掌权时的情况最显著也是最痛苦的区别就在于……我们和美国之间的关系。之前我们平起平坐——双方是相互尊重的伙伴……现在美国人对我们的态度中夹杂着高人一等的同情和蔑视。"[32]

密谋摩萨台倒台

虽然自由军官组织于1952年7月发动的政变（七月革命）结束了英国在埃及的统治，但这也为英国解决另一个难题提供了思路。七月革命结束四天后，英国外交官萨姆·法尔（Sam Falle）在德黑兰会见了一个知名的伊朗首相摩萨台的反对者。返回大使馆后，法尔向上级汇报称，他的联络人赛义德·齐亚·塔巴塔巴伊（Seyyid Zia Tabatabai）建议由英国支持发动一场军事政变。由于英国前不久通过议会选举的方式未能将摩萨台赶下台，法尔倾向于赞成这一提议。

次日，法尔会见了发动政变的最佳人选——齐亚的左膀右臂——阿沙图拉·拉什迪安（Asadollah Rashidian）。与齐亚一样，拉什迪安家族也是自20世纪20年代成为英国盟友，1941年伊朗被攻占后，英国政府指定这一家族作为唯一的采购商，为英国效劳的拉什迪安家族自此便日渐发达。到战争结束前，这个家族已经结识了所有的上层人物：国王还有他的双胞胎妹妹（国王的妹妹与这个家族还有某些财务往来）、礼宾司司长、法官以及议会中的亲英派议员。同时，他们的势力还渗透到德黑兰市的各个领域——政府内部、军队、警察局、诸如阿亚图拉卡沙尼（Ayatollah Kashani）这样的宗教人士、新闻媒体以及——这才是最关键的一点——混迹于德黑兰南部各个肉类、蔬果市场的底层草莽之辈，什么傻子穆罕默德、屠夫迈赫迪、没脑子的沙班等等。到1952年年中的时候，英国军情六处给这个家族每月高达1万英镑的预付金。

阿沙图拉·拉什迪安推荐取代摩萨台的将军名字对法尔他们来说太熟悉了。作为战时一位省级驻军的司令，法兹卢拉·扎赫迪（Fazlollah Zahedi）与一些英国军官的死脱不了干系。之前英国政府曾收到情报称扎赫迪意欲与德国图谋夺取国家政权，英国随即派人绑架了他，并将他流放至巴勒斯坦。据绑架他的人回忆，衣冠楚楚的扎赫迪"穿着紧身灰色军装和擦得锃亮的靴子"，在他房间里还发现了"一批德国制造的自动武器，大量丝绸内衣，一些鸦片（和）一本伊斯法罕市的妓女画册"。由于当时扎赫迪是摩萨台的内政大臣，而且现在还成了参议院里的一员，乍一看他是个让人觉得不健康也不太可能的人选。但法尔很快意识到，正是这一点才让他做替代人选最为合适：他的从政生涯很难让人相信他会是英国的傀儡。[1]

英国寻找替代摩萨台的人选已经有一年多了。最开始他们想让齐亚自己作为替代人选，但后来发现赛义德家族的亲英倾向太明显，不可能让多疑的伊朗民众同意任何与英国之间的石油交易。他们随后又把视线转移到齐亚的对手——艾哈迈德·盖瓦姆（Ahmad Qavam），但他也在那年夏天惨败。一次与国王的争执后，摩萨台假意辞职，盖瓦姆被任命为首相，面对因其任命而引发的示威，他命令军队上街驱散示威人群。在79名抗议者付出生命代价后，盖瓦姆被迫辞职，国王别无选择只能召回摩萨台，而一天后，在海牙联合国国际法院做出对摩萨台有利的裁决，宣布英国政府在1951年提交的案件所涉及的问题上并没有管辖权，摩萨台将此视为大获全胜。[2]

* * *

萨姆·法尔与齐亚以及随后的拉什迪安会面正是基于这一背景。法尔的上级，临时代办乔治·米德尔顿（George Middleton）认为拉什迪安建议英国政府支持扎赫迪将军的提议值得在他写给艾登汇报伊朗国内动荡局势的信中提一下。彼时由英国精心策划的联合抵制购买伊朗石油行动成效显著。几天前，摩萨台提出，英国政府若能提供财政援助就可与其进行谈判，但突然又撤回了这一提议。在这期间有消息称摩萨台的提议在全国上下引发骚乱。米德尔顿认为摩萨台"狂妄到近乎疯癫"，因此他在信中称，"现在看来唯一能够阻止波斯落入苏联之手的方法就是发动政变了"。尽管目前在军队中"没有发现最佳人选"来代替摩萨台，但他觉得扎赫迪"或可一试"。[3]

虽然很难说受到充分肯定，但米德尔顿的建议着实对艾登产生了不小的影响。7月29日英国外交大臣向内阁透露，摩萨台撤回提议的做法"肯定是疯了"，这样一来解决困境的所有希望全都破灭了。艾登对米德尔顿提出"最有可能从伊朗日益严峻的动乱局势中受益的就是伊朗人民党"这一观点深表赞同。他告诉其同僚，自己已经问过美国驻伦敦大使是否可以"找到其他支持者……军人，就像在埃及一样"。他的表情说明美国大使对这个想法"并不反对"。[4]

在杜鲁门总统任期于年底结束前，艾奇逊又提出一系列旨在打破目前僵局的新建议，这让艾登愈发坚定了寻找"伊朗纳吉布"解决此次危机的决心。7 月底，美国国务卿提出援助摩萨台 1000 万美元帮他渡过难关，并成立一个国际仲裁机构来确定伊朗应支付给英伊石油公司股东的赔偿金。此外，英国还应以折扣价购买被封锁在伊朗境内的石油，进一步改善伊朗的财政状况。[5]

由于这样会解除石油抵制活动对摩萨台施加的所有压力，艾登本能地抵触这一做法。但考虑到自埃及政变以来美国的态度一直很坚决，他认为即使自己反对，艾奇逊可能也还是会拨这笔钱的。此时，从德黑兰传来令人振奋的消息——刚与法尔见过面的扎赫迪表示，他可以取得民族阵线中几个对摩萨台不满的成员的支持。艾登告诉内阁成员，在扎赫迪的计划推行过程中，他打算先假意讨论国际仲裁一事来骗过艾奇逊，"尽管这只不过是"推迟美国国务卿把钱借给伊朗的"拖延战术"。[6]

但艾奇逊一眼就看穿了艾登的伎俩。"从我们给英国政府的备忘录和艾登先生的回复来看，两者之间唯一的共同点就是，"他写道，"它们都是用打字机打在纸上的。"[7]

* * *

8 月下旬，摩萨台已经察觉到有人图谋不轨，但他似乎并不清楚是谁，因为当时他所采取的行动正中扎赫迪的下怀。8月23日，摩萨台仓皇做出决定，强迫136名军官提前退役。他们意外获得了一个新身份，这让他们有权加入退役军人协会，而这个协会的主席正是扎赫迪。"我今天碰到扎赫迪将军了，"两周后法尔向上级汇报，"他看起来真是春风满面。"[8]

扎赫迪的身份并没能隐藏多久。9月底，他与阿亚图拉卡沙尼会面，后者在年初迫使艾哈迈德·盖瓦姆首相下台一事中发挥了重要作用。扎赫迪推翻摩萨台的企图要想成功，显然少不了卡沙尼的支持。两人会面的消息很快被泄露。10月4日，《华尔街日报》(*Wall Street Journal*) 称，扎赫迪试图劝说卡沙尼等人支持自己推翻摩萨台的统治。报道中扎赫迪将军被写成"与埃及的纳吉布一样，是伊朗的'济世之才'"。报道还称，"他曾试图秘密开展颠覆活动——但摩萨台已经注意到他们了，这一点众所周知"。[9]

得知对手密谋推翻自己的噩耗后，摩萨台顿感压力骤增。本来就已经面临严峻的资金短缺，8月初又不得不接受卡沙尼当选议会主席的消息。当时美国大使正好跟摩萨台在一起。"摩萨台显然很震惊，"他向华盛顿方面汇报，"有那么一会儿他似乎忘记了我的存在，没有试图掩饰他的悲痛和不安。他一下子倒在床上，闭上了眼睛。我想他可能失去意识了。"随后，摩萨台于月底收到杜鲁门和丘吉尔的联名电报，称如果他同意将有关石油补偿的问题提交国际法院，就提供1000万美元的援助，并终止对伊朗的石油制裁。他之前费了很大劲才分化的两个大国如今似乎又合起伙来对付他了。[10]

10月13日，摩萨台针对对手发起反击，逮捕一名高级将领以及阿沙图拉·拉什迪安兄弟几人及其父亲。然而，扎赫迪和其他几个反对摩萨台的人却利用议员豁免权把议会作为自己的"保持伞"。伊朗首相只能对他们合谋推翻自己的行径进行严厉谴责。三天后，摩萨台最终如他一直以来威胁的那样，正式与英国断交。米德尔顿、法尔及其他人十天之内必须离开伊朗。

英国在德黑兰的大使馆关闭意味着成功推翻摩萨台现在全靠美国了，但目前来看，美国人对此并不感兴趣。尽管美国大使在与一位可能是扎赫迪的不知名人士会面后于9月向上级报告称，"（暴动分子）发动政变或诉诸武力的趋势日益明显"，但他还是不想卷入其中，还从英国大使那里谋得一项承诺，即两国大使馆均不得鼓动或支持政变——英国很快就食言了。到1952年10月的时候，CIA对摩萨台的前景更为乐观，认为他"至少还能再撑半年"，如果能避开卡沙尼的话，或许还可撑过1953年。这就解释了为什么艾奇逊直到杜鲁门总统任期即将结束时还是坚持外交路线不变，还抱怨英国的提议"肉太少"。艾登的顾问伊夫林·沙克伯勒在日记中写道："我们都受够了艾奇逊的说教。"[11]

* * *

温斯顿·丘吉尔希望杜鲁门的继任者在看待当前形势上能与杜鲁门不同。1952年11月4日，德怀特·D. 艾森豪威尔（Dwight

D. Eisenhower）在大选中获胜。艾克①是一个被英国民众熟知且大受欢迎的人：他指挥开展诺曼底登陆，在极其不利的情况下仍能协调好与蒙哥马利所率部队的关系。但艾登不抱任何幻想，觉得这位新总统也不会让英国的日子好到哪里去。尽管他和丘吉尔一样对艾森豪威尔心存敬佩，却认为共和党人比民主党人更不信任英国，可能只比艾克任命的国务卿约翰·福斯特·杜勒斯（John Foster Dulles）强那么一点点。这次对杜勒斯的任命，一位英国外交官凭借其非同寻常的远见于当年11月指出，"在不久的将来会给我们带来很大麻烦"。[12]

平心而论，英国人从来没有喜欢过这个阴沉的新国务卿。他是那种"只会夸夸其谈、做事不明不白的美国人……上帝救救我们吧！"艾登的战时首席顾问亚历克·卡多根（Alec Cadogan）在十年前第一次见到杜勒斯时就曾如此大声疾呼。让艾登觉得厌恶的是杜勒斯的口臭和他高人一等的态度。丘吉尔念叨着"无聊、更无聊、无聊死（谐音杜勒斯）"。就连艾克也承认自己所挑的人选似乎"乍看之下有点棘手"，而且——最关键的是——"他对自己的言行可能对他人产生的影响认识不足"。艾森豪威尔很清楚自己对国务卿人选的任命使英国人难以接受，因为当他向艾登确认杜勒斯将担此重任时，他的语气"几近道歉"。[13]

然而，杜勒斯似乎生来就是当国务卿的料：当然他本人对这一职务也觊觎已久。他的外祖父——杜勒斯名字中的"福斯特"就是

---

① 艾森豪威尔的昵称。——译者注

为了纪念外祖父——曾担任国务卿；他的姨父罗伯特·兰辛（Robert Lansing）也担任过国务卿。从其家族关系可见一斑，1919年还是个30岁的年轻人时，他就是巴黎和会美国代表团一员。与罗斯福一样，巴黎之行对杜勒斯而言也是一次观念重塑的历程：就杜勒斯来看，这次经历让他对英国人产生了很不好的印象。失望之下，他离开政界到著名的沙利文 & 克伦威尔（Sullivan and Cromwell）律师事务所工作，但杜勒斯并没有因此放弃关注外交政策。到二战中期局势日渐明朗时，罗斯福政府已开始考虑战后事宜，他接受了主持一个独立委员会的机会，研究"公平且持久和平"的基础。显然，当卡多根见到他的时候，那时的杜勒斯正宣传那次的研究成果，建议成立一个战后世界政府。这种建议在当时看来太理想主义了，但仅过了三年，杜勒斯就亲自见证了联合国在旧金山的成立。[14]

虽然杜勒斯曾在杜鲁门手下做事，但他自己是个共和党人。当麦克米伦把英国内阁比作行将破产的公司董事会时，杜勒斯就已经跑到位于巴黎郊区的北约总部与时任北约主席的艾森豪威尔见面，还催着艾森豪威尔以共和党候选人身份竞选总统。出于对苏联威胁的警觉，杜勒斯还向艾克提出一项"大胆的政策"，倡议对苏联进行猛烈回击，并威胁将核武器作为第一手段，以此来遏制苏联扩张，同时也能减少开支。

同时收到民主党人抛来橄榄枝的艾克还是选择接受共和党提名，并在大选期间谨记杜勒斯的理念。他很快就离不开杜勒斯了。就像麦克米伦后来观察的那样，"艾森豪威尔不能没有杜勒斯"。这样一来，杜勒斯的看法就很重要。他始终坚信，美国领导是世界安全的关键所在。而英国在某种程度上来说就是个威胁，作为"一个迅速没落的大国"，其"愚蠢又无能"的行为只会催生像摩萨台这样的民族主义者，从而引发紧张态势，苏联就会利用这种态势。据他的一位助理说，这位新任国务卿认为"不能指望英国以负责的态度参与治理活动"，而且"他对英国人没一点好感"。他认为艾登只不过是个花花公子。[15]

* * *

丘吉尔再次无视这类评价，他于1953年1月到纽约向杜鲁门告别，此行目的更重要的是为以后几年的相处来见一下未曾谋面的艾森豪威尔。临行前，他告诉内阁，此行目的是"尽我们所能把美国拉下水"。他相信，他能够重塑与罗斯福总统战时那样的密切关系。[16]

"我很敬重也很喜欢这个人。"艾森豪威尔在1948年战争回忆录中这样写道。他也知道丘吉尔"对此心知肚明，而且在每次争论中他都会毫不犹豫地利用这一点来让我赞同他的想法"。对此有所了解的艾森豪威尔作为当选总统于1月上旬与丘吉尔见了三次面。丘吉尔先是讲了战时与罗斯福总统一起在"气派十足的世界舞台上指点江山"时的喜悦心情。显然，他也希望能与艾森豪威尔总统建立这样和谐的关系。接着他提出，英美两个盟友联手的话，就能解决当前最紧迫的两大外交政策方面的难题——埃及与伊朗危机。若英美两国共担责任,他大胆表示,"其他国家就会认同我们所提建议中包含的智慧,继而按照这些建议行事"。[17]

和其他人一样,艾克也被丘吉尔的腐朽衰落震惊到。艾克在日记中写道,尽管这位首相"一如既往地充满魅力又不失风趣",他却"明显只能炫耀昔日的辉煌"。最令人惊愕的是,他似乎"树立了一种近乎孩童般的信念",认为"只要英美联手,就能解决任何问题"。[18]

艾克认为,正是丘吉尔的一厢情愿导致他犯了战略性错误。与杜勒斯的观点一样,他觉得"这两个西方大国不能联起手来以强制手段维持当前世界格局"。而且,艾克显然也认为丘吉尔提议英美两个大国联手的设想存在缺陷。他从个人经历可以看出,不管是丘吉尔首相所能记起的还是愿意承认的,两国的战时同盟关系远没有那么坚固。因此,他对丘吉尔抱有的建立特别伙伴关系的期望并没有多热情的反应:"任何想要建立这样一种关系的期望都愚昧至极。"艾森豪威尔希望丘吉尔首相能赶紧下台。

当然,这些都只是艾森豪威尔心中所思,并非口中所言,因此,浑然不知的丘吉尔还在那里自顾自地兜售自己的构想。在1月7日的再次会晤中,他提出想去华盛顿拜访杜鲁门,然后再到牙买加享受一下冬日的阳光。怀揣着英美特别伙伴关系的构想,他表示自己可能会在艾森豪威尔总统的就职典礼结束两周后,从加勒比地区返回华盛顿与艾森豪威尔总统一起召开一次首脑峰会。对此,艾克并没有正面回答,只是说要听一下杜勒斯的建议。

就在当天晚饭后,杜勒斯突然造访丘吉尔下榻的酒店,给他泼了一盆冷水。他称丘吉尔的构想"极为不妥",并解释说,美国人民担心丘吉尔给他们的国家领导人"下蛊",所以在举行任何峰会之前还是先等等比较妥当。杜勒斯走后,丘吉尔破口大骂"共和党,尤其是杜勒斯"。他对私人秘书说,自己"再也不想和杜勒斯有任何瓜葛,他那张'臭脸'看着就让人厌恶生疑",因艾克没有同意自己的构想,恼羞成怒的丘吉尔后来说他"懦弱而愚蠢"。[19]

不管是华盛顿的杜鲁门还是纽约的艾森豪威尔都没有支持英国的意思,丘吉尔和艾登别无他法,只能提出与埃及的纳吉布和伊朗的摩萨台展开谈判。"事到如今我对英国的整个未来都倍感沮丧。"艾登的顾问沙克伯勒在丘吉尔从杜勒斯口中得知"噩耗"的同一天这样说道。沙克伯勒把杜勒斯试图构建的世界框架看作对英国的图谋不轨。"国际法和国际舆论的走向都不利于我们建立一个伟大的国家,也就是说不利于我们在海外开展的活动,"他不无担心地说,"这样我们会一点一点儿地被赶回岛上,到时就只有忍饥挨饿的份了。"[20]

英国想要把摩萨台赶下台的企图现在看来似乎遥不可及。这要美国回心转意才能救英国于水火。

14

置身战场之人

　　1953年2月,大概在艾森豪威尔就职仪式半个月后,由军情六处负责人约翰·辛克莱爵士(Sir John Sinclair)带队的英国代表团前往华盛顿会见中情局新任局长,试图说服他发起一场针对摩萨台的政变。艾伦·杜勒斯(Allen Dulles)——约翰·福斯特·杜勒斯的弟弟——详细听取了辛克莱关于推翻伊朗首相、被军情六处命名为"下课行动"的计划。

　　艾伦·杜勒斯表面看起来光彩照人、富有魅力且平易近人——他那长期以来深受其苦的妻子给他起了个外号"鲨鱼"——要不是他办公桌后面墙上摆着的黑、白、红三部电话,别人可能都会以为他是大学教授。对辛克莱说的那片领土,艾伦·杜勒斯也有所了解。战时曾在战略情报局工作的艾伦·杜勒斯,战后又重新回到自己之前所在的沙利文&克伦威尔律师事务所,而哥哥福斯特是这家事务所的合伙人。1949年,他代表一家工程公司联合体前往德黑兰面见国王,就一项开发协议进行商议,如果不是《补充协议》在1950年12月引起群情激愤,开发协议进而遭到议会否决的话,那这项协议价值高达6.5亿美元。与他哥哥不一样,艾伦·杜勒斯不是什么有钱人,而那次本来可以大发一笔的协议泡汤后更是让他大受打击。他也想让摩萨台赶紧下台,并最终会为这场颠覆活动投入100万美元的专项拨款。

除了艾伦·杜勒斯的个人恩怨外,新一届政府突然愿意采取颠覆行动还有另一个原因:摩萨台实行的新举措直接损害到美国的利益了。在此之前,阿美石油公司从伊朗危机中赚得盆满钵满,英国针对伊朗石油发起的抵制行动大大刺激了阿美石油公司的石油产量,以便填补由此引发的石油短缺。但就在几天前,伊朗首相威胁要以50%的折扣销售伊朗石油——此举若长期执行,必定对阿美石油公司和沙特阿拉伯造成致命打击。

要是摩萨台发出威胁的时间再早一点,美国也容易找到规避之策。直到去年12月,英国组织的石油抵制联合行动以及更为关键的缺少油轮都意味着伊朗无法输出石油。但就在杜鲁门任期即将结束时,艾奇逊已经放弃抵制行动,而且海运租赁费率的下降将为伊朗提供更多油轮。"事态日益明朗,"福斯特·杜勒斯在英国代表团访问华盛顿期间写道,"油轮未来可供使用情况……很快就能让摩萨台将其威胁付诸实施。"辛克莱一行人返回伦敦后,CIA在报告中指出,伊朗首相即将宣布与英国的谈判破裂,并希望能以合理价格出售伊朗石油,请求议会批准。[1]

辛克莱与艾伦·杜勒斯会面后没几天,伊朗爆发更大规模的动乱,这就为美国实施干预提供了更为有力的依据。2月中旬,巴赫蒂里亚——伊朗国王的妻子所属部落——在油田中心袭击了伊朗军队,42名伊朗士兵死亡。摩萨台把这归咎于英国人和伊朗国王,还以辞职相威胁,但最终他改变主意并逮捕了明显已经准备取代自己的扎赫迪。

对形势的变化感到恐惧的伊朗国王提出要出国度假,这让阿亚图拉卡沙尼倒吸一口气——并不是他有多舍不得国王,而是因为国王的缺位会给摩萨台进一步巩固自身地位的机会。在卡沙尼动用议会力量劝说国王不要离开伊朗的尝试落空后,他指使没脑子的沙班一族聚众滋事关闭集市,散布摩萨台强迫国王退位的谣言。随着愤怒的集市商贩加入其中,民众数量骤增,他们开始上街游行,包围国王的宫殿,阻止他离开伊朗。担心个人性命安危的摩萨台穿着睡衣逃回了家。

卡沙尼的势力发起的这场原始的示威让 CIA 警觉起来,他们一直认为,如果阿亚图拉夺权成功,最大的受益者最终可能是代表共产主义的伊朗人民党,而人民党会迅速把那些反卡沙尼执政风格的人凝聚起来。CIA 在德黑兰示威游行后的第二天提出,即使阿亚图拉不能取代摩萨台,两方势力的敌对状态仍然可能引发动乱,而共产主义力量趁机接管伊朗的"可能性也会越来越大"。[2]

三天后,艾伦·杜勒斯于 3 月 4 日在国家安全委员会会议上详细阐述了事情的经过及可能带来的影响。"如果伊朗屈服于共产党人,"他说,"那占有全球 60% 石油储量的中东其他地区也会很快落入共产主义之手。"当艾伦的兄长福斯特随后指出,他预计摩萨台仅能再撑一到两年的时候,艾森豪威尔大为恐慌。"如果我私底下有 5 亿美元可供支出,"美国总统大叫道,"我会立马在伊朗投入 1 个亿。"如果当时美国总统真有那么多钱的话,他肯定会用这些

钱来支持摩萨台。³

不过，艾森豪威尔对摩萨台的态度在接下来的一周发生了转变。3月8日，CIA针对摩萨台与卡沙尼之间的对峙拿出一项更为深入的情况报告，当时为了防止议会达到法定人数，卡沙尼的拥护者发起联合抵制行动。不管哪方获胜，中情局称，对美国的影响都很严重。如果摩萨台未能挽回威望而由卡沙尼接管伊朗，那艾森豪威尔总统将面临一个敌意更甚的政府。反之，当前的僵局可能会让摩萨台愈发独裁。由于伊朗人民党在权衡利弊之后，现已公开支持摩萨台，如果他成功的话，那么伊朗将"在现在这条革命道路上再迈进一步"。这份报告出炉时，麦卡锡主义在华盛顿风潮正盛。当时政府中任何一个看过这份报告的人都能看出个中端倪：如果共产主义力量支持摩萨台，那艾森豪威尔政府就绝不可能也这样做。⁴

如果说摩萨台与伊朗人民党扯上关系只是败坏了他在美国的声誉，那这位伊朗首相以石油相威胁的古怪行径最终把他推上了绝路。3月10日晚，杜勒斯收到驻德黑兰大使的电报，称摩萨台告诉他，他与英国的谈判已经结束。大使建议杜勒斯不要再理会伊朗首相。第二天，艾森豪威尔于再次召开的国家安全委员会会议上说："就算我们单方面做出努力，对成功与摩萨台达成协议的可能性，驻德黑兰大使也深表怀疑。他认为协议只不过一纸空文，开出这样一个先例反而可能会对美国在世界其他地区的石油特许权造成恶劣影响。"⁵

几天后，美国国务院授权CIA"着手关于推翻摩萨台政府的行动",CIA 行动处处长弗兰克·威斯纳(Frank Wisner)联系了英国军情六处。他想就行动的细节讨论一下。[6]

* * *

当威斯纳的消息于 1953 年 3 月传到军情六处总部时,关于此次行动的两点内容已经明确了:一是行动需要一个背后的实际指挥者,二是还要有一个台面上的名义领导。早在 2 月英国代表团访问华盛顿期间,辛克莱就提议由金·罗斯福负责指挥这次行动。而罗斯福则建议让扎赫迪取代摩萨台,显然他还不知道英国早就与扎赫迪将军有来往。

但罗斯福对实施辛克莱提出的具体行动却倾向于采用一种更机动的方式,于是他在 4 月要求唐纳德·威尔伯(Donald Wilber)——战略情报局在伊朗发展的一位考古学家,现担任 CIA 的顾问——拿出一份更灵活的计划。目前的难点,用威尔伯的话说,就是"波斯人既做不到抱团取暖,也没有与人合作实现目标的行动自觉"。直到 5 月中旬,威尔伯才把精力放在军情六处派往塞浦路斯的诺曼·达比希尔(Norman Darbyshire)身上,英国设在伊朗的情报部门被伊朗政府扫地出门后就撤到了塞浦路斯。能说一口流利的波斯语的达比希尔是从特别行动处转入军情六处的。虽说这人算不上好相处的人,但他在同辈之间很有威望,尤其是因为他在过去的十年中,有八年是在伊朗度过的。他通过无线电与拉什迪安家族联系,偶尔也会在日内瓦与拉什迪安见面。[7]

迄今为止，两方间谍机构都不愿向对方公开自己手中的资源。现在达比希尔把拉什迪安家族的身份透露给了威尔伯，虽然他后来称已经猜到了替美国做事的人是谁，但威尔伯一直没有说出为构建反共宣传网络而上下奔走的两个人的名字——阿里·贾拉利（Ali Jalali）和法鲁克·基瓦尼（Faruq Keyvani），这两人是CIA最看重的两名特工。达比希尔和威尔伯一致认为，目前伊朗政治的关键点就是伊朗国王、议会和暴民，因此他们想出一个"看似合法"的接管方式，而这一方式需要借助一场声势浩大的宣传攻势、对议会的大范围行贿以及针对议会的游行示威，这样才会引起议员恐惧，从而针对摩萨台投不信任票，为扎赫迪的任命铺平道路，到时候扎赫迪再大肆宣扬一番国王颁布的法令以彰显国王对他的支持。[8]

这次联合制订计划的过程很顺畅。显然对此感到很惊讶的威尔伯表示，"讨论过程没有任何不快或意见上的明显分歧"。达比希尔——对CIA的雄厚资源很是嫉妒——也是以威尔伯为主，整个过程由他来定调子。事后，威尔伯对此评论道："英国对能够取得中情局的主动合作非常高兴，因此他们决意不做任何有可能破坏美国参与的事情。"[9]

威尔伯从塞浦路斯途经开罗飞往贝鲁特，他在那里与罗斯福、CIA在德黑兰的分部负责人罗杰·戈伊兰（Roger Goiran）、准军事战争方面的专家乔治·卡罗尔（George Carroll）会面，这些人在后面一系列事件中都会发挥举足轻重的作用。他们重新命名的"阿贾克斯行动"——表面上看是向擦洗剂的清洁能力致敬——最终在能够俯瞰地中海的圣乔治酒店房间中敲定下来。商讨期间，为防止隔墙有耳,他们把房间的收音机调到最大声。威尔伯和罗斯福随后一同返回伦敦,在圣詹姆士公园地铁旁的秘密情报机构总部向达比希尔等人就美方提议进行了说明。对威尔伯他们而言,这栋斑驳破旧的总部大楼能引人注意的也就只有那个用红色字体刻印着"非工作人员请止步"的标志牌——而军情六处现在的所作所为却违背了这句标语的指示。罗斯福事后回忆道:"英国人想发起这场行动已经想疯了。"[10]

剩下的就是获取上层对"阿贾克斯行动"的批准了,对这一点,军情六处提出可能"要些时间"。后来罗斯福才看明白,军情六处和外交部的关系"不冷不热",要不是因为艾登经过一次胆道大手术后正卧床休养,英国的外交事务暂时由丘吉尔全权负责,那这次行动可能会遇到很大阻力。一名军情六处的军官回忆时说道:"丘吉尔很喜欢搞这些大动作,看不上那些小家子气的外交官员。对这次'下课行动'的继续实施进行授权的人正是他。"[11]

罗斯福返回华盛顿,并于 6 月 25 日与福斯特·杜勒斯、其弟艾伦·杜勒斯、美国驻德黑兰大使洛伊·亨德森(Loy Henderson)及其他相关人员进行会谈。在麦卡锡主义的荼毒下,大家一致认为这次政变的敌手捏住了他们的软肋,因此参会人员很快针对行动达成共识。"那就这么定了,"福斯特·杜勒斯在会议最后说道,"大家动起来吧。"[12]

为了给摩萨台施加压力,美国政府泄露了一封艾森豪威尔的私人信件,明确向伊朗首相指出,美国不再对其提供援助。已于 5 月底离开德黑兰的亨德森也要休一次长假了。与此同时,罗斯福用了个假名字飞回贝鲁特。他开车带着一些小额的钞票穿过大马士革和巴格达，于7月19日进入伊朗，躲在德黑兰郊外中情局当地负责人的乡间别墅中。现在他要做的就是等待，而在此期间由 CIA 资助的宣传活动也开始日见成效。

宣传活动着重灌输三点内容：摩萨台支持伊朗人民党；摩萨台是整个伊斯兰教的敌人；摩萨台正逐步削弱军队力量以便由人民党和莫斯科方面接管伊朗。为将伊朗首相与人民党两者联系起来，英美间谍用了一招罗斯福在十年前就总结出来的老办法。"如果一个人的理念与你的相差无几，那你就很难痛恨这个人，"他在一篇关于英国内战宣传的文章中写道，"但如果把他放到一个党派中，那么他个人的理念就会融入一个更大的组织，而实际上这个组织中包含了 100 种不同的观念，精简之后最极端的观念就成了最有代表性的那个。"[13]

* * *

"阿贾克斯行动"策划期间，威尔伯和达比希尔做出三项重大假设：一是如果他们对伊朗国王施压够大的话，他就会言听计从；二是扎赫迪如果知道国王支持他的话，那他就会发起颠覆行动；三是军队若被迫要在国王和摩萨台之间选择的话，那他们还是会支持国王的。换句话说，一切都要看这个公认极不可靠的人。

这也是为什么他们在策划这次行动时并没指望伊朗国王有多英勇果断，只求他能签署两项法令——也就是伊朗国王的诏书

(firmans)——一项是任命扎赫迪为国防总司令,另一项则是号召各级部队拥护总司令以实现对摩萨台的罢免。但伊朗国王并不太喜欢扎赫迪,觉得他是一个"缺乏判断力与协调力的冒险家",他还跟美国人说,"在有关摩萨台的伟大传奇被打破之前,让他公开反对摩萨台不是什么明智之举"。当他拒绝下诏书后,"阿贾克斯行动"开始启动。[14]

为刺激伊朗国王行动起来,达比希尔和威尔伯把希望放在伊朗国王那个争强好胜的双胞胎妹妹身上。要说她兄长有多软弱,那这个人称"黑豹"的阿什拉芙公主(Princess Ashraf)就有多强势。想起与斯大林的一次不期而遇,阿什拉芙公主说她发现这位苏联领导人"待人温和,体态肥硕,最重要的是没有架子",远不是那种让人害怕的大块头,这让她松了一口气。公主常住在巴黎:达比希尔试图在这里找到她,但并未成功,最后还是于7月16日在法国里维埃拉(Riviera)追踪到她的行迹。了解到她喜欢赌博和昂贵的衣服,英国间谍说如果她能帮忙的话,就送她一件貂皮大衣和一捆钞票。这位间谍后来回忆道:"她的眼睛当时都放光了,所有的抵抗瞬间瓦解。"[15]

但当阿什拉芙回到德黑兰时,她的双胞胎哥哥却拒不见她。尽管四天后国王的态度就软了下来,但两人见面吵得不可开交,阿什拉芙并没能说服她哥哥签署诏书。不过至少她把一封信转交给了伊朗国王,告诉他很快还会有访客上门,那就是诺曼·施瓦茨科普夫(Norman Schwarzkopf)将军。施瓦茨科普夫曾在美国对伊朗的战争中担任指挥官,他自信能说服伊朗国王合作。双方于8月1日进行会晤，伊朗国王坚持在舞厅中央的桌旁召开会议，因为他固执地认为他的宫殿被人装了窃听器。结果，施瓦茨科普夫与阿什拉芙一样也是无功而返。

走投无路之下金·罗斯福只得亲自出马了。之前已经通过安插在国王宫殿里的一名线人给国王打过招呼，说将有一位授权代表艾森豪威尔和丘吉尔的美国官员觐见国王，8月1日深夜，罗斯福藏在一块毯子下面让人开车把他送进宫殿。他上次见伊朗国王还是六年前以为《哈泼斯杂志》（*Harper's Magazine*）写特刊作掩护执行秘密任务的时候。"晚上好，罗斯福先生，"当他出现在国王面前时，国王说道，"虽说我并不期待见到您，但能再次见您还是很高兴的。"[16]

确定美国人仍然支持摩萨台后，伊朗国王还想要艾森豪威尔总统支持他的证据。阿沙图拉·拉什迪安是国王经常会召见的人，他早已安排BBC波斯语频道稍稍调整其夜间惯用问候语——"现在是伦敦午夜"——把问候一字一句地加到电台广播中，让国王知道拉什迪安是替英国政府说话的。无独有偶，艾森豪威尔总统于8月4日在西雅图发表的一次演说中表达了他对伊朗日益恶化的国内局势的担忧，罗斯福称，总统的担忧就是他支持此次行动的隐晦标志。但国王还是想再多点时间来做决定。

摩萨台也在不经意间加速了行动进程。他想用计挫败卡沙尼针对议会发起的联合抵制行动，但想到国王肯定不会同意解散议会，他怂恿议员辞职。当这一企图遭到与中情局的间谍有联系的部分议员反对时，他又宣称由全民公投决定是否解散议会。投票箱被分为赞成和反对两种箱子，面对这样的设置，想投反对票的人自然会明智地选择躲远点。最后，摩萨台完胜，但这一计谋弄巧成拙，正中中情局的计，坐实他打算把伊朗拱手让给人民党和苏联的传闻。

因为不确定自己是否能依靠议会投票把扎赫迪扶上位，于是罗斯福决定必须让伊朗国王现在下达诏书，明确撤掉摩萨台的职务，另外一则诏书则任命扎赫迪为首相。但他的要求被国王拒绝。直到拉什迪安进宫跟他说除非国王迅速采取行动，否则罗斯福就要怀着"极度的厌恶之情"离开伊朗时，国王才改变主意。

如释重负的罗斯福以及 CIA 驻伊朗分部的其他同事为此开怀痛饮来庆祝这一成功；直到第二天早上 5 点罗斯福才上床睡觉。不过，他们庆祝得太早了：诏书还没拟好，国王就突然去了里海南部海岸的拉姆萨尔（Ramsar）度假胜地。拉什迪安于 8 月 12 日晚把两份文件一准备好，皇家卫队的司令内马图拉·纳西里（Nematollah Nasiri）就给伊朗国王送去了。

现在，经过一个前途渺茫的开端后，所有的军事准备都已就位。由于扎赫迪自 5 月开始就在议会寻求避难，直到 7 月 21 日离开议会找到一个安全的地方时，他才得以见到 CIA 在德黑兰的分部负责人罗杰·戈伊兰。这次见面没有给戈伊兰留下多深的印象。扎赫迪"看起来缺少魄力和干劲，对行动也没有一个具体的规划"，不过他部队中一名优秀联络人——哈桑·阿克哈维（Hassan Akhavi）上校——倒是"踌躇满志，就是有点'老虎吃天——无从下口'的茫然"。[17]

意识到扎赫迪不可能指望驻扎在德黑兰的五个旅之后，戈伊兰召见了之前曾在圣乔治酒店一起开会的准军事战争专家乔治·卡罗尔来尝试补救这次行动。8月5日，当卡罗尔与阿克哈维上校的联系人赞德·卡里米（Zand Karimi）见面后，事情开始有所突破。卡里米在首都各驻军部队里都有线人，不到四天的时间，卡里米就列出了一份40名可以带去觐见国王的军官名单。等纳西里13日带着国王签署的诏书从拉姆萨尔一回来，他们就做好了于15日晚上发动政变的准备——那天正好是星期六，也是工作周的第一天。

中间空出一天很有必要，因为卡里米需要在8月14日星期五那天向这40名军官说明一下即将发生的事情。可能这些军官里有人向摩萨台通风报信了，他在当天傍晚知道了此次政变即将发动的消息。结果，当纳西里在16日凌晨1点想要在家中逮捕摩萨台时，他自己反被摩萨台给逮捕了。据说扎赫迪吓得连军装的扣子都扣不上了。还是CIA官员洛奇·斯通（Rocky Stone）帮他扣上的，而斯通先生的妻子则握着扎赫迪妻子的手安抚她。当事态日益明朗，效忠摩萨台的军队先发制人阻止了政变的发生时，本就不太高昂的士气被彻底瓦解。扎赫迪赶紧躲了起来，而伊朗国王则乘坐飞机先逃往巴格达，最后又逃到了罗马。"让飞机走。"当下面的人问摩萨台是否要拦截并击落国王的飞机时，摩萨台这样答道。伊朗国王在罗马入住Excelsior酒店。在大厅服务台前，站在他身旁的正是为国王安排住宿的艾伦·杜勒斯。杜勒斯说："您先请，国王陛下。"[18]

在罗斯福等人看来，16日凌晨那几个小时就已经有一些令人不安的预兆，表明政变可能不会顺利。首先一点就是，当时伊朗的电话还能用。但直到他们在伊朗部队的一名卧底特工跑到大使馆寻求避难时，政变失败的消息才传开。洛奇·斯通想起当时大家的反应：

"（他们所在的）藏身之处充斥着谩骂与指责声。在那个地方变成暴力现场之前，罗斯福大手一挥，让全体安静下来，并轻声宣布这次行动失败责任在他——所有人都对他的举动鼓掌表示赏识。"[19]

* * *

金·罗斯福肯定感觉到自己在中情局的工作快要不保了，不过他从来不是那种轻易放弃的人。四十年前，他很崇拜的外祖父西奥多曾在巴黎大学发表一次著名演说。"真正的英雄不是针砭时弊之人，也不是指出奋斗者如何败北、实干家怎样提升的人。"这位美国前总统如是说道。

> 英雄之名属于那些置身战场之人，他们满是污垢的脸上夹杂着汗水与血水，他们奋勇拼搏，但也会犯错，也会一次次地与目标失之交臂，因为所有的努力当中都会有瑕疵与不足，但他们依然抱着极大的热忱与忠诚不懈奋斗，以殚精竭虑之志献身于崇高事业；成，则览众山之小；败，亦无悔心比天高。因此，这样的人从不与不知成败为何物的蛇鼠之辈为伍。[20]

那个周日早上刚过 8 点，罗斯福就驾车北上出城与跟儿子阿尔德希尔（Ardeshir）一起躲在外面的扎赫迪会面。与罗斯福一样，这对父子也没有完全放弃，他们认为当务之急就是让德黑兰的人民相信这场政变是摩萨台在听到国王下诏解除其职务并任命扎赫迪将军为首相的风声后发起的。罗斯福对此表示认同，CIA伊朗分部的人开始着手传播谣言，他们先是让美联社发布一则相关消息，然后又安排阿尔德希尔接受《纽约时报》记者肯尼特·洛夫（Kennett Love）采访，这样他就能给记者看诏书原件。敏锐的CIA特工贾拉利和基瓦尼也各自得出相同的结论，在当天早上的报纸上，用一整面的篇幅阐述此次政变就是为了逼迫国王退位。

现在，摩萨台又棋错一步，正中罗斯福和扎赫迪的下怀。正午时分，摩萨台发表解散议会的声明；当天下午，摩萨台的外交大臣在其名下的纸媒上大肆抨击伊朗国王。晚上，外交大臣在议会外面举行的一次公开集会上通过无线电广播宣布国王已外逃巴格达，要求国王退位。摩萨台的声明及其外交大臣的言行恰恰强化了扎赫迪想让他们给全民产生的印象——在下达撤职诏书后，摩萨台试图推翻国王。为了再给事态加把火，CIA制作并分发了数百份诏书，既给各大报纸也在大街上散发。

除此之外，美国驻德黑兰大使馆的两名资深外交官员也已"死心"。他们的情绪影响了副国务卿沃尔特·比德尔·史密斯（Walter Bedell Smith），第二天他在华盛顿提醒一名英国外交官，依照"事态的最新进展"有必要"重新调整对波斯的政策"。"他认为应该与摩萨台建立融洽的关系，"英国外交官担忧地向伦敦汇报道，"美国可能会向伊朗派技术人员。不管他有什么过错，摩萨台毕竟不对苏联人抱有好感，及时的援助可能会让他遏制共产主义的发展。"[21]

英国外交部把这看作"无耻的屈服"，只会让摩萨台"在敲诈美国的道路上越走越远"。军情六处的看法与外交部一致。当比德尔·史密斯通知罗斯福停止行动时,身在塞浦路斯,负责华盛顿、伦敦和德黑兰三方沟通联系的达比希尔却并没有立即将这一消息转达给罗斯福。"虽然……尼科西亚（Nicosia）的秘密情报处针对此次行动表现出来的信念令人钦佩,"CIA 顾问唐纳德·威尔伯事后指出,"但要记清一点,他们并不会有什么损失。"[22]

多亏达比希尔,对比德尔·史密斯的命令毫不知情的罗斯福仍在继续。当务之急就是渲染传播伊朗人民党在国王退位后将如何利用形成的真空。为此,他命令贾拉利和基瓦尼纠集一批内奸在市中心举行大规模的游行示威。两人不同意,罗斯福提出给他们 5 万美元;当两人仍然拒绝后,他便威胁要杀掉二人,贾拉利和基瓦尼这才转变态度。8 月 17 日中午,他们花钱请人举行的群众示威中掺杂了很多人民党的真正支持者,人群推倒两座礼萨国王的雕像。在他们的推波助澜之下,一些高级神职人员也陆续收到用红笔写的信,写信的人自称是人民党,警告这些教职人员,他们很快会被吊死在路灯柱上。当晚,罗斯福和扎赫迪父子以及拉什迪安家族开了很长时间的紧急会议,参会人员一致同意两天后采取行动。拉什迪安家族届时会动员他们在伊朗集市上的追随者。19 日就是算总账的时候。

与此同时,由贾拉利和基瓦尼挑起的骚乱还在继续。他们找来的暴徒于 18 日打砸抢掠了两条主干道上的商店,打砸期间他们都装作人民党的支持者。已经消失了两个半月的亨德森大使于当晚返回伊朗与摩萨台见面,在罗斯福的授意下,他警告摩萨台,如果安保部队不能保护美国人的安全，那他就不得不让美国人离开伊朗了。面子上挂不住的摩萨台把警察局局长叫来，让他赶紧把骚乱给压下去。他还命令自己的追随者不要轻举妄动。[23]

这就意味着，当8月19日早上多家报纸刊登任命扎赫迪为首相的诏书影印本时，摩萨台的支持者都没有上街示威。但是，他的对手倾巢出动。卡沙尼通过拉什迪安家族从CIA争取到资金，并用这些钱雇一些集市搬运工、临时工、体育俱乐部成员和以敲诈勒索为生的流氓，这些流氓隔三岔五就会进监狱，都是靠拉什迪安家族的人把他们保释出来的。两帮人都拿着一样的木棍，在德黑兰这座建在斜坡上的城市从南部的贫民窟出发，并排向北冲进高档小区，在煽动之下袭击受人民党支持的主流报社。体育俱乐部的运动员让这场示威增添了一股狂欢的味道。据目击者称，示威人群里有"翻着筋斗的杂技演员、挥舞铁棒的举重运动员和展示二头肌的摔跤选手"。截至当天上午10点15分，他们已经控制德黑兰的几个大型广场，当地驻军加入其中，而且巴赫蒂亚里部落的人也从南边赶来了。本来开着坦克过来镇压示威的士兵结果也倒向效忠国王的那边。他们被包围后没做任何抵抗就投降了。

高喊着"国王万岁""人民党去死""摩萨台去死"的人群从警局总部的牢房里放出了政变失败当晚被逮捕的纳西里和其他军官，随后又占领电报局，袭击陆军总部和外交部。当天下午2点前后，他们通过电台宣布已全面控制德黑兰。据报道，在争夺摩萨台府邸的激烈战斗中有200人死亡。摩萨台本人逃了出来，但一天后他就主动自首了。那时他的财产已经卖给大街上的路人了。[24]

待确定支持国王的人已经控制电台后,罗斯福就去找了扎赫迪。扎赫迪通过广播宣布就职,并宣称自己的军队已接手德黑兰。其实罗斯福在前一天就接到总部暂停此次行动的命令,但他一直拖到现在才确认收到消息,还得意地向上级汇报说,他已成功扶植扎赫迪上位,伊朗国王也会很快返回国内。他在最后落款处写道:"'阿贾克斯行动'全体参战人员致以最崇高的敬意。"罗斯福在德黑兰一直待到22日国王回来。"我的王位得以保住多亏上帝、我的子民和军队,"国王说道,"还有你。"说完用手中的伏特加向罗斯福敬酒致意。[25]

在美国海军专员的秘密掩护下,罗斯福离开伊朗于8月25日来到伦敦。军情六处负责人辛克莱见到他的时候特别高兴,尤其是当罗斯福向他解释为什么之前向伦敦方面反馈关于此次行动的消息少之又少时。"如果他们直接如实汇报的话,伦敦和华盛顿两方高层都会认为这是疯狂之举,定会立即叫停此次行动,"他说,"如果他们向上级解释的话就会延误时机,因此他们才选择了第三种方式,那就是先斩后奏,暂不汇报任何消息。"辛克莱让罗斯福把这些话跟后面要见的人员再说一遍。[26]

在接下来的一天,辛克莱带着罗斯福在白厅各部门走马观花地转了一圈,很明显他是想让军情六处借此从中获利。罗斯福最后见的人是几周前因中风卧床休养的英国首相。这位美国间谍后来大肆鼓吹这次会面的象征意义,描述他如何向长期在病榻上昏昏欲睡的丘吉尔讲这次政变的故事,而此时的丘吉尔其实连CIA是什么似乎都不清楚了。据说首相这样跟罗斯福说:"要是能再多活几年,除了想在您麾下一起完成这次伟大的使命外,我别无他求。"这话其实也是对英美两国角色互换的一个隐喻。[27]

* * *

如果摩萨台没有威胁向市场输送大量廉价石油的话,他可能还不会下台,因为这场政变没有美国支持是不可能发生的。但有一点肯定的是,要是摩萨台还是像一年前石油制裁生效之初那样受人拥护,而英国也没有怂恿拉什迪安家族支持此次行动,并在政变失败看起来已成定局时刻意隐瞒美国国务院传来的停止行动的消息,那这次行动是绝对不可能成功的。现在的结果是伊朗前首相在当年晚些时候被送上审判庭,以戴罪之身在软禁中度过余生。

对英国来说,让美国参与扳倒摩萨台的行动需要付出的代价就是失去自己在中东"一家独大"的地位。经过 1954 年举行的一场旷日持久的谈判,五家美国公司入股英伊石油公司,在新的联合体中英国公司只占 40% 的股份。为避免打乱在沙特阿拉伯的安排,新联合体与伊朗五五分成。艾登"不能让波斯比其他中东国家获利更多……更不能让别人觉得伊朗是因为他们的错误举动而获利"的心愿最后也只能是说说而已。不过,这次胜利的代价是沉重的,而且英美联手密谋此次行动成功只不过是个例外,并不是一个不变的定律。[28]

罗斯福返回华盛顿一段时间之后,他向总统简要做了汇报,着重强调了自己在挽救此次行动中的作用。"这听起来更像小说而不是史实,"被罗斯福的勇气所打动的艾森豪威尔在日记中写道,"我们所做的一切都是'秘密的',如果把这些事情公之于众,不仅会让我们在中东丢了面子,而且以后可能没有再做类似事情的机会了。"不过 CIA 介入此事的消息很快泄露出来,正如总统所料,美伊两国关系自此恶化。[29]

第三部分
转战苏伊士
(1953—1958)

15

以枪为礼

1953年春,约翰·福斯特·杜勒斯成为第一个访问中东的美国国务卿——这一举动标志着美国更加积极地插手中东地区新时代的到来。5月11日,他抵达开罗,会见在CIA的协助下于头一年掌权的埃及总理穆罕默德·纳吉布。

英埃两国政府自4月底就开启了关于苏伊士军事基地的谈话,在杜勒斯看来,双方很快就能敲定有关英国撤军日期的协议,后续英国也会将该军事基地移交埃及。这位国务卿——一如既往地将遏制苏联作为头等大事——迫切地想开始讨论签订区域化防御协议一事,这样才能在英国政府宣布放弃最大的海外军事基地前为其提供所需的政治掩护。他心里还想着由美英两国主导的中东防御组织将动员该区域所有国家共同对抗苏联。但纳吉布给他泼了一盆冷水。

埃及总理解释说,他们与英国的谈话破裂,而且早已对英国大失所望的埃及人民也绝对不会同意建立杜勒斯所设想的那种防御组织,就因为英国参与其中。"先解除英国对埃及的占领,"纳吉布对美国国务卿说,"然后我们才能怀着诚意开展谈判。"杜勒斯知道,这位埃及总理"只不过是个马前卒",但一天后,真正掌握国家权力的贾迈勒·阿卜杜勒·纳赛尔也说了同样的话。杜勒斯倡导的协议在埃及人民看来是"（对埃及的）永久占领"，纳赛尔不紧不慢地解释道："必须彻底清除英国在埃及的势力。"[1]

在与开罗新政府的领导人进行了为期两天的融洽交流后，杜勒斯深刻明白了他们对英国人的强烈恨意，同时也意识到——这是之前大使馆通过发送电报的形式未曾提及的——事态升级已迫在眉睫。谈话破裂后，突击队再次针对英国军事基地展开袭击，而英方暗示他们将不得不重新占领开罗和亚历山大，埃及正调动部队阻止英国的这一企图，纳吉布还警示道，日后不排除会发生"黑色星期六"那样的暴行。现在看来，突然爆发新的中东战争完全有可能。

在飞往达兰会见伊本·沙特前，杜勒斯通过电报向华盛顿方面报告了他对埃及形势的看法。"这里的观察家认为，而且我也认同他们的观点，近期爆发英埃战争的可能性是存在的"，因为埃及人在与英国的对话中表示"宁死不屈"。"他们对英国人的恨几乎到了无以复加的地步，"他在报告中说道，"这种恨意可能都有点病态了，但这就是事实。"在这种情况下，他承认道，实现自己关于中东防御组织的构想"微乎其微"。[2]

待杜勒斯于月底返回华盛顿时，他已经又生一计。虽然埃及人把过多的关注点放在了对英国人的事务上，不能在抵制苏联扩张中发挥作用，但杜勒斯在随后的访问中会见的土耳其、叙利亚、伊拉克、巴勒斯坦等国家和地区的领导人都有防范苏联威胁的意识，这让他松了口气。为稳定埃及局势，杜勒斯一回国就发表公开声明，称中东防御组织只是"未来的打算，并不是当下就要建立的机构"。

他告诉国家安全委员会，可能另外一种不那么正式的路径更容易成功，通过这种路径建立的组织包括那些"觉得苏联威胁迫在眉睫"的"北线"国家。而伊朗在这条防御链中的地位，说明了他为什么如此急迫地想让摩萨台下台。[3]

然而，杜勒斯放弃建立中东防御组织并不意味着这位国务卿想从英埃两国长期以来的苏伊士军事基地纷争中抽出身来。虽然苏伊士算不上"北线防御"的核心，但他觉得不能把这个问题束之高阁。这个问题已经在整个阿拉伯世界闹得沸沸扬扬，杜勒斯断定，如果任其恶化，定会被苏联利用。其实直到最近，美国关于中东的政策还是让英国负责该区域的防御问题。但杜勒斯经过这次访问后"对英国极度不信任、不喜欢"，他认为英国继续在此驻军只会"让中东更不稳定……而不是更稳定"，他觉得请英国离开继而由美国接手的时间到了。[4]

* * *

在英国看来，杜勒斯访问埃及简直是无礼之举。杜勒斯知道埃及新政府发动的袭击都是出自突击队之手，他便在5月11日与纳吉布会面之初把艾森豪威尔总统送的手枪作为礼物赠给这位埃及总理。就在美国人扭捏地提出"私下谈谈"时，这个瞬间被一位摄影师给抓拍了，纳吉布拿着手枪的照片扩散至全世界。随后，丘吉尔——艾登休养期间由他负责外交事务——紧急召见英国大使。"杜勒斯国务卿在环球访问期间每到一处就对那些试图驱逐英国人或对英国恶意诽谤的国家深表同情，"他对大使说道，"这让人有些恼火。"[5]

杜勒斯根本不把丘吉尔的抱怨当回事。经总统同意，他给自己在开罗的大使起草了一份新的建议书给纳吉布，这样纳吉布就可以把这份建议书交给华盛顿，同时还能得到他想要的答复。1953年7月15日艾森豪威尔予以回复，提出如果埃及能与英国就苏伊士军事基地问题达成协议，美国就可为埃及提供经济援助，协助推进埃及军队建设。总统还暗示埃及人合作的好处，从他把手枪当作礼物送给纳吉布就能看出其中深意。[6]

纳吉布曾抱怨埃及的军队"只适合用来送葬"，因此提供新式武器对埃及来说是个不小的诱惑，但刚刚正式成为副总理的纳赛尔目前急着想取得突破性进展，把人们的注意力从他在别处的窘境中转移出来。由他及其同僚于头年政变后建立的革命指导委员会现在看来只不过是个没有任何作用的摆设，他们之前所许诺的各项国内改革没有一项兑现。自由军官组织尴尬地意识到，改革的重中之重——土地改革——并不现实，因为埃及人口庞大，再多的地也不够分。

与此同时，埃及经济仍停滞不前，持续下跌的棉花价格引得民众怨声载道，这一点恰好被穆斯林兄弟会加以利用。正如纳赛尔的同事安瓦尔·萨达特道破的那样，政府之所以支持穆斯林兄弟会里的突击队员发动袭击是因为："如果他们不反抗你们，就会转过来反抗我们，我们当然更倾向于选择前者。"因担心局势失控，纳赛尔于6月就任副总理兼内政部部长。这时，一份能够加快英国和平撤离苏伊士，从而把穆兄会的不满情绪给压下去的协议对埃及而言具有很大的吸引力。[7]

当英埃两国于8月底重启谈话时，摆在双方面前的有三个问题。最重要的问题就是英国及其盟友可能重新占领军事基地的威胁，其次就是双方所达成协议的有效期。然而令谈判很快陷入僵局的并不是这两个问题，而是第三个问题：在移交军事基地之前，留在这里的英国技术人员是否应着军装。英国错误地认为埃及会做出让步，但纳赛尔丝毫不妥协。当英国人拒绝就此问题转变态度时，他在9月底"大发雷霆并摔门而去"。[8]

虽然是否穿军装这个问题看起来不是什么大事，但从更宏观的务虚角度来看，包含两国纠纷的核心问题——国家尊严与主权。正如两边的政府官员很快意识到的那样，军装是一个人走在大街上最能表明其身份的象征。只要基地里还有穿军装的英国军人，纳赛尔就不能称英国的占领已经结束。同样，丘吉尔也可以"基地与之前并无二致"为由否认他之前说过的话。在英国首相看来，还有更重要的一点：若两国一旦签订协议，埃及能否尊重协议的各项条款，他是一点信心都没有，但他认定让基地处的全体人员统一着军装是一项很重要的保障，这样埃及对英国工作人员的任何干扰行为都可被视为战争行为。

之前在开罗的时候，英国曾信誓旦旦地说军装问题"不会演变成什么重大问题"，所以当谈话因此而中断时，美国并没有当回事儿。在美国驻开罗大使看来，英国把焦点放在"穿什么的问题"——而不是基地未来的实用性这种更重要的战略性问题上——

更加证实了他的看法,那就是"英国从一开始就把谈判搞砸了"。艾登在休养半年后于 10 月重新回到外交部。他一回来,杜勒斯就把当前的形势告诉了他,随后还发出警告,称过不了多久,他将不得不为纳赛尔提供艾森豪威尔总统当年夏天许诺给埃及的军事援助。杜勒斯这番话无疑是在暗示,英国不久后所面对的将是配有美军装备的突击队员。因此,英国将这一威胁透露给《纽约时报》,以便引起那些犹太读者的恐慌。[9]

虽然杜勒斯的处理方式不太灵活,但觉得丘吉尔在此事上固执得有些荒谬的艾登同意杜勒斯的观点,认为英国应尽快从基地撤军。不过当丘吉尔问他"现在这些埃及人已经违背了你 1936 年与他们签订的协议,我们拿什么保证他们会遵守你再次跟他们签订的协议"时,艾登无言以对。尽管艾登急于接替丘吉尔的位子,但他知道议会党团中还是有很多人支持首相的强硬立场,为此他在 1953 年与 1954 年之交的冬天也日益坚定了自己的观点。在这期间,由 40 名左右强烈反对英国从苏伊士运河基地撤军的保守党议员组成的"保苏派"占了上风。年老体衰的首相和不听指挥的外交大臣之间的夺权之争,令英国政府在此期间的对埃政策一直在实用主义和顽固主义之间来回摇摆。[10]

* * *

1954 年 1 月,从德黑兰凯旋归来的 CIA 官员金·罗斯福设法打破开罗的僵局。确信纳赛尔是"我见过的人当中,唯一让我觉得有能力带领整个近东——不光是埃及，还包括埃及在阿拉伯世界的友邦及邻国——摆脱这片荒贫之地的人"，继杜勒斯于1953年5月访问埃及后，罗斯福迅速与这位埃及领导人拉近关系。1月24日，罗斯福抵达开罗；第二天纳赛尔做出重大妥协，表示一旦土耳其——北约成员国——遭遇袭击，埃及将同意英国重新占用苏伊士军事基地。六周后，已经取代纳吉布当上总理的纳赛尔通过罗斯福向英国转达了一项新提议，称如果英国在棘手的军装问题上做出让步，那他就会很快与英国达成协议。

艾登抓住此次机会，称可将基地移交非官方承包商，英国政府只要想着怎么延长该协议的有效期就行了。丘吉尔勉强同意。杜勒斯回忆说，当英国首相提到这项提议已经通过时，他"只是苦笑了一下来表示他对这项提议的反感"。但现在艾登也算得到保守党外交事务委员会主席的支持了。心直口快、在党内受人尊敬的保守党乡绅查尔斯·莫特-拉德克利夫（Charles Mott-Radclyffe）于当年春天到基地参观，说这个见不到一个当地热心民众的基地就是"个无用的庞然大物"。基地驻扎的80000名官兵既不是守卫基地，也不是守卫运河；他们"只不过在相互看守"。与此同时，美国于3月在比基尼环礁（Bikini Atoll）的氢弹试爆成功给了丘吉尔一个台阶下，因为这就为"不把过多的军事力量集中在一个地方"提供了有力的军事论据。6月22日，英国首相最终承认道："我们在埃及的处境并不具备军事上的优越性。"直到此时，他才放弃破坏协议的企图。[11]

在此之前，杜勒斯明显是在拒绝给出艾登想要的东西：通过美英两国联手向纳赛尔传达出明确信息，即两国已经建立统一战线。

艾登说:"问题的关键是在'联手'上——而且要让别人看起来英美两国在'联手'。"但这也正是杜勒斯反对这一观点的原因。国务卿对美国总统说,"哪天我们不用调整政策就能保持表面上的团结时",那将会是他最开心的时候。为此,杜勒斯继续向艾登施压,于4月和5月分别与伊拉克和巴基斯坦就军事协助事宜进行谈判,似乎是提醒艾登,美国意与被英国视为地区盟友的国家直接建立同盟关系一事不会因埃及局势的僵持而受阻。[12]

不过,杜勒斯想在东南亚建立类似的防御同盟不得不借助英国的支持。作为交换条件,他在1954年6月底于华盛顿举行的英美峰会上明确向丘吉尔和艾登表示,若英埃两国签订协议,自己将利用艾森豪威尔总统1953年向埃及许诺的经济援助来确保埃及会遵守协议条款。在返回伦敦的途中,艾登称美国这次"帮了大忙"。不过,艾森豪威尔总统还是忍不住在三周后给首相的信中挖苦了一下丘吉尔。"殖民主义作为一种民族关系即将遭遇淘汰,"他在信中写道,"剩下的问题只不过是淘汰的时间和方式而已。"[13]

然而,华盛顿峰会的召开还是为英国迅速与纳赛尔签订协议扫清了道路。待丘吉尔调和议会党团各方意见后,国防大臣安东尼·黑德(Antony Head)和艾登的顾问伊夫林·沙克伯勒于7月底飞往开罗。7月26日,在金字塔附近举行的晚宴上,两人将建议书提交给纳赛尔及其同僚。英国将于20个月内完成撤军,而民营承包商在7年的时间里仍可继续使用该基地,在此期间,若埃及、土耳其或任何加入阿拉伯联盟联合防御条约的成员受到袭击时,英国有权重新占用该基地——其实这一条款因氢弹试爆成功已经没有什么意义，只不过是挽回英国脸面的政治需求罢了。双方协商半个小时后，埃及最终同意。8月6日，纳赛尔向艾登表达了自己对这一协议所抱希望，称它会"真正开创两国关系日渐向好的新篇章"。只可惜好景不长。[14]

* * *

艾森豪威尔送给纳吉布的手枪以及他随后做出的美国将加强埃及军队建设的承诺为协议的签订扫除了障碍，但当总统的承诺无法兑现这一现实日益清晰时，麻烦也接踵而至。根据美国法律——尤其是《共同安全法》——要想获得军事援助，埃及需要加入美国的安全公约，并且接受美国军事顾问的指导。对刚刚摆脱英国掌控的纳赛尔来说，这些条件是他无论如何都不可能答应的。

甚至还没等到10月签订明确英军于1956年6月20日全部撤军的英埃协定时，埃及的外交部部长就提醒美国大使，称革命指挥委员会已经不想要美国的武器了。大使试着往好的一面看，表示埃及的决定为华盛顿解了围，因为对埃及提供军事援助——尤其是埃及和以色列目前还处于正式交战状态——无疑会遭到国会中孤立主义联盟和以色列支持者的强烈反对。话虽这么说，但不管怎样，这对美国而言都是一个挫败。

其实从最开始的时候就明显看出埃及想要新式武器，而且CIA也着实不想背上背信弃义的骂名。考虑到艾森豪威尔总统之前承诺为埃及提供经济援助，为此罗斯福想出一个解决办法，那就是把

500万美元的武器购置款放到4000万美元的基础设施投入资金中一并拨给埃及。此外，他还提议由迈尔斯·科普兰——曾诱导叙利亚发起枪战，现担任中情局与埃及领导人的直接联络员——给纳赛尔额外送去300万美元现金用于购置新军装和交通工具。然而，于11月前往开罗向纳赛尔及其副手——埃及武装部队总司令阿卜杜勒·哈基姆·阿米尔（Abdel Hakim Amer）——转达这一喜讯的美国代表团却被泼了冷水。阿米尔想要的东西包括轰炸机、坦克和大炮，从中可以看出此人野心不小，他的这些要求美国是绝不会满足的。而纳赛尔，据科普兰说，则再三辩解道，他不能接受任何明面上来自美国政府的援助。他还担心，假如有人知道科普兰给他的这几箱钱，会有人指责他被美国人收买。最终，他用这笔钱在尼罗河中的一个岛屿上修建了一座纪念碑。如果真是科普兰说的那样，那不久后就会被命名为"罗斯福纪念碑"。[15]

既然没办法为纳赛尔提供武器，CIA转而支持其建设一座新的大功率广播电台——阿拉伯之声——使纳赛尔的广播宣传能够覆盖整个中东，广播期间还可插播诸如乌姆·库勒苏姆（Umm Kulthum）等歌手演唱的流行音乐。"当你发现广播里说的并非事实时，你为什么还会听'阿拉伯之声'？"一位不解的英国记者如此问一个巴勒斯坦人。那人回答道："因为他们说的正是我们想听的。"随着时间的推移，CIA此举之愚蠢之处也日渐浮出水面。"我们会继续向人们灌输仇恨，"当后来萨达特被问及广播节目内容的实质时，他这样说道。"对什么的仇恨？"有人问道。"西方。"他答道，"我们将继续做下去，直到你们对政策做出改革，满足阿拉伯人的需要。"[16]

随着 1954 年的结束，约翰·福斯特·杜勒斯通过促成英埃协定成功消除了埃及可能被苏联利用的紧张局势。但是，由于美国承诺为埃及提供武器所附加的条件是纳赛尔无法接受的，这就带来了另一个可能引起紧张局势的隐患。杜勒斯知道，如果美国不提供武器的话，他们就要面临苏联提供武器的危险。让美国国务卿更头疼的是，艾登现在又试图夺回中东的主动权了。

16

《巴格达条约》

就在杜勒斯张罗着自己的"北线防御"计划时,旁观的英国越来越着急了。随着1954年4月2日《土耳其-巴基斯坦条约》的签署以及几周后美国政府宣布将为伊拉克和巴基斯坦提供军事援助,英国意识到要想继续保持自己在这一地区日渐式微的影响力,现在已刻不容缓。否则,就像一位外交大臣说的那样,"伊拉克等国就会以为我们把这块地盘拱手让给美国了呢"。[1]

继1948年从巴勒斯坦撤军,到现在既定于1956年6月从苏伊士撤军,眼下只有中东北部的约旦和伊拉克两国还残存英国的影子。待艾登对杜勒斯的"北线防御"战略可能带来的结果进行仔细斟酌后,他提出,为抵御美国的蚕食,英国应进一步巩固其在两国的地位。

但问题是,英国的驻军在两国均不得民心,全凭精英的支持。1930年的协定赋予英国在沙伊巴和哈巴尼亚两个基地行使相应权利,但这两个基地的使用权在英国放弃苏伊士军事基地不久后也快到期了,英国在撤出巴勒斯坦前想要续约的企图也因造成多人横尸底格里斯河的巴格达暴乱而告终。本来英国在约旦的境遇要好得多,但根据1948年英约协定,如约旦遭遇外袭,英国须予援助。随着约旦与以色列在约旦河西岸的边界争端日益紧张,约旦开始向英国寻求帮助。虽然这能使英国暗中在约旦部署更多的军事力量,但这样做存在使其卷入一场他们根本不想打的战争的风险。如果伊拉克和约旦真能如艾登所想发挥其作用,那英国在伊拉克站稳脚跟就需要一个新的根基,并促成阿拉伯-以色列和平协议的签署,这样英国代表约旦与以色列开战的风险就大大降低了。

1954年8月,军情六处得知纳赛尔有意签订和平协议,艾登和杜勒斯于当年12月一致同意为推动埃及和以色列两国开启和平进程做出努力,他们为这一行动命名为"阿尔法行动"。艾登的目的是想消除他在该区域实施新战略所面临的威胁,而杜勒斯则是基于反苏和国内政治两个方面的考虑。他想解决一个可能会被苏联利用的问题,这使得亲以色列的游说团体在美国政治中获得了意外的影响力,从很大程度上来说这对其民主党对手是有利的。同时,伊拉克政治的幸存者努里·赛义德近期重新掌权为英国巩固其在伊拉克的地位提供了机遇。[2]

努里把支持杜勒斯的"北线防御"看作与纳赛尔争夺地盘的机会,纳赛尔自与英国签署关于苏伊士军事基地的协议以来,便着手在阿拉伯世界树立其英雄地位。继1954年4月的《土耳其-巴基斯坦条约》之后,努里就向英国政府袒露心声,称希望与巴基斯坦缔结条约,并将叙利亚、黎巴嫩也拉拢进来,这样就"把埃及拒之门外"。当年夏天重新担任首相一职为努里实现这一目标提供了便利。[3]

对努里而言，为推动其野心勃勃的"泛阿拉伯"进程而加入"北线防御"的诱人之处在于，纳赛尔若从中阻挠的话，他与美国的关系就有恶化的风险。1954年9月，努里与纳赛尔会晤时，这位埃及领导人表示，他并不反对伊拉克加入《土耳其-巴基斯坦条约》，但考虑到穆斯林兄弟会反对的可能，所以埃及不会加入其中。努里于是在11月前往伊斯坦布尔，看是否能把土耳其的领导人、在英国放弃苏伊士军事基地后感到孤立无援的阿德南·曼德列斯（Adan Menderes）拉拢进来。虽然那次两人并未达成任何共识，但曼德列斯还是在1955年1月对巴格达进行了回访。当时，他劝说努里签署了一份公报，其中宣布两人愿意签署一项双边防御条约，并且其他国家也可以加入。

此时，艾登从中发现机遇。早就对"北线防御"不爽的艾登觉得这个计划对苏联带有"明显的挑衅意味"，现在看来，如果英国加入土耳其-伊拉克所签协议中，他或许还能抢在杜勒斯前面，毕竟若杜勒斯这样做肯定是要惹恼以色列的。条约草签两天后，艾登对努里的举动表示欢迎，并暗示英国也愿加入其中。艾登的想法和努里一样，觉得纳赛尔不会反对。12月中旬，外交部收到一份来自开罗的报告，上面翔实记录了埃及领导人在接受阿拉伯通讯社——一个建在开罗似乎是为军情六处做掩护的新闻机构——采访时做出的非官方评论。报告称，纳赛尔说自己对努里的计划并不感兴趣，"如果伊拉克坚持这样做，埃及不会反对"。虽然埃及政府不会支持伊拉克在阿拉伯联盟中发起的这一行动，但埃及媒体也不会对伊拉克进行抨击。因此，艾登对来自巴格达的消息表示欢迎。[4]

虽然纳赛尔之前说得好听,但他的反应异常激烈。为了阻止条约的签订,政府控制的埃及媒体立即对努里展开大肆抨击。"阿拉伯之声"揪住努里与土耳其——一个与以色列保持正常邦交的国家——结盟的事实,在覆盖整个中东的广播中宣称他是"以色列盟友的盟友"。纳赛尔旋即在开罗召开阿拉伯联盟紧急会议,但努里假借生病之名拒绝参加。没有努里参加的此次峰会演变成了一场闹剧,参会国代表没人愿意带头讨论此事,遭叙利亚和黎巴嫩拒绝后,纳赛尔无奈之下只能搁置承诺阿拉伯联盟成员不得加入此条约的决议。虽然埃及事后通过泄露叙利亚外交部长在会上的秘密录音——正是这段录音导致叙利亚政府的垮台——阻止了叙利亚追随努里的脚步,但与此同时纳赛尔因一时冲动做了一件蠢事,威胁说如果伊拉克一意孤行,那埃及就要退出阿拉伯联盟的安全协定。

如果纳赛尔真像他威胁的那样做,那他就会变成孤家寡人,反之则是自取其辱,面对这样的机会,努里丝毫没有犹豫。因此,当努里坚持要签订条约时,纳赛尔不得不收回自己说过的话。事后,埃及总理还把这次自找的丢人现眼怪到努里头上。一位非常了解纳赛尔的英国间谍说他对伊拉克的仇恨"简直到了极端的地步";一年后,他在一次谈话中提到纳赛尔好几次"恨得连努里的名字都说不出来"。[5]

纳赛尔有力的握手给人一种自信且精力旺盛的第一印象,而他那平和坦率又不失幽默的谈吐则流露出能吸引西方外交官兴趣的聪明才智。但 1955 年初的事情暴露出他性格中未曾示人的另一面——极其强烈的地位意识,并且很容易就会被惹恼。在《土耳其-伊拉克协议》宣布签署到正式签署期间，纳赛尔承认道，埃及有一种"自卑情结"，但这或许也是在说他自己。作为一个农村邮递员的儿子，他什么时候也不会忘记村里富得流油的地主趾高气扬地与他父亲说话的样子。一位沙特王子认为，这样的童年经历是了解这位埃及领导人的关键。他说，这一经历"至少能部分解释他的所作所为以及在整个中东谋求埃及霸权的野心"。[6]

* * *

正是在这样一种黯淡的形势下，艾登于 1955 年 2 月 20 日邀请纳赛尔到英国驻开罗大使馆参加晚宴。英国外交大臣之前答应杜勒斯，为就"阿尔法行动"这一和平计划进行商议，他会在去曼谷参加峰会的途中在埃及稍做停留。但当身着礼服的艾登问一身军装的纳赛尔这是不是他第一次来大使馆时，两国领导人的会面很快就变得不太融洽了。纳赛尔承认道，这确实是他第一次来。这位埃及总理接着说道，看看这个之前统治着自己国家的地方还是很有意思的。"或者说，不是统治，"艾登谨慎地说道，"而是指导。"[7]

虽然两人似乎也就和平倡议进行了简短讨论，但谈话更多的是围绕努里与土耳其的曼德列斯刚刚达成的协议展开的。纳赛尔说，他赞同条约背后所蕴含的战略思维，但自己之所以反感是因为有点像"被外国人牵着鼻子走"。在最近召开的一次阿拉伯联盟会议上，他继续说道，伊拉克外交部部长还透露说他从个人角度也是反对这一条约的，但伊拉克政府在英国施压下不得不硬着头皮上。刚刚听说丘吉尔即将辞职，自己很快就能当上首相的艾登此时心情大好，他丝毫不掩饰英国外交官员曾积极参与《土耳其-伊拉克协议》谈判过程这一事实。艾登建议纳赛尔在知晓协议条款之前先不要急着下结论，"或许等你看过之后就会觉得，这些条款并不像你现在想的那么让人无法接受"。艾登表示，埃及人民，"不应该把这个条约当成犯罪"。

"没有当成，"纳赛尔大笑道，"这就是犯罪。"[8]

总之，艾登在此次会晤中展现出一反常态的高压手段及拙劣手腕，但这只是他踏进首相府后即将面临的问题中一次令人不快的预演而已。虽然他在给政府的报告中轻松表示此次会晤进展顺利，但实际上他只不过让埃及总理越发不安了。"装什么优雅！"据说纳赛尔事后对比两人的着装后怒吼道，"弄得好像我们是群叫花子而他们是王公贵族一样。"[9]

对纳赛尔而言，更糟糕的还在后面。就在《土耳其-伊拉克协议》签署四天后，以色列于1955年2月28日向加沙发起武装袭击，导致38人死亡。这次袭击是以色列针对埃及于月初处决几名以色列卧底一事而组织的有预谋的报复行动，但也暴露出埃及军事力量的薄弱，这正是之前与努里交锋受挫时让纳赛尔窝火的地方。

虽然艾登猜测纳赛尔之所以反对《土耳其-伊拉克协议》是因为"嫉妒……以及领导阿拉伯世界的野心没能得到满足"，但他并没心情去怜悯纳赛尔。在参加完曼谷峰会返回伦敦的途中，艾登在巴格达稍做停留，努里把《英国-伊拉克协议》的初稿拿给他看，根据该协议，两国于1930年签订的协议终止，取而代之的是一个全面的军事合作框架。3月15日,内阁就此提议进行讨论。艾登说:"是时候大步向前了。"他把这次新调整说成是"看似对伊拉克施以援手,实则巩固英国的优势地位"。[10]

杜勒斯在曼谷峰会间隙已经跟艾登讨论过相关事宜,但他似乎对艾登的企图有些后知后觉。回到华盛顿后,他向自己的顾问说出了内心的担忧,称艾登协助努里把叙利亚、约旦和黎巴嫩拉拢到这一条约中,不仅会"进一步孤立并激怒纳赛尔",而且还会破坏美国与以色列的关系,让以色列认为自己被包围了。害怕"英国在北线防御政策上已经抢占先机,并且还往可能……带来不利后果的方向越走越远",杜勒斯要求英国大使向艾登转达自己的忧虑。[11]

然而,艾登却并不愿放弃。他向华盛顿方面答复说:"以减少对《土耳其-伊拉克协议》的支持为代价来帮助纳赛尔实在是不明智。我们所宣称的目标就是让这一条约成为中东有效防御体系的基石。要想实现这一目标,叙利亚、黎巴嫩和约旦的参与最终也是不可或缺的。"十一天后,也就是1955年4月4日,英国加入《巴格达条约》。在等了似乎有一辈子那么长的时间后,艾登于次日就任首相一职。[12]

* * *

美国的强势促使英国加入《巴格达条约》,而由此产生的威胁也让纳赛尔认识到自己缺少现代化武器这一软肋。埃及与美国的对话因为当时的形势以失败告终,而向英国购买的武器,因英国不想打破埃及与以色列的军事平衡也迟迟不肯发放。与此同时,以色列则收到了从法国来的新式坦克、大炮、雷达和喷气式战斗机。这种愈发明显的差距让纳赛尔暴跳如雷。有一次在开罗,纳赛尔正跟CIA的迈尔斯·科普兰谈话,此时以色列飞机低空掠过这座城市。"老子只能干坐在这里忍气吞声,"他破口大骂,"就因为你们政府不给我们提供武器。"当科普兰告诉他,国务院阻止国防部向他提供武器时,纳赛尔确信,如果自己向莫斯科或明或暗地示好的话,或许有助于打破美国政府内部的僵局。[13]

过去两年里,纳赛尔一直想把苏联拉进来,只不过因为苏联看出了他的企图,所以一直没有成功。然而,到了1955年5月,也就是《巴格达条约》签署一个月之后,苏联大使提出以苏联的武器交换埃及的棉花和大米。得到这一筹码的埃及总理去见了新来的美国大使汉克·拜罗德(Hank Byroade)。"这是我最后一次向美国要武器,"他假意地对大使说,"如果我从你们这里得不到武器,我也知道从哪能得到,到时候我就要向苏联开口了。"[14]

纳赛尔的助手哈桑·图哈米(Hassan Tuhami)负责实施这一策略:通过使两个超级大国争夺埃及,从而维持埃及的自由选择权。但事实上,纳赛尔想着能在美国和苏联之间自主选择只是一种假象。首先,他现在不可能在不损害其反帝的名声下轻易接受美国提供的武器;再者,正因为他不愿意启动和平谈话,美国已经开始出现不耐烦的迹象了。在6月9日的一次会议中,拜罗德指责纳赛尔"在中东大肆散播分裂言辞"。为应对努里施展的外交手腕,纳赛尔拉拢叙利亚和沙特阿拉伯拼凑出一个联盟,但现在美国大使斩钉截铁地告诉他，如果他觉得这样一种安排就能让他处于更有利的讨价地位，那他就"大错特错"了。[15]

结果，当苏联大使向纳赛尔提议能否由《真理报》（Pravda）的编辑德米特里·谢皮洛夫（Dmitri Shepilov）就讨论武器购买一事访问开罗时，纳赛尔欣然同意。谢皮洛夫在自由军官组织发动政变四周年纪念日的前夕与纳赛尔会面，并提出为其提供200辆坦克、100架歼击机和喷气式轰炸机，埃及可用棉花偿还，期限为30年。有了苏联提供的武器，觉得自己稳操胜券的纳赛尔对美态度开始强硬起来。此时的拜罗德已向纳赛尔透露，埃及还是有机会购买美国制造的武器。8月中旬，纳赛尔在明知美国不会答应的情况下，故意跟拜罗德说，埃及购买美国武器的话只能用埃及货币支付。这下就得由美国开口说"不"了。其实拜罗德已经在当天早些时候知道了谢皮洛夫为埃及提供的武器明细。

跟苏联人一样，约翰·福斯特·杜勒斯也觉得自己被人牵着鼻子走。之前他就跟弟弟说，他不知道如何看待"苏联关于埃及问题的提议"，但不管是真是假，如果苏联为纳赛尔提供武器的消息传出来，作为一位众所周知的尚武型领袖，以色列最近再次当选总理的戴维·本-古里安很可能会发起单边行动。到时候，杜勒斯就会面临来自政府中以色列游说团的巨大压力，要求他支持特拉维夫。这样的话，就会有损他作为和平会谈调解人的身份。因此，他把关于宣布和平计划详细内容的演讲时间往前提了两个星期，调整到了8月26日。[16]

然而，这次演讲还是来得太晚了。8月22日，也就是杜勒斯计划演讲前四天,以色列军队进攻加沙地带。三天后,尽管拜罗德做了最后努力,但埃及还是组织突击队发起一系列报复性反击,战斗一直打到特拉维夫郊区,造成 11 名以色列人死亡。以色列通过对加沙展开攻势予以回应,导致 36 名埃及人死亡。杜勒斯的"阿尔法"和平倡议还没开始就胎死腹中了。

* * *

以色列对加沙地带发起的进攻让纳赛尔压力倍增,但同时也让他找到了与苏联进行军火交易的正当理由。9 月 19 日,CIA 在报告中称,埃及看起来"似乎"会接受与苏联的军火交易,只不过"据说交易数量有点拿不出手"。两天后,拜罗德证实了苏联与埃及之间的交易。没过多久,纳赛尔就承认苏联人提供了"斯大林"坦克。"我们要把坦克的名字改一下。"他如此说道。[17]

这一消息传到美国时,正值世界各国外长齐聚纽约参加联合国大会开幕式,因此杜勒斯得以与苏联外长维亚切斯拉夫·莫洛托夫(Vyacheslav Molotov)正面接触。当莫洛托夫试图打个马虎眼,称这次交易纯粹是商业性质,不掺杂任何政治因素时,杜勒斯是一点儿都不相信。伦敦那边,艾登新任命的外交大臣哈罗德·麦克米伦与杜勒斯看法一致。"这对苏联人来说是一次令人震惊而又惊险的胜利,"他在日记中写道,"我们要想办法进行阻止。"[18]

杜勒斯认为麦克米伦的想法并不现实。首先,苏联的提议,用参谋长联席会议一名成员的话来说,"非常优惠"。杜勒斯确信,如果纳赛

194 尔反悔这笔交易的话，势必会被军队赶下台，而且他也知道，拜罗德上周已经跟埃及领导人发生过争执。因此，他决定派金·罗斯福——一直支持纳赛尔的官员——到开罗去，尽全力把损害降到最小。[19]

罗斯福和科普兰于9月26日在纳赛尔家中与他谈了三个半小时，纳赛尔答应发表一份声明，指出自己此举的意图是出于和平目的，而且他也愿意与杜勒斯就平息阿以冲突进行讨论。接下来草拟声明的议程被英国大使来访的消息给打断了。因为杜勒斯并没有跟麦克米伦讲罗斯福在这里，于是两人决定上楼回避。上楼之前，他们向纳赛尔提议，等会英国人来的时候，就说武器是从捷克斯洛伐克来的，而不是直接从苏联过来的，这样说起这笔交易的时候就不会那么有煽动性。科普兰开玩笑说，要是中途他们从楼上下来说一句，"不好意思，贾迈勒，水喝没了"。那到时候英国大使的反应肯定很好笑。[20]

会谈过后，罗斯福等人把谈话内容向华盛顿方面汇报，希望在要求埃及发表声明一事上得到杜勒斯的认可，证实"发表类似声明至少会有一些好处"。他们承认自己"仍感不安"，担心纳赛尔只是听话听音，光听到了他的决定会在美国国内引发的问题，而没有为此改变心意。但他们坚信一点，那就是纳赛尔仍然"是我们在中东最大的希望，如果不是唯一的话"。[21]

* * *

杜勒斯却没有这么肯定。一天前，他与来纽约参加联合国大会的英国外交大臣哈罗德·麦克米伦进行了系列重大谈话中的首场谈话。初识的两人一见如故，很快就想出一个阴谋，几周后，当杜勒斯兴奋地对麦克米伦说，他们务必联手开始一场"反宗教改革"，在改革过程中要"对中伤古老西方文明的诋毁之辞予以反驳，让众人知道'殖民主义'纯属诬告；证明大英帝国不管是过去还是现在都带来了巨大利益；让这些年轻的国家都站到我们这一边"，这场阴谋正式通过。[22]

纽约这两人的联手其实都是出于愤怒，麦克米伦气的是英国建的机场将会被苏联的技术人员使用，而杜勒斯气的则是纳赛尔的忘恩负义。据当时也在现场的麦克米伦的顾问沙克伯勒说，两人"越说越激动"。[23]

麦克米伦自言自语道，是否"能让纳赛尔的日子过不下去，最终被各种压力赶下台"。此话一出正合杜勒斯的心意。不久之后，他就会询问麦克米伦"我们是否有足够的军事力量重新占领埃及"。[24]

"在苏伊士不行，"麦克米伦坦承，"不过塞浦路斯肯定可以。"他在这次谈话中得出的一点就是，杜勒斯并不反对采取军事行动的想法。

两人对其中的利害都很清楚。杜勒斯的名声因其两年前访问开罗时曾很愚蠢地称赞纳赛尔是中东的"乔治·华盛顿"而面临不保的风险。"在美国国内，我们已经无法再对此事进行粉饰，"他说，"人们会把这看作一次惨败。"与此同时，他还告诉仍在开罗的金·罗斯福，自己并不认为之前提出让纳赛尔发表的声明能起到什么用,而且他们也不应该继续让纳赛尔觉得"这份声明能起多大的作用"。对麦克米伦而言,如果纳赛尔购买武器的消息公之于众,那"保苏派"就会自鸣得意地叫嚣他们自始至终都是对的。[25]

当麦克米伦建议放弃苏伊士军事基地协议和撤军约定时,杜勒斯明显很有兴趣。但这位美国国务卿在观望纳赛尔到底买了哪些武器期间又不想采取"任何威胁性或极端性措施"。他承认道,这"并不是一项很有吸引力的方针",之所以提出来是因为"没有更好的选择"。同时,在西方开始接纳赫鲁晓夫并且整个国际局势出现缓和可能性的节骨眼上,也不好对纳赛尔进行指责。[26]

麦克米伦连夜坐飞机赶回伦敦,在10月4日召开的内阁会议上向其他人简要说明了此次危机。虽然苏联人提供的武器都已经过时了,他解释说,但他们做出这个决定就说明莫斯科如今打定主意要"在中东这趟浑水中大肆渔利",而且他们很有可能也向沙特开出了同样的筹码。[27]

艾登完全不考虑自己试图与努里结盟对当前形势产生的影响,而把造成这一境地的责任全都怪罪到美国头上。他对自己的同僚说:"杜勒斯是事情的始作俑者,如果他陷入困境的话,帮他走出来的不应该是我们。"自麦克米伦在10月4日的内阁会议上概述了中东形势后,艾登就提出要对英国的中东政策进行全面评估,随后对美国展开前所未有的抨击,说他们"在中东问题上几乎从来没对过",不仅愚昧无知,还朝三暮四。此次会议基于艾登"我们不应过多受制于美国,觉得没有他们的通力合作与支持就不愿采取行动"的言论得出了一个虽符合逻辑却颇为不祥的结论。[28]

接下来的一年见证了艾登将其言论付诸实践的进程,而这一进程的导火索就是几天后发生在偏居阿拉伯半岛东南一隅的布赖米事件。

17

过犹不及

到 1955 年 10 月初的时候，关于阿拉伯半岛南部鲁卜哈利沙漠边缘的布赖米绿洲归属权争端即将进入第七个年头。近期看来，在该争端的处理上，沙特阿拉伯更为有利。在探险家威尔弗雷德·塞西杰多次闯入这片被伊本·沙特视为己有的领土后，这位年迈的国王于 1949 年 10 月中旬宣布布赖米绿洲西南部归沙特所有。虽然英国对此并未承认，但沙特国王以卡塔尔和阿布扎比酋长国统治者的保护方自居，于 1952 年 8 月自行派政府官员图尔基·本-阿泰尚（Turki bin Ataishan）占领布赖米。鉴于该绿洲所具有的战略地位，沙特此举将阿拉伯东南部都牵扯进了这次竞逐之中。

此时正因自由军官组织发动政变被驱逐出埃及而头疼的英国，对本-阿泰尚抵达布赖米一事的处理相当拙劣。他们派出飞机在绿洲上空盘旋，还教唆阿曼的苏丹让军队驱赶沙特的人，伊本·沙特于是威胁要将布赖米争端提交联合国安全理事会。若沙特国王真这样做了，是否能指望得上美国的支持，英国并没有把握，因此他们勉强同意签订"停战协议"，这就把阿曼的苏丹置于两难的境地了。正如丘吉尔于翌年在一次谈话中很抱歉地对巴林酋长说的那样，

"我们尽量永远不抛弃我们的朋友——除非迫不得已"。[1]

1953年11月伊本·沙特逝世，国王的儿子沙特即位，从而为英国外交官提供了他们一直以来认为英国政府应等待的机会。经过激烈的讨价还价，英国在1954年7月的时候与沙特达成一致，将布赖米争端提交国际仲裁。双方将各自的问题报给由五人组成的特别法庭，这个法庭包括英国和沙特分别指定的两名成员以及中立国三名成员。按道理，开庭期间，英国和沙特派到绿洲的军队要维持和平。

然而，随着阿布扎比附近发现石油，绿洲的价值骤增，双方都不再顾忌什么"停战协议"。英国怂恿阿曼苏丹花钱拉拢当地几个主要部落，而沙特则于1954年底试图收买阿布扎比酋长国首领谢赫布特的几位堂兄弟来推翻谢赫布特的统治，但结果以失败告终。沙特派驻布赖米的部队中，有个叫阿卜杜拉·库雷希（Abdullah Quraishi）的情报官员，和沙特国王的外交政策顾问优素福·亚辛（Yusuf Yassin）有直接接触，同时还收买了绿洲内影响力最大的几位酋长。1955年8月，库雷希觐见住在绿洲的谢赫布特的兄弟扎伊德，并提出给他4亿卢比——约合3000万英镑——的巨额财产让他倒戈。

国际仲裁计划于9月在日内瓦举行，沙特阿拉伯指定亚辛为法庭成员，而英国则非常天真地提出由相当正派的近期退休外交官里德·布拉德爵士（Sir Reader Bullard）担任法庭成员。除此二人外，法庭成员还包括前国际法庭法官查尔斯·德维舍（Charles de Visscher，此人也担任法庭主席），以及古巴外交部前部长和巴基斯坦教育家马哈茂德·哈桑（Mahmud Hassan），哈桑因中途去麦加朝圣导致庭审延期。

已经察觉到沙特试图贿赂扎伊德，同时也猜到马哈茂德·哈桑去麦加朝圣期间已被沙特成功收买，此时的英国把仲裁取胜的希望放在了揭发沙特的违法勾当上。于是，英国把情况跟参加过纽伦堡审判的检察官哈特利·肖克罗斯爵士（Sir Hartley Shawcross）简要说明后，就让他代表阿布扎比酋长和阿曼苏丹出席庭审。在等待哈桑期间，肖克罗斯对法庭另外四名成员说，待哈桑回来、庭审正式开始后，他将针对沙特提出严正指控。11日，英国检察官指控沙特阿拉伯试图通过大肆贿赂来收买占有绿洲领土的几位酋长。但肖克罗斯的论证、包括扎伊德酋长在内的目击证人的证词以及库雷希那令人难以置信的解释说明，都没能让德维舍和中立国的几位成员动摇。9月15日，待法庭休庭审议后，布拉德提醒英国政府说，亚辛和哈桑背地里总是坚称自己对伊斯兰教法和阿拉伯文化理解得更透彻，并以此为由左右法庭其他成员。英国所说的"贿赂"，他们对其他人说，只不过是阿拉伯人的慷慨大方。照目前的情况来看，英国资深外交官称，法庭仲裁很快就会做出裁决，而这一裁决——一位英国官员事后写道——"对英国将是灾难性的"。[2]

英国情报部门第二天恰好取得重大突破，证实——可能是通过窃听并解密巴基斯坦外交电报——法庭中的巴基斯坦成员哈桑曾两次收沙特的钱，但他对此只字未提。日内瓦的英国代表团把证据交给布拉德，布拉德立即就向德维舍提出要退出法庭成员组。因担心泄露线人信息，布拉德无法说明自己退出的真正原因，只是指责亚辛的行为以及他发现的"其他令人不齿的事情"。德维舍于16日暂停仲裁。

英国人一方面觉得他们需要把整个事情跟德维舍说明白,但又不愿透露他们是如何发现这些证据的,于是便派出军情六处的一名军官以石油公司主管的身份去接触哈桑。德维舍看到根据这名军官与哈桑的谈话录音整理出来的文本后没多久,他就辞职了。在这份录音中,哈桑亲口承认他曾从沙特获得600英镑"贷款"。10月4日——也是艾登在内阁会议上提出对英国的中东政策进行全面评估的同一天——英国政府宣布,"有确凿的证据证实大英帝国政府的猜测,即沙特试图在背后扰乱法庭公正",政府支持布拉德退出法庭的决定,英国的这番措辞其实就是专门说给沙特阿拉伯和哈桑听的。[3]

* * *

虽然英国的窃听行动把仲裁给搅黄了,但还没到不可挽回的地步。根据法庭成立的约定,对任何退出法庭的成员,应提供相应的替补人员。英国外交部为麦克米伦提供了两种选择。要么政府在法庭重组后继续仲裁过程,要么就退出法庭审议放弃仲裁。如果继续的话,或许会避免或延缓一场国际性争论,但新的法庭成员小组可能还是跟之前的人一样,会受到沙特施压的影响,英国参加仲裁在外界看来就是对贿赂行为的默许,而假如仲裁对英国不利(这一点几乎是肯定的),那到时候就会严重影响当地人对英国所提供保护的信心。麦克米伦手下的官员建议迎难而上。他们认为，政府"必须……对外宣布仲裁协定是因沙特的行为而中止的，要重新占领这一地区，并从外交和军事方面做好防御准备"。[4]

英国很清楚，沙特之所以能在1952年占领布赖米，全是靠阿美石油公司的支持。英国当初同意"中止协议"也正是因为他们不确定如果伊本·沙特像他威胁的那样把布赖米争端提交安理会，美国是否会支持英国。现在他们愿意正面叫板美国在中东的主要盟友，这表明其思想已经发生了巨大变化。

仲裁破产时恰逢苏联向纳赛尔兜售武器的事情曝光，而外交部针对中东石油提交的报告最终让英国内阁于10月20日讨论其面临的选择。外交部在报告中发出警告，"由于当地民族主义势力的崛起以及我们的对手做出比我们更大的努力"，中东地区正逐渐从英国手中溜走。面对这一警示，麦克米伦倾向于通知美国，英国将中止仲裁，同时为降低发生伤亡的可能性，会在无预警的前提下军事压制沙特所派驻的军队。但艾登显然不相信华盛顿方面不会向沙特泄密。他更倾向于"对存在争议的领土先占领后发声"。内阁赞同艾登的想法，两天后，待参谋部的作战计划一出来，内阁就立即通过了这次"波拿巴行动"。英国外交大臣在日记中写道："期待此次行动旗开得胜。"[5]

10月26日黎明前，英国领导的阿拉伯军队——特鲁西尔阿曼征兵队（Trucial Oman Levies）的两支中队从营地进入中立区，把正为清晨祈祷而洗漱的沙特官兵打了个措手不及。在和效忠于被沙特收买的几位酋长的部落士兵展开一场激烈的枪战后，沙特驻军首领与一名英国军官又围绕一只公文箱进行了一场拉锯战,最终英国控制了这片绿洲。这只公文箱里竟有价值25万英镑的卢比以及大量秘密文件。从这些文件中可以看出,库雷希在日内瓦时做了伪证,而亚辛对他的所作所为也心知肚明。英国政府由此证明他们中止仲裁的决定是正确的。

沙特再次威胁要把争端提交安理会,但始终没有这样做。对英国而言,更值得高兴的是美国对这次"布赖米事件"的沉默态度。在巴黎召开的北约会议间隙,麦克米伦在事件发生当天晚一点的时候亲口告诉了杜勒斯这一消息,并称自己之所以前期未发出任何预警,就是为了便于杜勒斯否认参与其中。对于这种蹩脚的理由,杜勒斯似乎也不想再多说什么。这位美国国务卿"并不想听到这样的消息",据麦克米伦的顾问伊夫林·沙克伯勒说,"但他也没有多不高兴"。[6]

* * *

随着沙特阿拉伯贿赂扎伊德3000万英镑并以这笔金额的九牛一毛打点马哈茂德·哈桑差点左右仲裁结果的事件曝光,此次布赖米仲裁暴露出一个严重的问题,而这个问题也日渐被英国人视为他们在中东困境的根源——沙特的大肆行贿。

伊拉克首相努里·赛义德称沙特每年花在行贿和颠覆活动上的钱有1亿英镑,虽然有些夸大其词,但真实数字肯定不是个小数目。尽管沙特王国的财务不透明,但自从1950年平分协议实施以来，仅石油收入就有了突飞猛进的增长，到 1955 年的时候可达 1 亿英镑左右。再加上大肆举债，可用于开支的钱更多。但钱都花到哪去了没几个人清楚。1955 年 8 月，沙特罕见地公布了一次经费预算，其中列出的开支仅占国民收入的一半，但就连这一部分开支，其名目也都是些诸如"部落补贴""慈善资助"之类用到哪都说得通的模糊概念。唯一能肯定的就是，当英国在中东的经费预算总共才 1500 万英镑（合 4200 万美元）时，沙特——用 CIA 的话说——有"几乎是取之不尽用之不竭的钱可供开支"。[7]

这一问题成为 11 月在伊拉克首都召开的《巴格达条约》理事会第一次会议的焦点。麦克米伦一到巴格达，对叙利亚局势格外担忧的努里就迫不及待地拉着他讲那里的情况。同年早期，埃及和沙特协助他们的长期伙伴舒克里·库阿特利赢得叙利亚的总统选举。现在库阿特利似乎也开始投桃报李，他威胁伊拉克说，如果伊拉克石油公司不提高给叙利亚的过境费的话，那他就要切断从伊拉克过来的输油管道。努里告诉麦克米伦，他确信叙利亚政要"几乎全部"被沙特收买了。[8]

与会代表一致认为，沙特正积极锁定的另一个目标国家就是约旦。继 1951 年约旦国王阿卜杜拉在耶路撒冷遇刺后，其子塔拉勒（Talal）即位，但因患有某些精神疾病，两年后即让位给 17 岁的儿子侯赛因（Hussein）。虽然塔拉勒余生都是在疗养院度过的，但他那极富魅力的妻子——扎因皇后（Queen Zein），仍是约旦政治中不得不考虑的因素。在确定扎因皇后与沙特一样，极度反感家族中伊拉克分支的野心，如今都是沙特在为她的奢侈生活埋单。伊拉克

推测，"大量……王室资金被花在购物上"。⁹

麦克米伦途经贝鲁特返回伦敦，他在贝鲁特从黎巴嫩总统口中听到了类似的事情，总统抱怨说国家总理刚刚从沙特获得1万英镑的资金，乞求英国外交大臣不要过于强硬地推动《巴格达条约》成员资格问题。回到伦敦后，他向内阁做了简要汇报，并把他自己的想法向艾登进行了详细的阐明，提醒艾登"如果我们现在不把约旦拉入《巴格达条约》，它很快就会不受我们控制的"，因为这个国家与其邻邦一样正"迅速被沙特的金钱所腐蚀"。他自信侯赛因定会接受加入成员国的邀请，如果不从，英国就威胁不再支付约旦每年用于阿拉伯军团的1200万英镑补贴，这样约旦在以色列入侵面前就毫无招架之力。麦克米伦继续道，更重要的是，英国需要采取行动来阻止沙特用石油收入来侵蚀其他阿拉伯国家，以防被苏联钻了空子。如果艾森豪威尔不愿或不能阻止美国的钱被用在颠覆活动上，那英国就直接对付这些石油公司。"反正不是英国就是美国来得罪沙特国王，并最终把这一毒瘤清除掉。"¹⁰

艾登之前还担心，把约旦拉入《巴格达条约》会增加英国卷入对以战争的风险，但麦克米伦认定威胁约旦加入《巴格达条约》利大于弊。受这番说辞的影响，艾登变了主意。11月30日，麦克米伦批准沙克伯勒的提议，派新上任的帝国总参谋长杰拉尔德·坦普勒爵士（Sir Gerald Templer）前往安曼，以"必要情况下每年可额外增加25000英镑的补贴"为由说服侯赛因国王签署《巴格达条约》。六天后坦普勒动身前往约旦，而他刚走没多久，伦敦就收到杜勒斯让英国在试图推动约旦加入条约一事上"暂缓一步"的消息。"这是一次豪赌,"沙克伯勒承认道,"因为安曼的埃及人多如牛毛,他们企图阻止国王加入条约,我们要么现在打败他们,要么永远也没有机会了。"[11]

让曾对蒙巴顿勋爵说"迪基,你这人真是头顶生疮,脚底化脓——坏透了"的坦普勒担任此次使节绝对是一个大胆的选择。人们都说他"向来谨慎,总是能凭借敏捷的思维、过人的才智与十足的勇气'达到目标'",这位英国最高将领是爱尔兰人,曾因镇压马来西亚的起义而声名鹊起。他那尖锐刺耳的声音、从眼镜上方看人的习惯以及"像斗牛士手中的剑一样的"轻便手杖,让他的手下在他面前不敢造次。"他是那种让人觉得很危险的将军,"据他的一位手下回忆,"他每次问我话时都是先用手杖戳一下我的肚脐,这让我很反感。"[12]

然而,坦普勒的此次任务却以惨败告终。尽管侯赛因国王热切地想加入条约,但这位英国最高将领要约旦国王确保能得到政府的支持,而这不是一时半会儿就能实现的。之前受三个部落统治的约旦由于阿卜杜拉国王吞并约旦河西岸大部分地区以及 1948 年第一次中东战争期间大量难民涌入,发生了变化。将自身所遭遇的苦难归咎于英国的巴勒斯坦人如今构成这里的大多数,而这一点恰好被埃及所利用。纳赛尔曾扬言道:"我们的反以态度让我们能在约旦为所欲为。"[13]

在坦普勒访问约旦之前,侯赛因就已被迫任命了新政府,而这届政府的构成正好能反映出约旦社会中存在的分歧。纳赛尔的副手阿卜杜勒·哈基姆·阿米尔及时出访约旦后,约旦内阁中的四名巴

温德尔·C. 威尔基
拍摄者 Bachrach Studio,
wikimedia commons

迈尔斯·兰普森爵士
拍摄者 Jean Weinberg,
wikimedia commons

哈罗德·伊克斯
拍摄者 Harris & Ewing, the United States Library of Congress's Prints and Photographs Division

帕特里克·赫尔利
Los Angeles Times Photographic Collection at the UCLA Library

巴列维在德黑兰会议期间（1943年）与美国总统富兰克林·罗斯福会面
U.S. Library of Congress

1946年，埃及和苏丹国王法鲁克一世与沙特阿拉伯国王阿卜杜勒·阿齐兹－伊本·沙特一同检阅埃及军队

Saudi Press Agency

科德尔·赫尔
拍摄者 Harris & Ewing,
U.S. Library of Congress

詹姆斯·兰迪斯
拍摄者 Harris & Ewing,
U.S. Library of Congress

克莱门特·艾德礼
拍摄者可能为 Yousuf Karsh, wikimedia commons

盖伊·吉勒特
拍摄者 Harris & Ewing, U.S. Library of Congress

1951年10月23日，杜鲁门总统和伊朗总理穆罕默德·摩萨台的合影
作者不详，wikimedia commons

1964年5月11日，国民议会议长安瓦尔·萨达特（左）和总统贾迈勒·阿卜杜勒·纳赛尔（右）在国民议会

Bibliotheca Alexandrina

1958年2月1日，叙利亚总统舒克里·库阿特利与叙利亚－埃及统一谈判的部分代表

Bibliotheca Alexandrina

阿卜杜勒-卡里姆·卡西姆
拍摄者不详
wikimedia commons

阿卜杜拉·萨拉勒
IMS Vintage Photos

艾伦·杜勒斯
拍摄者不详
wikimedia commons

约翰·格拉布
Matson (G. Eric and Edith)
Photograph Collection, the United
States Library of Congress's Prints
and Photographs Division

威尔弗雷德·塞西杰
拍摄者可能为 Umar, wikimedia commons

输油管线
San Diego Air & Space Museum

勒斯坦官员坚持在拍板之前先将此事报送开罗。12月11日，麦克米伦概述了坦普勒电报中的内容。"他一直在推动约旦加入《巴格达条约》一事上努力做工作，但当前形势危急。约旦的大部分大臣不是被沙特吓破胆儿就是被收买了。他说约旦首相就是个懦弱无能之人。"当四位巴勒斯坦大臣突然全部辞职后，约旦首相也不得不提交辞职书。一天后，坦普勒空手而归。[14]

虽然坦普勒在安曼的时间还不到一周，但他这次访问所带来的影响持续了一个月。侯赛因国王从三个部落中最南边的部落挑出一人担任新首相，此人名为哈扎·马贾利（Hazza al-Majali）。马贾利的任务就是想办法让约旦加入《巴格达条约》。然而，此时由CIA资助的埃及广播电台——"阿拉伯之声"的宣传势头正盛，到处都能听到抨击《巴格达条约》的广播，12月17日约旦河西岸以及安曼和约旦东部两个城镇发生暴动。由于警力不足，马贾利动用阿拉伯军团镇压暴动，镇压过程中至少15人死亡。为了让事态更加严重，沙特故意把人数报得虚高。但不管死亡人数到底是多少，约旦利用英国的军队恢复秩序正中埃及宣传机器的下怀。仅上台五天，马贾利也被迫辞职。

侯赛因又指定新的继任者，并解散议会，希望在是否加入《巴格达条约》一事上由普选变成全民公决。在当前形势下，这无疑是一步险棋。高等法院判定国王解散议会的命令不合法给了他反悔的机会。然而，国王取消选举的消息还是引发了更大规模的骚乱。当一名暴徒闯进政府办公楼时，约旦再次召集军团，只不过这次他们驱散人群用的是催泪弹而不是实弹。直到另一名对外宣称不会追求条约成员国身份的首相被任命上台,才带来了不安的平静。但约旦政治生态从此发生了转变。"国王陛下,"一名来自约旦河西岸纳布卢斯(Nablus)的巴勒斯坦代表对侯赛因说,"在阿拉伯人当中有这样一种说法——君为民纲,但如今世道变了,现在我们都说民为君纲。"[15]

英国怀疑这些暴动是沙特一手主导的,几天后,当英国收到"3000人的沙特部队正向约旦边界开进"的情报时,他们越发证实了自己的怀疑。此时,艾登之前的大受欢迎已荡然无存。在各方"领导不力"的指责声下,艾登对政府进行改组,将麦克米伦调到财政部,取而代之的是副外交大臣塞尔温·劳埃德(Selwyn Lloyd)。与此同时,他还决定派出两个营的伞兵团到塞浦路斯,并把驻伊拉克哈巴尼亚的英国皇家空军部署到安曼。劳埃德向沙特发出警告,如果他们对约旦发起攻击,英国军队将前往支持约旦。"第一轮较量我们已经输了,"麦克米伦于次日承认道,"但游戏还没结束,后面我们只能赢不能输。"他说此次较量利益攸关,"其重要性不亚于拯救英国经济。如果我们输掉中东,那我们就会失去石油;如果我们失去石油,那我们也就无法生存了"。[16]

沙特利用阿美石油公司提供的卡车把部队运往约旦边界这一事实给1956年1月底围绕中东问题展开的英美对话增加了几分辣味。继保守党内部刊物《旁观者》(*Spectator*)报道了"顶层严重缺乏权威"的文章后,应艾登要求,英美两国的对话在双方中东政策日益紧张的背景下正式举行。11月,艾登在市长官邸发表公开支持阿拉伯的演说激怒了以色列,也惹恼了杜勒斯。杜勒斯曾建议英国在推动约旦加入《巴格达条约》一事上不要逼得太紧，但英国对这一建议并未重视，出现这样的结果在他看来也是完全在意料之中的。另外，杜勒斯明显表现出的不愿向阿美石油公司施压让英国非常恼火。英国政府确信美国还能再多做些努力，于是在1月向媒体透露，艾登首相抵达华盛顿后就会明确指出沙特所开展的颠覆活动，而这些活动所依赖的"资金支持正是美国的阿美石油公司提供的"。《星期日泰晤士报》（*Sunday Times*）在接下来的一周发表的另一篇文章则直接指责沙特利用阿美石油公司所缴纳的使用费在安曼煽动反英暴动。[17]

会谈初期就暴露出两方人员在如何对待沙特阿拉伯这一问题上存在分歧。英国人知道在瓦解沙特阿拉伯的过程中必定会牵扯CIA的利益，因此他们暗示变更其政权，而美国人则希望自己的英国盟友能重新回到仲裁的路子上，这主要是因为他们害怕此时出现纷争的话，正稳步推进的围绕当年即将到期的达兰基地续约协议可能会泡汤。但当艾登于1956年1月30日到达华盛顿后，他发现事态已经有了显著改观。艾森豪威尔派出老友罗伯特·安德森（Robert Anderson）到中东与埃及和以色列商谈和平事宜，虽然安德森并未取得多大进展。杜勒斯也渐渐意识到这一事实，纳赛尔提出愿意在半年内与以色列商讨和平事宜的建议将会使谈话与总统竞选活动关联。美国国务卿如今已明确开始考虑同时对付纳赛尔和叙利亚的行动。当中风康复期的艾森豪威尔也加入艾登和杜勒斯关于布赖米问题的讨论时，他在英国对沙特的态度上表现出的同情远超杜勒斯及其国务院顾问。对英国在当前条件下不可能重新回到仲裁法庭的做法表示理解的艾森豪威尔若有所思地说:"得想办法打破僵局,绕过国王身边那群奸臣。"对美国想与沙特直接对话的意愿,艾登还是可以接受的。他于 2 月 3 日兴高采烈地离开华盛顿,称"这是我们来华盛顿开过的最满意的会议"。[18]

双方在对话过程中说出了一条有价值的信息,为英国指明了前进的方向。这条信息与沙特筹集资金的手段有关。英国一直认为沙特国王是靠阿美石油公司交的使用费来敛财的,但美国人解释说,事实上沙特是以"抵税债券"为担保从美国银行借钱,这些债券授权银行直接从阿美石油公司应向沙特缴纳的税收中扣款。这种巧妙的方式就避免了银行家直接与沙特打交道,但其运行依赖于这些银行对沙特的君主政体及政府得以维持的信任,而这正是如今英国决意要瓦解的。[19]

艾登返回伦敦后向内阁指出,他和艾森豪威尔一致同意要想方设法把沙特的开支向"道路、医院等"方面转移,四天后,英国一位知名记者围绕这一内容做了专题报道。《每日快报》的首席外事记者,塞夫顿·德尔默(Sefton Delmer)在战时曾为特别行动处工作过,通过设计一些黑白宣传海报瓦解德军士气。结束对沙特阿拉伯的访问后,德尔默在贝鲁特写了一篇文章,报道了沙特国内因国王未能依照承诺修建道路、学校、医院而引发的民愤,以及越来越多针对国王身边的叙利亚和巴勒斯坦顾问的讨伐,指责他们中饱私囊,挪用资助约旦和伊拉克境内颠覆活动的钱。这些批评者中为首的竟是国王自己的兄弟费萨尔(Faisal),德尔默称费萨尔在最近一次访问开罗时被怂恿推翻自己的兄弟。他在文章最后指出,沙特国王采取有力行动"将避免出现两次大的叛乱：一个是沙特试图在约旦和伊拉克资助的反叛活动，另一个就是沙特因财政收入使用不当可能在国内引发的叛乱"。[20]

* * *

然而，英国的反击开始得太晚了，以至于其无法拯救他们驻此地的要员——阿拉伯军团的指挥官格拉布帕夏①。作为一战老兵，约翰·格拉布爵士（Sir John Glubb）在英国享有国民英雄般的地位，但他跟侯赛因国王一直合不来。主动要求做国王教父的军人格拉布在四年前的一天带着当时只有 16 岁的侯赛因到巴特西公园游玩，那时他很惊讶地发现，这个小小年纪的王子"竟然不喜欢玩旋转木马或坐过山车"。两人的关系自此开始紧张起来。[21]

在侯赛因看来，问题的症结并不是因为格拉布是个自视高人一等的老顽固，而是因为他的势力过于强大：最有力的证明就是他被人称为"约旦的'无冕之王'"。格拉布的权力来自他对财政大权的掌控：英国拨给阿拉伯军团 1200 万英镑的补贴都是到他的手中，他想怎么花怎么花。在外约旦时期，他从贝都因招募一些无业青年加入军团令他在这里备受欢迎，但约旦西部是另外一番景象。他面对以色列边界袭击所采取的小心翼翼的防御姿态备受争议，反对派认为，只要有他在一天，约旦就不算真正地自由。侯赛因也察觉到了这一点，因此要求格拉布把军团完全移交给约旦，格拉布的搪塞

---

① 指行政系统中的高级官员。——译者注

推诿让侯赛因愈发恼火。[22]

其实早在坦普勒来之前，格拉布的地位就已经岌岌可危了，但其最终下台是因为阿拉伯军团参与镇压随后发生的暴动。格拉布帕夏是"阿拉伯之声"轻易就对准的矛头，他们散播具有迷惑性的谣言，称格拉布将发动政变。3月1日，就在他向国王提交对民族主义分子持同情态度的可疑人员名单并要求将这些人除名的第二天，他自己反倒被国王罢免了。那天他早早下班回家后妻子问道："今天工作不忙吗？""夫人，"格拉布说，"国王把我罢免了，我们要在明天早上7点之前离开约旦，而且永远不能再回来。"[23]

格拉布认定其下台是"想要独自掌控局势的年轻国王"一手造成的，但此时在中东巡回访问至开罗的塞尔温·劳埃德和艾登都认为纳赛尔才是幕后主谋，选择这个时机就是为了让英国脸面尽失。而事实上，纳赛尔跟他们一样吃惊。到了3月3日——当天各媒体都报道了这一新闻事件——据艾登的顾问伊夫林·沙克伯勒回忆，艾登已"与纳赛尔势不两立"，把他比作墨索里尼。[24]

当劳埃德接着到巴林访问时，他和英国的领事代理人遭到一群暴民的呵斥。工党从中嗅到了机遇，要求围绕政府对中东的政策展开辩论。为安抚侯赛因，艾登私下里本来还想用仅次于军团的伊拉克部队替换英国的军队。但3月7日辩论开始后，断言这一明显过于乐观的计划能否奏效还为时过早。在辩论结束之际，艾登不得不承认自己在对约旦的政策上没有什么发言权，此时距格拉布被免职差不多快过去一周了。说不出什么实质性内容的艾登转而开始了人身攻击，指责工党领袖休·盖茨克尔充当莫斯科的代言人。

坐在议长旁边的伊夫林·沙克伯勒将整个辩论过程看得一清二楚，艾登似乎已经"破罐子破摔了"，他在事后立即写道，称这位旧主给人的感觉"任性而又毫无头绪，可气又很可怜"。就连艾登忠实的妻子克拉丽莎（Clarissa）都说她丈夫的表现"一团糟"。然而，真正让艾登痛心的是次日媒体一致对他展开的口诛笔伐。[25]

此次辩论表明，仅上任11个月的艾登已是众矢之的，这次辩论也成了他政治生涯的转折点。虽然事情的真相是沙特贿赂所产生的威胁促使麦克米伦极力寻求《巴格达条约》的扩大化，给约旦造成巨大压力，继而迫使国王罢免了格拉布，但艾登认准了格拉布下台是纳赛尔在背后搞鬼。他现在担心这位埃及领导人将会成为自己的死对头。几天后他这样对沙克伯勒说道："不是他死就是我亡，别忘记这一点。"[26]

然而，艾登完全有理由相信在与纳赛尔的这场较量中，自己必定获胜，因为在大洋彼岸，美国的看法也有了急剧转变的迹象。"今天，"沙克伯勒在辩论结束后第二天在日记中写道，"我们和美国都彻底放弃了对纳赛尔所抱的希望，开始想方设法来摧毁他。"[27]

18

摆脱纳赛尔

1956年3月6日,也就是艾登在下议院上演惨败一幕的前夕,艾森豪威尔总统的中东特使罗伯特·安德森从开罗发回电报,透露了一些噩耗。一天前,与纳赛尔会面结束后,这位埃及总理单独把金·罗斯福留了下来。"安德森先生刚才说的是什么?"因为听不懂安德森的得克萨斯口音,他向罗斯福问道。

"我想,他认为你已经同意与本-古里安见面来解决你们双方之间存在的分歧。"罗斯福解释道。

"怎么可能!我会被人刺杀的。"纳赛尔又催促道,"你赶紧去阻止他,不要让他把电报发出去。"在当天接下来与安德森的会晤中,纳赛尔更明确地表明了自己的立场。对暗杀的恐惧意味着他不仅不会与本-古里安会面,甚至连支持与以色列签订和平协议这样的话都不会说。[1]

这下事情就闹大了,因为美国之前以为纳赛尔会这样做。面对英国越来越强烈的反对,美国之所以一直努力帮助纳赛尔树立自己的威信,就是因为他们相信,除非纳赛尔本人提出与以色列签订和平协议,要不然整个阿拉伯世界是不可能接受这一协议的。3月6

日，事态愈发明朗，要么是中间存在什么误解，要么就是安德森相信的那样，因为害怕自己按照美国的意愿行事会遭到阿拉伯世界的强烈反对，埃及总理才最终决定承认他并不打算这样做。美国最终盖棺定论道："再多对话可能也不会有什么结果了。"[2]

艾森豪威尔总统也认同"阿尔法和平计划"已经破产的观点。"从当前形势来看，"两天后他写道，"纳赛尔带领下的埃及似乎无论如何也不会与以色列会晤，以便消除两方存在的巨大分歧。"此时与劳埃德一起在卡拉奇开会的杜勒斯点明了其中深意。"除非纳赛尔立即有所行动，否则我们就不得不'摆脱'他了。"劳埃德在电报中把这话原封不动地报给了英国政府。[3]

这封电报对艾登来说意义重大，因为他所理解的"摆脱"二字意味着美国政府意欲推翻纳赛尔，而这正合他的心意。因此，苏伊士运河危机的根源正在其中。

* * *

英国首相和其他一些政府要员在 1955 年底收到情报，称纳赛尔为交换苏联武器承诺要对埃及经济实行集体化的时候，他们就已经考虑发动政变了。针对此事的讨论在英国驻开罗大使透露出更大的秘密后让他们有了更充足的动力，据大使报告，纳赛尔计划与以色列开战，时间很可能就在 6 月英国部队撤出苏伊士军事基地之后。这让英国不由担心起来，因为英美法三国在 1950 年发表的联合声明中承诺要维持 1949 年停战协定中规定的以色列与其邻国的事实边界。如果埃及攻打以色列,英国出于保护义务就要与自己昔日的盟友为敌。偏袒以色列被艾登视为"相当可怕"的事情,因为这会破坏英国在阿拉伯世界仅存的同盟关系——想到以后的发展趋势,这一考虑着实引人关注。[4]

自劳埃德准备从卡拉奇回国开始,负责起草备忘录的副外交大臣安东尼·纳丁(Anthony Nutting)就针对纳赛尔提出"国际孤立,国内瓦解"的应对政策。为孤立纳赛尔,纳丁建议为加入《巴格达条约》的英国盟友提供更多支持,密切伊拉克和约旦两国哈希姆王室的关系,推动叙利亚"政务的重新调整",同时离间沙特阿拉伯与埃及的关系。为了给纳赛尔添堵,英国还应鼓励苏丹在尼罗河水域附近给纳赛尔找点麻烦,收回英国在阿斯旺水坝建设上的资金支持,鼓动纳赛尔的反对者把他赶下台。

对纳丁提出的这些建议,艾登并没有放在心上。他查到纳丁住在萨伏依酒店,于是一个电话打了过去。"是我,"等纳丁接起电话,他对着电话训斥道,"你给我的都是些什么乱七八糟的东西?你说的那些话,我一个字都不认同。"当纳丁说他是按照首相的要求在做事时,艾登依然不依不饶。"你所谓的孤立纳赛尔或者说'中立'他是什么鬼话?我就想让他死,听不懂吗?"[5]

3月21日,已经从卡拉奇回来的劳埃德向内阁提出,英国需要调整对纳赛尔的政策。他解释说,自己在开罗期间向纳赛尔提出,如果埃及减少对英国的反动性宣传,英国就不再推动《巴格达条约》的扩大化进程。但后来,他继续说道,"阿拉伯之声"针对英国在阿拉伯半岛南部的也门和海湾国家的地位展开进一步猛烈攻击，这就意味着纳赛尔拒绝了他的提议。"既然已经看出他以后会成为我们的劲敌，那我们现在就要想办法把他打倒。"外交大臣如此说道，此时他还没认真看纳丁的建议，其中就提到要"寻求建立新政权"。会议桌上的每个人肯定都清楚这话的意思。因为当艾登很谨慎地承认"一小部分人"已经就这些选择展开讨论后，另外一名大臣索尔兹伯里勋爵（Lord Salisbury）就附和道，他支持这项新政策。"把他搞下台，让他永无翻身之日，"他声称，末了还加了一句，"我们怎么没早点决定这么做。"[6]

* * *

与此同时，华盛顿的杜勒斯也在同步谋划着他自己的计划，既然"阿尔法行动"已经破产，他把新的计划命名为"欧米加"。这个计划与英国的大同小异，但有一点是截然不同的。与艾登所想的"'摆脱'纳赛尔"相反，杜勒斯并不想颠覆其政权，而是想着如果纳赛尔的行为一时没有改善的话，就转而支持另一个阿拉伯国家的领导人，到时候让纳赛尔尝尝冷板凳的滋味。

这似乎是艾森豪威尔的意见。之前安德森说纳赛尔试图通过带头反对以色列来领导整个阿拉伯世界，让艾森豪威尔印象深刻，再加上从艾登那里得到的情报，称埃及总理打算把哈希姆家族、利比亚和沙特王室一一除掉，总统向国务院提出，"我们要开始扶植其他人选"来打乱纳赛尔的计划。"我个人的建议，"艾森豪威尔说，"是选沙特国王来制约纳赛尔。"[7]

这逐渐变成了某种惯例。就像之前的富兰克林·罗斯福总统，艾森豪威尔也对沙特的国王或许可以成为阿拉伯世界的"精神领袖"心怀希望，认为有朝一日他能和以色列达成和解，这样就解决了美国在中东的大难题——美国在中东最铁的两个盟友却相互恨之入骨。现在的问题是，美国的这一愿景与英国的存在冲突，这一点在美国的两名间谍到伦敦与军情六处开展对话的时候变得日益明显。

詹姆斯·艾克尔伯格（James Eichelberger）和比尔·埃夫兰（Bill Eveland）两人都有很丰富的中东经历。艾克尔伯格曾在自由军官组织发动政变后担任中情局在开罗分局的第一任局长。两人的初次相遇是1954年年底，当时埃夫兰还就职于替国家安全委员会执行秘密任务的行动管理局，他来开罗执行一次不太顺利的任务，那就是弄清楚这个新政权想通过武力方式达到什么目的。与大多数来自美国东海岸的同龄人不同，埃夫兰来自华盛顿州斯波坎市（Spokane）下面一个靠采矿为生的小镇，他对自己的卑微出身极为敏感，同时也极力隐藏。到开罗后，他穿着一身三件套，戴一顶卷边软呢帽从飞机上走下来，这身装束把艾克尔伯格都给看呆了。"天啊，"他吹了声口哨，"他可真是盛装打扮啊。"[8]

埃夫兰之前可能会遭同事嘲笑，但作为一个能说一口流利阿拉伯语的人，他的能力更胜一筹。一年后，当叙利亚政局再度陷入混乱，被金·罗斯福派到那里协助CIA阻止叙利亚的这次骚动演变成由苏联支持的武力冲突的人正是埃夫兰。由于纳丁和杜勒斯的计划中都提到了叙利亚的政权更迭，那很明显，埃夫兰就是协同艾克尔伯格一起到伦敦执行相关任务的最佳人选。

两人在塞尔温·劳埃德的邀请下前往伦敦,在3月21日召开的内阁会议上,劳埃德已经坦承,仅凭英国一国之力不能搞垮纳赛尔,他们还需要约翰·福斯特·杜勒斯和艾森豪威尔的支持。劳埃德相信,正如四年前的摩萨台事件一样,推翻纳赛尔首先要说服艾伦·杜勒斯,因此英国外交大臣提出,CIA和军情六处可能会一起评估可用的情报,企图以此说服美国人。

3月31日,埃夫兰和艾克尔伯格来到军情六处位于威斯敏斯特那所潮湿斑驳的总部,会见军情六处中东行动组的负责人乔治·扬(George Young)。"大块头,长得很凶狠。"在埃夫兰的记忆中,这个一头红发的苏格兰人就是那种从事秘密工作的"强盗大亨"之一。战后加入军情六处的扬在目睹1952年1月发生在开罗的"黑色星期六"暴动之前就因其在维也纳分局的海盗式领导风格而闻名。"如果英国文化委员会大楼起火的话,被烧着的三色堇①的气味闻起来都是焚香的味道。"他在事后言简意赅地评论道。对阿拉伯人来说,他声称:"没有什么比踩碎玻璃的声音更让人高兴了。"[9]

关于军情六处对当前形势的判断,扬进行了阐述。叙利亚、沙特阿拉伯以及埃及都威胁到了英国的生存,但由于纳赛尔不是一下子就能解决掉的,因此当前的重点是叙利亚。如果推翻库阿特利总统及其政府,势必会引起沙特的敌对行动,因为库阿特利是利雅得的附庸。因此,实现叙利亚国内的持续性变革还需要推翻沙特国

---

① 一种欧洲常见的野花。——译者注

王,并由哈希姆王室找人替代他。最后,英国再来对付纳赛尔,据扬称,纳赛尔现在与苏联人打得火热。

对扬的这番阐述,埃夫兰和艾克尔伯格不知道该如何看待。回到位于梅费尔①(Mayfair)的康诺特酒店(当用美国纳税人的钱公费出差时,埃夫兰向来是不遗余力地把钱花到位),两人一致认为他们刚才听到的那番话"纯属瞎扯",目的——两人怀疑——就是套出他们关于推翻叙利亚政府计划的细节。[10]

扬曾经说:"间谍活动的要领就是对人性弱点的利用。"按照这种说法,那埃夫兰作为间谍要比他技高一筹。他发现这位英国间谍的弱点就是总想证明别人是错的,于是他故意声称自己最近在叙利亚,他比扬更清楚那里的情况。[11]

果不其然,无法抵制想要给埃夫兰纠错的本能,扬泄露了英国的计划。他解释说,土耳其边界的突发事件、伊拉克对叙利亚沙漠部落的煽动以及以黎巴嫩人为主的叙利亚人民党组织的颠覆活动都会在叙利亚国内造成混乱,从而为伊拉克干涉提供借口。第二天,埃夫兰从扬那里设法获取了最后一个重要细节,他说扬的计划能否实施似乎全看伊拉克,这样的话,他们想推翻纳赛尔简直是痴心妄想。

扬再次上钩,他摇了摇头对埃夫兰说,他忘了还有"犹太鬼"——他对以色列人的蔑称——的存在,这些人将针对埃及的军事目标展开特别行动,袭击加沙及边界附近其他区域。当晚,

---

① 伦敦的上流住宅区。——译者注

在扬的严厉监视下，埃夫兰和艾克尔伯格设法向华盛顿发了一封紧急电报，提醒艾伦·杜勒斯"我们的和平解决计划现在陷入大麻烦了"。[12]

本来艾伦·杜勒斯应该是和金·罗斯福一起到伦敦进一步商讨此事的，但意识到如果这样做的话，会让人觉得是对英国战略的认可，因此他便以痛风为由取消了这次行程。罗斯福则只身前往伦敦。为安抚英国，罗斯福对英国关于叙利亚政府更迭的说法表示接受，但否决了他们想要免除沙特国王和纳赛尔的计划。这跟1953年的德黑兰不一样，他用讽刺的语气说道，除了纳赛尔，埃及可没有第二个能凝聚民心的人。劳埃德得到消息称CIA"对行动能否实施……显然比英国更没有把握"。他想说服美国支持英国计划的企图宣告失败。[13]

* * *

因为不确定罗斯福能否阻止军情六处单独采取行动，艾克尔伯格和埃夫兰决定自己动手。艾克尔伯格向纳赛尔发出消息，警告他英国"决意要在他身上制造一次'摩萨台事件'"。同时埃夫兰返回贝鲁特。5月3日，在和《纽约时报》的通讯记者一起在圣乔治酒店的酒吧喝酒时，埃夫兰看到当天的《每日电讯》报道说叙利亚大概六周前与捷克达成了一笔大额军火交易。想起之前CIA的同事曾说过《每日电讯》的记者可能是军情六处的秘密特工，埃夫兰怀疑这篇报道是故意设的局，目的就是为即将在叙利亚发起的军事行动做准备，他觉得这件事可能并不会引起华盛顿上级的足够重视。[14]

埃夫兰知道艾伦·杜勒斯每天早上上班后有看《纽约时报》的习惯；因此很有必要栽培《纽约时报》驻贝鲁特的通讯记者。由于他刚刚出差途经叙利亚回到贝鲁特，因此能够很明确地告诉新闻记者，英国报纸上说叙利亚刚刚购买了 200 辆坦克和装甲车完全是空穴来风。"叙利亚军火交易存疑"，第二天的《纽约时报》报道。

担心英国的计划"不太……现实或可能达到预期的结果"，艾伦·杜勒斯于 5 月底把埃夫兰召回华盛顿。在那里，埃夫兰说出了他的担忧，他觉得英国可能正"慌里慌张地把我们拖进一场计划不周的行动中，而这次行动是叙利亚保守党无法承受的"。杜勒斯命令下属通知英国和伊拉克，美国反对在叙利亚开展任何秘密行动，同时埃夫兰重新回到叙利亚寻找发起政变的最佳方式。[15]

其实，埃夫兰的任务归根结底就是厘清美国该如何取舍两位潜在的候选人——叙利亚前总统阿迪卜·施舍克里（Adib Shishakli）还是外交部前部长迈克尔·伊利安（Michael Ilyan）。在结束叙利亚北部侦察任务返程途中，埃夫兰在位于黎巴嫩东部贝卡谷地（Bekaa Valley）的一个城镇里发现了本应流放西班牙的施舍克里。他是一个酗酒的机会主义者，他自 1954 年被驱逐出叙利亚之后就在国外各个城市游荡，如今为伊拉克和支持叙利亚与伊拉克结盟的叙利亚民众党效力。这让埃夫兰怀疑英国是否也与施舍克里有关系，而事实也确实如此。伊利安也是伊拉克摄政王阿卜杜勒·伊拉的好友，埃夫兰经常能见到他，因此感觉伊利安相对更可靠一些。

这位来自阿勒颇的外交部前部长是个基督徒，他预测叙利亚当前政府撑不了多长时间；伊利安希望新的继任者是右翼的人，同时政府里面还应包括他提名的两个人。针对当前形势，埃夫兰告诉华盛顿最好还是再等等看。

虽然伊利安预测当前政府会垮台，但仅凭右翼势力不可能组建政府。当新的联合政府把两个重要部门——外交部和财政部——交到民族主义-社会主义复兴党手上时，表明叙利亚在左倾道路上继续前进，在施舍克里统治期间被压制的复兴党如今日益壮大。在来自复兴党的两位部长提出与埃及结盟并邀请苏联外交部长访问叙利亚后，美国被迫重新考虑政变的事情。金·罗斯福和他同在 CIA 工作的表兄阿奇（Archie）匆忙赶往大马士革去见伊利安，看他有什么需要帮助的。埃夫兰仍然记得伊利安听到罗斯福要来的消息时高兴的样子，"他说他一直很崇拜富兰克林·罗斯福，能见到他的后人也是三生有幸"。感觉事实可能会让他失望。"我就没多说什么。"埃夫兰回忆说。[16]

金·罗斯福和阿奇·罗斯福于 7 月 1 日抵达贝鲁特，随后又翻山越岭地前往大马士革，这条路线他们在 1947 年金伪装成记者那次就已经走过了，后来在 1953 年装着一车钞票去德黑兰的路上再次经过此地。他们推测叙利亚的实权可能在陆军总参谋长手上，于是先去见了他，但结果令人失望。与伊利安的会面相对要好得多。当问到要阻止叙利亚共产党人掌权，他需要什么帮助时，伊利安说他想得到几位高级将领的支持、大马士革和阿勒颇的无线电台以及足够的资金来贿赂当前被埃及和沙特收买的报社。据埃夫兰回忆，罗斯福最想知道的就是这些要求能否仅凭美国的支持就能实现。伊利安答道："没问题。"但当几天后陆军总参谋长突然被免职，伊利安怀疑自己的计谋被识破了，于是便从大马士革逃到贝鲁特寻求相对安全的庇护所。[17]

罗斯福到中东更深层的目的是想开始孤立纳赛尔的进程。两人又从大马士革前往安曼，并于7月16日见到了侯赛因国王。一个月前，国王开着他那辆银色鸥翼奔驰到贝鲁特参加山地越野赛。之前有谣言说埃及和沙特密谋废黜他的时候，侯赛因国王就借机与埃夫兰见面想购买武器。如今罗斯福兄弟二人与国王见面，进一步推动了双方的关系，最终他们确定每月支付国王15000美元，每月月底中情局局长来觐见国王时用白色信封装好一声不吭地给国王留下就行。罗斯福到安曼的新闻竟很少地被《纽约时报》报道了。不管是不是有意为之，这都向伦敦发出了明确的信号，那就是美国现在是支持侯赛因的。这就让英国在叙利亚采取单边行动没有了借口。[18]

* * *

"我们应该朝着分化沙特阿拉伯和埃及并……让前者看清他们要实现利益最大化靠的是我们，而不是埃及和苏联的方向努力。"艾森豪威尔于3月时如此写道。罗斯福兄弟二人随即未声张就又从安曼前往利雅得面见沙特国王，以贯彻总统的指示。[19]

除了更高更胖之外，沙特跟他父亲伊本·沙特再无相似之处。

饱受视力低下之苦的沙特为了掩饰那双暗淡无光又好流泪的眼睛，总是戴着一副墨镜。对于这个习惯，一位英国政客说给人一种"年老体衰的懒汉形象"，而这种形象又因国王的生活方式进一步强化。"喜欢喝君度甜酒是出了名的。"虽然他父亲曾告诫要像老百姓一样过简单而传统的生活，但沙特对此置若罔闻，他给自己修建了一座看起来更像拉斯维加斯而不是麦加的钢筋混凝土宫殿。用一位曾参观过的英国游客的话说就是"绚丽耀眼的游乐场所"，里面装饰有数百个颜色各异的霓虹灯。宫殿中最夺人眼球的是那个宏大的会客厅，可同时容纳200名客人，而且坐的还是镀金椅子。会客厅里照明的是四个由绿色和金色玻璃制作的棕榈树造型的灯饰。"这些灯看起来很丑，"还是那位游客评论道，"但不知道什么原因，又不会让人觉得突兀。"就是在这个很俗的会客厅里，罗斯福兄弟于1956年7月中旬与沙特会面，并提醒他埃及与他同父异母的兄弟费萨尔正密谋推翻他。[20]

不管沙特眼神有多不好，对当前的局势他也不可能置之不理，这就让罗斯福二人来此的任务简单多了。1955年5月，沙特的支持者粉碎了一场阴谋，这场阴谋是由大多接受埃及培训的军官策划的。除此之外，在由费萨尔促成的协议后，埃及随后于当年派出军事顾问协助训练沙特军队。美国大使确信，埃及的目的是"在埃沙条约的掩护下将沙特军队埃及化，这样就能把沙特军队掌握在自己手中，然后他们就能随时废黜沙特"。[21]

埃及在沙特日益扩大的影响愈发明显。前段时间纳赛尔到吉达访问时，当地群众高呼："纳赛尔，伊斯兰教的救主。""除了阿拉和纳赛尔,再无其他神被上帝所爱。"群众的热情让沙特感到不安,他害怕"在涉及沙特政治时,自己这个国家领导人却变成了纳赛尔的跟班"。在6月前往达兰的阿美石油公司总部参观时,国王正好碰到沙特工人组织的示威活动,CIA确信这是埃及在背后鼓动的。感觉被冒犯的沙特国王几天后颁布法令,称任何煽动或组织针对阿美石油公司的罢工行为都将面临为期两年的监禁。[22]

虽然不知道罗斯福兄弟二人对沙特说了什么,但确实奏效了。埃及已于同年5月承认了新中国的国际地位,沙特则顶着来自纳赛尔的压力,拒绝表示承认。没过几周他还把埃及军事代表团驱逐出境。随后,意识到结果只会适得其反,他也不再试图瓦解伊拉克和约旦的哈希姆王室。他在1957年煞有介事地说:"如果一个'王'走了,第二个也会消失,那在他之后我又能撑多久?"[23]

* * *

待罗斯福兄弟二人返回华盛顿时,针对纳赛尔的孤立计划所需要的"东风"也即将到位。头一年圣诞节的时候,杜勒斯和劳埃德一开始提出为阿斯旺大坝的建设提供资金支持,但现在两人都后悔了。不仅是因为国内人民的反对,更重要的是这样做会促使埃及向莫斯科寻求剩下的大部分资金支持,如此一来苏联就很可能成为与埃及签订大坝建设合同的国家——这是英美两国起初就试图避免出现的结果。尽管如此,特别是英国,依然不太愿意违背约定,害怕会引起报复行为。[24]

到了7月中旬，不管英国愿不愿意，事情都已明显到了不得不了结的时候。7月16日，英国收到美国传来的坏消息，再过四天，美国参议院拨款委员会将通过一项针对下一年《对外援助法案》的修订案，届时委员会就有权否决美国对阿斯旺大坝的贷款。17日，参议院的共和党领袖找到杜勒斯，警告他如果政府执意向埃及提供资金支持，将会"引火上身"。由于不想放弃在参议院中的外交政策决定权，杜勒斯当即表示："我们正决定通知埃及，美国不会对他们提供资金支持了。"[25]

在突然终止对埃及贷款的问题上，杜勒斯看到了另一个机遇：这样做也会将苏联的军。苏联人要么跟美国学，停止对埃及的贷款，如此一来他们在埃及树立影响的努力就会前功尽弃；要么他们就帮埃及兜底，到时候美国就会利用东欧集团的宣传工具来攻击苏联。杜勒斯在电话上把自己的想法跟自己的弟弟先说了一下："你得不到面包是因为被迫去修建大坝。"19日早上，已经向艾森豪威尔总统汇报并经总统同意后，杜勒斯召见英国大使并告诉他美国的决定。当被告知这个既成事实时，英国大使似乎一时没回过神来，他答复说英国政府"倾向于从长计议，先不明确拒绝"，杜勒斯说他也想这样做，但"当前国会形势"不允许。那天下午4点刚过，美国国务卿就召见了埃及大使，告诉他这个噩耗。"真希望他没这么唐突。"据说艾登听到消息后这样说了一句。[26]

埃及外交人员"竟然没有露出一丝慌张的神色"，杜勒斯事后跟自己的弟弟说道。其实纳赛尔也是如此。7月21日，就在英国政府跟随美国的步伐告知埃及，英国将停止对其贷款的第二天，《星期日泰晤士报》驻开罗的记者给埃及总理打电话,看他是不是像传闻中说得那样惶恐不安。记者说道,这真是个"可怕的消息"。[27]

"不可怕,"纳赛尔笑着说,他早就预料到会这样,"事情永远不像它们看起来那么可怕。"对于下一步的打算,纳赛尔并未透露任何信息。

19

詹金斯的耳朵战争

尽管电话上佯装镇定，但纳赛尔知道，没有英美两国的贷款，对埃及来说是个灾难。他对埃及人民的承诺能否实现全靠阿斯旺大坝——不管是从大坝所提供的供电和灌溉能力还是截留尼罗河水后所能开垦种植的大片土地来说，都如此。但现在这项工程就要化为乌有了：不仅英美两国撤走了资金，连苏联也是如此，并没有陷入杜勒斯设的圈套中。至于美国转变心意的原因，国务卿对外公布的说法——称埃及砸锅卖铁也会偿还贷款——只不过是借机羞辱埃及，提醒其第三世界国家的身份。纳赛尔现在必须尽快转移人们的注意力。他想到的办法就是推动苏伊士运河公司的国有化进程，尽管知道这样做很可能会引发军事报复行动。

苏伊士运河公司成立于1858年，在公司取得特许权后兴修和管理运河，如果纳赛尔没有介入的话，特许权本来应该是到1968年才到期。尽管公司董事有意夸大营运上的复杂性，但该运河的确有其实用性，通过对通行船只征收一定的费用，公司会为每条船配备一名引航员进行引领。虽然公司是在埃及注册的，但是外商独资的。1875年英国政府从最初购买公司股份的一个法国资产阶级手中买下公司股份，这就缓解了财政上捉襟见肘的埃及统治者伊斯梅尔（Ismail）帕夏的困境。英国人对运河的投资表明他们看出运河所具备的重要地位，正如艾登在1929年的一次讲话中说的那样，苏伊士运河已经成为"帝国防御链中的桥梁"和"通往东方的后门"。"我们不应该满足于，"他继续说道，"大英帝国大动脉的保护权被埃及人捏在手中。"[1]

1951年摩萨台将英伊石油公司收归国有后，埃及的新闻界也曾就运河国有化一事进行讨论，但因英国势力长期控制运河阻碍了历届政府收回运河的所有权。截至1956年6月中旬，规模只是英伊石油公司一小部分的苏伊士运河公司并未做大做强，但就在最后一批英国士兵于6月13日撤出埃及几天后，埃及对外报道的公司收入竟达9700万美元。[2]

四舍五入也就是1亿美元——这是纳赛尔1956年7月26日在亚历山大发表的讲话中故意夸大的数字。纳赛尔宣布，对于正向国有化转型的苏伊士运河今后所带来的收益，埃及将全部用于大坝建设。"今天，我代表全体埃及人民接管苏伊士运河公司，"他宣称，"今晚，埃及的公司将由埃及人来管理！埃及人民万岁！"他又承诺，将以前一天的收盘价来赔偿公司股东，并声称每年1亿美元的收益表明埃及现在不再需要国外的经济援助了。[3]

事实却截然不同。纳赛尔在讲话中并没有说明这1亿美元其实是公司的总利润。除去租金、重大开支以及公司发展所需要的投入，最终净值——也就是公司付给股东的钱——只有3000万美元。这就是埃及接管运河后每年实际能赚到的钱。

然而，那天下午纳赛尔说得头头是道，很少有人能立马识破话中的矛盾。"从政府的角度来说，不管这种做法多令人谴责，"一位驻埃及的英国记者评论道，"这都是一个很大胆、很有想象力的举动，这样做必然会进一步提升纳赛尔在阿拉伯国家的名声和地位。"这位记者推测，自己的国家对此可能无能为力，而纳赛尔则会"逍遥法外"，他的推测对了一半。[4]

* * *

在伦敦，安东尼·艾登首相是在首相官邸招待伊拉克的年轻国王费萨尔二世及其伯父阿卜杜勒·伊拉和首相努里·赛义德的晚宴快结束时得知此事的，此时伊拉克对英国的国事访问也接近尾声。"打他，"努里向艾登建议，"狠狠地打，就趁现在。"他继续说道，否则，就太迟了。"如果放任不管，他会把我们都干掉的。"[5]

如今，再次犯病的艾登身体衰弱，每天需要大把大把地吃药来止痛并抑制药物产生的失眠、焦虑、自负、妄想等副作用。吃了这么长时间，这些副作用具体是如何影响首相的判断能力还无从得知，不过有一点倒是不假，那就是他们没能转变艾登对纳赛尔的看法，他依然坚信纳赛尔想搞垮自己。艾登还清楚，运河的关闭对英国经济来说将是灾难性的，因为英国的石油有三分之二都是从这里运过来的。[6]

害怕与现实碰撞在一起，艾登匆匆断定，他要在纳赛尔出手之前先发制人。对于首相凭直觉做出的这一举动，伊冯·柯克帕特里克（Ivone Kirkpatrick）——脾气暴躁的外交部常务秘书——这样向英国驻华盛顿大使解释："如果我们放任纳赛尔巩固自己的地位，逐渐控制这些产油国，那他就能够——而且根据我们掌握的情报——而且现已下定决心要整垮我们。"如果纳赛尔不接受以英镑计价的中东石油交易，那只消"一两年"，用美元购买石油就会把英国的黄金储备全部耗尽。一旦没了黄金，那持有英镑的债权人也就不可能再将他们的信用转化为美元。到时候英镑区就会崩溃，随之而来的就是英国海外购买力的暴跌和国防的瘫痪。"当一个国家连用于防御的钱都没有了，"柯克帕特里克最后写道，"那这个国家就完了。"[7]

结束宴会后，艾登把参谋长、法国大使和美国驻英代办召集起来开会。参加会议的还有另外四位参加宴会的内阁大臣，这场会议一直开到深夜。就像艾登的一名顾问看到的那样，除了中午的白酒让首相"过于兴奋"外，其实当时的会议环境并不利于清醒地分析纳赛尔这样做的原因以及有效的应对办法。美国代办在27日凌晨5点发给美国的报告中也间接提到了当时那种酒足饭饱后的会议氛围。英国人"把当前的局势看得很严峻，他们个个群情激愤，尤其是艾登，会议的大致内容就是绝对不能让纳赛尔逍遥法外"。[8]

从这方面来说，参谋长带来的消息让人忧心。由于六周前最后一批英国军队从苏伊士撤离，现在离埃及最近的部队也是在塞浦路斯。但这里的驻军是为了镇压岛上长期的叛乱，并不适合两栖作战——这一点纳赛尔在宣布接管运河之前就已经派间谍仔细核实了。尽管第一海务大臣蒙巴顿（Mountbatten）提出由皇家海军陆战队攻占塞得港，但他承认让他们守住那里会很困难。发起一次全面的军事行动至少需要六周的准备时间。这样的话，努里提出的预见性建议就没办法落实。

当天上午11点，内阁召开会议。艾登在会上明确指出，为除掉纳赛尔，英国有可能会采取军事行动，因此应做好应对这种可能的准备。若真到了那一步，他对内阁成员说，他相信"美国也会紧随我们的步伐，就像之前一样"。艾登声称，此次军事计划应以"铲除纳赛尔"为战略目标。[9]

这次代号"火枪手行动"的军事计划与以往相同，基本上需要三次迭代过程，每次作战的结果大致就是下一次作战的起点。经过一次轰炸行动使英法联军取得空中优势后，作战就会进入第二阶段——集中宣传，最后就是登陆塞得港，英法联军从这里向南进发夺取运河的控制权。

内阁会议之后，艾登写信给艾森豪威尔，告诉他英国"承受不起纳赛尔控制运河带来的损失"，如果有必要的话，他准备使用武力阻止英国在中东地区影响力的"彻底瓦解"。为了说服美国总统采取行动，艾登指出埃及的举动带来的直接威胁就是西欧石油供给的紧缺，这会导致英国和其他国家可能需要从东半球购买石油。他的潜台词其实就是西欧对石油的需求会在11月6日的总统大选前夕引发美国不想看到的能源短缺问题，就像1943年东海岸发生的事情一样。[10]

艾登向艾森豪威尔提出，派杜勒斯来伦敦进行紧急会谈。但杜勒斯当时在南美，美国总统与艾伦·杜勒斯和副国务卿赫伯特·胡佛（Herbert Hoover）开会商讨，两人认为纳赛尔的举动实属无奈，并没有什么恶意。受其影响，艾森豪威尔第一时间派出了外交官罗伯特·墨菲（Robert Murphy），此人曾在战时与麦克米伦在北非并肩作战。

墨菲于 7 月 29 日抵达伦敦，在与劳埃德和法国外交部部长克里斯蒂安·皮诺（Christian Pineau）会谈期间，他发现两人一致认为应立即开始为战争做准备，因为现在很有可能需要尽快采取行动了。这让墨菲感到有些不安，但 30 日那天与麦克米伦和艾登的谈话才真正让这位美国使者感觉如临大敌。麦克米伦说，如果英国不得不选择战斗的话，那他们"宁愿这样做，也不要变成另一个荷兰"。墨菲于次日凌晨 2 点给杜勒斯发去电报对几次谈话的内容进行汇报。两人都告诉他，他们已经下定决心要除掉纳赛尔，一支英国的远征军将会于六周内准备就绪。"如果我们一开始就跟他们一起行动，那发生第三次世界大战的可能性会比我们拖延下去要小得多。"[11]

麦克米伦的虚张声势没有吓住艾森豪威尔，反而把他给惹恼了。CIA 已经进一步证实，纳赛尔在短期内不可能打破运河现有的营运方式，但英国入侵的话则必然会让他狗急跳墙，于是他急忙给艾登写了一封信让杜勒斯亲手转交。他在信中对艾登"此时还打算使用武力的荒唐想法"进行警告，并坚持要求由几个密切相关的国家先开个会再说。[12]

杜勒斯带着总统的信去了伦敦，但很快把信中表达的明确信息削弱了。信是总统在匆忙中口述写成的，他在 8 月 1 日的信中就跟艾登和劳埃德说了，他和杜勒斯都没时间再修改其中的措辞。但由于英国方面一直认为，杜勒斯——而不是艾森豪威尔总统——才是负责美国外交政策的人，因此他们并没有多重视这封信，而是把杜勒斯的言论当成美国的立场。

然而，与往常一样，想弄明白杜勒斯的想法绝非易事。虽然喜欢长篇大论的杜勒斯对英国不能让纳赛尔"逍遥法外"的说法表示认同，称必须想办法让埃及领导人"交出"到手的东西，但他也把总统的警告复述了一遍。他还说，"没有得到美国哪怕只是道义支持的"军事行动都将会变成"一场大灾难"。另外，如果苏联派志愿军去搅局，那英国还会有陷入游击战无法脱身的风险。这样看起来，杜勒斯就像一边嘴上说不能发动军事行动，一边又点头同意。[13]

就像几个月前艾登按自己的意愿对杜勒斯所用"摆脱"一词进行解读一样，现在他和劳埃德从杜勒斯有意反复使用的"交出"一词中推测，杜勒斯可能同意使用强制手段，劳埃德在当晚的内阁会议上做情况介绍时就引用了这个词。他对内阁成员说，杜勒斯希望"提供帮助和支持"，"我们必须要让纳赛尔把到手的东西'交出'来"。至于杜勒斯这个词的真正含义是什么，谁也不清楚，但能肯定的一点是，他想拖延时间。[14]

然而，正是基于对"交出"一词的自我解读，艾登才同意美国国务卿在8月1日中午进餐时提的建议：如果会议能很快举行并且会上各国不会对纳赛尔的所作所为表示默许，那就组织有关国家召开会议。不过，艾登已经下定决心不能让之前格拉布被罢免那种令人措手不及的事情再次发生，他打算在第二天下议院就当前形势存在的风险展开辩论时宣布拟召集各国参会事宜。

但杜勒斯不会让艾登这么做的。他推测,如果英国首相真的在议会上宣布召集各国开会的事情,就会有人问他会议失败的话他要怎么做的问题,到时候艾登很可能就会说,英国将诉诸武力。于是杜勒斯施展拖延战术。就在次日早上艾登写发言稿的同时,杜勒斯则在另一边故意延长与劳埃德和皮诺的商讨时间,这样等下午艾登开会之前就不会有任何定论。"福斯特的问题就是,这人太不干脆了。"等艾登回过神来时他这样抱怨道。[15]

直到艾登在下议院的发言结束后,杜勒斯这边才消除与劳埃德和皮诺之间的分歧,宣布会议于16日在伦敦举行的公报随即于当晚发布。杜勒斯心满意足地返回华盛顿。他在去赶飞机的路上给艾森豪威尔写道:"我觉得,针对当前的危急形势,我们找到了一个非常不错的权宜之计,虽然危险依然存在,但在我们的处理下,可能不再那么急迫,而且也更加可控。"[16]

与3月相比,第二天的报纸对艾登这次的讲话解读较为积极。各大报纸报道了艾登是如何在一片欢呼声中进入会议大厅,随后在会上剖析了纳赛尔的计谋并对比了他之前对运河公司状况的安抚性声明和他随后采取的行动。"这些声明如今就是一纸空文,"艾登在会上说,"对于这样一个言而无信的人所说的话,我们无法相信!无法相信!"如果所有的经营收入都要用于大坝建设,那未来纳赛尔在运河管理上的可信度和能力都要打个问号。在此基础上,艾登提出只有将这一航道委托给国际机构管理才行。"这一点是我们必须坚持的主张,目前我们与其他相关国家开展的谈判也都是以此为目的，"他最后说道，"达不到这一点，我们是绝对不能接受的。"[17]

然而，艾登的言论存在一个漏洞：到目前为止纳赛尔并未做出任何违法的举动。自7月26日讲话以来，纳赛尔一直都很谨慎地准许运河的营运以维持其连续性。考虑到时间拖得越久，英法联军发起军事行动就越难，于是纳赛尔允许所有船只都畅通无阻地通过航道，即使有很多船拒绝向埃及支付任何费用。因此，尽管有些报道称什么巴特林（Butlin）先生禁止埃及人参加他举办的横渡苏伊士运河航道游泳赛或一名曾到缅甸参加过对日反击战的老兵"用……一根绳子"把伦敦驻埃及大使馆屋顶上的电台天线给拉下来了，但民意调查显示，即使纳赛尔拒绝将运河置于国际监督之下，但大部分英国人仍然反对针对纳赛尔发起军事行动。几天后，以盖茨克尔为首的工党在辩论中做出了比艾登更严厉的抨击，他们称纳赛尔的所作所为让人想起希特勒和墨索里尼，为了迎合公众情绪突然来个180度大转变，让英国处于孤立无援的境地。[18]

麦克米伦于8月9日写道："我们需要一个能被大众接受的'宣战理由'——就像詹金斯的耳朵战争①。"尽管纳赛尔声称他已经为公司筹到了黄金储备，但艾登仍然寄希望于埃及的财政压力，想借此尽快制造出一个宣战理由。虽然纳赛尔的谨慎政策很明智，

---

① 指大不列颠与西班牙1739年至1748年的军事冲突。根据1729年订立的《塞维利亚条约》，英方曾同意不与西班牙的殖民地进行贸易，为确保条约落实，西班牙被允许在其领海范围内登上英国船只进行巡检。1731年英国商船"瑞贝卡"号船长罗伯特·詹金斯称在加勒比海的西班牙海域遭到西班牙当局的人员登船搜掠，而且还将他的一只耳朵割下。最初事件并没成为舆论焦点。到1738年，詹金斯再度公开讲述其遭遇，引起舆论广泛关注。内阁虽无意开战，但迫于压力于1739年10月23日对西班牙宣战。——译者注

但同时也意味着埃及的收入将缩减至其应得收入的三分之一,艾登推测这并非长久之计。要么纳赛尔继续以不变应万变,忍受英国通过电台广播对他的羞辱,大肆宣传他千方百计弄到手的运河航道结果毫无价值;要么他就拒绝那些不交钱的船只使用航道,这样就会给英法发动军事行动提供借口。当埃及武装部队总司令阿卜杜勒·哈基姆·阿米尔于22日向英国记者兼军情六处的间谍约翰·斯莱德-贝克透露说:"不用担心,你们会获胜的!"英国的乐观有增无减。[19]

就在艾登等着让纳赛尔感受到经济拮据带来的不安时,杜勒斯则把希望放在外交手段上,这也是他八九月一直在艰难推进的事情。伦敦会议于8月16日举行,会期一周。"真是耽误事儿,"当发现向纳赛尔提议将运河置于国际机构管理之下的会议代表团要在8月31日后才会动身前往开罗时,艾登这样抱怨道,"每耽误一天对纳赛尔来说都是赚的,对我们而言都是损失。"[20]

直到9月第一个星期的周末,纳赛尔拒绝会议代表团的提议后,在伦敦举行的这次会议才明显以失败告终。但这并不要紧,艾森豪威尔依然一脸轻松地对外宣布说,他绝对"不会放弃"探索和平的解决路径,"即使我们会遇到各种各样的阻碍"。其实,此时针对英国坚决要求埃及将苏伊士运河问题提交安理会的威胁,杜勒斯已经想出了另一个拖延时间的对策,那就是由使用苏伊士运河的国家组成一个临时协会,由协会提供引航员并在争议期间收取通行费。该协会最开始的名称首字母连起来是CASCU,听起来很像葡萄牙语中的"睾丸"以及法语中的"如坐针毡"的意思,于是后来就改为 SCUA①。[21]

"如坐针毡"当然是艾登想看到的纳赛尔对这一协会的反应。对英国首相来说，杜勒斯最新提出的这个建议唯一的吸引力在于，这最终可能会使事态陷入危机。他现在对华盛顿很失望。美国认为英国发起针对纳赛尔的军事行动可能会引起整个阿拉伯世界的骚动，对艾森豪威尔提出英国采取武力恫吓只会进一步巩固纳赛尔国内地位的说法，他在信中愤怒地予以回应，并把纳赛尔和希特勒相提并论。信的最后写道："我可以向您保证，军事干预的负担和风险我们非常清楚。但如果我们对问题的评估是正确的，而且事情的唯一出路是允许纳赛尔秘密发展壮大，直到最后埃及按照苏联的命令对英国和其他西欧国家敲诈勒索，那我觉得我们这样做责无旁贷，因为历史上的英国已经多次带领整个欧洲为自由而战。如果面对亡国灭种之灾，我们依然俯首帖耳地听之任之，那将会给大英帝国的悠久历史划上一个屈辱性的结尾。"[22]

艾登这段很有丘吉尔风格的话让艾森豪威尔心头一震，杜勒斯也担心英国这是要孤注一掷了。于是艾森豪威尔安抚艾登说他打算"把纳赛尔培养成一个比他本身更重要的人物"，而杜勒斯则再次向英国大使保证，总统并未排除武力解决方法。英国大使在向伦敦汇报时说道："我们可以让纳赛尔的日子不好过，而美国政府对此是完全认可的。"为应对英国面临的压力——议会将于20日再次召开会议——他还同意艾登宣布成立苏伊士运河使用国协会。其中就包

---

① 苏伊士运河使用国协会。——译者注

括一个至关重要的细节，那就是船只通行费将由 SCUA 收取，艾登推测这样做会显著削减埃及的收入。尽管劳埃德疑虑重重，但艾登还是决定按照杜勒斯的建议来。麦克米伦对此很是支持，他在内阁会议上说："这个策略为我们使用武力提供了很好的契机。"[23]

但当艾登于 9 月 12 日宣布成立苏伊士运河使用国协会一事时，工党的人一眼就看出了其中的猫腻。"这是故意挑衅！"一名左翼议员大声叫道，与他一起的同僚还要求艾登下台。但艾登并未理会，而是说出了一项针对埃及的威胁措施。如果埃及政府不配合或试图干涉 SCUA 的各项活动，那英国和其他相关国家就可以"通过联合国或其他方式维护自身权利"。第二天，英国政府决定支持艾登的提议，给他投了信任票。[24]

艾登的威胁措施让工党一片哗然，也让华盛顿方面惊惶失措。国务院发言人就美国政府是否会参与行动并未表态，还说杜勒斯国务卿之前没有见过艾登这份发言的样稿，但实际上他早就见过了。

当杜勒斯听说伦敦上下都在传这个计划的主谋是他时，他决定于次日召开新闻发布会来撇清与艾登的关系。果不其然，在与媒体见面时，记者问他如果埃及拒不接受这个计划他要怎么做。杜勒斯先是说明美国将变更航线，转从好望角穿过。接着他又明确指出，"我们不想用枪杆子来达到目的"。换句话说，SCUA 根本就"没有牙齿"。[25]

英国议会八小时的不信任动议辩论还没进行到一半的时候，有关杜勒斯这番评论的报道就已经传到伦敦了，这就为盖茨克尔把这一内容充实到晚上的辩论结语中提供了时间。通过反复引用杜勒斯

"不想用枪杆子来达到目的"这句话,他试图在辩论结尾让艾登也说出同样的话。但艾登并没上钩,被逼紧了就只说一句他"在对埃问题上与美国政府是完全一致的"——这种逃避的态度激起下面阵阵"回答!回答!"的喊声。面对如此大的压力,艾登在发言快结束时不得不承认道,如果埃及不配合,除非发生紧急情况,否则英国就只能将苏伊士运河问题提交安理会。此话一出引得对面工党发出胜利的欢呼声,因为这样看来就避免了发生战争的可能性。[26]

不过,在英国政府将这一问题提交联合国之前,他们还有一招没用。自埃及接管运河以来,欧洲引航员被胁迫开展领航工作,现在随着最后一批欧洲引航员的离开,英国政府倒要看看这些埃及引航员到底有多大能耐,于是便组织50艘船聚集在运河航道上,要求同时穿过运河。英国喜滋滋地将此次行动命名为"连环撞船行动",9月14日正式开始。

然而,埃及引航员完美地证明了他们有能力做好领航工作,9月15日纳赛尔宣布英国的阴谋落空。两天后,在见到英国记者兼间谍约翰·斯莱德-贝克(John Slade-Baker)时,纳赛尔可谓春风满面。当被问及他是否会在SCUA的支持下拒绝英国船只通行时,纳赛尔回答说不会,但他推测早晚会发生一次意外导致航道阻塞,到时候可就是SCUA的责任了。他继续说道,如果英国那时再对埃及发起进攻,那他也做好了进行大规模游击战的准备。他还透露,不仅位于三角洲的埃及人民反抗意识已经觉醒,而且埃及也已经针对该区域明确了应对策略,要"摧毁一切可以被摧毁的东西,在尽可能最快的时间内最大化损害英国利益"。斯莱德-贝克直接把这一情况报告给了英国驻开罗大使。[27]

到9月下旬,英国政府已经陷入一片混乱。其迫使纳赛尔采取行动的企图全部以失败告终,这就使英国始终没有找到开战的理由。但如果现在贸然主动发起战争,这也会使英国面临储备金大幅度减少的风险,因为外国投资商肯定会把他们的钱从英国撤回去。不管是内阁、议会政党还是国民,他们对采取军事行动的做法支持力度现在都开始下降,而且艾登一再努力让艾森豪威尔相信纳赛尔代表了存在的威胁,但似乎没有任何作用。

快到9月底的时候,艾登向一直避免在苏伊士运河问题上公开发声的丘吉尔吐露心中的担忧。"我对事态的发展很不开心,"他在给前任首相的信中写道,"福斯特向我保证,说在对待纳赛尔态度上美国和我们一样坚定——但现在看来他恐怕是对11月6日的总统大选有心理负担。"

艾登迫切想让事情取得突破性进展——最好是既能为他提供开战的理由,又能确保得到美国的默许。在离美国选举日还有三个星期的时候,他还真等来了这样的机会。

20

失算苏伊士

　　事后回想起来，副外交大臣安东尼·纳丁记得 1956 年 10 月 14 日是个"阳光明媚、秋高气爽"的星期天。他带着塞尔温·劳埃德连夜从联合国发回的报告来到位于伦敦西北契克斯的首相乡间别墅。报告内容喜忧参半。针对运河未来的管理问题，英法两国一起拿出一个由两部分构成的解决方案，虽然安理会一致通过方案中的第一部分，但第二部分因苏联的否决使得 SCUA 的成立受阻，本来按照方案的规定，使用国协会有权收取相关费用并强制埃及予以配合。现在的问题是，下一步该怎么做。[1]

　　那天去拜访艾登的并非只有纳丁一人。皮诺在纽约期间代为管理法国外交部各项工作的阿尔贝·加齐耶（Albert Gazier）和法国总参谋部的莫里斯·沙勒（Maurice Challe）也来首相别墅了。迫切想要对付纳赛尔的两个人，对艾登出于党内团结的考虑坚持要先把外交手段用尽的做法越来越不满。现在他们觉得有一个方法可以迫使英国采取行动——这个方法的可行性依赖于英国对法国与以色列之间见不得人的秘密关系的认知，双方的这种关系要追溯到十年前，当时法国为加速终结英国在巴勒斯坦的委任统治，曾向伊尔贡和斯特恩帮提供武器和资金。[2]

加齐耶开门见山地说他们来此的目的是传达以色列对以约边界紧张的担忧,正如他所料,艾登也确实感同身受。自从格拉布离开约旦以后,新任参谋长阿里·阿布·努瓦尔(Ali Abu Nuwar)同意埃及将约旦作为突击队开展袭击的基地。9月,耶路撒冷七名以色列士兵遇害使得双方报复活动不断升级,10月10日以色列发起大规模袭击致100多人死亡,随后侯赛因相继向伊拉克和英国寻求军事援助。当艾登正准备同意出面劝说伊拉克不要向约旦派遣军队,以免给以色列进一步恶化事态的借口时,没想到加齐耶话锋一转问道,如果以色列攻击埃及呢?

根据三方协议,英国有义务维持当前边界现状,艾登脱口而出——这个回答让加齐耶大跌眼镜。他反驳道:"艾登首相肯定不会插手去保护纳赛尔吧?"艾登承认说那是肯定不会,由于与纳赛尔在1954年签订撤军协议的是纳丁,艾登又转身问他:"你那个协议写明埃及遭到以色列袭击时我们没有义务派兵吧?"纳丁说是的,但又补充道,协议不会改变英国在三方声明中做出的承诺。艾登一时难掩失望之情,但随后加齐耶又说出了一个非同寻常的信息:纳赛尔最近指出,三方协议不适用于埃及。"这样我们就能脱身了,"艾登兴奋地叫道,"看来我们没有义务阻止以色列袭击埃及。"[3]

法国想的可不是袖手旁观那么简单。加齐耶让艾登的私人秘书先不要做记录,然后让沙勒大致介绍了一下他们的计划。他们想鼓动以色列袭击埃及,到时候英法两国再命令双方撤出运河,同时派兵"分离战斗人员"并接管航道。对此艾登说他要考虑一下，在周二之前会给法国回复的。加齐耶和沙勒对艾登没有和他们一拍即合感到惊讶。[4]

实际上，英国已经想过利用以色列来对付埃及，但一直没有太认真。1951年底英国驻法大使馆内，早有此心的丘吉尔有一天晚餐过后就提出，英国针对埃及展开的一些不太体面的活动，可以让以色列代劳。但这种做法让艾登很反感。当麦克米伦于1956年8月再次提出与以色列联手推翻纳赛尔时，艾登以无论英国怎么做以色列都会从中渔利为由拒绝传阅相关文件，外交部也对该计划提出警告，称埃及必定会把英法联合行动说成是"与以色列狼狈为奸的帝国主义图谋"，为此英国政府应该竭尽全力"不让以色列插手争端"。不管是哪种情况，最重要的反驳点都会落在此举给英国在阿拉伯世界盟友，尤其是伊拉克的努里·赛义德带来的损害上。但努里自己在7月访问伦敦时反倒建议鼓动以色列袭击埃及，从那时起一直到10月初，英国在此事上的保留意见逐渐消失。[5]

在此期间，随着风险的急剧增长，实施莫里斯·沙勒那样的计划似乎也不再是无法想象的。三个月的外交努力全部落空，而美国仍然坚持反对使用武力。英国试图刺激纳赛尔做出一些能为英法发动战争提供借口的举动也以失败告终。根据最新情报，埃及领导人有心推翻利比亚和伊拉克国王的统治，而这两个国家都有英国的军事基地，此外，纳赛尔正在叙利亚储备苏联武器。

最让人担忧的是，约旦现在看起来危如累卵。还有三个星期就要开始选举了，在艾登看来，民族主义分子获胜的大局似乎已定，到时候这个国家就会变成埃及的卫星国。可以肯定的是,到目前为止纳赛尔可谓是打得一手好牌,通过在以色列边界挑起事端,他不仅让自己最大的敌人与自己在阿拉伯世界中的主要对手反目,而且牵制了英国,使其出于《英约协定》不得不去帮一个他们不再视为盟友的国家。

在被参谋长告知英国兵力只能用来对付纳赛尔或者以色列,但不能同时与两者开战后,艾登想过单方面废除与约旦的协议,然而他很快意识到这样做会给埃及留下把柄,他们正想着怎样宣传来瓦解中东盟友对英国的信任呢。从另一角度来说,如果像法国设想的那样,让以色列把攻击目标转向纳赛尔,那他就能跳出这个圈套:一旦以色列向埃及发起袭击,那英国必须在约旦参战的危险就消失了,艾登就可以把全部精力放在除掉纳赛尔这件事上了。[6]

最后,法国的这个计划还完美地解决了让艾登头疼了很长时间的问题——美国会对英国的军事行动做出怎样的反应——那便是直接跳过这个问题。如果是以色列——而不是英国——在美国总统大选的最后阶段向纳赛尔发起攻击,考虑到杜勒斯经常挂在嘴边的犹太游说团的势力,艾森豪威尔总统还敢反对吗?刚刚才去过华盛顿的麦克米伦觉得,答案是否定的。在美国期间,杜勒斯还跟他提到了一年前英国大选之前他帮过的一个忙,并问麦克米伦英国"就不能投桃报李,什么事等过了 11 月 6 日再说?"[7]

"我了解艾森豪威尔总统,"返回伦敦后的麦克米伦断言,"他不会说什么的。"[8]

＊ ＊ ＊

法国的这个计划使得美国不好提出反对意见，这就为干预活动提供了借口。一半是出于绝望，一半是出于侥幸，艾登紧紧地抓住了这个机会。送走两人后，他立即打电话给纽约的劳埃德让他立刻回来。

连夜坐飞机往回赶的劳埃德在 10 月 16 日早上到达伦敦，当时艾登、纳丁和其他几个人围绕法国的提议正讨论到一半。劳埃德并不看好这个计划，但正如其中一名官员所说，他"对任何事情的认可都是闪烁其词"。午餐期间，艾登硬是凭着三寸不烂之舌把他给说服了。下午两人飞往巴黎会见皮诺和法国总理居伊·摩勒（Guy Mollet）。摩勒问他们，如果以色列袭击埃及，英国会不会插手？艾登回答说会。[9]

回到伦敦，劳埃德和艾登在 10 月 18 日的内阁会议上简要介绍了当前的情况。在表达了他们希望与埃及恢复对话的强烈愿望后，劳埃德把话题转到了约旦的动荡局势上。根据最新消息，约旦在埃及施压下，现在已经撤回请伊拉克出兵的邀请。艾登接着陈述当前的困境。面对"约旦或许会在本周倒向埃及"的可能性，英国要么坐视不理，要么就不顾一切地让伊拉克向约旦派兵，哪怕这样做会引发以色列袭击的重大风险也在所不惜。"这就是我们去巴黎的主要原因，"艾登声称，"我们过去就是为了确保如果以色列发起行动，巴黎方面不会对约旦采取行动，而是对埃及采取行动。"如果以色列真的发起袭击了，他继续说道："我们已经通过法国向以色列明确表示……我们不对埃及负任何责任。"[10]

如艾登所料,约旦的民族主义力量在 10 月 21 日的选举中获胜。第二天,因为艾登不想把这事跟自己扯上关系,便让劳埃德一个人返回巴黎与法国和以色列进一步磋商。在跟外交部的同事说了句自己因感冒需要休病假后,劳埃德于当天下午 4 点抵达位于富裕郊区塞夫勒(Sèvres)的一幢别墅。他在那里见到了皮诺、以色列铁腕总理戴维·本-古里安和 1941 年为英军担任向导对抗法国时失去一只眼的以色列将军摩西·达扬(Moshe Dayan)。从几个人的神情来看,他们已经谈了有一会儿了。

* * *

劳埃德从来没想过当外交大臣。"我觉得这其中肯定有什么误会。"据说 1951 年丘吉尔第一次在外交部任命他担任大臣一职时,他就这样对丘吉尔说道。他继续说道:"我什么外语也不会说。要不是因为战争,我也从来没去其他任何国家出访过。我不喜欢外国人。"[11]

"年轻人,"丘吉尔说,"你说的这些在我看来都是优势啊。"

塞夫勒会谈进行得并不顺利。本-古里安觉得劳埃德态度冷淡;劳埃德觉得本-古里安目中无人。双方很快就发生了分歧。本-古里安想让三国同时发起袭击,但劳埃德想继续摆出英法两国"拉架"的样子,为此他坚持让英国和法国两天后再介入,但本-古里安担心等到那个时候特拉维夫早就成为一片废墟了。现在只有英国皇家空军的重型轰炸机能摧毁埃及的飞机跑道,但如果过早投入使用的话，三国串通一气共同对付埃及的阴谋就昭然若揭了，至此会谈陷入僵局。

劳埃德于当晚返回伦敦，第二天早上他来到外交部后告诉纳丁，法国的计划似乎并不可行。就在同一天早上，艾登拐弯抹角地向内阁汇报称，现在看来"以色列似乎不会发起袭击"。但他又提出另外一种可能，那就是法国或许会"单独行动——甚至有可能与以色列联手"，他们还提出使用英国在塞浦路斯的军事基地。[12]

艾登和劳埃德还是低估了法国人的足智多谋。就在同一天两人还在伦敦讨论此事时，塞夫勒那边的皮诺已经提出由法国向以色列派驻军队守卫以色列沿岸。吃了定心丸的本-古里安这才同意发起一场足以让伦敦和巴黎方面于36小时后有理由介入其中的大规模袭击。当晚，皮诺飞往伦敦。在与劳埃德一起吃过晚餐并和艾登沟通后，英国同意派出一名代表重返塞夫勒再次进行会谈。

这个担子落在了联合情报委员会主席帕特里克·迪安（Patrick Dean）的肩上，他是第二天一大早从艾登那里得知此次阴谋，并被派往塞夫勒。迪安去那里的主要目的是要告诉其他人，英国只有在以色列入侵埃及且威胁到运河安全时才会介入。迪安到达别墅前，皮诺已经从伦敦回来了，他跟其他人说艾登要比劳埃德好说话多了，英国首相会签署这份计划大纲的。本-古里安也同意法国总理的防空提议。出于对英国的严重不信任，本-古里安建议——在迪安来之前——把皮诺的计划白纸黑字地打印出来，这样三国代表就都能签字留证。

迪安一来就看到了法以两国官员在别墅的厨房里拼凑出来的

"塞夫勒协议",无奈之下他只能在上面签字。那天晚上他回到伦敦把这事告诉了艾登,艾登一听吓坏了,让他第二天赶紧再去巴黎一趟看能不能把法国和以色列手上签过字的文件给要回来。结果只是白跑一趟。文件已经锁进外交部的一个房间里好几个小时了,迪安最后只能两手空空地回去了。

10月25日,当迪安还在试图挽回误签协议的错误时,艾登则在内阁会议上这样介绍情况。据当时参会的人说,艾登对内阁成员称,"摩拳擦掌、蓄势待发"的以色列"现在似乎"已经做好袭击埃及的准备了。接着他又问道,如果那里发生战争,英法是否需要干预。现在的情况是法国干预的意愿强烈,如果英国不参与的话,法国有可能会单独行动,或"与以色列联手",艾登说他自己倾向于英法联合对埃及和以色列发出最后通牒,让双方从运河处各退16公里。"以色列可能会乖乖服从。"他说,"如果埃及也照做的话,纳赛尔上校的威名就会彻底被毁。如果埃及不照做,那英法两国就有足够的理由对其采用武力措施来保护运河。"[13]

"我们肯定会被人指责与以色列串通一气,"艾登说,"但不管什么情况下,这种指责都在所难免。"

"有人对此提出质疑。"那次的会议记录上这么写着,虽然没有指明具体是谁。持怀疑态度的人担心英国的举动会冒犯美国,而且通牒中所称16公里的后退距离实际上是偏袒以色列的,另外,英国的做法违反了三方声明,英法的"世界警察"行为并没得到联合国授权。尽管存在诸多疑虑,内阁还是通过了这个计划。[14]

大概就在这个时候,几个未透露姓名的英国官员找到了当时在贝鲁特的埃及前总理阿里·马赫（Ali Maher）。他们问如果纳赛尔突然倒台的话，他是否准备好建立新政府。是的，准备好了，他回答道。[15]

* * *

约旦选举刚一结束，侯赛因国王就宣布已下定决心反抗以色列，10月24日有消息称，埃及、约旦和叙利亚已经同意要成立军事同盟，各国兵力统一由埃及指挥。到26日之前，杜勒斯获悉以色列正在进行军事动员，但其具体目的是什么还不清楚。他怀疑法国——很可能也有英国——是以色列此次行动的共犯。由于英国大使馆出奇地安静，他便给驻伦敦的大使温思罗普·奥尔德里奇（Winthrop Aldrich）发去消息，问他能否找到证实自己猜测的蛛丝马迹。

奥尔德里奇告诉杜勒斯，他会在28日的晚上与劳埃德一起吃饭，到时候应该能打听到一些消息。与此同时，CIA的监督委员会推断，从以色列的备战规模以及英国宣称保卫约旦的承诺来看，以色列"在最近一段时间内"最大的袭击目标实际上是埃及。就在同一天晚些时候，CIA再次发布消息，称18架法国运输机刚刚抵达塞浦路斯，这就意味着现在英法两国一次可以运送多达3000人的兵力。[16]

晚餐期间，面对奥尔德里奇的询问，劳埃德打起了马虎眼。他说自己也对以色列的军事动员感到忧心，虽然英国方面也有一些报道指出以色列军队前进方向是南面而非东面，但他自己"倾向于认为"约旦才是真正的目标,要不然英国也不会在前一天早上从马耳他派船前往约旦。他"不愿相信"以色列会袭击埃及,而且从与法国方面的谈话来看,"没有理由相信"法国会鼓动以色列这么做。奥尔德里奇竟然信了他的话。[17]

第二天中午,美国大使向华盛顿方面汇报称,尽管劳埃德对他说"他也想看到纳赛尔出点状况,但他对以色列袭击所产生后果的担忧足以让人确信,英国不可能掺和到这场阴谋之中。同样,我觉得他也确实在怀疑法国这个时候出于利益需求会鼓动以色列的军事冒险行为"。就在奥尔德里奇发出这份报告两小时后,以军伞兵在运河南入口、苏伊士东侧72公里的米特拉山口(Mitla Pass)附近降落。战争开始。[18]

* * *

不像奥尔德里奇,杜勒斯一眼就看穿了劳埃德的托词。以军空降行动开始后,入侵消息传开前,他又发了一封电报,但这次是给驻巴黎的大使。直到前一天晚上,他才得以与法国和英国驻华盛顿高级外交官谈话。在电话里,他对艾森豪威尔说,他们对法国战舰开往东地中海一事的"一无所知"恰好"说明他们做贼心虚"。[19]

"我实在是不能相信英国会卷入其中。"当杜勒斯把证明英法在塞浦路斯不断增兵的证据拿出来后,艾森豪威尔这样说道。[20]

然而,在以色列展开袭击之前,杜勒斯就已经确定英国也会卷入其中。他对驻法大使说,"越来越多的证据表明"法国——可能英国也知道——正密切支持以色列在埃及挑起战争,而英法两国随后再插手争端。[21]

杜勒斯又用比之前跟英国人说话时要明确得多的话提醒驻法大使接下来可能要发生的事情。"你要知道,我和总统坚信,如果英法两国任由自己卷入这场广泛的阿拉伯战争,那他们就要开始一段没完没了的噩梦了。"这会导致该地区反对西方的情绪愈发高涨,而苏联则会乘机渔利,另外,这也会削弱英法和其他一些西欧国家的经济实力。假定英法两国已经发起战争,美国"不可能"会施以援手。有意思的是,杜勒斯看穿了美国这两个所谓的盟友发起此次行动前心里所打的"如意算盘",认为"犹太人的影响力足以确保美国会支持此次行动"。如果他们是这么想的话,杜勒斯最后说道,那他们就"失算"了。

* * *

次日早上,英国联合情报委员会告诉参谋长,美国将"对此次行动保持绝对中立"。结果还没到 10 点,从事态的发展就已经明显看出委员会的推测错得离谱。当天上午艾登召开内阁会议,劳埃德在会上说,美国大使通知他美国政府很快会提请安理会审核通过谴责以色列为侵略国的决议。他向内阁成员解释说自己也辩解过,说这样做会招致外界抨击,哪怕以色列的举动是自卫行径,但毫不意外,奥尔德里奇不为所动。当劳埃德在那天晚些时候得知艾登和摩勒已发出要求埃以双方从运河处各退 16 公里的最后通牒时,他对外交部说,英国将"付出惨重的代价"。[22]

如果说那些明面上的证据、情报和个人直觉让杜勒斯基本确定英法与以色列是串通一气的,那英法发布暗中偏袒以色列的最后通牒则把他最后一丝疑虑给打消了。因为艾登和摩勒发出这个通牒时,主战场距运河还有167公里,他们这么做反倒是"制裁"以色列加速向埃及进发。

当几个月前因压力过大离开外交部的沙克伯勒在广播中听到这个通牒后,他整个人都"震惊"了。他知道,这一下子就把英国在阿拉伯世界的威信——这正是艾登苦心经营已久的无形资产——全都给毁了。其他人评论道:"艾登这是疯了。""纳赛尔觉得整件事简直荒谬,"艾登的一个顾问回忆说,"这完全就是胡来。"[23]

这时,艾森豪威尔给艾登写了一封冷冰冰的"训诫信"。"我想请你跟我解释一下我们之间以及与欧洲盟友——尤其是我们、法国和你们之间——到底发生了什么事。"信的开头艾森豪威尔以愠怒的语气质问道。总统接着写道,美国已经知道法国给以色列提供的装备远比他们对外公布的多,而且巴黎和特拉维夫的通信量大幅增长,这些都表明法国和以色列合作密切。美国人前一天晚上找到英国驻联合国大使皮尔逊·狄克逊(Pierson Dixon)时,"他的冷血让我们震惊,他竟然明目张胆地说本国政府不同意任何针对以色列的敌对行为"。狄克逊还辩解说,规定英国维持现有边界的"三方声明"早就过时了。不管事情是不是这样,艾森豪威尔称,如果有一方签约国宣布放弃该协议,"那应该通知其他签约国才对"。[24]

出于对英法"最后通牒"的愤怒,艾森豪威尔和杜勒斯强迫安理会针对此事立即做出决定，但要求双方停火、以色列撤军，督促各方避免使用武力或武力威胁的提案遭到英法否决。同为安理会成员的南斯拉夫推动了一项新决议，提出召开联合国大会紧急会议。这样做是为防止安理会再次发生刚刚那种阻碍会议议程的事件提前做准备。尽管英法可以投票反对，但对该方案没有否决权。这就意味着他们的行为必须受制于两天后的联合国大会决议。

* * *

"英国进入战争状态"，11月1日的《每日邮报》(*Daily Mail*) 以此为题进行了报道，而这一天也正是召开联合国大会的日子。还是在同一天的早上，英国用轰炸机突袭埃及机场，不过他们放弃了对其主要击打目标——西开罗空军基地——的袭击，原因是他们发现这个基地靠近美国公民逃往亚历山大的必经之路。然而，当艾登在那天早上的下议院拒绝说出英国是否进入战争状态时，工党对此反应异常激烈，导致议长不得不休会半个小时来平息工党的愤怒。

由于存在时差，埃及驻联合国大使能够在当天晚上的联合国大会辩论中引用盖茨克尔给艾登的回复中所说的话。在狄克逊试图为英国的立场进行辩护后，杜勒斯开始发言。他提出了针对此次行动的解决方案，要求参战各方立即停火，禁止再向该区域输入军队或武装，所有军队退到1949年的停战边界线之外。该提案以64票对5票通过。只有澳大利亚和新西兰站在英国、法国和以色列那边。有6国弃权，其中一个就是加拿大，来参会的是加拿大总理莱斯特·皮尔逊（Lester Pearson），他曾在1947年作为加拿大代表参加针对巴勒斯坦问题的联合国特别委员会。他提议派出一支联合国紧急部队去维和。

在纽约举行的联合国大会于深夜进行投票的消息在11月2日凌晨传到伦敦。盖茨克尔在下议院问艾登是否要服从联合国大会决议。艾登为了拖延时间就说，他想先看一下这个决议，明天再回复。

此时，埃及军队正在撤退，而以色列则逼近运河。英国轰炸机破坏了开罗的电台，使得"英国之声"能够占用其电台频率对埃及人发起恐怖的宣传攻势。在当天下午召开的两次内阁会议中，对战场上的局势感到"非常满意"的艾登争论道，英法两国政府应利用以军快速推进的机会，为尽快登陆提供合理解释，等到后面将任务移交联合国部队。在工党一片"杀人犯"的叫喊声中，艾登在第二天的下议院中宣布了这项政策。[25]

由于英法联军的大部队还在乘船来的途中，艾登坚持迅速采取行动需使用空降部队，但这样就会陷入一个进退两难的境地。艾登现在想利用的局势正是埃及为避免在运河东岸遭遇以军围困后撤退才形成的。这就意味着此时的塞得港——伞兵要降落的地点——已经有大批埃及部队。空中侦察显示，这些部队已经做好了随时开战的准备。英国可以选择让伞兵迅速降落，但这些轻装上阵的部队必定会遭遇埃及军队的殊死抵抗；他们也可以选择对埃及新建立的工事进行轰炸使登陆更容易一些，但这样做不仅耗时而且也会让艾登在当天晚上电视上声称的"吾生致力和平"成为笑柄。不过，国防大臣安东尼·黑德还是启程前往英国在塞浦路斯的大本营，看看能做什么。[26]

黑德是在11月4日返回伦敦的，他带回来的消息给了内阁英军有可能顺利登陆的希望。他说埃及似乎正从塞得港撤退，他认为"如果英军干净利落地完成登陆，那国际社会就会接受这个既成事实"。伦敦方面接收的反向信息也表明，CIA持相同看法。

那天晚上，外面的街上掀起一场反战示威，而内阁会议则就以下事项进行斟酌：是径直派出伞兵部队登陆，还是再等24小时争取得到联合国对此次行动的批准，抑或干脆放弃此次行动。从会议记录来看，当时内阁成员对此意见不一。艾登倾向于直接行动，而劳埃德则担心如果英国一意孤行，联合国会实施石油制裁。之前强硬的索尔兹伯里现在觉得埃及和以色列不可能接受英国扮演"和事佬"，那英国到此打住就行了。事实上，以色列政府没有接受停火协议的消息让英国决策起来简单多了。会议最后，艾登绕着桌子转了一圈，发现大多数人支持立即展开行动：伞兵部队空降行动开始。霍姆勋爵似乎对参会成员心中的"小算盘"做了个总结："如果此举不会造成重大伤亡，那（我们）就能侥幸逃脱了。"[27]

668名英国伞兵在当地时间早上7点刚过进入战斗。在降落过程中1人丧生，1人受伤，还有12人在着陆后的机场争夺战中受伤。从他们降落的这个机场到塞得港还要前进5千米。尽管此时英法主要的海上力量已经停泊在离岸不远处，但埃军殊死抵抗坚守阵地。直到第二天清晨，主力部队才实现登陆。与此同时，法国精锐部队已经在塞得港南部登陆，他们的主要任务是拿下连接港口与内陆的桥梁,从而将这个城镇围困起来。正是这支部队通过切断对港口的淡水供给,迫使埃及指挥官不得不提出停火要求。

有关局势发展的消息传到伦敦时,英国政府正在就当前形势进行另一场议会辩论。自英国在三角洲散发传单威胁埃及若负隅顽抗就要发起轰炸的消息出来后,站在首相问答箱旁边的劳埃德就一直在回避各种令人尴尬的问题。此时艾登站起来解围,称他刚刚收到前线的加急电报。"总督及指挥官,塞得港正与巴特勒准将协商投降事宜,已下令停火。"他把电报的内容念出来,引得政府官员拍手叫好。在返回唐宁街后,艾登把总参谋长叫来给了这个空军中将一个结实的拥抱。"太感谢你了!你做得非常出色!整个事情的进展堪称完美。"但胜利的喜悦转瞬即逝。[28]

那天早些时候,已经知道空降部队开始行动的艾登给艾森豪威尔写了封信,一是为自己的行为辩解,二是说明他的打算。这是一封很别扭的信,里面掺杂了十拿九稳的自信和自以为是的不凡,又有幡然醒悟的忏悔和沾沾自喜的得意,艾登还在信中向总统提出,如果不能"同意……至少也请理解我们所做出的这项可怕的决定"[29]。

"我知道福斯特觉得我们应该把眼光放长远一些,"艾登承认道,"但我敢肯定,如果任由事态发展,一切只会越来越糟。纳赛尔可能会变成伊斯兰世界的墨索里尼,而我们在伊拉克、约旦、沙特阿拉伯甚至伊朗的朋友会被他逐个击垮的。他的势力还会向西扩张,到时利比亚、北非都会受他摆布。"尽管艾登表示他愿意尽快移交国际部队,但一句"本可以"其中的意味就再明显不过了。他是铁了心要先除掉纳赛尔。

艾森豪威尔起初对回信的反应很乐观。不仅是因为艾登正面临联合国的一致谴责，还因为叙利亚已经破坏了伊拉克石油公司的输油管道，纳赛尔那边也封锁了苏伊士运河。艾登一手造成了纳赛尔策划的石油短缺，这正是他最害怕的事情，现在艾登认输只不过是时间问题罢了。不过，就在总统草拟了一封让人惊讶的热情回信，督促艾登在完成登陆后就适可而止，并期待此次危机过后两国开启全新合作时，从莫斯科传来苏联部长会议主席尼古拉·布尔加宁（Nikolai Bulganin）的消息。为了转移世界对苏联干预匈牙利事件的注意力，布尔加宁提出，苏美两个拥有核武器的超级大国应为恢复中东和平有所作为。没过多久，塞得港停火协议破裂的消息就传来了。

艾森豪威尔一口回绝了布尔加宁的提议——这不仅是苏联转移世界注意力的策略，也是离间美国与其日渐疏远的欧洲盟友的计谋。但苏联也给艾登写了一封措辞严厉的信，警告他英国或将面临苏联的导弹袭击，艾森豪威尔担心，经过布达佩斯事件，苏联感到"恐惧与愤怒，在这种心态下，没有什么比独裁更危险的了"。因害怕苏联以塞得港为借口进行干预，他决定先不把给艾登的回信寄出去。[30]

布尔加宁的信于11月6日凌晨2点到达伦敦，8点30分的时候艾登给英国驻联合国大使狄克逊打了个电话。狄克逊告诉他，他刚刚开了一个由苏联召集的紧急会议。狄克逊认为，苏联人的目的就是"在世界面前做个姿态，这样他们就能宣称自己尝试通过联合国来解决问题但最终未果,现在他们有权采取自主行动"。这话在艾登听来肯定一点也不陌生。虽然他认为苏联不可能会对英国发起攻击,但他担心苏联的信中或许"暗含杀机"——最有可能的是针对叙利亚,最坏的情况则是针对埃及的英军。[31]

更重要的一点,狄克逊继续说,是美国正在起草解决方案,要求对英法实施经济制裁。从这里开始,事态急转直下。几天前,劳埃德提出,假如英国被实施石油制裁的话,应对的方法就是"占领科威特和卡塔尔"——两个没有加入联合国的石油生产国——但这个鲁莽的计划并未得到落实。11月6日早上的内阁会议,麦克米伦——似乎一夜之间从凶狠强悍的老鹰变成了爱好和平的白鸽——把目前的财政状况梳理了一下,由于货币交易商低价出清手中的英镑,英国的经济正急遽恶化。不知道什么原因,他把损失夸大了三倍,称11月第一个星期已有1亿英镑从国库流失,但实际上还不到3000万英镑。不过会上的其他人并不知道这事,他们对麦克米伦的话信以为真,觉得如果继续照这个速度流失的话,等圣诞节刚过完,英国的国库就空了。英国的财政还没有强大到能够对抗国际孤立:正如麦克米伦事后悲伤地承认道,苏伊士危机并没有使英国严峻的经济形势发生什么转变,不过它把这个问题给揭露出来了。艾登于当晚宣布,英国已命令部队在午夜时停火。国防大臣安东尼·黑德对这一命令大失所望。这"就像你把前戏都做了个遍",这位前准将说,"结果却没有高潮!"[32]

* * *

艾森豪威尔最终赢得了11月6日的总统大选。几天后，当他收到麦克米伦的来信，请他"为我们找块遮羞布"时，艾森豪威尔表现得宽宏大量。早在北非一起作战时，总统和麦克米伦就认识了，于是他拨通了驻伦敦大使的电话。"你私下跟他们说，我们当然乐意效劳，同时对英国的遭遇也很同情，只要事态发展一回到我们意料之内，我们就会给贵国提供'很多块遮羞布'。"待艾登外出"享受"超长假期，劳埃德于12月3日在下议院宣布英国军队将"立即"撤离后，针对英国的援助也纷至沓来。现在英国不仅可以得到国际货币基金组织的支持，美国政府还免除了英国1946年的贷款利息。美国的石油还弥补了因伊拉克石油公司在叙利亚输油管道破坏及苏伊士运河封锁造成的石油短缺。[33]

将接替艾登成为首相的麦克米伦还落井下石地把这一切都推到了自己前任身上。他告诉杜勒斯："他个人其实对此次事件的处理和时机的把握并不满意，但艾登一意孤行，他……没办法只能选择支持艾登。"不过在内阁会议上，麦克米伦要诚实得多。"我建议对埃及采取坚决，最重要的是迅速的行动，"麦克米伦为英国别无选择只能接受艾森豪威尔提出的令人不快的要求时争辩道，"我们已经失败了，现在还能怎么做？"[34]

21

政变未遂

英美意欲推翻叙利亚政府是苏伊士运河事件造成的又一创伤；美国用接下来长达一年的时间，消耗大量精力才抚平此次创伤。

英美两国本打算于1956年10月25日发动政变，但当它们听说叙利亚总统舒克里·库阿特利将于月底访问莫斯科时，它们先是把政变的日期推迟到总统出访的日子，后来因为心意转变，便再次把日期往后推到了总统返回大马士革后，这时以色列已入侵西奈半岛。尽管此时叙利亚情报处处长阿卜杜勒·哈米德·萨拉杰（Abdul Hamid Sarraj）也已知道英美的阴谋，但真正使政变流产的是这次延误。

此次政变的策划者——由CIA秘密支持的叙利亚前外交部部长迈克尔·伊利安——在听到以色列入侵埃及的消息时，颇为生气。"在以色列跟阿拉伯国家开战的节骨眼上，你们怎么好意思让我们推翻自己的政府？"他质问美国方面的联络人——情报官比尔·埃夫兰，其实埃夫兰自己心里也在犯嘀咕。对英国支持此次政变的动机，美国高层与埃夫兰一样不确定。就在同一天，当远在华盛顿的福斯特·杜勒斯和艾伦·杜勒斯商量是否应发动政变时，艾伦·杜勒斯对自己的哥哥说，他"不相信我们这些英国兄弟，如果他们想要得到某样东西……我们就要睁大眼睛看仔细"。尽管两人都觉得"在叙利亚建立一个反共政府是好事"，但他们也认同情报官的观点，"发动政变将铸成大错"。[1]

虽然艾森豪威尔政府顶住了英国要求 11 月发动政变的压力，但叙利亚的形势也确实让美国担忧。经过这次失败的政变后，民族社会主义复兴党受势力渐长的叙利亚共产党影响，清除了一些右翼对手，进一步加强了对政府的控制。美国外交官怀疑，库阿特利在莫斯科访问期间有没有可能会与苏联达成某种军事协议。在苏伊士运河危机期间，美国总统下令对叙利亚展开高空侦察，看是否有苏联飞机进入叙利亚。虽然此次侦察并未发现什么异常，但英国还是派出了自己的空中侦察机，劳埃德在 12 月举行的一次北约会议上指出，苏联好像正在叙利亚储备坦克和大炮。艾森豪威尔于 12 月 12 日宣布，他"可不想眼睁睁地看着北约南翼彻底沦陷在苏联对中东的渗透和颠覆下"。

过了还没一个月，艾森豪威尔于 1957 年 1 月 5 日向国会提出，授权总统从《共同安全法》预算经费中拨出 2 亿美元对中东国家提供更有力的经济和军事援助。引起更大争议的是，他还请求国会授权总统动用武装力量，只要这些国家面临"受国际共产主义控制的国家公然发起的武装侵略"，美国就可为其提供保护。虽然这会让总统权力迅速膨胀，国会还是通过了这两项提议，3 月 9 日，"艾森豪威尔主义"上升为国家法律。几周后，美国也加入了《巴格达条约》下的军事委员会。这为美国推翻叙利亚政府做了进一步的准备。[2]

*　*　*

最急着想从艾森豪威尔这2亿美元援助中分一杯羹的人是叙利亚南边的邻居——约旦国王侯赛因。但苏伊士运河危机一结束，信奉民族主义的约旦首相苏莱曼·纳布勒西（Suleiman Nabulsi）就宣布要废除与英国在1948年签订的协议，同时放弃协议要求的1200万英镑补贴。纳布勒西这像是刚刚"抢到了聚宝盆"，英国大使戏谑道。英国新任首相哈罗德·麦克米伦认为英国在约旦的驻军纯属浪费钱还没什么用，因此也就未阻挠，这让纳赛尔钻了空子。

由埃及领导人牵头，沙特、侯赛因国王和叙利亚总理应邀到开罗商议填补约旦财政预算的亏空。1957年1月19日，四人签署《阿拉伯团结协议》，承诺在未来十年内，每年为约旦提供4000万美元——这是约旦废除与英国的协议后所面临的损失额——按照埃及和叙利亚占比高于沙特进行分摊。[3]

就在英国大使叫停该协议的前两天，侯赛因公然向美国寻求帮助。2月2日，侯赛因国王公开向纳布勒西发出警告，指出所谓共产主义给阿拉伯民族主义带来的危险，这被约旦首相视为不信任投票。英国大使后来写道，到3月中旬，纳布勒西应该会与苏联政府直接接触，到时候苏联很可能会通过胁迫的方式"对他施加巨大的影响"。[4]

3月底，美国大使提醒本国政府，他"非常肯定"纳布勒西"决意摧毁约旦当前体制，推翻国王统治，以寻求与叙利亚和埃及建立一个未明确的联邦"。虽然这封电报的部分内容经过修改，但还是很隐晦地指出，关于叙利亚政变的情报将很快送到侯赛因面前，送信的人可能是3月在约旦待了很长时间的金·罗斯福。不管怎样，美国大使希望这些情报能激起侯赛因国王换掉纳布勒西的欲望。"近期发生'宫廷政变'的可能性会增加。"美国大使在电报的最后如此写道，不得不说，这个预测展现了美国大使惊人的远见，但更可能的是他掌握内幕罢了。[5]

据CIA情报官迈尔斯·科普兰所说，纳赛尔随后将对外声称，金·罗斯福给纳布勒西和军队首领阿里·阿布·努瓦尔的假情报让两人相信，他们能成功发动一场针对国王的政变。不过，可以肯定的是，当4月3日纳布勒西在明显未提前告知侯赛因国王的情况下宣布约旦将与莫斯科建交时，一场长达一个月的危机开始了。四天后，纳布勒西给了国王一份他想换掉的法官的名单。侯赛因很清楚纳布勒西的声望，无奈之下只能同意。次日，约旦军队驻扎在安曼北部扎尔卡（Zerqa）的装甲车开进约旦首都，包围扎因皇后的宫殿，占领城市要冲。当国王召见努瓦尔并质问时，努瓦尔称这是常规的安保措施，并同意第二天把装甲车撤出。英国大使把这看作纳布勒西向侯赛因施压的"一次不成熟的尝试"。[6]

自从上一年到开罗访问回来后，努瓦尔连握手都开始效仿纳赛尔了，侯赛因国王也不再信任他。但国王知道，极为保守的贝都因军队在一定程度上还是支持努瓦尔的，他们仍效忠于他。等到4月10日纳布勒西要求把更多人换掉时，侯赛因确信军队和警察力量还是支持自己的，美国很可能也是如此。因此，他直接回复约旦首相让他和他组建的这届政府下台。纳布勒西自以为能挫败侯赛因重建政府的企图，于是便答应辞职。第二天，这群被辞退的部长们在国外媒体入住的酒店召开了新闻发布会。一直在《经济学人》（*Economist*）与《观察家》（*Observer*）担任驻外记者的金·菲尔比也在场。他在报道中称，纳布勒西的各个部长看起来"欢欣鼓舞"，还指望着"在48小时内重新掌权"。[7]

然而，事实并非如此。仅48小时之后，也就是13日晚，驻扎在扎尔卡附近的贝都因士兵听说了国王已被谋杀的谣言。他们不顾夜间到沙漠训练的命令——怀疑这只是支开他们的诡计——径直向扎尔卡进发，并与当地驻军展开战斗，这里的驻军还有来自努瓦尔的出生地——萨尔特（Salt）——的士兵。当骚乱的消息传到国王那里时，他立即召见了努瓦尔，努瓦尔承认事情已经超出他的掌控范围了，并不情不愿地同意陪国王去扎尔卡。在去的路上，国王一行人遇到了贝都因军队，这些士兵当着努瓦尔的面大骂他是叛徒，后来经侯赛因安抚才冷静下来。吓得全身哆嗦的努瓦尔乞求国王放他回安曼去，侯赛因同意了。他对努瓦尔说："你就是个懦夫，我从不屑于对一个懦夫下手。我不会让他们杀你的。"有人猜测这很可能是侯赛因下的套，是他散布的谣言，然后再设了这样一个局来陷害努瓦尔，随后他们在努瓦尔办公室里很轻易地找到两张为日后的"约旦共和国"设计的国旗样稿，这就更加证实了这一猜想。正如英国大使所说，事实证明努瓦尔"仍然是个政界新手，而侯赛因国王正朝着专业进阶"。[8]

然而，此次危机并未结束。当以色列入侵的可能在1956年底愈发明显时，叙利亚和沙特阿拉伯都向约旦增兵。侯赛因罢免努瓦尔后的第二天，一支3000人的叙利亚军队开始南下向安曼进发，侯赛因一面派兵北上阻击，一面向叙利亚总统呼吁撤兵。此时，沙特赶来助侯赛因一臂之力，不仅立即拨付沙特当年应为约旦提供的500万英镑补助，而且还把他驻扎在约旦河谷的两个旅交给约旦统一指挥。叙利亚虽然撤军了，但此次危机直到4月25日侯赛因决定组建民主政府时才得以解除。新政府由国王信任的支持者组成，这批人将依法对国家进行治理。美国从"艾森豪威尔主义"专项资金中拨出2000万美元给约旦以示对其举动的认可。"这个年轻国王勇气可嘉，"据说艾森豪威尔这样说道，"改天请他过来坐坐。"[9]

* * *

发生在约旦的事件更加坚定了艾森豪威尔政府针对大马士革发动政变的野心，而这里也正是努瓦尔被侯赛因国王罢免后负罪潜逃所至之地。叙利亚国内，右翼势力因参与或牵扯到1956年未遂的政变而名声受损。左翼势力渔翁得利，到1957年春，这个国家实际上由四人掌控：左翼地主阶级国防部部长哈立德·阿尔·阿泽姆（Khalid al Azm），民族社会主义分子、复兴党领导人阿克拉姆·阿尔·哈瓦尼（Akram al Hawrani），手中掌握着叙利亚共产党、身壮如牛、留着大胡子的库尔德人哈立德·巴格达什（Khalid Bakdash），以及揭露1956年政变阴谋后名声大振的叙利亚情报处处长阿卜杜勒·哈米德·萨拉杰。坊间传言，"叙利亚的任何一点风吹草动都逃不过萨拉杰的眼睛"。但此人效忠于谁众说纷纭。据一位访客称，他的办公室里挂了一幅纳赛尔的肖像，相反，叙利亚总统库阿特利的肖像倒是完全不见踪影。[10]

1957年4月，金·罗斯福还在约旦期间，他的表兄阿奇再次试图发动叙利亚政变，这次还是利用前一年深入参与政变的迈克尔·伊利安和伊拉克驻贝鲁特的武官。从政变时机上的把握可以看出，美国或许是想与侯赛因国王罢免纳布勒西和努瓦尔的举动形成夹击之势，但结果又是无疾而终。

面对埃及和叙利亚针对约旦开展秘密行动而且埃及还试图谋杀侯赛因的"铁证"，中情局局长艾伦·杜勒斯认为自己不能让政变一事泡汤。他在5月7日那天对其兄长说，对叙利亚政变"我们得再做打算"，他坚信当前形势"还不是毫无希望"。[11]

有情报称苏联正在叙利亚边界修建空中防御工事，企图以该国作为对土耳其和伊拉克实施空中打击的战略基地，这为美国采取行动施加了不小的压力。与此同时，有报道称苏联为萨拉杰提供了5000万美元让他干预当年7月进行的黎巴嫩选举，这更让美国坚定了要采取行动的决心。随后，库阿特利把美国称为"公开的敌人"。[12]

事情的发展在8月6日达到高潮，当时叙利亚国防部部长哈立德·阿尔·阿泽姆在访问莫斯科期间与苏联签订经济与技术援助协议。根据该协议——其中的各项条款最初鲜为人知——苏联同意为叙利亚提供基础设施技术和5亿美元优惠贷款，偿还期限12年，利息按2.5%算——当时西方国家提供贷款的偿还期限最长才3年，而且利息高达7%。"叙利亚领导人似乎比其他中东国家领导人更容易盲目接受苏联的影响",埃夫兰在行动管理局的同事分析道,还补充说有证据表明,苏联正"用叙利亚取代埃及成为武器供应和其他活动的大本营"。[13]

行动管理局在为国家安全委员会执行秘密行动的同时,出于利益考虑,也在酝酿一场政变阴谋。不到两天,华盛顿就通过了由人称"洛奇"的斯通——德黑兰政变当天曾帮吓破胆的法兹卢拉·扎赫迪扣上军装扣子的人——担任负责人的行动方案。由于已经尝试用伊利安发动过两次政变但均宣告失败,这次 CIA 决定扶植之前的独裁者阿迪卜·施舍克里。但斯通与一群持不同政见的叙利亚年轻军官谈话时,很快又把目光放到了萨拉杰身上,正是萨拉杰用计让 CIA 把政变阴谋的元凶之一派到大马士革,并且在这里被人识破身份。8 月 12 日,叙利亚这位情报处处长很愤懑地对外宣布,他挖掘到一场美国外交官参与其中的阴谋,第二天便把斯通和他的两名同事驱逐出境。五天后,叙利亚政府对军队中的右翼残余势力进行了"大清洗",把亲西方的军队司令换成了阿菲夫·阿尔-比兹里(Afif al-Bizri),此人曾于 1941 年参与由纳粹支持、针对巴格达的哈希姆家族的政变,但政变并未成功。英美两国媒体随即给比兹里贴上了共产党的标签。斯通及其同事被叙利亚政府宣布为不受欢迎的人第二天,英国外交部就决定将叙利亚"视为苏联的卫星国"。[14]

回顾这些事件,杜勒斯发现了"一个危险而又传统的套路"。苏联先是提供援助,然后再以此扶植诸如比兹里这样的支持者上位,最后这个国家就会完全成为以莫斯科马首是瞻的苏联卫星国。

这样一梳理，上个月发生的那些事就有迹可循了，杜勒斯让他在叙利亚的大使以更灵活的眼光来看待问题。"叙利亚在这条路上走了多远我们无从得知"，国务卿承认道，但他能肯定的一点是"已经发生的事情是个危险的信号"。[15]

受国务卿的热情所影响，一天后，艾森豪威尔召开会议商讨解决问题的"大胆行动"。会议决定鼓动土耳其和叙利亚的阿拉伯邻居来推翻大马士革政府，届时如果战争爆发的话，美国将为其提供武器。当晚，杜勒斯给伦敦的塞尔温·劳埃德写了封信。他在信中说，既然叙利亚"内部改造的希望全无"，现在是时候"考虑使用外力……或许我们必须得做好冒险的准备以防后期出现更大的危险"。不过，伦敦方面对此做出的反应却出人意料。[16]

相比艾登，麦克米伦是个更冷静的人，在他的谨慎领导下，自苏伊士运河危机以来九个月的时间里，英国的角色已经悄然发生奇特的转变。在苏伊士运河危机期间，当时的英国驻华盛顿大使曾评论称："我们是那么急着想立即采取行动，而美国与我们截然相反，倾向于所谓的'谋定而后动'。"如今天道好轮回。杜勒斯迫切想采取一致行动，现在是麦克米伦要思前想后了。这就像是"苏伊士的翻版"，他在日记中写道，"要不是事态严重（且着实令人不满），否则还真有点喜剧色彩了"。[17]

麦克米伦之所以变得谨慎，从暑期过后的第一次内阁会议上可以看出缘由：为了确保英国石油供给的安全。苏伊士运河危机期间被叙利亚破坏现又重新投入使用的伊拉克石油公司输油管道每年途经叙利亚运送的石油高达 2500 万吨；另外 1200 万吨石油则经由

TAPLINE 运送。由于担心再次出现动乱继而引发汽油定量供给，英国首相承认不希望英美两国采取任何会刺激叙利亚再次切断输油管道的行动，"除非能突然出现一个一劳永逸的解决办法。如果美国愿意像处理苏伊士运河危机那样严肃处理此次事件，那我们必然支持，但（我们）不希望美国只是惺惺作态而已"。麦克米伦现在的纠结点是英国介入的程度。就像他在日记中说的，现在的选择是"坐山观虎斗，还是全面发挥主导作用"。[18]

与此同时，杜勒斯派出了摩萨台政变当中的另一个老手、早先美国驻德黑兰大使洛伊·亨德森前往中东与美国外交官员和 CIA 的人见面，同时争取土耳其、黎巴嫩、伊拉克和约旦政府的支持。"事态极其严重。"亨德森一回国，还没来得及到白宫向艾森豪威尔和杜勒斯做一个全面汇报就如此断言。摆在三人面前的有三大难题：一是叙利亚的邻国在做何反应上意见不一；二是以色列可能会采取单边行动，这就会使事态恶化，因为届时阿拉伯国家肯定会站到叙利亚那边；三是苏联领导人尼基塔·赫鲁晓夫如何反应的问题，鉴于他此前已经发出过威胁警告，赫鲁晓夫的反应是美国不得不考虑的因素。

不过事态变得明朗前，华盛顿方面并没有等太久。9 月 10 日，一向沉默寡言的苏联外交部部长安德烈·葛罗米柯（Andrei Gromyko）对外声称，土耳其正在南部边界集结军队，并警告说地区冲突可能会演变成一场世界战争。艾伦·杜勒斯说葛罗米柯的干预"可能是苏联政府官员对美国发起的最猛烈的攻击"，当晚福斯特·杜勒斯称他认为美国可能不需要向该地区派遣军队，试图以此来稍事缓解双方的紧张关系。[19]

9月13日,为讨论各项应对措施而于一周前在华盛顿成立的英美联合工作组拿出了一个初步报告。报告认同杜勒斯"只有靠外力才能迅速转变当前局势"的观点,它制订了一项计划,旨在煽起叙利亚境内的动荡、边境争端和在邻国的"伪旗行动"①,从而为叙利亚邻国提供对叙利亚进行干预、破坏、骚扰甚至刺杀萨拉杰、比兹里和巴格达什的借口。当英美两国于18日签署这份"最佳方案"时,他们一致认为如果能劝说阿拉伯国家也参与行动,最后再把土耳其这个中东老牌帝国主义国家拉进来插一脚,就最好不过了。

然而,计划再次泡汤。就在土耳其在叙利亚边境磨刀霍霍之时,叙利亚通过挑明土耳其带来的威胁成功博得阿拉伯世界的同情,而伊拉克出于对新奥斯曼扩张主义的忌惮也变得踌躇不前,随后沙特国王、纳赛尔和赫鲁晓夫相继进行干涉。9月25日,沙特国王访问大马士革试图予以调解。据情报人员称,他之所以这样做,是害怕美国发动的这场政变如果成功的话,接下来可能就轮到他和他的父辈一直担心的"新月沃土"计划了。很快,局势发生戏剧性变化,纳赛尔派出一支1200人的埃及军队进驻叙利亚沿海的拉塔基亚(Latakia),协助叙利亚抵御土耳其攻击。次日,赫鲁晓夫向欧洲各社会主义政党发出警告,称他们面临卷入叙利亚战争的严峻

---

① 指通过使用其他组织的旗帜、制服等手段误导公众以为该行动由其他组织所执行。——译者注

风险。在杜勒斯看来，赫鲁晓夫"粗鲁冲动，完全不懂得深思熟虑"，认为他"作为政府首脑是一个相当危险的人"。因此，他不想冒险支持土耳其的军事行动。麦克米伦看法相同。"目前我们只能对叙利亚采取遏制政策，现在也没什么更好的办法。"[20]

在整个危机期间，美国在大马士革仅保留了有限的外交机构。10月16日，美国的临时代办在电报中总结了当前的形势。随着美国对叙政策的失败，"我们还有什么选择？"他语重心长地说道，"武力方式被排除了。秘密行动也行不通。西方的强硬路线只能把叙利亚进一步推向苏联。在我看来，不管是把这个问题交给沙特国王还是其他不太极端的阿拉伯国家来处理，都不是什么令人满意的选择，这一点很是让人不快。"他最后说道："在很长一段时间内，我们最多只能指望叙利亚保持真正的中立。"[21]

22

革命之年

就在美国认清他们败走叙利亚的现实两个月之后,他们收到一个意想不到的地区发来的援助请求。1957年12月11日,美国驻开罗大使报告称,一名埃及记者告诉他,纳赛尔相信了美国向埃及记者提供的"叙利亚新司令阿菲夫·阿尔-比兹里实际上是共产党"的情报,认为"对此必须要采取一些措施"。纳赛尔,大使继续说道,"对我们的要求就是在最长三个月的时间里不要插手叙利亚事务,尤其是不要做出任何会让比兹里、巴格达什和哈立德·阿尔·阿泽姆变成英雄的举动"。[1]

这名记者是众所周知的纳赛尔心腹,他的话与美国从大马士革那边得到的"埃及支持复兴党对抗共产主义力量"的情报正好吻合,于是美国大使认定埃及记者所说都是真的,并对此表示出谨慎的欢迎态度。他向华盛顿方面汇报说:"虽说对叙利亚当前的混乱状态埃及要负很大责任,但埃及现在可能准备要力挽狂澜了。"次日,杜勒斯回复说,对任何能阻碍共产主义力量向叙利亚渗透的行动,他都表示欢迎。由于美国断然干预叙利亚政治的努力全部以失败告终,杜勒斯现在也没其他话可说了,这一点纳赛尔可能早就猜透了。

到下个月的时候，纳赛尔的具体想法日趋明朗，1958 年 1 月 12 日，由 14 名叙利亚军官组成的代表团在比兹里亲自带领下前往开罗会见纳赛尔。已经被国内层出不穷的骚乱搅得心力交瘁的代表团乞求纳赛尔建立埃叙政治同盟，条件由纳赛尔定。传言代表团还放话，如果纳赛尔不同意，他们就与苏联结盟。[2]

据 CIA 称，纳赛尔事后称他对比兹里的提议感到吃惊，但这话就很难让人相信了，因为几个月来所有人都盯着叙利亚，纳赛尔派往大马士革的大使很早之前就怂恿复兴党呼吁与埃及结盟，而随着复兴党对苏美两国插手国内事务的恐惧日益增长，他们的呼声越来越高。不过可以肯定的是，纳赛尔给叙利亚代表团开出了两个条件：一是叙利亚接受开罗的领导，解散议会和各个政党；二是军队由埃及统一指挥，不得在国内政治中再度发挥作用。到 1 月 20 日前，纳赛尔与比兹里已经达成共识；针对叙利亚政府里面还有一些对此持怀疑态度的人，比兹里一回到大马士革就给出了他们的选择。"现在摆在你们面前的有两条路，"他对这些人说，"一条通往梅泽（Mezze，在大马士革外围的政治监狱），一条通往开罗。"结果比兹里却搬起石头砸了自己的脚。不到两个月，他就被纳赛尔免职了。[3]

2 月 1 日阿拉伯联合共和国（UAR）成立。由于投资者将手中的钱全都换成了其他货币，此举导致叙利亚镑①猛跌，地价和股价

---

① 叙利亚货币单位。——译者注

也大幅下挫。在开罗举行的庆典上,叙利亚总统舒克里·库阿特利谨小慎微地说了一句话:"您拥有了一个遍地政客的国家。"其实他本来想对纳赛尔说的是,"这些政客当中有一半觉得自己是国家领导人,四分之一自认为是先知,至少 10% 的人认为自己就是上帝。"[4]

从庆典当天拍的照片可以看出,对于这个新的联合共和国的诞生,纳赛尔的热情劲儿远高于库阿特利,因为这标志着其权力的巅峰。UAR 的成立几家欢喜几家愁。虽然阿拉伯人对此竞相欢庆,希望这就是他们梦寐以求的阿拉伯联盟的雏形,但 UAR 成立的消息引起了毗邻叙利亚的黎巴嫩、约旦、伊拉克等国王公贵族的恐慌,他们认为这样无异于直接让他们与纳赛尔为邻。黎巴嫩外交部部长担心,本国国内支持纳赛尔的人很快会要求加入联合共和国,侯赛因国王也很清楚这对约旦国内大量巴勒斯坦人带来的影响,再看伊拉克那边,由于伊拉克石油公司的输油管道已经置于纳赛尔掌控之下,伊拉克皇储阿卜杜勒·伊拉对纳赛尔下一步怎么做也是毫无头绪。1958 年将爆发的动乱表明三人的担忧不无道理。

* * *

在侯赛因的邀请下,伊拉克国王费萨尔携顾问于 2 月 11 日飞抵安曼进行会谈。出生时间仅有半年之隔的两个国王彼此之间相处融洽,但双方的家族,用英国驻安曼大使的委婉说法就是"貌合神离"。实际上两个家族自上一年开始就已经彻底翻脸了,原因就一个字:钱。就像英国大使看到的那样,费萨尔的服装出自萨维尔街(Savile Row)①,而侯赛因的服装则是安曼萨尔特街上的裁缝做的。约旦这边的人不喜欢他们这个"有钱却吝啬的表亲"。[5]

但是,侯赛因国王现在最需要的就是伊拉克的钱。根据1957年签署的《阿拉伯团结协议》,埃及和叙利亚承诺每年给约旦700万英镑,但毫不意外,这个诺言从来没有兑现过。到了1958年1月,沙特国王也对侯赛因说自己再无力继续承担每年500万英镑的费用。面对UAR的成立和1200万英镑的财政窟窿同时带来的挑战,侯赛因提议与伊拉克这个有钱的表亲建立轮值联邦。当费萨尔拒绝了这一提议时,侯赛因又做出让步,由费萨尔一人主政。至此协议达成。根据协议,两人依然作为本国国王,三天后,两位国王宣布成立阿拉伯联盟,由费萨尔任国王。约旦驻巴格达大使承认道:"有个联盟总比什么也没有强。"但在约旦河西岸,约旦境内的巴勒斯坦人坚决反对。美国国务院报告显示,这些人中大多数都"确信自己加入了一个错误的联盟"。[6]

沙特国王已经接到加入哈希姆家族的阿拉伯联盟邀请,但被他拒绝了。虽然他和伊拉克一样,担心本国输油管道的运行可能会受到纳赛尔影响,但他自认为想出了一个妙计。到2月中旬,他偷偷告诉所有人:"叙利亚那边很快就会传来好消息。"3月3日,他手下一名官员更明确地向美国驻利雅得大使透露,"一场成功的军事

---

① 世界顶级西服手工缝制圣地。——译者注

革命"即将在大马士革爆发。[7]

上一年已经在叙利亚栽过跟头的美国提醒沙特要谨慎行事,但沙特国王对此置若罔闻。3月5日,首次出访大马士革的纳赛尔对外宣称,叙利亚情报处处长萨拉杰近期被沙特大使找上门,大使给了萨拉杰近200万英镑让他针对叙利亚与埃及的联合共和国发动反政变,并承诺如果他能在纳赛尔访问叙利亚期间将其一举杀掉,事后还会再给萨拉杰200万英镑。在随后举行的新闻发布会上,萨拉杰拿出了自己收到的三张从利雅得阿拉伯银行取出来的支票复印件。第二天,埃及媒体对这些支票的照片进行大肆转载。据事发后很快来到利雅得的金·菲尔比所说,银行经理承认这些钱确实是沙特手下的一名官员存进去的。看起来沙特是被人骗了。[8]

华盛顿那边,中情局局长艾伦·杜勒斯感到很绝望。"我们试图提醒沙特,结果只是徒劳,他还是掉进别人的陷阱了。"这次事件对华盛顿方面是一个巨大的挫败,毕竟美国人和沙特是一条绳上的蚂蚱,而且经过这么一闹,还会让沙特那个同父异母、亲埃及的兄弟费萨尔从他手中攫取大多数权力,继而走上中立的道路。到1959年的时候,据说沙特国王能做的"也就是做做慈善、签个死刑执行令或政府公文"。[9]

* * *

如果说沙特是阿拉伯联合共和国的第一个受害者,那英美两国担心,黎巴嫩总统卡米尔·夏蒙(Camille Chamoun)可能就是下一个受害者。自1952年上台以来，夏蒙公开展示出亲美姿态，虽然很受华盛顿欢迎，但让他在国内树敌不少，因为这有悖于黎巴嫩1943年独立时做出的"不结盟"承诺。如今总统六年任期即将结束，受上一年CIA砸钱帮他赢得议会选举的鼓舞，夏蒙想再次竞选总统——这事说起来容易做起来难。

按照目前的情况，黎巴嫩宪法规定总统不得连任两届：如果他想在当年夏天实现连任，须在5月解散议会前，先经议会同意来修订宪法。理论上，既然他得到了议会大多数的支持，那修订宪法也绝非难事。但自从议会选举以来的八个月时间里，反西方情绪日益蔓延。到1958年3月，夏蒙已经很不得人心。更糟糕的是，在黎巴嫩的许多穆斯林看来，当前宪法存在缺陷（因为宪法规定基督徒为国内的多数信徒，但实际上当时已经是穆斯林占大多数），在这个不争的事实下，夏蒙这种明显是出于私心修订宪法来延长任期而不是对其进行完善的做法很可能会引起群体性不满。夏蒙的反对者气急败坏地说，他这是在冒内战的风险来修改宪法。

美国政府意识到，夏蒙已经变成了一个累赘，于是想让他下台。3月5日，美国大使面见黎巴嫩总统，协商有关其继任者的问题。夏蒙"在进行人员筛选过程中，一个一个地划掉有可能接替他的候选人"，最后得出结论，"唯一能领导黎巴嫩、正确认识当前外交政策的人就是他自己"。美国大使如实向华盛顿方面进行反馈。然而到了下个月，夏蒙改变了心意，觉得军队首领福阿德·谢哈卜（Fuad Chehab）或可接受。但到了5月，他又觉得只有他自己才有资格。[10]

然而，还没等夏蒙宣布连任，黎巴嫩就爆发了内战。5月8日，一名支持纳赛尔的基督徒兼记者遇害。随后，夏蒙的反对者——包括逊尼派领袖、德鲁兹军阀卡迈勒·琼布拉特（Kamal Jumblatt）和基督教领袖——要求总统辞职，并发动大罢工。在的黎波里为期三天的暴力冲突中，抗议者纵火烧了美国信息服务图书馆。12日，冲突蔓延至贝鲁特。次日，尽管夏蒙当时并不在位于首都东南部的总统府，但琼布拉特还是对其发动袭击。福阿德·谢哈卜拒绝针对暴力冲突采取行动——害怕军队因此产生分化——随后，夏蒙向英美两国发出预警，他可能要寻求军事援助。

夏蒙的预警让英美两国，尤其是美国，陷入进退两难的境地。正如杜勒斯所言，派兵则有引发"阿拉伯世界的反西方浪潮"，继而带来其他亲西方政府垮台的风险，同时还可能会使穿过叙利亚的输油管道遭到破坏，这样西方世界将再次面临严重的石油危机。但如果袖手旁观的话，就会显得美国不愿与盟友并肩作战，到时候苏联必定会抓住这个由头。[11]

伦敦那边，麦克米伦等人也于当天就当时形势进行讨论。在劳埃德发出"除非我们能阻止这一趋势，要不然黎巴嫩肯定会被拉入阿拉伯联合共和国"的警告后，内阁同意与美国一起告知夏蒙，如果他开口寻求帮助，那英美两国必会满足他。那天晚上，麦克米伦在日记中写到这次内阁会议时，他坦言心中的担忧，害怕继黎巴嫩之后，伊拉克"将会是下一个垮台的"。当两个月后哈希姆家族及其追随者被血腥推翻时，麦克米伦在日记中的预言看起来准得可怕。[12]

* * *

长期以来，伊拉克社会的不公让英国甚是担忧，他们鼓励国王及其顾问扩大石油财富覆盖范围。为此，努里·赛义德于 1950 年设立了伊拉克发展委员会（IDB）。谈到委员会的预期影响，内政部部长对一名访客说："只需五六年的时间，伊拉克就会改头换面，也不会有人再提什么苏联之类的东西。到时候你再来伊拉克就知道了。"但相对于一些基础性发展规划，努里更倾心于博人眼球的大型项目，这就让委员会把资金全都浪费到形象工程上了，而不是用于更为有效的基础设施维护或更为紧迫的住房问题。

努里对委员会的控制以及委员会作用发挥的失败都只是更深层社会痼疾的外在表现。到 1956 年 12 月，军情六处情报官迈克尔·艾奥尼迪斯（Michael Ionides）在报告中称，他听到"三四十岁以下的年轻人愤愤不平地抱怨，说努里从来不培养提拔下一代，他一人大权独揽，未曾改进政府及议会组织架构，甚至连试都不试一下像其他新兴国家那样组织选举"。他们对"没有议事渠道""年轻人没有参政途径"也是牢骚满腹。当军情六处的间谍约翰·斯莱德-贝克于第二年前往伊拉克时，他从一个伊拉克线人那里听到了一模一样的内容，而且线人还告诉他，现在不满情绪已经蔓延到军队中了。伊拉克的知识分子呼吁"al islah al jathri"——自下而上的改革。"现在不是修枝剪叶的问题了，"当斯莱德-贝克问这个词的具体含义时，那人答道，"而是必须连根把树拔掉。"[13]

1957年，就在努里第八次——事后证明也是最后一次——就任首相前不久，曾参与推翻摩萨台的山姆·法尔被派往伊拉克。努里现在还不到七十岁，但英国政府已经不安地意识到，一旦努里去世，没人能够接替他的位子。在去巴格达之前，法尔记得在伦敦时他的上级问了他这样一个问题："我们想知道的是，山姆，'努里之后，我们该怎么做？'"[14]

法尔一到伊拉克就进行了全面调研，他在报告中指出，眼前的迹象令人不安。在和前任那里接手的巴格达联络人一起吃晚饭时，他们告诉法尔，伊拉克的独立只不过是个幌子，政府到头来还是听命于英国。法尔回忆道："他们对伊拉克政权，尤其是对摄政王和努里·赛义德的抨击极为猛烈。"他们流露出如此强烈的情感让人不免吃惊，要知道这是他们第一次与法尔见面，而且当时努里甚至并不在政府里面。巴格达之外的情形同样糟糕，但表现形式并不相同。在库特下游地区，法尔看到那里的农民在封建王朝的统治下辛苦劳作，却"连勉强糊口都难"。在返回大使馆的途中，他把伊拉克国内的主要问题总结为"地主阶级剥削残酷，农耕方式简单落后"。[15]

开罗那边，"阿拉伯之声"不断鼓动人民的积怨。1958年3月3日，努里再度就任首相，此时的伊拉克形势愈发令人不安。"统治阶级越来越担心横亘在政府与民众之间的鸿沟以及纳赛尔对伊拉克民众的思想控制。"三天后艾奥尼迪斯如是说道。[16]

对伊拉克的情况，英国大使迈克尔·赖特（Michael Wright）不是不知道，但他并没有给予足够重视。在这里担任大使将近四年，住在高墙之内的"世外桃源"让他对外界情况的掌握极度依赖努里。当努里安抚赖特说，自己的警卫队已于当年揭露了四起阴谋且军队始终忠于王室，赖特选择相信努里：毕竟努里在这个位子上已经坐稳了，而且人们预测伊拉克政府垮台都预测了这么多年也没见政府真的垮台。因此，当法尔说担心伊拉克有可能爆发革命时，赖特并没在意。他告诉这个年轻后生不要太看重那些"心怀不满的中产阶级"的看法，还提醒他别和那些反对派牵扯到一起，以免影响和努里的关系。"在英国大使馆看来，只要努里还在位，一切都万事大吉。"努里的一个对手这样说道。大使的看法又影响了塞尔温·劳埃德的认知。在一次内阁会议上，外交大臣承认伊拉克政府正面临"严重危机"，但他说没有什么是"临时援助"不能解决的。不过这一次，事实证明赖特想错了。[17]

这次要想挽回局势，可能已经不是钱多钱少的问题了。6月，努里前往伦敦，在一次访谈中呼吁英美协助伊拉克打倒叙利亚政府。面对努里屡次挑衅，纳赛尔决定全力摧毁哈希姆家族的阿拉伯联盟。年轻的军校学生艾哈迈德·优素福·阿尔-哈亚里（Ahmad Yusif al-Hiyari）因涉嫌谋杀侯赛因及其伯父在约旦被捕。在审讯过程中，他透露出UAR计划于7月中旬在约旦和伊拉克同时发动政变。

与此同时，美国也发现了一些有关政变阴谋的蛛丝马迹。5月，联邦调查局（FBI）给了CIA一盒约旦与埃及驻华盛顿陆军武官之间电话通话的录音磁带，从通话内容可以得出约旦人组织领导了此次推翻侯赛因国王的秘密行动。6月底，当CIA又截获从叙利亚发给约旦同谋令其发动政变的无线电信息时,他们把这个消息透露给了约旦国王,国王下令逮捕约四十名约旦军官。

意识到阿尔-哈亚里所交代问题的严重性,侯赛因便给在巴格达的费萨尔打了通电话,让他派一名亲信来安曼,这样他就能简要说明一下他们面临的威胁。7月10日,伊拉克军队总司令阿里夫将军前往约旦与侯赛因见面。当侯赛因就自己了解的情况提醒阿里夫时,阿里夫却不屑一顾。"国王陛下,"他答道,"对于您的遭遇我深表理解,但我可以向您保证,伊拉克军队是建立在传统之上的……在过去几年里,伊拉克不存在类似问题——也不可能发生像贵国军队那样的政变。我想应该是我们担心约旦才对,国王陛下。这次政变是针对贵国发起的,您才是我们担心的对象,还请您务必当心。"[18]

然而讽刺的是,决定费萨尔命运的竟是侯赛因。当被捕的反叛军官拒不坦白后,忧心忡忡的侯赛因请求费萨尔派兵增援本国军队,以防叙利亚入侵。对此,努里·赛义德决定派出自己最器重的一个人——阿卜杜勒-卡里姆·卡西姆(Abdel-Karim Qasim)率一个旅前往叙利亚边境附近的马弗拉克(Mafraq)。

卡西姆的部队驻扎在巴格达以东的巴古拜(Baqubah),要前往马弗拉克就必须经过首都巴格达。尽管阿里夫将军曾声称伊拉克军队是一支忠诚的军队,但有消息称,根据常规命令,军队经过首都时不得配备实弹。然而,这一次军队并未按命令行事。7月13日晚至14日凌晨,卡西姆的军队穿过底格里斯河后便兵分三路攻占电台、铁路和重要的政府大楼,同时针对皇家宫殿发起袭击。当费萨尔和阿卜杜勒·伊拉从宫殿出来想与叛军达成协议时，两人双双被射杀。叛军随后又冲进宫殿杀光了剩下的皇室成员。阿卜杜勒·伊拉已被斩首的尸体被人用绳子绑住脚拖在车后面游街。一天后，男扮女装从家中逃出来的努里被人发现并处死。

被当作伊拉克皇室后盾的英国人也难逃此劫。政变发生的那天早上，驱车前往大使馆的法尔发现自己被一群怒吼的民众团团围住，他们使劲砸他的车顶。"形势非常不妙。"他如此说道，但幸运的是，此时来了一个开吉普车的伊拉克下士，他把民众驱散后让法尔赶紧回家。法尔的一位同事也被拦了下来询问他的国籍。"苏格兰。"他答道。"算你走运，"拦住他的人说，"我们今天要杀光所有的英格兰人！"人们还袭击了大使馆，使馆里的一名审计官——一个看起来很高贵的前陆军军官——可能被误认为是赖特了，也在袭击中身亡。但这次侥幸逃生的经历并没对赖特那个纵情于声色犬马的妻子产生多大影响。据说她事后感叹道："啊，我仍然热爱我的伊拉克人民。"[19]

* * *

从巴格达传来的消息——更重要的是那些照片——让黎巴嫩和约旦两国心有余悸。在夏蒙正式向美国提出援助请求后，麦克米伦于当天晚上召开内阁会议，商讨英国应如何应对。虽然他清楚地认识到夏蒙的请求是"打压纳赛尔和全面扭转中东局势"的绝佳机会，但其他内阁成员都很谨慎。尽管没人愿意袖手旁观，因为这样做只会让英国在这里的存在感更低,但他们又害怕美国在黎巴嫩登陆可能会让英国也不得不介入约旦事务,那样的话他们就得收拾美国一时兴起留下的烂摊子。用麦克米伦的话来说,他不想"被困在这种无关紧要的地方"。[20]

为了让美国认清插手黎巴嫩国内事务所产生的地区性后果,麦克米伦给艾森豪威尔发了一封电报,问他美国是否愿意派部队参与英国支持侯赛因的行动。但当两人后来在晚上通话时,艾森豪威尔有意避开了这个话题,因为他和他的顾问已经猜到,麦克米伦的真正目的可能是以约旦为跳板,在伊拉克发动反革命。

相反,麦克米伦从美国总统那里得知,美军不久会独自登陆黎巴嫩。"你这是给我来苏伊士运河那一套。"英国首相如此说道,艾森豪威尔听后只是笑了笑。事后英国再次召开内阁会议,针对美国不需任何协助,决定采取单边行动一事,英国内政大臣拉布·巴特勒(Rab Butler)评论道:"这真是对英国声望的沉重一击。"[21]

次日,美军在贝鲁特登陆。"水陆坦克从海浪中诡异地浮出水面,它们上岸后不停地旋转着炮塔,这一幕正好被我们赶上,"一名英国记者回忆道,当时他看到美军第六舰队突然出现在地平线便跑到沙滩上观看,"坦克后面是看起来有些吓人的海军陆战队成员……从登陆艇上跳进水里。他们带着机关枪、迫击炮和火焰喷射器,一边在穿着比基尼晒太阳的人群中穿行,一边小声说着'借过一下,女士',同时还有一些男孩儿试图向他们兜售可乐和冰激凌。"[22]

就在同一天,侯赛因向麦克米伦寻求援助,认为这是"维护约且完整和独立所必须的",英国意识到他们现在是骑虎难下,可谓怕什么来什么。第二天晚上,就在麦克米伦在议会上刚刚结束一场关于前两天事件的辩论后,他又收到侯赛因国王的请求。麦克米伦再次召集内阁,只不过这次是在议长椅背后他的办公室。在这场持续到深夜的会议上,麦克米伦阐述了派遣一支轻装伞兵部队会引发的军事风险,这支部队可能会遭到约旦的强烈反对,而且部队的补给也全都依赖以色列协议的正常履行。"决意不能重蹈安东尼的覆辙",麦克米伦随后挨个问了大家对这一看法的意见。快到7月17日凌晨3点时,内阁决定向约旦派遣伞兵以示对侯赛因国王的支持。没多久,伞兵团的两个营,连同轻型火炮和六架战斗机从塞浦路斯出发前往安曼。为了给英国提供干预借口,他们向侯赛因透露了定于当天早上稍晚一些发起的阴谋活动的"情报"。[23]

正如麦克米伦所说,此次行动差点引发足以使政府垮台的"恐怖灾难"。尽管外交部已经向他保证,以色列不会阻止英国空军穿过领空,但当皇家空军于7月17日一大早试图穿过以色列上空时,以色列却要求他们降落。搭载着伞兵的领队飞机决定无视这一要求,试图顺利抵达约旦边境,但护卫机为免遭被击落的风险就此折返。让塞浦路斯那边的英军指挥官感到惊骇的是,麦克米伦命令行动立即停止,指挥官们只能焦急地等待以色列的回复。

在此期间,麦克米伦坐立不安。"我在议会上要怎么说?3点半之前我必须得宣布事情的真相,但真相是什么?似乎没人知道。"想起那天早上自己是如何试图掩饰"令人恐惧的焦虑"时,麦克米伦这样写道。直到那天下午,他就此次连夜干预的行动向盖茨克尔解释时，助手才把那份他期待多时的文件送到他手中。文件上面只有一句"以方已同意"。[24]

尽管以色列给出肯定的回复，但他们对英军穿越领空一事的态度在接下来几天里反复无常。以色列政府内部对是帮助侯赛因国王逃过这一劫还是在这个危如累卵的政府垮台之际与约旦邻国联手上意见不一。随着激战的持续，以色列政府在飞机过境的问题上多次同意后又反悔。这种变来变去的态度更加坚定了麦克米伦尽快撤军的决心，尤其是在他根据判断得知 8 月英国不得不投入更多兵力为伞兵在安曼和亚喀巴港（Aqaba）——约旦唯一的入海口——之间开辟另一条交通线后更是如此。

尽管美国人出面与特拉维夫协调，由英国自行使用空中航线，从而帮英国打破了这一僵局，但他们依然拒绝派兵加入英国在安曼的军事行动，再加上 7 月 31 日黎巴嫩陆军参谋长福阿德·谢哈卜继夏蒙之后当选为总统，这令麦克米伦想尽快脱身。随着种种迹象表明，美国已经稳住了黎巴嫩局势，麦克米伦于 8 月 12 日对同僚说，他希望把约旦问题移交联合国。由阿拉伯联盟发起、呼吁阿拉伯国家相互尊重领土主权的联合国大会决议于 8 月 21 日一致通过。这也为英国体面地撤出中东提供了必要的借口。

在麦克米伦想撤军之前，还有一件事要做。本来侯赛因国王是指望伊拉克来填补他在财政上的空白，但由于费萨尔王室家族及其顾问被杀，悲伤之余他还要面对另外一场财政危机。除非约旦日后的经费问题得到解决，麦克米伦知道，要不然这个王国不可能稳定下来。然而到了 8 月底，问题竟真的得到解决了。美国同意拿出 5000 万美元帮约旦渡过难关，让他再招募两个旅，两个旅均由贝都因人构成，这样就能让他在兵力上占据主导地位。

* * *

就这样，麦克米伦从这场危机中毫发无损地退了出来，他自己也很清楚，这场危机足以使他身败名裂。对英国来说，1958 年标志着一个时代的结束。屡屡预测倒台却迟迟未倒台的伊拉克哈希姆政权的灭亡让英国失去了其在中东北部最后一个强大的盟友，对英国在该地区的影响力造成沉重打击。更糟糕的是，英国对此却束手无策。英国先是丢掉了巴勒斯坦，接着是埃及，现在又没了约旦和伊拉克。从今往后，英国的主要利益就只存在于中东南部地区，也就是阿拉伯半岛沿岸。英国又回到了最初开始的地方。

第四部分
紧咬不放
(1957—1967)

山中叛军

英国对中东的帝国利益始于阿拉伯东南部，也终于这里。1798年，拿破仑入侵埃及后，英国得到马斯喀特苏丹的保证，称他会支持英国而不是法国。随后，英国又发起一系列战役争夺通往印度的海上之路，并于1820年迫使波斯湾沿岸各酋长签订停战协定，要求他们放弃海盗活动。英国把海湾酋长国统称为特鲁西尔酋长国（Trucial States）①。

不久，英国说服特鲁西尔酋长国各酋长舍弃另外一项重要经费来源——奴隶贸易；在面临土耳其扩张威胁后，酋长国又以放弃外事控制权换取英国的认可和保护。一批英国官员随之来到这里进行管理，他们很快发现自己陷入了一堆棘手的问题。"他裁定渔业纠纷，就抚恤金问题进行谈判，考察边境线，释放奴隶，"1964年被派往迪拜的英国官员在对自己所握权力的描述中这样写道，"他主持召开酋长委员会会议，生杀予夺，大权尽握。在这片宽广但界限不明的领土上，他才是真正的统治者。"在马斯喀特和阿曼的英国

---

① 又译停战诸国，是阿拉伯联合酋长国的旧称。——译者注

人也扮演着类似的角色,1920年,在英国的斡旋下,苏丹与其对手伊玛目达成《西卜条约》(Treaty of Sib),这给阿拉伯东南部地区带来了短暂的和平。[1]

如果说法国对印度的威胁促使英国开始将势力延伸到海湾地区,那么使其下定决心对这一地区紧咬不放的则是德国的"向东进军"(Drang nach Osten)计划。1899年,在听说柏林—巴格达铁路终点可能会延伸至科威特后,英国政府向这片落后地区的统治者——穆巴拉克·萨巴赫(Mubarak al Sabah)——提出,如果他愿意签字放弃与其他国外势力的谈判权或土地租赁权,英国就支付他1000英镑。1914年战争爆发后,英国又提出为科威特提供保护。一名英国官员承认道:"我们并不想要科威特,但我们也不想让其他人得到它。"英国这种"占着鸡窝不下蛋"的策略一时颇为流行,直到在这个国家发现石油后才有改观,发现石油的地方不仅靠近海岸,而且出油深度浅——这两点的结合,正如美国驻利雅得大使所说,"是所有石油商梦寐以求的"。[2]

1946年6月,穆巴拉克的孙子转动一只银制轮盘,装满了第一罐原油。五年后,看到摩萨台将本国石油产业国有化,拥有科威特石油公司一半产权的英伊两国随即把目光转到了酋长身上。1957年,英国石油总量的一半来自科威特。在英国人看来,科威特已经变成了他们在中东最重要的国家。同样重要的是,每周收入预计在125万英镑左右的科威特统治者也变成了伦敦最大的投资者。

让英国政府最害怕的两件事,一是科威特统治者可能会把储备金由英镑兑换为美元,二是纳赛尔对英国在海湾地区优势地位的威胁。到1957年，英国已经不安地意识到，科威特和巴林两国当权者面临的风起云涌的反抗活动正是埃及在背后推波助澜。两国作为英国的保护国，它们最终会寻求英国的协助来镇压这些反抗活动。在此之前，总体上来说，海湾地区这些相对贫穷的酋长国首领地位并未受到任何挑战。但到了1957年7月，就在英国外交大臣塞尔温·劳埃德还在权衡是巧妙地不作为还是适度鼓励改革更有可能继续保持英国在海湾地区明显已经不合时宜的统治地位时，阿曼内陆爆发起义。[3]

* * *

1955年布赖米事件一发生，马斯喀特的苏丹就驾车去内陆巡察，以主张他对阿曼的所有权，但这次出巡的效果并不长久。尽管他的部队不费一兵一卒就拿下了伊玛目——苏丹在内陆的竞争对手——所在的首都尼兹瓦（Nizwa），但伊玛目跑回了生养他的村庄。他那个雄心勃勃的弟弟塔利布（Talib）则逃往沙特阿拉伯，在沙特国王和纳赛尔的帮助下，招募并训练出一支由500个对阿曼统治不满之人组成的军队。1957年6月塔利布带领这些人乘单桅帆船从马斯喀特东西两侧海岸登陆，并在他们位于内陆的家乡安顿下来。与此同时，伊玛目返回尼兹瓦，并把他的旗帜升在可俯瞰全城的城堡的鼓楼上。

随着英国越来越依赖科威特石油，阿曼也因扼守海湾入口而凸显新的战略价值。在收到苏丹的援助请求后，麦克米伦于7月18

日在内阁会议上针对此事进行讨论。他们都清楚地意识到,对任何一个酋长国的保护失利都可能会让这些酋长转向美国寻求保护。正如国防大臣邓肯·桑迪斯(Duncan Sandys)在会上发现的那样,"这些统治者都在观望我们是会支持他们还是会让他们失望"。[4]

如果这些人宣布独立的话,阿美石油公司和美国的国务院必然会对他们持同情态度。为此,麦克米伦决定把这些反叛活动扼杀在摇篮中。最好的办法,麦克米伦指出,就是直接袭击伊玛目在尼兹瓦的堡垒,即使这样做会引起"沙特、埃及,可能还有美国的震怒"。他的这一观点得到其他人的认可。当天他们针对掌握在叛军手中的要塞发起空袭,由于担心遭到国际社会的谴责,劳埃德坚持使用"火箭弹而不是炸弹"。7月24日、25日两天,英国动用喷气式战机展开袭击,但火箭弹并未对尼兹瓦的大型鼓楼造成破坏。空袭结束后,苏丹军队随之赶来,但被起义军成功击退。[5]

美国对英国的所作所为很愤怒,这就让事态进一步恶化了。尽管麦克米伦在周五那天结束内阁会议后就给艾森豪威尔发了电报,对空袭一事发出预警,但艾森豪威尔直到下周一才收到这封电报。此时,英国记者对外声称,叛军受到阿美石油公司支持,而且沙特提供给他们的武器是美国制造的——这两件事是当天被下院召去做情况说明的劳埃德刻意回避的话题,他自己也觉得华盛顿方面"安静得让人怀疑"。当杜勒斯看到当天报纸的头版新闻后,他推测——其推测可能是正确的——新闻媒体的这些指控是官方授意的,随即发起反击。继国务院发言人指责英国媒体的指控是"一派胡言",并称"没有任何证据"表明冲突中使用了美国武器后,艾森豪威尔给麦克米伦回了一封言简意赅的电报，电报并没有完全否认这些谣言，而是支持首相出面澄清事实。与此同时，杜勒斯向英国发出警告，称问题的根源在于仍未得到解决的布赖米争端。[6]

麦克米伦和劳埃德随后又给自己挖了个更大的坑。就在外交大臣信誓旦旦地对杜勒斯说"在当地动用英国部队完全没有问题"之后才过了一天，英国政府就突然变卦了。在7月31日与杜勒斯的进一步磋商中，不管是麦克米伦还是劳埃德都不承认之前说过的话。很快，杜勒斯通过其他渠道了解到相关情况后非常恼火，这一点也无可厚非，因此当阿拉伯联盟将英国的所作所为提交联合国裁决后，美国投了弃权票。[7]

为了镇压起义，英国不得不派出一连步兵和一队装甲车。当时，即便是阴凉处温度也高达43摄氏度，就是在这样恶劣的环境下，8月中旬的时候这支部队还是为苏丹拿下了尼兹瓦。只不过这一次又让伊玛目和他弟弟塔利布给跑了。

麦克米伦在日记中写道，从军事层面看，这一仗"打得很漂亮"，但从外交和政治角度看，对问题的处理是好是坏还有待商榷。现在不光是美国反对了，连英国媒体也开始有敌意了。英国记者前往阿曼一线的要求不仅未被批准，而且在巴林的记者还被禁足了，他们从英国领事代理人那里得到的消息都是假的，这让他们非常愤怒。[8]

《泰晤士报》发表了一系列社论，猛烈抨击英国政府对此次起义做出的反应，称政府对动用空军所能发挥的作用盲目自信，导致后期不得不在地面派兵，而这样做又会被纳赛尔的"阿拉伯之声"

大肆攻击。在最后两篇社论文章中，其中一篇在文末指出苏丹需要多为人民做实事，英国支持这么一个反动统治者会使其在海湾地区其他发达酋长国的利益受到损害。"阿曼这次军事冒险行动给我们的教训，"另一篇文章指出，"就是绝对不能再发生类似事件。"[9]

* * *

问题在于，日后发起军事行动几乎是不可避免的。伊玛目和他弟弟塔利布从尼兹瓦向北逃到了将阿曼内地与马斯喀特的滨海平原一分为二的绿山。在这里，自封为绿山"山大王"（他的名片上这样写着）的苏莱曼·本·希木叶尔（Suleiman bin Himyar）与两人联手，他相信这两兄弟或许对进一步实现他的分裂野心有帮助。[10]

绿山丛林掩映，易守难攻，四周均有天然屏障，山里还有从海拔1800多米高处径直落下的河水冲刷而成的陡峭河谷，高原又被更高的山峰包围住。适宜的温度和一年到头不会干涸的流水在高原上孕育出阿曼人眼中的极乐世界：果树与农作物在这里疯狂地生长着。绿山直到13世纪才被波斯征服，因此这里在外界看来依然很神秘。"有一个住在这座山里的阿拉伯人，"塞西杰说，"曾经告诉我，到了冬天的时候，山里下的雨有时会变成像盐一样柔软的白色粉末。"[11]

由于美国在联合国并不愿支持英国，英国便把几乎全部军队撤了出来，苏丹不得不独自应对当前局势。起初他们试图封锁绿山，但最终只是徒劳。由于兵力不足，苏丹便转而依靠当地的部落来对付绿山的叛军，但这些部落其实跟叛军是一条心的。结果，苏丹的包围完全没有任何作用，志愿军和武器依然源源不断地被送进山里。

1957年底，苏丹的兵力已经被叛军超过，因此不得不从进攻转向防御。面对狙击手的火力，苏丹手下的士兵晚上只能窝在基地，他们利用白天的时间清理马斯喀特和法胡德——塞西杰八年前发现的拱形群山，也是石油公司正在寻找石油的地方——之间道路上的地雷。1958年初，据一位担任苏丹军队指挥官的英国军官说，美国制造的地雷对他们构成很大威胁，"我们所有的精力，不管是体力还是脑力，都被用在这些烂东西上了"。运气不好的时候，他们每天会损失两到三辆卡车，后来英军就在所有车子底部都装了沙袋，以便起到一定的缓冲作用。[12]

* * *

1958年1月，到马斯喀特视察的战争部副大臣朱利安·埃默里（Julian Amery）目睹了英军的狼狈与无力，他认为解决问题的关键在于增援苏丹的部队，于是便找来战时老同事大卫·斯迈利（David Smiley）。两人早在特别行动处发起的一次秘密行动——一同跳伞到阿尔巴尼亚的时候就认识了。在那次冒险行动中，斯迈利因炸掉"阿尔巴尼亚第三大桥梁"而为他早期的议员身份增色不少，后来在远东的一次任务中，因为用来装绝密文件的公文包提前自燃，斯迈利被严重烧伤，但幸运的是捡回了一条命。从那之后，在重回自己之前的骑兵团（蓝军）并担任英国驻斯德哥尔摩大使馆武官之前，他就一直和军情六处的人共事，企图推翻那次战争后接手阿尔巴尼亚的共产党政权。1958年初，大使馆武官这一任职即将到期时，他接到了埃默里的电话。[13]

对两人的谈话，斯迈利记忆犹新。他的这位老友问他是否愿意到马斯喀特指挥苏丹的部队。就在他犹豫自己是否是合适的人选时——因为他对阿拉伯语一窍不通，而且也从来没到中东执行过任务——埃默里的一番话打消了他的疑虑。斯迈利记得他说"我可能比部队里其他任何一个军官的游击战经验都丰富，因此肯定能带好这支遭遇游击战的部队"。不便推脱的斯迈利于4月飞往中东。[14]

在和英国领事代理人伯纳德·伯罗斯（Bernard Burrows）待了五天后，斯迈利随即前往马斯喀特，在苏丹武装部队总部拜特法拉吉（Beit al-Falaj）工作，这是一个白色的、有垛口的堡垒，上面还飘扬着猩红色的旗帜。虽说伯罗斯的住宅看起来就像——用一位访客的话说——"人文与自然建筑风格失败的结合体"，但它至少有"凉爽"这一点可取之处。反观总部大楼，简直就是个火炉。引用一句波斯古谚语——正如斯迈利的同僚对他说的——"到马斯喀特的戴罪之人能提前体会地狱的滋味。"[15]

在这里待了几天后，斯迈利又回到马斯喀特去见他的新雇主——苏丹。只见他身披镶金边的黑色斗篷，头戴紫绿金三色头巾，腰带中间佩把嵌有宝石的弯刀，灰白的胡子散发出淡淡的乳香味。因主动站出来反抗沙特，赛义德·本·泰穆尔（Said bin Taimur）被麦克米伦称为"人很不错的老伙计"，22岁时其父退位,留给他一个陷入财政危机的国家。"现在赛义德被囚禁在这座牢狱之中了,我自由了。"据说他父亲在流亡之际曾这样感慨道。[16]

如今已经48岁的赛义德·本·泰穆尔苏丹已经成了一个又矮又胖的暴君,为了不让旁人影响自己的判断力,他把自己最喜欢的奴隶的舌头给割掉了。由于讨厌裤子和墨镜,他下令禁止人们穿戴这两样东西,而且他还抵制西方的压力,不愿改善他的国民的状况。"目前很多孩子在婴儿时期就死掉了,这导致国家人口不会增长。"他对斯迈利说(当时婴儿死亡率高达70%),"如果我们修建诊所的话,很多婴儿就会得救——但得救是为了什么?为了挨饿吗?"在对待教育问题上,他更是持一种怀疑态度。"这就是为什么你们会丢掉印度,"他对一名英国顾问说,"就因为你们给这些人接受教育的机会。"在斯迈利试着提出让他手下的一些阿拉伯军官接受培训以便升到陆军中校的级别时,苏丹断然拒绝。"你要知道,斯迈利上校,"他说了一口漂亮的英语,"阿拉伯世界所有的革命都是在中校的带领下发起的。这也是为什么我请您来带兵。我的部队里没有一个阿拉伯人是中校。"[17]

英国领事代理人伯纳德·伯罗斯承认,对于苏丹现在的遭遇,英国难逃干系。这不仅是因为1952年苏丹试图凭一己之力夺回布赖米时遭到英国阻拦,从而使其威望受损,还有一点就是英国鼓励苏丹同意伊拉克石油公司到内陆寻找石油,这就让苏丹背负了过多的义务。英国的计划——发现石油会给苏丹带来能够用于安全与发展的财政收入,让那些愚昧无知的国民更幸福——存在一个不起眼但很重要的缺陷。塞西杰十年前在冒险途中第一次发现的法胡德拱形山丘连一滴油也没开采出来呢。苏丹只能以微薄的资金试图维持这片穷乡僻壤的治安。

斯迈利 4 月抵达阿曼时,那会儿开展重要的军事行动已经太热了,于是他决定利用外出避暑之前的这段时间沿着叛军驻扎的绿山外围转一圈,这一圈下来足有 1126 公里。结果他的车队刚一开上通往山里的大路,领头的侦察车就遭遇了地雷,被炸飞的车轮险些砸到斯迈利乘坐的路虎。他后来说:"我大半的军旅生涯都用在给敌军道路布雷以及教人布雷上,到头来自己反受其害。"诸如清理或烧毁发现地雷的村庄,或者像英国在巴勒斯坦那样,强迫"吉祥物"——当地村民——坐在车队中第一辆车的车盖上的做法都没什么用。最有效的办法应该是从源头上阻止美国向利雅得提供地雷。"我知道政府努力过,"斯迈利说,"但美国丝毫没有同情心。他们说他们只是按照军事援助计划向沙特阿拉伯提供地雷,至于沙特怎么用这些地雷,那不是他们该操心的。"[18]

斯迈利先到尼兹瓦和石油勘探队的帐篷看了看,又沿着西北方向穿过绿山南翼去布赖米考察,绿洲中苏丹治下的村民和谢赫布特酋长治下的村民在财富上的反差显而易见。接着斯迈利又回到绿山北侧,从那里再驱车前往沿海地区的苏哈尔(Sohar)。

在苏哈尔,斯迈利听到了一个关乎战事发展的重要消息。一辆载有大量机关枪、迫击炮、弹药和四十名志愿军的沙特阿拉伯卡车已经穿过边境。斯迈利推测,这辆车肯定会开往绿山,于是决定跟上它。可惜侦察车队在绿山北边的河谷遭遇不测。"我们沿着河谷开了大概 8 公里的时候,我后面突然发生爆炸,当时就听到伤员的哭喊声和呻吟声。"[19]原来是紧跟在斯迈利后面的车子轧到了地雷，车上的四个人现在躺在车辆残骸中，"烧伤严重，全身是血"。无奈之下，斯迈利只能放弃追踪沙特的那辆车子。

在下山返回酷热的拜特法拉吉的途中，斯迈利意识到，夺回战略主导权的方法只有一个。"我们的首要目标应该是想办法在那片高原上找到立足之地，再以此为据点不断骚扰叛军。"他认为，800年前的波斯能做到，那"我们也能"。但斯迈利很清楚，要想做到这一点，他需要更多、更优秀的部队，这样他就要回伦敦劝说政府派兵支持。[20]

然而，斯迈利回英国的行程因7月伊拉克政变而耽搁，等他再次出现在白厅时已是8月11日。回国后的斯迈利发现，外交部很害怕上一年在联合国的窘境重演。据他回忆，"仅是请政府派遣正规部队到阿曼作战的提议就让那些政府官员大惊失色"。[21]

斯迈利在战争部受到了相对热情的欢迎，他在那里见到了埃默里和陆军大臣克里斯托弗·索姆斯（Christopher Soames）。斯迈利的警告——"要不了半年，阿曼境内会爆发大规模起义，到时候整个国家都会与我们为敌"——与英国驻阿拉伯半岛军队总司令莫里斯·希思（Maurice Heath）刚刚发来的电报内容吻合。希思也认为当前针对绿山叛军的军事行动没什么作用。他请求实施抓捕山中叛军的行动。于是索姆斯将希思从亚丁召回，8月19日召开内阁国防委员会会议，将阿曼连同约旦问题作为上会的两项议题之一进行讨论，而最有可能反对此次军事行动的外交大臣塞尔温·劳埃德正好缺席。[22]

希思大致说了一下自己的计划：在新闻媒体奔赴现场前，先用一周的时间发起空袭，然后再用降落伞或直升机把部队投放到绿山。英国首相和其他人都同意私下里可以开始就后续的地面行动进行准备了，但麦克米伦又担心可能引发的国际反应。除非苏丹能洗心革面，要不然英国诉诸武力所带来的政治破坏是任何事情都无法抵消的。由于行动最早也要11月底才能实施，因此他说他将推迟到9月底再做决定。

果不其然，劳埃德的担忧与麦克米伦一样。出席9月再次召开的国防委员会时，他警告说，在11月发起希思的军事行动并不明智，因为那会儿正赶上联合国大会。相反，劳埃德倾向于把此次行动的专项经费用在推动发展和寻求政治解决的努力上。10月3日，国防委员会第三次召开会议时，劳埃德再度发难，称备战工作不可能不被发现，"（尤其是）美国"可能会向媒体透露相关消息，到时候英国政府会迫于联合国的巨大压力放弃这项计划。如果英国政府一意孤行，这次行动顶多也就是拖延时间。情况糟的话，则可能引起如今对英国来说比较重要的科威特和巴林的强烈反对。劳埃德这番激烈的言辞发挥了决定性的作用，委员会同意取消此次行动。但问题的症结始终没有解决。阿曼境内的叛乱愈演愈烈，仅凭苏丹手下的部队根本镇压不了。[23]

不想就此罢休的陆军部又提出另一项建议，以缓解外交官员对再度成为联合国焦点的担忧。他们会派正在马来半岛打击当地游击队的特种空勤团的一个飞行中队秘密飞往阿曼，然后再潜入山里"杀掉叛军首领"。10月的最后一周，第22特种空勤团指挥官飞往马斯喀特进行侦察。托尼·迪安-德拉蒙德曾在二战时跳伞到阿纳姆，然后又为了躲避追捕在全是德国人的房间橱柜里站了整整两个星期，最后才顺利逃出来。他给斯迈利的印象就是"那种视艰难困苦为挑战而不是阻碍的人"。[24]

迪安-德拉蒙德迫切想参与此次行动有充足的理由。一个月前，他听说特种空勤团很快会被召回，因为他们这支部队在外界看来只适合丛林作战，出于削减军费的需要很可能会被解散。他想借此机会表明他的这支队伍在别处也能有所作为。斯迈利对他表示支持，"他们这次刺杀塔利布成败参半"。11月3日，国防委员会批准了一项"特别行动"，有谣言称叛军已经受够了苏丹的统治，英国便趁机瞒着苏丹与叛军头目进行秘密会谈。如果会谈在12月15日之前没有任何结果，特种空勤团就会介入。只要干掉叛军头目，顺理成章苏丹就会更有效地执行和解协议。[25]

第22特种空勤团D中队的80名士兵于11月18日抵达阿曼后分成两组，每组有两个小分队。其中一组在一周后开始对绿山南翼进行侦察，士兵们晚上行军，白天观察。由于习惯了以丛林作掩护，侦察队里一名士兵背对天际线刚一站起来就被狙击手打死。其他人运气相对好一些，在高原顶部发现一个结构复杂的巨大洞穴后，他们呼叫英国皇家空军于12月1日对这里进行空袭，空袭中死掉的那个人后来被证实是塔利布的一个表兄。

斯迈利的手下月初发现一条波斯人很久之前开辟出来通往绿山北翼的小路无人值守，另一组士兵决定以这个为突破点。不过，直到他们沿着这条小路走到顶才明白为什么没人值守了。原来小路尽头危峰兀立，横亘在峰顶与高原之间的是一片绵延数公里崎岖狭窄的山脊，山脊的最远处是两座锥形山峰，这些人立马想起去年那个在英国劳埃德集团为自己的胸部买保险以应对胸部"缩水"而大热的模特，于是他们便以那个模特的名字给这两座山峰命名为"萨布丽娜"（Sabrina）。特种空勤团借助绳子登上山峰，他们在黑暗中与叛军展开近身战，在沿着鞍形山脉撤回驻地之前，这些叛乱分子冲着他们大喊："来啊，强尼！"[26]

除了最开始被打死的那名士兵，特种空勤团后来再无人员伤亡，但他们一直在作战中。到12月中旬时，不管是他们自己还是地面上的其他英国军官，都已经明显看出，他们需要增援。当时已经返回马来半岛的迪安-德拉蒙德听说自己手下面临的压力后便请求陆军部同意再派一支特种空勤团下面的中队去支援。由于第一批部队没有引起任何人的关注——这是外交部唯一担心的事情——因此，国防委员会于12月19日同意这一请求，前提是在第二年4月之前，也就是联合国讨论中东问题的时候，两支部队要全部撤出。迪安-德拉蒙德在新年第一天到达马斯喀特，特种空勤团A中队在11天后赶来增援。此时迪安-德拉蒙德已经想出一项作战计划，打算在1959年1月24日满月之后对绿山发起突袭。

从掌握的情报来看，塔利布最担心的就是英军可能会从波斯开辟的那条小路或者从源自绿山南端名为塔努夫（Tanuf）的小村庄的河谷攻上来。为了误导塔利布，迪安-德拉蒙德让手下在两个地方都发起军事行动，但实际的攻击地点则是卡马河谷突出来的那段岩壁，这里远离山的东部，靠近高原上的村庄，塔利布、他的兄长伊玛目和苏莱曼·本·希木叶尔很可能就藏身于此。特种空勤团一旦成功登顶就会有斯迈利的军队前来接应,以空投的方式为他们进行补给,便于他们干掉塔利布。为了让塔利布进一步加强在"萨布丽娜"和塔努夫河谷源头的防御力量,英军还把当地的驴贩子都召集起来,向他们询问在塔努夫河谷怎样为动物提供水源,并让他们发誓对此保密,他们很清楚,这件事很快就会传到塔利布耳朵里。

受恶劣天气影响,突击行动推迟到 1959 年 1 月 26 日才开始。特种空勤团花了九个半小时才攻上高原,一路几乎未遇到任何抵抗,但后来有个伞兵背包上挂的"劲能"手榴弹爆炸,导致两人死于流弹。与此同时,当地部落里的人误把英军空投当成士兵登陆了,很快便缴械投降。特种空勤团进入第一个村庄后,那里的人提出可以把他们带到苏莱曼·本·希木叶尔的藏身之地。斯迈利到的时候,洞穴里的火还在烧。虽然那里完全没有这个山大王或者塔利布及其兄长的踪迹,但有近 1000 封信件,里面详细记载了苏丹领地上的叛军分布情况。

马尔科姆·丹尼森(Malcolm Dennison)——斯迈利手下一个做事机灵、在军情六处接受过训练的情报官员——约半个月后在山中一个屋子里发现这三个漏网之鱼的踪迹,这片名为沙齐亚(Sharqiyah)的山区就紧靠马斯喀特南部。但斯迈利的一个同仁急功近利,提前发起抓捕行动走漏了风声,导致三人乘船逃往沙特阿拉伯。

绿山行动没引起之前几次行动中令英国头疼的社会关注问题,同时也让苏丹的统治延续了几年的时间,但如果按照特种空勤团最初设定的标准来看,严格地说,这次行动是失败的。特种空勤团既没杀掉苏莱曼,也没杀掉伊玛目,在当年晚些时候,这几人还被拍到在亚历山大与纳赛尔握手。另外,尽管三人逃亡后,叛乱组织大势已去,但由塔利布远程指挥的布雷活动丝毫没有减少。1957年6月前后,劳埃德思考英国面临的战略选择时就已经承认,要想彻底解决这一危机,最终还是要从政治层面着手。一方面要改善与沙特的关系,这一点已经实现;另一方面,苏丹要能够抓住发展带来的机遇,但这一点是没有实现的。因此,在1970年推翻苏丹统治的过程中,英国这个之前的保护国反倒成了让苏丹下台的主要角色。最后,是一群英国中校,而不是阿拉伯中校,将苏丹送上了绝路。

伊拉克与科威特

1957年6月，外交大臣塞尔温·劳埃德权衡英国在海湾地区所面临的战略选择时指出，英国在各酋长国的支配地位以及来自科威特的石油供给安全，很大程度上取决于伊拉克。只要英国与伊拉克还维持着友好关系，那伊拉克就倾向于看到海湾地区酋长国在英国保护之下，而不是受到沙特阿拉伯的影响。"伊拉克的陷落，"劳埃德接着设想，"必然会使我们立即陷入极度危险的局势。"一年后，当阿卜杜勒-卡里姆·卡西姆将哈希姆家族赶下台时，英国政府不得不面对这一危险局势。[1]

一直以来，伊拉克都在——用英国大使的话说——"暗中操控"科威特。1958年7月巴格达政变发生前的数月中，哈希姆家族为了让科威特加入命运多舛的阿拉伯联盟，对这个邻居施加了强大压力。阿卜杜勒-卡里姆·卡西姆夺权后，很多科威特人以为，他一旦站稳脚跟立马就会入侵科威特。但卡西姆没有这样做。他很快就跟自己的合谋者阿卜杜勒·萨拉姆·阿里夫（Abdul Salam Arif）吵翻了，因为阿里夫想让伊拉克加入阿拉伯联合共和国。9月，阿里夫被罢免，卡西姆越来越依赖伊拉克共产党。[2]

对于伊拉克的发展形势，英美两国的反应截然不同。美国在纳赛尔的怂恿下开始考虑怎样除掉卡西姆，但英国则更乐观一些。虽然他们承认卡西姆政府"不是……一个让人满意的政府"，但在确定卡西姆没有对科威特构成直接威胁而且也没在纳赛尔掌控之下后，他们宁愿保持观望态度。[3]

对伊拉克局势分析的不一致导致英美两国在第二年的大部分时间里都处于对立状态。1958年秋，英国获取一项有关推翻卡西姆行动的情报。英国之前就已经告知美国，认为有必要向卡西姆泄密，而且他们似乎也确实这样做了。但美国——肯定知道这个推翻卡西姆的阴谋，而且很可能就是他们撺掇起来的——对英国的做法非常恼火。虽然新任英国大使杜维廉（Humphrey Trevelyan）稍后对外声称"卷入任何一场伊拉克国内的阴谋——不管是鼓动发起阴谋还是向卡西姆透露关于这些阴谋的情报——对英国来说都是愚蠢至极的行为"，但这并不是对其行为的否认，而且他似乎又向伊拉克首相发出警告，称很快会有另一场刺杀他的阴谋。英国这种誓要保护卡西姆的奇怪举动让美国大为不解。艾森豪威尔的副总统理查德·尼克松一针见血地指出其中缘由，他怀疑英国"认为纳赛尔对近东构成的威胁比共产党更大"。实际上，英国也确实是这么认为的。[4]

1959年3月初，摩苏尔（伊拉克北部城市）爆发起义。这次起义得到纳赛尔的一定支持，本来这将是全国范围内同时爆发的数场起义中的一场，要是其他几场也爆发的话，将对卡西姆政权构成严峻挑战。但另外几场并未全面爆发，而且就在四天后，效忠于卡西姆的库尔德军队对充斥着不满情绪的摩苏尔北部城区反抗活动进行镇压，造成多达 3000 人死亡。此次起义，以及伊拉克随后与莫斯科签署经济协议，并且退出《巴格达条约》，让英美两国对这个国家的发展趋势日益担忧。

6 月底，一家埃及媒体报道了关于伊拉克的另外一起叛乱阴谋，这次还暗指卡西姆的副官也参与其中。尽管伊拉克对这一消息进行了否认，但卡西姆无法掩饰日益加剧的恐惧。他开始在大半夜或一大早外出亲自了解情况。据杜维廉说，国防部成了"他唯一敢待的地方"，而根据另一个去过那里的人说，即使是在国防部，卡西姆与其亲信的关系也明显非常紧张。后来在 7 月初召开的新闻发布会上，卡西姆彻底失控，对一名提问者大吼大叫。而在当天晚些时候为民兵组织——由卡西姆建立但近期已被解除武装——举行的招待会上，民兵提出要拿回武器，卡西姆蛮横无理地反驳道："我来这是给你们指示的，不是来听你们指示的。"[5]

1959 年 7 月，卡西姆对伊拉克共产党进行镇压，并在基尔库克（Kirkuk）发动大规模屠杀。美国对事态的转折非常高兴，但英国感到不安，他们觉得卡西姆这是在自我孤立。英国的不安随着时间的推移不断加剧，几周后，卡西姆突然下令对一些囚犯执行死刑，这些囚犯是伊拉克废除旧制度后为做样子而展开的审判中被判定有罪的人。从那时起，卡西姆便顶着来自共产党的压力执行这些死刑，而他的这道命令对西方评论员和流亡国外者来说，具有类似于晴雨表一样的指示作用：死刑缓期执行曾被视为实力增强的可喜迹象。

被绞死的人当中，有一个是英国的好友——伊拉克前内政部部长赛义德·卡扎兹（Said Qazzaz）。就在两天前，他妻子还得到卡西姆的保证，说她丈夫不会被执行死刑。杜维廉——曾因卡扎兹在审判过程中泰然自若的表现而称他是一个"大勇之人"——得知消息后惊骇万分：这件事让他在对卡西姆的政策主张上彻底发生变化。"我们现在不能再有意采取一些能够帮卡西姆掌权的行动了，"五天后在给伦敦的电报中他这样写道，"伊拉克形势多变，而卡西姆更是阴晴不定，我们不能确保让他掌权符合……我们的利益。"[6]

就在国外的外交官们还在试图对卡西姆这一突然的转变进行解读时，1959年10月7日，一群复兴党成员试图在巴格达主干道刺杀伊拉克首相，这些人里面有个名为萨达姆·侯赛因（Saddam Hussein）的年轻激进分子，他们冲着卡西姆的车开了80枪，其中3枪打中他的胳膊和肩膀，刺杀行动宣告失败。"这些复兴党人的粗心大意酿成了大错，"杜维廉回忆说，由于他们行动时是围成一圈对着卡西姆的车子射击，"其中一侧的子弹穿过车子打中了另一侧的复兴党人。他装在口袋里的笔记本上有参与此次行动的人员名单。"因此，虽然萨达姆后来逃跑了，但他的几个同伴遭到逮捕并被判处死刑。[7]

然而，这一次卡西姆却减刑了。杜维廉猜测可能是因为有几个伊拉克共产党员也在等待执行死刑。由于莫斯科方面呼吁宽大处理，卡西姆不想被别人看到他只绞死了复兴党员而没有共产党员。另外，如果把两方的死刑犯都处决的话，可能会使他与伊拉克共产党彻底决裂，但卡西姆现在意识到，他还是需要共产党的支持的。两个月后，为了庆祝自己出院，卡西姆发表了长达六个小时的演讲，对复兴党企图刺杀他的行为进行大肆抨击。

一直以来，人们传言卡西姆住在"离地约一米的彩云间"，杜维廉和他的东方事务顾问山姆·法尔在第一次见到卡西姆之后就怀疑他神智是不是有问题，主要是因为他有一双很怪异的眼睛。"我们要去见巫师，诡异的奥兹巫师！"英国大使会在去见卡西姆的路上唱这首歌。但刺杀事件之后，卡西姆的举止愈发令人费解。他把刺杀当天穿得那件沾上血渍的衬衫摆在带玻璃窗的书柜里——"旁边就是一座布谷鸟钟"，杜维廉注意到——而这个书柜就在国防部的会客厅。他谈到要建个纪念碑，碑顶用防弹玻璃做成圆形的，然后再把他那辆被打成筛子一样的汽车放到里面。他对外宣称道："世界大势尽在我之下。"这向来都不是什么好兆头。法尔在1959年底的时候总结道，伊拉克这个独裁者"真把自己当成神明庇佑之人了"。对卡西姆愈发难以捉摸的举动感到担忧的不止英国一方，科威特埃米尔也有同感。[8]

* * *

虽然科威特石油产业的迅速繁荣让科威特埃米尔成为世界上最富有的人之一，但科威特普通老百姓不得不承受这一繁荣背后不利的一面。石油产业的发展使大量移民工人涌入，继而带来人口过密、通货膨胀和疾病等问题。与此同时，统治者不愿分配石油带来的收益，还毫不掩饰他们对"凯迪拉克和妃嫔姬妾"的喜爱，让他们很不得民心。为了缓解日益严峻的政治压力，埃及和叙利亚成立阿拉伯联合共和国没多久，埃米尔就于1958年2月重新启用四年前被他废除的议员体系，但他拒绝直接选举，而是成立了一个500人的选区。

毫不意外，埃米尔在民主道路上所做的让步还不够。3月，据一位到科威特城电影院看电影的英国推销员说，电影院里的观众很不耐烦地看完了一部西部牛仔电影，整个观影过程完全无感，但当电影结束后播放一段展示纳赛尔近期功绩的埃及新闻短片时，"整个影院一片嘈杂，到处充斥着欢呼声、高喊声……" 1959年2月，科威特青年社为庆祝UAR成立一周年举行的聚会演变成了一场支持埃及领袖的大型集会，场面随后失控。"我们要变奴为主、变主为奴！"这些年轻人振臂高呼，"科威特石油属于全体阿拉伯人，不是统治家族！"待警察驱散集会活动，政府取缔四个类似的青年社后，一名在科威特石油公司供职的英国人指出，国民反应"异常激烈"。他认为，对这种反抗活动，科威特当局或许还能再应付一两次，但不可能一直这样下去。这个国家"迟早会有一次大爆发的"。[9]

卡西姆入侵科威特的可能也成了埃米尔日益担忧的问题之一。1959年5月，他破天荒地约见了英国领事代理人。在随后的会晤中，埃米尔表达了要与英国一道找出应对当前威胁的办法，但他并没有拿出任何应对措施，仿佛这样做就只是为了确认英国是站在他这一边的。然而，远在伦敦的陆军部已经在认真考虑伊拉克入侵科威特的可能性了。应陆军部要求，联合情报委员会推测伊拉克可能会调动包括两个旅和不超过七十辆坦克在内的军事力量。最关键的是——由于英国的科威特防御计划所产生的影响——联合情报委员会警告道，英国政府可能指望巴士拉（伊拉克城市）地区在集结部队时会有"不少于四天的预警"，但"入侵真正发生时，很少或完全没有预警"，因为巴士拉离科威特太近了。这样就造成了麦克米伦所说的"常见困境，我们要立即行动吗？如果是这样，那就变成了'侵略'。我们要按兵不动吗？那这样的话，我们介入时可能又为时已晚"。[10]

1961年年中，机会突然不期而至。在科威特人民的强大压力下，1961年6月19日英国与科威特交换意见书，废除1899年签订的协议，科威特不再作为英国的保护国。考虑到伊拉克可能做出的反应，双方在意见书中约定，如果埃米尔提出要求，英国可为其提供军事援助。

卡西姆对英国结束在科威特的统治表示欢迎，但并没有提到科威特独立，这就不是什么好兆头了。果然，他在六天后的一次演讲中宣称，科威特是伊拉克不可分割的一部分，并任命埃米尔为qamaikam——当地行政长官，仅次于巴士拉省省长。身在巴格达的杜维廉现在面临一个至关重要但又吃力不讨好的任务：想办法弄清楚卡西姆是否真的会对科威特发起攻击。

* * *

英国此次保护科威特免受伊拉克入侵的行动代号为"优势行动"，其实施受到科威特政治约束和英国有限军事资源的影响，这是因为美国不愿公开参与该行动。科威特国内不利的政治环境导致埃米尔不到万不得已绝对不贸然向英国请求援助，这就意味着英军不能在附近区域待命。因此，"优势行动"只能依赖于联合情报委员会做出的预判，即针对伊拉克入侵意图，英国有四天预警期，且埃米尔能够迅速做出反应，足够数量的英国部队及时登陆以阻止伊拉克穿过距巴士拉仅64公里的科威特边境。

放在几年前，英国可以利用高空侦察来证实军情六处安插在伊拉克军队内部的线人所提供情报的真伪。但自从 U-2 坠机事件后，赫鲁晓夫威胁要进行报复，英国政府便不愿对伊拉克发起照相侦察——至少在没弄清楚卡西姆的意图之前不愿这样做。这样，很多事情便受到人为因素——尤其是杜维廉——的影响。

杜维廉很清楚，前任赖特因没能预测到哈希姆家族会被血腥推翻而事业一蹶不振。他自己之前在埃及的任职也因苏伊士运河危机而提前结束，现在他肯定在想自己在巴格达的时间是不是也要缩短了。为了给自己找台阶下，卡西姆发表演讲后第二天，杜维廉就向伦敦方面发出警告，称虽然他们可能会发现伊拉克军队从该国北部向巴士拉行进，但如果伊拉克要动用的军队已经在巴格达南部待命的话，那他就不可能向伦敦方面发出任何预警了。正是出于这一原因，军情六处之前也考虑过把威尔弗雷德·塞西杰再派到伊拉克南部地区（塞西杰20世纪50年代初的大部分时间都花在这里了），让他用抗疟疾的药物来赢得当地各部落的支持，然后再把他们变成英军的侦察兵，这样伊拉克部队往南进发时他们就可以向英军通风报信。但这个想法后来不了了之了。

显然，大使馆内部关于伊拉克发起攻击的可能性也存在争议。军情六处认为卡西姆的声明纯属造势，因为他既没有动员空军也没有动员坦克部队（虽然他还可借助铁路运输将这些军事力量运往南方），但大使馆的武官不同意这种看法。他认为伊拉克很有可能"从巴士拉迅速发起攻击"，这样他们所需动用的兵力远比联合情报委员会预判的要少得多，而且还能出其不意、攻其不备。[11]

后来杜维廉在回忆录中说，这名武官在一次酒会上取得重大突破。他不动声色地靠近一名喝得烂醉的伊拉克高级铁路官员，随口问道："您为什么会同意把所有的火车都用来运送坦克？"

"是啊，我也气啊，"喝得都快不省人事的铁路官员答道，"他们都没知会我一声就通过我手下的人把事情安排好了。"[12]

这段趣闻轶事中的对话很可能确实发生过，但实际上，更多确切的情报好像还是从其他渠道获取的。从解密档案中披露的1962年早期的一些文件可以得知，大使馆武官有一个可靠的线人——伊拉克第1坦克团的一名参谋。除了酒会上的那件轶事，杜维廉后来还承认："我们得到可靠消息，第1坦克团正往巴士拉行进。"6月29日一大早，杜维廉向伦敦方面报告，他现在已经确信卡西姆真的打算以轻型作战部队向科威特发起袭击，部队可于7月1日前开进科威特。这比联合情报委员会预测得要快得多。霍姆于当天早上把这件事报给了内阁。在发给华盛顿的电报上，他承认目前的证据"还有些不足，但所有迹象都明确显示卡西姆以坦克团充实巴士拉附近军事力量为战争做准备"。[13]

杜维廉的报告引起政府高度紧张。英军最快也要到7月1日晚才能到科威特，而此时伊拉克可能已经进科威特城了。由于科威特埃米尔还没有向英国发出援助请求，霍姆便于当天给他发去了同样的消息，试图催促他加快进度。当科威特没有答复时，他又在30日（星期五）早上发了一封电报。当天上午内阁会议开到一半的时候，他终于收到了科威特的积极回复。下午，麦克米伦决定派出一支500人的皇家海军突击队，从英国"堡垒号"皇家海军舰艇上直接乘直升机前往科威特。

到了7月3日周一早上，伊拉克仍未发起攻击。麦克米伦在当天上午的内阁会议上用略带辩解的语气提醒其他参会成员，当初他们决定派兵时"已有迹象表明伊拉克会采取行动"。为了进一步为派兵之举进行辩护，他又补充道，大家都相信伊拉克早就计划在7月12日发动政变。他说，现在我们该做的已经做了，但"怎样从中脱身又是另外一回事"。[14]

等到卡西姆不会发起攻击的事实逐渐明朗，麦克米伦很快就受到包括美国在内的国际社会要求其从科威特撤军的压力，美国已经确信英国中了卡西姆的圈套，他就是想以此证明科威特根本没有实现真正的独立。美国甚至怀疑，伦敦方面之前共享给他们的情报是否有任何依据。

然而，英国绝不是唯一一个对卡西姆日渐频繁的反复无常感到担忧的国家，最终帮英国解围的是阿拉伯联盟。这个联盟很快就认可了科威特的联盟成员国身份，随后派兵援助，这才使英国从中脱身。麦克米伦很清楚他又侥幸逃过一劫。"我们在科威特的政策上是短期性的，"几周后他向内阁大臣诺曼·布鲁克爵士（Sir Norman

Brook）承认道，"只要科威特人还保持着原始状态，那我们要做的就是从这片土地上攫取石油……而不应该把科威特看作长久之计。"[15]

很快，事态的发展表明科威特所面临的威胁有可能再次发生。1961年底，又有报道称卡西姆正策划攻打科威特。英国情报人员又是在聚会上打探到相关传闻，这次说伊拉克空降兵正往南部地区调遣。但谣言又一次不攻自破。土耳其武官向英国担保，卡西姆的言论只不过是烟幕弹，就是为了转移伊拉克人民对国内动荡局势的注意力，之前伊拉克是小麦净出口国，但经历过一场混乱的土地改革和旱灾之后，现在陷入了不得不进口谷物和大米的尴尬境地。时至今日，卡西姆还要镇压北方的库尔德人叛乱。虽然他自己也是库尔德人，但他对本族人极度不信任，以至于他把负责镇压叛乱的军队里的库尔德军官和士兵都给开除了，没过多久开始有士兵叛逃。

为了便于对伊拉克石油公司采取强硬措施，卡西姆指责该公司支持库尔德叛乱。在伊拉克政府与该公司谈判破裂后，卡西姆于1961年12月颁布第80号公法（Public Law 80），规定伊拉克政府收回公司对部分领地的权利，尤其是伊拉克南部地区的领地。

卡西姆的挑衅举动让伊拉克国内美国政策的批评者气势更盛，他们以美国的两大石油巨头拥有伊拉克石油公司近25%的股权为由对其大力抨击。此时的美国总统已经成了约翰·F. 肯尼迪，尽管国务院的专家强烈建议最好不去招惹卡西姆，但肯尼迪的国家安全顾问麦乔治·邦迪（McGeorge Bundy）及其副手罗伯特·科默（Robert Komer）持不同观点。他们说服总统向国务院施压，考虑推动伊拉克政权更迭。

CIA 自 1960 年以来就为实现这一目标断断续续地努力着,也正是在这一年,CIA 成立了"伊拉克健康促进委员会"(Iraqi Health Alteration Committee)。据说这个名字听起来令人不安的机构提出一个给卡西姆寄头巾的设想,头巾"经过特殊材料处理对接收人造成袭击"。当然,卡西姆并没有收到这样的头巾,至于这个东西有没有被寄出来,那就不得而知了。[16]

与此同时,CIA 也在考虑通过为伊拉克境内以及流亡海外的异见分子提供援助来推翻卡西姆。1960 年 2 月,在贝鲁特担任顾问的前 CIA 情报官员迈尔斯·科普兰和詹姆斯·艾克尔伯格插手其中。在一封可能是写给 CIA 黎巴嫩分局局长的信中,两人声称"伊拉克上层人士都认为动员伊拉克国内非共产主义力量来阻止共产主义力量的壮大是不可能的"。他们的线人说,唯一可以推翻卡西姆的机会就是借助外部势力的干预。作为纳赛尔的"老牌盟友",他们提议由埃及领导人和流亡海外受纳赛尔庇护的复兴党成员进行干预,成功的可能性更大,而在这些流亡海外的复兴党成员中就有 26 岁的萨达姆·侯赛因。[17]

由于卡西姆的大部分兵力被北方叛乱所牵制,此时的他防御力量非常薄弱。1963 年 2 月 8 日,复兴党在巴格达发动政变。据杜维廉回忆,第二天伊拉克电视台在播放动画片《菲利克斯猫》(*Felix the Cat*)的时候,画面突然被切换成坐在宫殿办公室椅子上的卡西姆被政变军官团团围住的镜头。几年前与纳赛尔结交为友的威廉·莱克兰当时就职于美国驻巴格达大使馆,他也看到了这个镜头。数年后，他回想起政变士兵是怎样把卡西姆的头给转了过来，"就是为了让我们看清子弹是从哪里穿过他的太阳穴，这样一来就不会有人再质疑他的死"。这个简短的镜头之后很快又变成了一个英国园艺节目。[18]

"虽然这么说还为时尚早，但伊拉克革命似乎已经取得成功。我们几乎是稳赚不赔的。"随着整个事件开始浮出水面，科默对华盛顿的肯尼迪总统这样说道。随后一位主要的社会复兴党负责人对外宣称，莱克兰与政变的同谋有联系，而人们普遍认为，CIA和埃及的情报部门为伊拉克新政府提供了伊拉克共产党员名单。果不其然，卡西姆被杀后又有数千人遇害。伊拉克新任内政部部长倒是很坦率，他后来承认道："我们能夺权多亏了CIA。"[19]

25

潘多拉之盒

英国之所以能在很短的时间内完成向科威特派兵，主要是因为他们的势力一直以来都存在于阿拉伯半岛的另一角——亚丁。被两块巨大的黑色火山岩像拳头一样护在中间的是这片区域最好的深水港：英国在1839年占领了它。尽管这里的气温跟火炉一样，而且看起来毫不起眼，但在苏伊士运河开通后，该港口的战略价值骤增。20世纪50年代，英国被中东其他地区爆发的危机所困扰，而亚丁港从历次危机中获益良多。有了伊朗石油危机的教训后，英伊石油公司决定在半岛西南角新建一座炼油厂来加工从科威特开采的原油：1954年伊丽莎白二世到此出访为工厂奠基。

亚丁位于阿拉伯半岛与非洲之角之间，扼守红海入口，其重要的战略位置使它成为英国1956年从苏伊士运河撤军之后中东驻军基地的不二之选。在随后的三年时间里，驻扎此地的英军数量翻了两番。港口的免税店吸引了过往游客。到了1962年，曾经只有200户土房子的小村庄摇身一变成了世界上数一数二的繁忙港口，维多利亚女王的雕像和仿照大本钟建造的钟楼俯瞰整个港口。

邓肯·桑迪斯在当年11月说，亚丁可不仅仅是英国中东战略的关键所在，还是英国通往新加坡远东基地的"重要跳板"。这片殖民地如今已经成了自视为世界大国的英国的重要组成部分。美国在卷入越南战争后，也迫切希望英国能牢牢抓住这片区域的控制权。[1]

在占领亚丁港后的几年里，英国一直想通过为紧靠亚丁北部的内陆国家提供保护来建立一个缓冲区，在取得这些国家的苏丹同意后，英国便把它们分为东部和西部保护国。虽然英国人使出了浑身解数，但他们还是无法使港口区域免受纳赛尔强大的宣传攻势。亚丁城——尤其是这里新建的炼油厂——的运行依赖于成千上万名从英国保护国和也门北部移民过来的务工者。住房条件恶劣又毫无民主权利可言，到1956年，也门移民自己组建了一个行之有效的贸易联盟，"阿拉伯之声"借题发挥，对此展开大肆宣传。

与贸易联盟的兴起同时发展壮大起来的还有当地的民族主义运动。起初，派驻亚丁的英国官员并没有把这些运动当回事，还称这些运动领袖就是一群"道德败坏、好勇斗狠……不入流的魑魅魍魉"。但运动的影响力不容小觑，1958年英国派去管理亚丁的官员甚至提出，英国若要保持在此地的影响力，最好的方法就是把亚丁与其他几个较为亲英的保护国合并，以此削弱民族主义势力，然后英国再与合并形成的新政府签订协议保留其基本权利。然而，麦克米伦最初否决了这一提议。他觉得新政府治下的民众只会在独立意志下"把自由出卖给埃及"，他的这一观点得到劳埃德的认同。在劳埃德看来，亚丁是"纳赛尔的下一个目标"。[2]

＊＊＊

实际上，纳赛尔的目标是邻国也门。追溯以往，也门境内崎岖不平的高地就像阿曼的绿山，只不过是全国范围的。从9世纪开始，这片从未彻底沦为殖民地的土地就在伊玛目统治之下，伊玛目来自什叶派扎伊迪部落，该部落集中在也门北部和东部地区。虽然该部落里的人属于一贫如洗且目不识丁的少数派，但伊玛目凭借自己被什叶派和主要居住在本国南部偏远城镇相对富裕的逊尼多数派均视为穆罕默德的继任者，因此是绝对正确的。作为第65任伊玛目，艾哈迈德是个体态臃肿、眼球突出又纵欲过度的专制统治者，有一次在服用完一系列激素药物后，他还"把家眷都召来庆祝自己能再展雄风"。但是，正如纳赛尔所想，这种不能反抗伊玛目的看法并不普遍。最有力的证据就是1961年在刺杀伊玛目行动中打在他身上的那三颗子弹，这一不招人喜欢的"纪念"给他留下挥之不去的痛苦。[3]

在此之前近四年的时间里，纳赛尔一直试图除掉艾哈迈德。1958年他曾在大马士革见过伊玛目的儿子巴德尔（Badr），并提出帮他一起推翻他的父亲。与叔父哈桑争夺伊玛目之位的巴德尔同意发动政变，只不过有心无力。此时，艾哈迈德已经意识到自己现在不堪一击，于是便加入了阿拉伯联合共和国来讨好纳赛尔；但当叙利亚于1961年退出UAR后，他又忍不住指责纳赛尔，"你为什么要滥用权力把阿拉伯世界弄得乌烟瘴气？"他质问埃及领导人，结果纳赛尔就以断绝双方联盟关系作为对他的回应。[4]

叙利亚的退出对纳赛尔来说是奇耻大辱,而且纳赛尔也没有忘记艾哈迈德对他的蔑视。1962年,他加倍努力破坏也门稳定。这次纳赛尔又找到巴德尔想让他除掉身体每况愈下的父亲,但巴德尔没同意,他说老头子已经开始怀疑自己了,自己的一举一动现在都在他的监视之下。同年春,另一次对伊玛目发起的政变、工人罢工、学生抗议示威都没能把他赶下台。9月19日,出乎所有人的意料,艾哈迈德竟在自己的床上平静地去世了,他的弟弟哈桑此时已被流放,于是巴德尔在35岁时当选为第66任伊玛目。

对于那些刺杀他的阴谋,巴德尔心知肚明,但他并不愿意采取任何行动:他对廉价南非白兰地的钟爱并没有让他在虔诚的臣民中受到欢迎,因此他不想再多树敌。9月26日,在当选伊玛目一周后,巴德尔的一名保镖试图开枪射杀他。当时"一声咔嗒声之后就看到一群人扭打在一起",据巴德尔回忆,他觉得自己能幸免于难多亏那名保镖的枪卡壳了。在从埃及武官那里得到另一场刺杀阴谋的情报后,巴德尔让看着可靠的陆军准将阿卜杜拉·萨拉勒(Abdullah Sallal)带兵来萨那(Sanaa)保护王室。然而,萨拉勒却起兵造反,当晚巴德尔被叛军近距离射击。一开始,他抓起一挺机关枪予以反击,随后又改变主意逃往山里。从第二天的广播中,他得知了也门共和国的成立,而自己则被说成"死于宫殿废墟之下"。旧体制下的其他成员就没有这么幸运了。不久就有新闻曝出,他们被抓住后不经任何审判就被枪决,尸体"丢到野外任由野狗和飞禽啄食"。[5]

虽然此次政变的整个过程纳赛尔都参与其中，但政变的时机对他来说极不凑巧。当时他正想排挤掉虽无能但颇得民心的对手——埃及武装部队总司令阿卜杜勒·哈基姆·阿米尔。但已经看清形势的阿米尔还没等纳赛尔出手就在也门政变发生前六天主动辞职，然后就销声匿迹了。埃及领导层普遍认为"必须要做些什么"来帮助萨那新政府，但在具体做什么上意见不一，纳赛尔把这场政变看作自身领导力的试金石。他派出一架飞机，上面载有流亡海外的也门政治犯、黄金、枪支、无线电广播发射器和一个空军中队，在一队突击队员的护送下前去援助也门。同时，他还请求莫斯科增派在也门那种原始地理环境下也能运作自如的安东诺夫运输机，这样他就可以运送更多的兵力和补给。

苏联很快就同意了纳赛尔的请求。1962年10月1日，苏联继埃及之后承认新成立的阿拉伯也门共和国。短短几天内，埃及第一批增援部队抵达也门。"我派了一个连队到也门，但不得不再派70000兵力增援这个连队。"到1967年的时候，纳赛尔就要这样抱怨了。最终，他把也门称作是自己的"越南"。[6]

* * *

此时对深陷古巴导弹危机和越南战争的白宫而言，也门根本算不上个事儿。11月，在与麦克米伦第一次讨论该国问题时，约翰·F. 肯尼迪甚至坦言："我连这个国家在哪都不知道。"不过，从萨那传来的消息对华盛顿来说可不是什么好事，因为美国《国家情报评估报告》（*National Intelligence Estimate*）指出中东地区"新旧秩序下的同盟"前景"惨淡"，此时的美国总统正试图与纳赛尔修复关系。叙利亚退出 UAR 之后，肯尼迪政府试图通过承诺向纳赛尔提供援助诱使他疏远苏联。美国这么做——用肯尼迪的公使切斯特·鲍尔斯（Chester Bowles）的话说——就是希望纳赛尔现在能"把麦克风换成推土机"——换句话说，就是把精力集中在国家发展上。[7]

现在肯尼迪政府面临类似于越南的难题。一方面，纳赛尔在背后支持萨那新政府；另一方面，保皇党人的实际领袖——巴德尔的叔父哈桑，已经见过英国首脑、约旦的侯赛因国王和沙特国王，这些人看起来都很可能会支持他。虽然美国有心承认也门新政府，但又怕几个盟友可能不同意。"如果我们支持英国/约旦/沙特一方，就会破坏与纳赛尔的关系，"副国家安全顾问鲍伯·科默（Bob Komer）分析道，"如果我们支持另一方，那我们就打开了一个潘多拉之盒。"最让美国担心的是，沙特和侯赛因对保皇党人的支持只会为也门国内众多的反对者提供口实。[8]

在科默的建议下，肯尼迪政府暂缓对也门新政府的承认，指望这个问题或许会自行解决。说不准纳赛尔和也门共和国很快就能站稳脚跟，到那时沙特自己会觉得再多反对也是徒劳的，科默提议道："我们就静观其变，直到沙特和侯赛因看清大势已去的事实，这样他们也就不会责怪美国承认也门了。"

政变发生时，沙特国王的兄弟、皇储费萨尔就在美国，他一点儿也不认同科默的分析。他担心，继也门之后，纳赛尔的下一个目标可能就是沙特阿拉伯了。在与肯尼迪总统会谈时，费萨尔坚称没有开罗和莫斯科的支持，也门共和国根本不可能挺过来。肯尼迪声称他可以利用埃及对美国粮食援助的依赖来控制纳赛尔，费萨尔对此公开表示质疑，接着还证实了美国的猜测：沙特阿拉伯会帮助也门保皇党领袖哈桑。这次与肯尼迪的会谈让费萨尔"非常不安"，几天后他便离开美国。但在离开之前，他从英国驻联合国外交官那里证实了一个令人欣慰的事实。即使约翰·F.肯尼迪不认可费萨尔的担忧，但在大洋彼岸的哈罗德·麦克米伦与费萨尔看法一致。[9]

* * *

麦克米伦对也门政变的看法与肯尼迪截然不同，因为这给英国的利益造成了直接威胁。考虑到也门历任伊玛目都主张对南阿拉伯和亚丁拥有主权，麦克米伦立即意识到纳赛尔很可能也会怂恿萨那新政府这么做。"也门局势很是令人担忧，"他对伊丽莎白女王说道，"到目前为止，我们在亚丁湾地区保持了比我们所能想象的更为有利的地位……但这在很大程度上依赖于英国对亚丁的掌控，如果我们被逐出亚丁或面临可能使军事据点遭到摧毁的革命风险，那英国在亚丁湾的所有权力都将消失殆尽。"[10]

麦克米伦之所以如此担忧，主要是因为也门政变发生之时正是英国与亚丁的关系进入关键节点之际。之前麦克米伦曾反对将亚丁及其北部的保护国合并成南阿拉伯联邦，后来看到建在亚丁的军事基地在 1961 年科威特危机中发挥的重要作用，他近来又改变主意了。1962年夏，英国政府决定推动亚丁与保护国的合并，而就在政变发生的同一天，亚丁立法委员会也已投票对这一做法表示支持。这一巧合简直不可思议。

乍看之下，委员会投票表示支持意味着合并一事将得到落实，但实际情况远没有那么确定。立法委员会是英国为了让这片殖民地拥有表面的民主于三年前设立的，看看委员会的构成就知道投票结果在预料之中。委员会对此事的讨论引发亚丁街头暴乱——1人死于其中——在经过两天半的讨论，委员会决定投票进行表决时，10名亚丁代表中只有3人赞同合并一事，其他7人已经从中退出。换句话说，委员会的支持毫无力度可言。

到正式合并还有半年的时间，麦克米伦及其同僚意识到，也门的局势很可能会轻易打乱他们的计划。但他们在接下来怎么做上努力达成一致，倒是首相自己反而摇摆不定。尽管他抱怨"我们似乎老是支持一些落后保守的专制政权，反对现代民主的政权"，但即使他知道保皇党人不可能成功，他还是本能地选择与保皇党站在一边。私下里，他承认道，这让他"想起1745年苏格兰的'英俊王子查理叛乱'（Bonny Prince Charlie conflict）；虽然高地人更有吸引力，但大家都知道最后获胜的还是低地人"。[11]

内阁会议讨论是否承认也门共和国一事时，外交大臣霍姆勋爵争论道，英国现在根本没有选择。如果不承认这个新政权就要惹恼纳赛尔，而保皇党人又那么荒唐可笑，对他们的积极支持——麦克米伦如今不得不承认道——"政治上让人难以接受"。随着保皇党几次受挫的消息传来，同时也门也声称不会插手亚丁事务，内阁于

10月23日（古巴导弹危机中期）同意"原则上"承认萨那新政府，但并没有明确承认的时间。[12]

之所以不明确时间有一个重要原因。一天前，麦克米伦与亚丁的行政长官查尔斯·约翰斯顿（Charles Johnston）以及在承认也门政府一事上的主要支持者和反对者——霍姆勋爵和如今担任殖民大臣的邓肯·桑迪斯——进行会谈。尽管他们一致认为保皇党推翻新政府的可能性非常渺茫，但约翰斯顿还是恳请政府再多给一些时间。他想给哈桑和巴德尔最后一次扭转乾坤的机会，这样也能向南阿拉伯联邦下的各国苏丹表明，英国政府迫于形势承认也门新政权之前已经尽了全力来帮保皇党了。麦克米伦在日记中写道："留给我们的时间似乎也就一个星期了。"[13]

但就是这一周，也为实施另一个绝对已被麦克米伦默许过的计划提供了时间。政变发生后不久，麦克米伦的女婿朱利安·埃默里——现任航空大臣——就在伦敦有名的克拉里奇酒店与约旦的侯赛因国王见了一面。"别让你们的政府承认也门共和国，"侯赛因迫切地说道，"保皇党还是很顽强的。"两人最后达成一致，由埃默里在特别行动处的老友比利·麦克莱恩（Billy Mclean）（苏格兰因弗尼斯议会中的保守党成员）到也门走一趟。此行目的就是要根据其所见所闻写一篇报道，在这个不管是外交部还是军情六处都无法提供有关也门最新形势的当口，这篇报道能够让人们看清萨拉勒对也门的控制并不是很牢固。侯赛因还很慷慨地提出用CIA拨款承担麦克莱恩此行所有费用。[14]

据麦克莱恩一位朋友所说，散发着"骑兵典型的风度翩翩和神气十足"气息的麦克莱恩在阿尔巴尼亚与埃默里并肩作战时还在自己的军装上系了条红腰带，两人也正是在那时结为好友。1954年底当选为议员，1955年选举期间，其选票大幅减少，于是麦克莱恩开始相信自己选区中的苏格兰民族主义分子图谋除掉自己；精神科医生诊断他这是酗酒导致的妄想症。结果就是到1956年3月他才发表自己的首次演说，当时正好是在格拉布被驱逐后展开的辩论期间，那件事对艾登造成极为恶劣的影响，也正是从那时起时任英国首相的艾登决意要摆脱纳赛尔。麦克莱恩演说结束时引用了一句阿拉伯谚语来警告英国政府不能再不作为："如果你不能像男人那样捍卫利益，那就愿你像女人那样默默哭泣。"据说艾登从此之后再没跟他说过话。[15]

麦克莱恩把格拉布的罢免归咎于纳赛尔。1956年，他和埃默里利用与阿尔巴尼亚流亡国王索古（Zog）（和法鲁克国王关系密切）的交情，试图通过煽动埃及军队中有不满情绪的军官发起政变，来寻求扶植法鲁克家族成员上位的可能。待军情六处认定杀掉纳赛尔只会为他树立"伟人"的光辉形象后，他们便鼓励实施麦克莱恩和埃默里的计划，随后两人用了一个夏天的时间不停地与外交部、军情六处乔治·扬、埃及华夫脱党成员、日内瓦被流放的穆斯林兄弟会成员以及逃到里维埃拉的索古会晤协商。这次被称为"复辟阴谋"的行动最后还是泡汤了；而随后的惨败，更是让埃默里和麦克莱恩铁了心要报复纳赛尔。

麦克莱恩之所以挑1962年秋天的时候离开伦敦还有一个更深层次的原因。10月12日午夜之后，他被警察以涉嫌酒驾给拦了下来。

据他自己说，他去了三个位于圣詹姆斯的酒吧玩。在第一个酒吧，他喝了杯伏特加和番茄汁；第二个酒吧，一杯朗姆和柠檬汁。晚饭的时候喝了"一杯，也可能是两杯，葡萄酒"和一杯波特酒。在第三个酒吧的时候，"可能三四杯波特酒"。然后他又回到了第一个酒吧，在那喝了两杯白酒。麦克莱恩回忆说，凌晨 2 点 30 分他开车回家的时候"感觉很好，只是有一点累"。在等红灯的时候警察过来跟他说，他们刚刚看到他的车为避开柱子突然转向，差点撞到反向开过来的车。麦克莱恩拒不承认，警察便将他抓了起来，并指控他醉酒驾车。在当时还没有酒精检测仪的情况下，空口无凭的警察与麦克莱恩之间就是打嘴仗，最后这件事于次年 1 月闹到了法庭上。[16]

就在麦克莱恩被捕 10 天后，他被送到了炎热干旱的利雅得，并在那里见到了说话时手会抖——麦克莱恩猜测，这可能是帕金森症的前兆——的沙特国王。沙特眼下正为他们的飞行员叛逃埃及头疼，这些飞行员所驾驶的飞机上装的是沙特给也门保皇党的武器。沙特空军现在已经停飞，由于沙特国王不再信任自己的军队，于是他向部落征兵 2 万，组建白军（Jaysh al Abyad）。坐在豹皮王座上的沙特对麦克莱恩说，他很确定，埃及干涉也门事务只不过是一个有苏联参与的更大阴谋的开端而已，其目的就是瓦解沙特阿拉伯、亚丁保护国、海湾各酋长国，以及随后的约旦和叙利亚。沙特国王迫切想恢复苏伊士运河危机后两国已中断的外交关系。他在此次会面中传递的信号就是"沙特阿拉伯是站在英国一边的"。这成为两国关系和解的开始，这次和解对英国政府而言至关重要，对英国军火商而言也有利可图。[17]

麦克莱恩从利雅得坐飞机前往亚丁，在那里他又被送到了飞往贝罕（Beihan）——亚丁与也门边界、南沙特阿拉伯联邦最北端哨岗——的飞机上。驾驶路虎穿过边界后，麦克莱恩沿着鲁卜哈利大沙漠西部边缘那条古老的乳香之路向北穿越哈里卜（Harib）、马里卜（Marib）、焦夫（Al Jawf）这些曾盛极一时的城市到达沙特阿拉伯的奈季兰市（Najran）。"一路走来，"他后来写道，"我不记得见过哪怕一个十岁以上不带枪的也门人，他们炫耀着装满弹药的子弹带，上面还别着一把银制或铜制手把的弯刀。"为了迎接麦克莱恩的到来，部落成员对空鸣炮数百响，但他们的训练有素并没有给麦克莱恩留下多深的印象，倒是他们的斗志让他感觉非常好。[18]

和沙特国王在利雅得展开进一步会谈后，麦克莱恩又飞往安曼会见侯赛因国王，然后从约旦返回英国。一回到伦敦，麦克莱恩便根据自己的见闻记录整理出一份报告，里面再三强调了埃默里想要的观点：萨拉勒在国内大部分地区面临支持王室的部落的激烈抵抗。由于当时已经有几个记者发表了他们到萨那访问后写的文章，麦克莱恩也于11月6日发表了自己的见闻。"除了四名在马里卜附近被击落的苏联飞行员和那些被捕的埃及士兵外，在原始的伊斯兰王国也门的山区，我是第一个与支持伊玛目的部队近距离接触的外国人。"他发表在《每日电讯报》上的文章一开头就如此醒目地写道。这篇报道得到广泛阅读：当年12月麦克莱恩收到一张纳赛尔寄来的明信片，表达了这位埃及总理的"新年祝福"。[19]

麦克莱恩的汇报以及这篇文章都包含了一个引人注目的细节，进一步加强了英国不承认也门新共和国政权这一观点。在之前对各国的访问过程中，部落成员把一个被捕的埃及伞兵带到了麦克莱恩面前。据这名战俘所说，也门之前所做"新政府不会干预亚丁政治"的正式声明——这是英国外交部支持承认也门的关键所在——只不过是混淆视听，纳赛尔之前对他所在的部队说"他们到也门是为了对抗英国"。随后于当天召开的内阁会议上，霍姆的态度明显比之前暧昧一些。麦克米伦指出，现在有"强有力的证据"表明要推迟承认也门，至少要等到一周后议会就亚丁与英国保护国合并一事的辩论后。[20]

* * *

就在麦克米伦拖延之时，美国却试图想出一个能使纳赛尔和沙特都满意的折中之举。古巴导弹危机一结束，肯尼迪就给在利雅得的费萨尔王储写了封信，称他会在承认萨那新政府之前发表一个重申支持沙特阿拉伯的声明。

然而，肯尼迪的信还没到利雅得，也门发生的事就使信件内容失效了。原来，麦克莱恩还在也门的时候，也门保皇党就对新共和国北部据点发起袭击。11月2日——也是肯尼迪给费萨尔写信的同一天——也门共和国联合埃及部队展开报复。在这次反击行动中，埃及飞机轰炸了沙特领土。

美国很快从这次挫折中恢复过来。他们准确地意识到，纳赛尔之所以向也门投入兵力，是出于与阿米尔的内斗。考虑到这位埃及领导人的未来全赖此次斗争的结果，美国便想给他留条后路。11

月中旬，美国在利雅得的大使提议，沙特中断对也门保皇党的援助以换取纳赛尔不再帮助也门的承诺。费萨尔王储气愤地拒绝了这个片面的提议，并当着美国大使的面把这份建议书和肯尼迪总统的信狠狠摔在桌子上，随后肯尼迪政府决定不顾沙特反对，承认也门新政府。鲍伯·科默希望美国此举或许能让沙特幡然醒悟，使其"停止在也门的无用功，以免搬起石头砸自己的脚"。12月19日，美国政府承认也门共和国，并称这样做是为了救沙特国王和侯赛因国王于水火中。[21]

大西洋彼岸，结束对也门访问的麦克莱恩刚刚回国。就在美国承认也门共和国当天，他和埃默里来到唐宁街面见麦克米伦。麦克莱恩去也门期间见到了巴德尔伊玛目，他对麦克米伦说了两件令自己吃惊的事情，一是信徒对名声并不好的巴德尔的忠诚度，二是当地部落对埃及抱有的那种骨子里的恨意，这与他在阿尔巴尼亚所见的任何事物都不同。他强调，也门局势对保皇党有利，"应该给予伊玛目最大可能的支持"。麦克莱恩来时带了一张地图，从中可以看出保皇党对萨那的包围之势，除此之外还有一份采购清单，包括50000支步枪、1000万发子弹、无线电台、资金、地雷、燃烧弹、机关枪，还有50名可替他们训练部落成员的专家。他还亲手转交了伊玛目给英国首相的信。巴德尔在信中写道："恳请您能以您认为合适的方式——秘密或公开地——给予我政治和军事上的有效帮助。"麦克米伦被说动了。埃默里后来回忆道："这是我所见证的为数不多的历史转折点之一。"他的岳父将此事交由他全权处理。因此，只要是有关于也门议题的内阁会议，埃默里总会出席参与讨论。[22]

1963年1月的第一个星期，也就是法庭判麦克莱恩没有醉驾的几天前，他的报告在内阁传阅。这份报告为内阁大臣模拟并正式参加外交部就承认萨那新共和国政府一事举行的辩论提供了有力论据。尽管外交部和殖民地办公室关于此事的争执从未中断，但内阁再也没有针对这一棘手问题进行过辩论，2月中旬，也门以与英国断交解决了这一难题。麦克米伦称外交大臣霍姆勋爵对事态的发展"很不开心"；但殖民地大臣邓肯·桑迪斯却"扬扬自得"。麦克米伦私下认为，这是"短期内的大喜事"。[23]

肯尼迪总统还要继续向麦克米伦施压承认也门共和国。但纳赛尔和萨拉勒极具挑衅意味的言论、也门与埃及联军对南阿拉伯联邦边境的英国军事据点展开的袭击，以及埃及为武装叛乱分子向沙特阿拉伯境内发起的一次不合时宜的空投，都让英国首相更加确信自己做了正确的决策。他甚至觉得肯尼迪政府选择信任纳赛尔简直是幼稚至极。"肯尼迪政府成员都是些乳臭未干的新人：绝顶聪明但浅薄无知。"他如此对同僚说道，他们对麦克米伦的说法表示认同。麦克米伦在日记中写道："把纳赛尔跟希特勒一对比，就会发现这所有的一切似曾相识。"就在同一天，肯尼迪在华盛顿召开会议讨论能够说服沙特不再插手此事的办法。[24]

由于埃及已经调了近30000兵力到也门，再加上他们向沙特阿拉伯境内空投武器，肯尼迪政府对此事又再三斟酌。"让人觉得讽刺的是，"麦克米伦写道，"对亚丁和南阿拉伯联邦所面临的威胁那么淡然处之的美国，如今却因纳赛尔觊觎关系到美国巨大石油利益的沙特而异常紧张。"华盛顿仍在急切地想让沙特和约旦避免陷入战争,却也非常乐意看到英国会有所行动。[25]

麦克米伦担心,他们能给保皇党的帮助也就之前做的那些事情而已,别的忙他们也帮不了什么。但其他人更乐观一些。麦克莱恩等人认同美国的分析,认为纳赛尔身陷也门泥潭无法自拔。他们相信美国想"救纳赛尔于水火之中",与此相反,他们这群老顽固却想利用纳赛尔面临的困境来搞垮他。[26]

26

秘密战争

1963 年 4 月底的一个晚上,吃过饭后,吉姆·约翰逊(Jim Johnson)位于切尔西市的家中电话铃响起。约翰逊现在劳埃德集团做保险承保人。电话另一边的人布赖恩·弗兰克斯(Brian Franks)是他之前的朋友。直到 1962 年 12 月之前,约翰逊还是第 21 特种空勤团的指挥官。曾在二战中指挥第二支特种空勤团、近乎传奇人物的弗兰克斯如今成了军队中一名大校。"我能不能到你那喝杯白兰地?"弗兰克斯问道。"当然。"约翰逊答道,心中生起几分好奇。[1]

没多久弗兰克斯就到了,他说自己是跟外交大臣霍姆勋爵、朱利安·埃默里、比利·麦克莱恩以及 SAS 的创建人大卫·斯特林(David Stirling)开完会后直接过来的。麦克莱恩和斯特林都是刚刚结束各自在南阿拉伯半岛的任务后返回国内的,从两人的反馈来看,那里的情况看起来不太乐观。

为了在美国发起另一轮和平倡议之前抢占上风,纳赛尔于当年春天调遣了更多部队前往也门,并发起攻击。"斋月袭击"期间,埃及军队从保皇党手中夺取了上一年 10 月麦克莱恩驱车穿过的马里卜、哈里卜、焦夫等东部城市。经过在开罗与利雅得之间的一系列外交斡旋，美国调解人埃尔斯沃思·邦克（Ellsworth Bunker）近期宣布，他已促成埃及与沙特之间的一项协议，根据协议，埃及将开始分阶段撤军，而沙特则不再支持保皇党。沙特与也门边界处设置40千米宽的非军事区，由联合国负责监督，肯尼迪总统勉强同意向沙特阿拉伯派遣一支战斗机中队，防止埃及对边界处靠近沙特一侧再次发起轰炸。经历过古巴导弹危机后，这次的军事部署让美国总统颇为紧张。"如果我们到那后要对埃及的轰炸机发起反击，"据说肯尼迪这样说道，"在我们开火之前要先跟我说"。令沙特恼火的是，纳赛尔已经对外宣布他正从也门撤军，并把此举说成是埃及的胜利。[2]

然而，弗兰克斯从4月18日刚返回伦敦的麦克莱恩口中听到的却是另一回事。他让约翰逊不要相信报纸上看到的新闻。"在也门一事上，别信这些美国人。他们根本不了解中东，"这位特立独行的议员说道，"伊玛目领导下的反抗运动很是激烈。"[3]

据麦克莱恩汇报，尽管侯赛因国王在美国的巨大压力下已经基本放弃对保皇党的支持，但沙特的费萨尔王储并不打算这样做，虽然到现在为止他已经对英国的不作为感到很懊丧。也门国内，保皇党的境遇并无多大改观。但在埃及和苏联轰炸机的每日轰炸下，再加上弹药的极度匮乏，保皇党担心他们不得不从紧临萨那东部的豪兰山（Khawlan）撤退，这里正是保皇党控制通往马里卜那条道路的据点，正因他们对此路的控制，才使得埃及不得不采取空投的方式进行补给。如果保皇党放弃这一有利位置，通往马里卜的道路就会落入埃及之手。到时候埃及不仅能更轻易地向马里卜提供补给物资,而且还会巩固其对也门东部的控制,切断目前仍对保皇党开放的供给线。麦克莱恩之前曾骑骆驼穿过距马里卜仅8公里的地方前往豪兰山。他目睹了那里的状况。

如果说豪兰山是战争胜利的关键所在,那么埃及和苏联发起空袭所使用的机场就是夺下豪兰山的关键所在。这正是弗兰克斯此次来找约翰逊的目的。他问道:"你愿不愿意去那把他们的飞机都给烧了?"[4]

"乐意效劳,"约翰逊回答,"我这几天正好也没什么要紧事,或可一试。"

* * *

特种空勤团是大卫·斯特林于22年前创立的,主要执行的任务正是弗兰克斯和约翰逊打算做的事情。具有决定性作用的阿拉曼战役爆发前,北非战场交战双方在地中海沿岸地区陷入拉锯战,威尔基现身开罗前一年,斯特林就已经创立了这支部队深入轴心国后方开展突袭活动。

斯特林前往中东是为了弄清楚能否在也门如法炮制之前的战术。4月12日,他从伦敦乘坐飞机前往亚丁,下飞机后他从机场围栏破开的一个洞中钻了出来,从而避开了海关的检查。之所以用这种方式出机场完全是出于习惯,而非必要,因为这次接待他的东道主不是别人,正是亚丁的行政长官查尔斯·约翰斯顿。之前在开罗作战时两人曾在战火纷争下同住一间公寓。

约翰斯顿把斯特林迎到了政府大楼，然后便借故劳累早早回去睡觉了。约翰斯顿的回避可能是有意为之，就是为了给斯特林制造机会，询问其副手托尼·博伊尔（Tony Boyle）是否愿意协助完成一项由英国政府高层批准的行动，对于这一行动他可以拒绝参与。行动之初，要先鼓动他之前带的部队穿过亚丁机场，然后在没有任何证明文件的情况下继续进入也门。博伊尔欣然同意。

从亚丁离开后，斯特林又飞往巴林岛，在那里见到了之前在沙漠作战时带过的老部下约翰尼·库珀（Johnny Cooper）。1943年两人被德军抓住，战争结束前斯特林一直被囚禁在战俘营，但库珀设法逃脱了。"我们之前主要是破坏德军停在地面上的飞机。进入敌军阵线后方，晚上摸进他们的飞机场——你知道，这得干掉哨兵……然后在我们能找到的飞机上都安放定时炸弹。"在沙漠中艰苦跋涉四天后成功回到同盟国前线的库珀相当振奋，他对一名美国记者这样说道。敌军的数百架战机能被干掉都要归功于SAS，他继续说道："然后在那些进入机场的德国佬躲开之前引爆炸弹。"之前派往绿山的两支空军中队，其中一支就是由库珀带领，后来由于年龄限制不得不从SAS退休后，他又进入了阿曼苏丹的部队。库珀曾是斯特林招的那批士兵中年纪最小的。如今已经40多岁的他，对眼前这位老首长提出的计划二话没说就应了下来。6月初，他来到伦敦与吉姆·约翰逊见面，约翰逊在第22特种空勤团上校的默许下，又找来了其他几个愿意参与此事的人。[5]

库珀在伦敦并未久留。6月5日，经数月的发酵，为搞垮麦克米伦政府的桃色新闻事件爆发,陆军大臣约翰·普罗富莫(John Profumo)发表声明承认之前所说与应召女郎克里斯蒂娜·基勒(Christine Keeler)在"相识过程中"并"没有发生任何不当行为"系谎言,并辞去陆军大臣和议员职务。邓肯·桑迪斯立即给斯特林打电话叫停此次行动。外界普遍传言桑迪斯就是宝丽来①(Polaroid)所拍照片上接受阿盖尔公爵夫人(Duchess of Argyll)口交的"无头男",尽管事实并非如此:他不想给麦克米伦再生事端,普罗富莫事件一出,麦克米伦在外界看来似乎早就与普罗富莫串通一气,如果不是这样,那只能说明他太天真了。[6]

斯特林又把上级命令传达给约翰逊,但约翰逊决定对此置之不理。他给库珀和其他几个志愿者订了连夜飞往亚丁的机票。在的黎波里转机时库珀差点露馅。办理转机的登机手续时,他带着的一个公文包突然开了,用纸包着的塑性炸药滚了一地。机场安保人员帮他把东西塞回包里时,对于这些东西散发的异常气味,库珀以自己是四处奔走的杏仁膏销售员为由搪塞了过去。一到亚丁就有一个当地人冲他和他的同伴招手,然后把他们带上了一架老式"达科塔"运输机,飞机把他们送到了贝罕前线哨岗。晚上骑骆驼前进,白天休整,一行人沿着麦克莱恩两个月前走的那条路线穿过埃及控制的马里卜西侧前往阿卜杜拉·本·哈桑建在豪兰山里面的营地。

作为昔日与巴德尔争夺伊玛目之位的对手的儿子,阿卜杜拉·本·哈桑是为数不多的几个保皇党领袖之一,在三次访问也门

---

① 老牌相机生产厂商。——译者注

期间，他给麦克莱恩留下了很深的印象。这个个子不高、笑起来就会露出牙齿的英俊青年戴着白色头巾，腰间配有一把弯刀，曾在贝鲁特的美国大学上学，参加工作后进入了也门驻联合国代表团。他不仅聪明过人，而且非常勇敢，这一点无可非议。当轰炸机飞到头顶的时候，麦克莱恩赞许地说道："他既没有找地方躲藏，也没有露出一丝恐惧。"在埃及开战后的前两个月，阿卜杜拉干掉了多达500名敌军，但他现在几乎弹尽粮绝，也没有钱可以分给自己的追随者，麦克莱恩便向他保证，英国于当年春天送到也门的一批武器会有他的一份。[7]

库珀到达阿卜杜拉营地的时间应该是在6月10日前后。他很快就意识到，要对机场跑道进行破坏简直是"白日做梦"，正如他对斯特林所说，前往机场跑道的必经之地正面临"一触即发的全面战争"风险。库珀继而把时间用于对部落成员进行基本的火力和机动训练，并教授他们如何使用新收到的布伦机枪。据一个前去支援的雇佣兵说，豪兰山里的人"和善好客、待人有礼、行事乐观，在某些方面就像孩子一样喜欢舞刀弄枪"。与阿卜杜拉一样，这些人腰间都配了把刀，由于刀上的钢刀片泛着白光，他们把它称为"sallal abyad"（白色力量），战斗进入最后阶段时他们才拔刀厮杀。一个来过这里的英国人曾见到有人在一直佩带的弯刀旁边还塞了把手柄是象牙制成的餐刀、一把剪刀，还有一支钢笔。考虑到这里的识字率，这支钢笔——与刀不同——多半是用来装装样子的。[8]

为了引诱埃军进入豪兰山，库珀指示部落成员在蜿蜒至豪兰山的河道分叉口对面的主路上埋设地雷。同时，他又小心谨慎地在分叉口划出一片伏击区，并在这里部署了三批人马。库珀回忆道："9点左右，大批埃军进入河道，伞兵营打头阵，T-34坦克和轻型火炮殿后。"坦克和轻型火炮开到河道一半的时候停了下来，但步兵还在继续前进。"敌军进入伏击区后，我方火力大开，把步兵团打得落花流水。后面的部队一下子陷入慌乱，他们的坦克也随之开火，只不过不是朝我们的方向，而是冲着他们自己人。很快，轻型火炮也加入战斗，但在仅十分钟的交火过程中，敌军大部分的人员伤亡都是他们自己造成的。"短暂的交火过后，库珀数了下，共有85具埃军尸体。这是库珀于当年秋天返回伦敦向斯特林和约翰逊汇报也门局势前带领部落成员发起的多次激烈遭遇战中的第一场战斗。[9]

库珀从南面进入也门没几天，另一个人从北面进入。大卫·斯迈利拿着朱利安·埃默里帮他弄到的通行证，上面写着他是《每日电讯报》的记者，但实际上，他之前仅有的新闻工作经历也就是担任苏格兰《美食指南》（*Good Food Guide*）的巡视员，这份工作还是他从阿曼部队退休后才找的。1963年5月，他接到一位老友的来电。"大卫？"比利·麦克莱恩用试探的口气问道，"你愿不愿意跟我去也门？"20世纪60年代的苏格兰根本没有什么有名气的美食，所以这个问题根本无须多问。"我吃的难吃的东西远比好吃的多，"他后来回忆道，"想来也是遗憾，一个能产出世界上最上等肉类和鱼类的国家却在烹饪上这么差劲。"斯迈利此去也门将为部落成员进行有效的训练，只不过他在那里只能靠凤梨罐头充饥了。[10]

以记者身份进入也门的斯迈利所担负的任务就是向他之前的敌人沙特阐明北也门目前的状况，这样做一方面是为了展示保皇党在作战策略上还有提升空间，另一方面也能为沙特国王提供纳赛尔只是在轮换军队而非撤军的证据，同时沙特也可以把这份证据直接拿到美国大使面前。斯迈利之所以能成为担负这一任务的最佳人选还有另一个原因。联合国秘书长吴丹（U Thant）最近宣布，为监督由邦克促成的埃及与沙特之间的协议落实情况而成立的联合国也门观察团将由瑞典将军卡尔·冯·霍恩（Carl von Horn）带队。冯·霍恩是斯迈利的好友，因此斯迈利想利用这层关系向联合国施压，让他们承认埃及没有遵守协议规定。

麦克莱恩和斯迈利离开伦敦与冯·霍恩到达萨那的时间是同一天。在吉达下榻的酒店大堂，斯迈利发现一张熟悉的面孔——阿曼伊玛目的弟弟塔利布，此人正是斯迈利1959年花了好几个月试图干掉的三人之一。麦克莱恩警告斯迈利不要暴露身份，但没多久他就被召回伦敦对工党就普罗富莫事件发起的辩论进行投票。因此，几天后斯迈利只能独自前往也门。不久前，从阿斯旺起飞的苏联轰炸机袭击了沙特边境吉赞省下面的城镇。现在，穿过边境的斯迈利显然已经进入交战区。"在距离我们大概50米或100米的地方时不时地就会有炮弹落下来，驱使我们继续前进；西北方传来步枪、机关枪以及炸弹的声音，天空被降落伞照明弹和烈性炸药爆炸发出的光弄得犹如白昼。"[11]

在卡拉（Qara）一个兼作保皇党大本营的山洞中见过伊玛目并沿着保皇党安营扎寨之地——也门脊柱豪兰山——南部转了一圈后，斯迈利再次返回卡拉。6月，埃及轰炸机开始使用毒气弹，伊玛目向斯迈利建议，为了方便调查取证，他前去沙特时可绕道附近一个名为 Al Kawma 的遇袭村庄。斯迈利在那里拍下了受毒气侵蚀的儿童和动物身上的脓疮和水疱，并从炸弹落下砸出的大坑里取了一些碎弹壳。"那里有一股明显的天竺葵味道，我突然感觉特别不舒服，差点晕厥，"斯迈利后来写道，"毫无疑问，那就是毒气弹的味道。"[12]

现在的问题是，要确定具体是哪种毒气。斯迈利匆忙带着收集到的炸弹碎片赶往吉达，把其中一部分给了军情六处在沙特新成立的分局局长约翰·克里斯蒂（John Christie）。他还想拿一份给冯·霍恩，但这位瑞典将军接到联合国的指示，禁止他与斯迈利有任何接触，因此斯迈利只能将取证样品给了他的一个下属。

与此同时，真正的《每日电讯报》记者——同样在也门的迪克·比斯顿（Dick Beeston）——收到密报让他也到 Al Kawma 去看一下。他的报道于 7 月 8 日见报。在报道中，比斯顿称该村村长告诉他，炸弹爆炸时释放出一团带有"难闻气味"的棕色烟雾。没过多久，村民们开始咳血，到采访时共有七名村民已经死亡。因为埃及的军用物资都靠东欧集团提供，比斯顿推测炸弹是捷克斯洛伐克或苏联制造的。英国政府次日在联合国提出该议题。[13]

英国对埃及在也门使用化学武器的指控得到了以色列 4 月私下提出的类似主张的证实，比斯顿的文章见诸报端三天后，美国驻开罗大使与纳赛尔交涉。起初，纳赛尔辩解说《每日电讯报》报道内容有失公允，并声称联合国议题中提到的那枚炸弹并不含有毒气体而是凝固汽油弹——他这么回答可能就是想打消美国继续追究此事的念头，因为美国在越南战争中也用了凝固汽油弹。然而，由于有关于此次爆炸事件目击者的调查报告，美国大使并没有就此放弃，称从他收到的报告中可以显示出，埃及使用的炸弹应该含有"磷或芥子气"之类的东西。纳赛尔这时才勉强承认埃及确实投放了"一枚炸弹"，但"他并不知道炸弹的具体化学成分"。不过可以肯定的是，他补充道，由于埃及在该领域的技术有限，所以成分应该"相对比较简单"。美国大使勒令埃及不得再次使用这种炸弹——纳赛尔却一如既往地对美国大使提出的建议置之不理。[14]

斯迈利觉得自己已经找到一个可以在10月召开的联合国大会上向纳赛尔发难的议题，于是便返回英国。但英国政府很反常地不想深究此事。政府下辖的波顿唐（Porton Down）生化实验室对斯迈利交给军情六处的弹壳碎片成分进行了分析，不过里面只发现了微量催泪瓦斯，实验室推断，炸弹中"不可能"含有毒气体，这和目击者调查报告里的内容以及CIA对埃及化学武器项目掌握的情况不符。由于联合国并未授权也门观察团前往保皇党活动区域进行调查，而观察团对也门其他地区的调查又遭到埃及重重阻挠，因此他们对此事的调查一直没有定论。冯·霍恩很清楚这完全是在浪费自己的时间，于是在9月辞职。联合国那边，由于英美两国外交官认为，对此事紧抓不放会使他们在推动纳赛尔撤军一事上所做的共同努力付诸东流，因此能把此事压下去让他们很高兴。

* * *

随着斯迈利的报告以及外界对保皇党所作所为的批评告一段

落，英国政府于当年秋天又重整旗鼓。9月，在亚丁举行的一次会议上，斯特林和托尼·博伊尔最终确定了一项新计划，根据这一计划，即将返回也门的库珀将指挥"英国野战联络部队"。届时库珀会以指挥官身份重新前往豪兰山与年轻的保皇党领袖阿卜杜拉·本·哈桑会合，而库珀的同事则会分散至全国各地，然后利用无线电设备一起配合保皇党开展反抗活动。他们大胆设想以空投的方式提供武器。同时，物资补给将由身在亚丁的托尼·博伊尔搞定。

"所有人的行为都是强盗行为，"军情六处一名军官对其上级说道，"即使是亚丁行政长官的副手。"但军情六处对此次行动是否明智所持的怀疑态度却并没有多少人买账，因为此次秘密行动得到新首相的支持。[15]

1963年10月19日，亚历克·道格拉斯-霍姆（Alec Douglas-Home）接替哈罗德·麦克米伦成为首相。麦克米伦因身体原因以及在普罗富莫事件中一落千丈的名声被迫辞职。被麦克米伦贴切地形容为"披着羊皮的狼"的道格拉斯-霍姆早些时候主张承认萨那的共和国政府，但现在因为苏联在非洲的去殖民化行动，他开始担心起来。道格拉斯-霍姆把这次也门行动看作一种施压，最终可以阻止英国从亚丁撤军，他不惜利用自己素来正直的名声保护英国在亚丁的存在。当肯尼迪直截了当地问他英国有没有支持也门的保皇党时，他撒谎说："我们没有为他们提供任何东西。"[16]

虽然这并非实话，却是肯尼迪想要的答案，因为他想让纳赛尔也遵守撤军协议——显然这是这位埃及领导人一直没有做到的。道格拉斯-霍姆成为首相的第二天，肯尼迪给纳赛尔写了一封言辞犀利的信，谴责他没有遵守在邦克牵头下埃及和沙特达成的撤军协议，"我们可以确信，英国和沙特阿拉伯政府均如实遵照对我方所做保证，未向保皇党提供任何帮助"。对道格拉斯-霍姆的话信以为真的肯尼迪继续写道。[17]

纳赛尔顶住了美国的施压，同时，肯尼迪于当月察觉到自己被道格拉斯-霍姆给欺骗了。关于此事，有一种传言是肯尼迪总统当时直接通过连接白宫和唐宁街那条经过扰频处理的电话线路给英国首相打电话，说 CIA 已经知道英国政府正对保皇党提供支持，并对道格拉斯-霍姆的撒谎行径进行了有力的指责。道格拉斯-霍姆回答说自己会调查此事，并承诺于两天后，也就是 11 月 22 日，亲自到总统那里详谈。但这一谈话永远没有发生，因为肯尼迪总统正是在 22 日当天在达拉斯被人刺杀身亡。事实上，针对英国首相撒谎一事更有可能是通过外交渠道解决的。11 月 22 日，英国驻华盛顿大使报告称，肯尼迪觉得自己因也门事件面临名声扫地的危险——因为其援助纳赛尔的政策如今在国会遭到猛烈抨击——而且，需要对贝罕的谢里夫（英国的支援物资都是通过他的领地送到保皇党手上的）进行限制。林登·约翰逊（Lyndon Johnson）接替肯尼迪当上总统后不久，国务卿迪安·腊斯克（Dean Rusk）再次对英国发起抨击。12 月 3 日，他对美国驻伦敦大使说，如果英国能够"对贝罕谢里夫的肆意妄为采取更有力的限制措施"将非常有助于"消除误会、澄清事实"。腊斯克还说，据他个人掌握的消息，"我们仍然不确信亚丁政府在此事上已经做出了最大努力"。[18]

但道格拉斯-霍姆对此并未多加理会，因为对他而言，保护英国在亚丁的地位更重要。肯尼亚于 12 月 12 日取得独立后十一天，纳赛尔在塞得港发表讲话。他宣称，"随着英国已经放弃其他殖民地……我们不能再……任由英国继续在阿拉伯国家的任何一块领地上实行殖民统治"，同时还补充说会拼尽全力把英国势力赶出亚丁。作为对纳赛尔的反击，三天后，身在豪兰山的约翰尼·库珀使用迫击炮袭击了驻守连接萨那和马里卜之间道路的埃及营地。"袭击引起的恐慌真是大快人心。"库珀向上级汇报道称又有 17 名埃及人死于此次炮轰。到次年 3 月，麦克莱恩估计，埃及军队损失了大概有8000 人，他推算纳赛尔的战争成本高达每天 50 万美元。[19]

* * *

截至目前，以色列一直在尽其所能提高埃及的伤亡率。自 1956 年艾登不再与以色列有直接接触以来，两国关系得到有效改善。此次关系的缓和无疑跟英国在 1958 年偷偷把重水卖给以色列有关——这种原料是以色列制造核弹所必需的，而以色列制造核弹反过来又会促使美国向特拉维夫提供常规武器以确保他们不会使用核弹。当麦克莱恩于 1963 年提出与特拉维夫合作的可能性时，很快就有人帮他与以色列驻伦敦武官丹·海勒姆（Dan Hiram）牵上了头。同年秋，斯迈利飞往以色列讨论由他们向保皇党空投物资的可能性。以色列之前改装了一架波音同温层飞机（Boeing Stratocruiser），就是为了应对这种事情，因此欣然同意英国的要求。

库珀在豪兰山发现了一块可以用作空投场的平地，并通过亚丁把位置报告给了上级。1964年春,第一批物资到达时的场景令库珀记忆犹新。"以色列对飞机引擎做了消声处理,因此当体形庞大的飞机前来空投物资,从机身后面丢下60个降落伞时……动静并不大。那真的是一次振奋人心的空投,人员也都是非常专业的。"阿卜杜拉·本·哈桑非常高兴,库珀也深深为之折服。"有关这些武器的来源信息都被很好地隐藏了,"他后来写道。"每个序列号都已经被划掉,降落伞的产地是意大利,就连箱子里的木刨花都是从塞浦路斯进口的。哪怕是最专业的情报分析员要找出这些武器的源头也得费一番功夫。"[20]

以色列在掩饰其援助也门保皇党一事上做得很成功,相比之下英国就差多了。保守党政府越来越不得人心,而党内关于英国应该在多大程度上参与也门事务也存在分歧,这两大因素都增加了泄密的风险。1964年2月18日,工党议员质问道格拉斯-霍姆是否知道1963年英国向也门出口20000支李-恩菲尔德步枪时所开收据的存在。"我很清楚,我们没有向也门出口过一支步枪。"道格拉斯-霍姆答道,没有正面回答议员提出的问题。几天后,英国公司主管罗伯特·特普(Robert Turp)卷入其中,称之前曾把一份沙特订单外包给一家比利时公司,由这家公司购买比利时政府前期从英国购买的武器。根据出口许可要求,沙特声明不会将这些武器再出口后才可进行装运。"这些步枪并不是送到也门的,而且据我所知,现在依然是沙特阿拉伯的部队在使用这些武器。"针对这种复杂又神秘的出口安排,特普如此说道。[21]

报道也门内部冲突的记者们发现,部落成员经常使用的是英国的步枪，对英国在也门的存在，这些记者心知肚明，即使他们被限制对这些进行报道。3月，美国国务卿迪安·腊斯克召见英国大使，针对有新的报告指出英国雇佣兵出现在保皇党军营一事表达了自己的担忧。大使称本国政府正设法"阻止该私营企业继续这一业余行动，因为他们也意识到联邦政府对也门进行渗透会招致报复"。英国大使很清楚自己说的这些都是瞎话，因此当他向伦敦方面汇报此次与美国国务卿的短暂交谈时，他提出"为避免加深美国对我国动机的怀疑"，现在需要采取"有力行动"来阻止英国进一步卷入战争。[22]

对英国为保皇党提供援助一事，埃及方面也很清楚。3月13日，埃及战机对南阿拉伯联邦境内的两处营地进行轰炸，炸死了他们的骆驼，还烧毁了士兵们的帐篷。这次轰炸将英国政府置于尴尬境地。如果发起反击，那英国在联合国的处境必将进退维谷；如果放任不管，势必激怒南阿拉伯联邦，英国高级专员（亚丁与南阿拉伯联邦合并后对行政长官的最新称呼）警告道，如果英国无法保护贝won各部落，那他们可能会倒戈。

最开始的时候拉布·巴特勒还听从其他官员的建议，决定仅对萨那政府提出抗议。但对这一软弱无力的回应，亚丁方面"愤怒而失望"，这使得巴特勒及其同事决定武力还击。当英国高级专员于3月27日在报告中指出，一架埃及直升机用机枪扫射了贝won的一个军事哨岗时，英国随即开始尝试武力还击这一政策。27日当天正好是耶稣受难日，英国高级专员的报告抵达伦敦时"大概是下午茶时间"——想必道格拉斯-霍姆、巴特勒、桑迪斯和国防大臣彼得·桑尼克罗夫特（Peter Thorneycroft）于当晚电话协商同意对埃及发起反击时，呼吁英国采取温和政策的政府官员应该是不在场的。英国选中了当时已经被埃及攻占的哈里卜堡垒作为攻击目标。次日，英国飞机对堡垒发起轰炸，10人死亡，另有几人受伤。[23]

在批准此次报复行动时，道格拉斯-霍姆及其同僚就已经想到他们会面临联合国的严厉谴责。但他们推测美国会支持英国，因为正如桑迪斯所说，华盛顿方面早晚会在古巴或越南遇到类似的困境，到时候他们也需要伦敦的支持。

桑迪斯的直觉没错。几天后，当阿拉伯国家向联合国提交抨击英国的提案时，时任美国在联合国的常驻代表阿德莱·史蒂文森（Adlai Stevenson）在电话上对腊斯克说，如果美国对这一谴责英国行径的提案不予支持，那"以后也不会有人再尊重美国的道义立场"。然而，腊斯克却并不认同。正如桑迪斯猜测的那样，他说如果美国对英国投了反对票，"将破坏我们与伦敦的友谊，在其他事情上寻求英国支持就难了"。[24]

接替肯尼迪当上总统的林登·约翰逊与腊斯克看法一致。由于美国已经决定扩大对越战争，约翰逊很乐意能拉英国一起面对国际社会的谴责，否则的话可能就得美国独自背负骂名了。几天前他还向道格拉斯-霍姆保证，他会支持英国在亚丁的长期存在——美国知道这是维持亚丁湾安全的关键所在。约翰逊和腊斯克一致认为，此次投票对美国来说也是一个机会，正好向纳赛尔释放"美国对他的耐心就快要耗尽"的信号。因此，当该议案在纽约提交表决时，史蒂文森在华盛顿高层的指示下选择了弃权。但约翰逊事后提醒道格拉斯-霍姆说："平心而论，我以后很难再这么做了。"[25]

轰炸哈里卜引起的公愤重新激发了道格拉斯-霍姆搞小动作的欲望。由于想明确"我们是否已经尝试了各项行动的所有可能性"，道格拉斯-霍姆组织对英国的也门政策进行一次评估。受其外交官在纽约遭遇的困境影响，巴特勒希望限制对前线部落成员的支持；与之相反，桑迪斯则拿出一份长长的行动计划表以升级战争，其中就包括破坏埃及的军事设施、暗杀在也门的埃及情报人员。虽然这些方法都没有通过，但与道格拉斯-霍姆想让纳赛尔"生不如死"的迫切心理一致的是，英国政府于 1964 年夏开始大大增加了对保皇党的支持力度。[26]

4月底，巴特勒前往华盛顿与腊斯克会面。他开门见山地对腊斯克说，英国不想让也门就这么逍遥法外，他们会通过沙特阿拉伯向保皇党暗中提供支持。他还让美国国务卿帮助他们迫使纳赛尔放弃也门，但被腊斯克直接拒绝了。在国家安全委员会会议上，鲍伯·科默指出，英国试图将纳赛尔排挤出也门的做法只会起到相反的作用。"巴特勒说他们会始终躲在暗处，"科默报告说，"但（我们知道）这在中东是不可能的。由于开罗对伦敦的颠覆指控合理合法，整个事情肯定会露馅的。"[27]

果不其然，5月初，纳赛尔告诉美国驻开罗大使"他有确凿的证据"可以证明英国越过南阿拉伯联邦边境为保皇党提供武器、金钱和作战指导。这些证据包括几封被截获的信件，埃及于当月在《金字塔报》（*Al Ahram*）上对其进行刊登。英国媒体最初还认为这只是埃及的宣传攻势，直到《星期日泰晤士报》的洞察力调查小组做了更全面的调查后，人们才恍然大悟，原来事情并非如此。1964年7月5日，报纸上曝光了埃及设法弄到的五封信件，其中有一封是银行写给库珀的，还有两封托尼·博伊尔写的，上面提到了空投和空投场，另外一封是向收信人"阿卜杜拉"（库珀的化名）就"mineing（原文如此）一事表示祝贺"，而信的最后是彼得·德拉·比埃（Peter de la Billière）清晰可见的签名，想必其剩余的军旅生涯可能就此暗淡无光了。[28]

英国在也门的秘密战争就这样被公之于众。先是媒体曝光，接着工党在10月大选中获胜，保守党成为孤家寡人，而雇佣兵的战斗持续到1967年，到那个时候他们已经协助保皇党干掉了纳赛尔大概20000兵力。但随着事件的曝光，他们所能发挥的作用也日益减小。如今，在幕后操纵保皇党与也门埃军作对的黑手已经昭然若揭，因此纳赛尔终于可以直面威胁。1964年4月，纳赛尔突然访问萨那，并郑重对外宣布"以武力回应侵略行为"，把英国势力赶出阿拉伯半岛。虽然这将是一次代价惨重的胜利，但未来三年见证了纳赛尔为此做出的一切。[29]

27

落幕

1964年圣诞节当天，亚丁警察局的巡警法德利·哈利勒（Fadhli Khalil）前往亚丁港克拉特区（Crater）的卡塔叶市场进行巡视。卡塔叶在南阿拉伯经济中占了半壁江山。跟邻国的也门人一样，很多亚丁人从午饭过后就开始嚼这种轻度致幻的绿色叶子，一直持续到傍晚；卡塔叶的交易额差不多每年有250万英镑，曾一度达到亚丁政府年度预算的一半。这也就解释了为什么之前被禁的卡塔叶近期又解禁了，因为只有这样政府才有可观的税收。市场封禁和课税使得这里的商人对犯罪网络了如指掌，因此这里现在也成了恐怖分子向亚丁港走私军火的地方。这正是哈利勒来卡塔叶市场的原因。[1]

之前引起亚丁当局对恐怖分子关注的是其混乱无能。曾经有一个叛乱分子把手雷的保险环拔出来后，把保险环——而不是手雷——用力扔向了目标，结果把自己的双脚给炸没了。但现在恐怖活动开始往更邪恶的方向发展了。就在前一天，在霍马克萨空军基地（Khormaksar airbase）为一群孩子举办的圣诞派对上发生一起爆炸袭击：中东司令部首席医疗官年仅16岁的女儿死于这次袭击。

现在，法德利·哈利勒就要成为恐怖分子的下一个目标了，但他对此浑然不知。哈利勒还没来得及下车进入市场，另一辆车就靠了上来。只听枪声四起，一枚烟幕弹被引爆。不知名的袭击者驱车扬长而去，只留下一具哈利勒巡警的尸体。[2]

* * *

自纳赛尔宣布要将英国人赶出亚丁已经过去十个月了，但亚丁港如今不时发生的暴力活动表明，他要拉长阵线了。1962年夏，他协助亚丁工会联盟秘书长阿卜杜拉·阿斯纳杰（Abdullah al-Asnag）成立了人民社会党（PSP）以加剧亚丁工业混乱局势。一年后，这个由他一手培养出来的人民社会党日益表现出他并不想看到的缓和迹象，纳赛尔随即又给它制造出一个对手——由来自也门西南部塔伊兹市（Taiz）的卡坦·沙比（Qahtan al-Shaabi）领导的民族解放阵线（NLF），任谁都无法想到沙比"又矮又胖的敦厚外表下竟包藏祸心"。[3]

与以前埃及自由军官组织的活动方式一样，民族解放阵线采用多线作战来确保自身安全，他们训练新兵开展游击战，搞一些诸如破坏政府办公大楼空调装置、向英国军官的车子油箱里倒糖或土之类小打小闹的活动，这些破坏活动很快渗透到当地南阿拉伯联邦政府内部。相较于人民社会党的活动范围主要是在亚丁，民族解放阵线的活动范围要广泛得多。但它的最终目标是让各部落和亚丁反目，阻止南阿拉伯联邦得逞。1963年秋，民族解放阵线在亚丁正北方崎岖多山的荒野之地拉德凡（Radfan）发起叛乱，通往也门的主路正是从这里穿过的。英国人误以为这只是部落之间的冲突。[4]

随着沙比步步紧逼，阿斯纳杰试图来一次"大动作"予以回应。作为亚丁航空公司的前职员，他说服了一个仍在该公司供职的老同事在英国高级专员肯尼迪·特里瓦斯基斯（Kennedy Trevaskis）乘坐飞机回国商讨南阿拉伯联邦未来发展一事时，对其进行刺杀。1963年12月10日，特里瓦斯基斯在机场航站楼时被人投掷手榴弹，一名妇女当场死亡，24人受伤。高级专员逃过一劫，但他的助手乔治·亨德森（George Henderson）未能幸免于难。在掩护领导的过程中亨德森被碎片击中，17天后在医院死亡。

特里瓦斯基斯立即宣布"南阿拉伯联邦"进入紧急状态，但他想利用手中权力围捕一百大几十名工会会员和民族主义分子的决定没有得到英国政府高层的认可。被此次袭击深深刺痛的特里瓦斯基斯"反应非常强烈"，他坚持"一开始就采取强硬行动才是阻止事态恶化，防止也门公众——甚至我们那些软弱无能的友军——倒戈的最佳方式"。[5]

英国政府高层的反应并没有让特里瓦斯基斯退缩。作为也门战争的积极支持者，他现在又提出用类似的方法来对付南阿拉伯的恐怖主义威胁。针对特里瓦斯基斯的刺杀过去八天后，他向上级邓肯·桑迪斯说了自己的计划，想"在人民社会党和南阿拉伯联盟（SAL）之间引发一场冲突，让他们狗咬狗"。他把南阿拉伯联盟这个早已被人民社会党压倒的首个民族主义组织拿出来，而且对民族解放阵线的存在也是一种看似无知的状态，这都暴露了他的真实意图；特里瓦斯基斯想对重点恐怖分子实行针对性暗杀的企图被伦敦的军情五处给否掉了，军情五处的专家认为，除非只是作为宏观政治策略的一个环节，否则以暴制暴的解决方式根本行不通。直到次年3月，上级才同意为特里瓦斯基斯提供15000英镑用来"渗透离间反动组织、收买组织中的重要成员，让他们分崩离析，再不时地骚扰他们，如驱散公共集会等"。[6]

与此同时，英国还想重塑政府在拉德凡的权威。1月，英军与联邦军队启动"胡桃夹子行动"，本想炫耀武力但实际效果微乎其微。当年春天，十几辆车在亚丁通往形势动荡的内陆省份路上被炸毁后，英国决定扩大"粉碎胡桃"的规模。由于没有弄清楚此次暴乱是民族解放阵线发起的，英军还幻想只要把驻守肥沃的达纳巴盆地（Danaba Basin）的异端分子驱逐出去，然后毁掉那里的庄稼，让这片山丘无法再用作基地，就能给叛军造成致命一击。但有效情报信息的缺失使得该行动一开始就存在漏洞。

若要烧毁达纳巴盆地，英军需要先占领盆地周边的丘陵。当上级决定派120名伞兵完成这次任务时，曾参与过绿山行动、后接替托尼·博伊尔驻守亚丁的特种空勤团军官彼得·德拉·比埃主动请缨，成功说服上级让自己那支可能在情报搜集上会发挥更大作用的部队打前锋，去寻找合适的空降区。德拉·比埃从下面的队长中选出一人——罗宾·爱德华兹（Robin Edwards）——带领八名士兵执行任务；他们于4月底进入拉德凡。然而，还不到一天时间，这些人就遇到了大麻烦。

无线电报员尼克·沃伯顿（Nick Warburton）食物中毒后，几人不得不放弃寻找空降区，白天在半山腰一处石头围起来的墙内休整，等待夜幕降临后趁机逃跑。被一个牧羊人发现后，他们开枪打死了他，但在此之前牧羊人已经把消息告诉了一个妇女，这个女人跑下山坡向周边的村子通风报信。不到十分钟，特种空勤团就遭到袭击，他们通过无线电请求德拉·比埃派在霍马克萨机场待命的高速战机前来支援。空袭缓解了特种空勤队面临的压力，但到夜幕最终降临，特种空勤队得以逃脱时，沃伯顿和爱德华兹都已被打死。两人的头被钉在塔伊兹市——民族解放阵线在也门的大本营——的金属桩上，他们的身体直到几周后才找到。拉德凡行动持续到 6 月底，但此次行动并没有取得决定性胜利，因为民族解放阵线只是撤到了位于也门边境另一侧的避难所。

那年夏天，在保守党执政的最后一段时间里，桑迪斯组织召开因特里瓦斯基斯遭刺杀一事而推迟的制宪会议。当南阿拉伯代表提出要在 1968 年之前取得独立，并建议与英国签订能使其保留亚丁军事基地的防御协议，桑迪斯宣布英国政府对此表示完全同意。

又是老一套办法——英国将以独立权换取军事基地的使用权——但保守党的工党对手认为这种解决途径是英国无力承担的。1964 年 10 月英国大选中，工党以 4 票的微弱优势赢得选举。10 月 18 日首次召开的内阁会议上，"经济形势"不幸被列为第一个议题。在把经济事务移交给新的国务大臣乔治·布朗（George Brown）——他描述了保守党留给工党的收支赤字的规模——之前，新任首相哈罗德·威尔逊（Harold Wilson）向其他人说道，英国的财政状况"比想象的要糟"。布朗亦承认短期内工党也无能为力，但如果政府要保护对其支持者而言分外重要的福利开支的话，那政府就要削减其他方面的开支。新任国防大臣丹尼斯·希利（Denis Healey）不得不把他的部门预算砍掉 16%。大英帝国将为民众福利做出牺牲。[7]

尽管威尔逊和他的同僚在公开场合下说的是另一套，但实际上他们从一开始就瞄上了亚丁。"我们必须得做点什么来分担我们在苏伊士以东替别人肩负的重担。"几周后威尔逊如此强调说，他的意思就是让海湾地区各酋长国各自担负国防支出。但听起来容易做起来难。"因为我们所做的政治承诺——对殖民地来说，英国有保护附属领土的义务；对主权国来说，英国对他们负有条约义务——位于上述区域的基地防御开支对我们来说都是必需的，"希利后来解释道，"我们不能放弃他们，直到我们的殖民地独立或者与盟友重新协商条约内容。"[8]

为了让英国从其所做的政治承诺中解脱出来，新任殖民地大臣阿瑟·格林伍德（Arthur Greenwood）在亚丁港爆发袭击后于 11 月前往亚丁。经过一系列会谈后，他与南阿拉伯联邦及亚丁各部长共同宣布要建立"基于健全民主基础上的统一主权国"。这一点他们会在拟于次年 3 月召开的另一场会议上再次提出。英国这么做就是为了缓解亚丁对各部落酋长国在联邦国家中行使权力的恐慌。当联邦计划的设计者特里瓦斯基斯表示不会支持这一违背其意图的举措时，格林伍德迫使他提前退休了。[9]

特里瓦斯基斯对这项新政策的反感是可以理解的，因为其成功将取决于一年前试图刺杀这位高级专员的人——人民社会党领袖阿卜杜拉·阿斯纳杰。作为亚丁工会联盟秘书长，阿斯纳杰之前在工党还是在野党的时候就与他们有所联系。当他同意放弃联合联邦与也门的企图后，没有认清人民社会党的影响力基本上仅限定在亚丁区域这一事实的格林伍德及其同僚，天真地把兜售联邦计划的希望寄托在工会成员身上。

阿斯纳杰希望利用与英国的联系帮自己登上民族解放运动的领袖之位，但他的小算盘很快就落空了。尽管阿拉伯联盟主要成员支持他，但纳赛尔和也门总统萨拉勒并不买账。因此，民族解放阵线拒绝接受阿斯纳杰的领导。当他与英国对话的意愿并没有给他带来什么影响力的事实日渐清晰，阿斯纳杰的威信进一步受创。后来他联合联邦政府提出必须由东部保护国中三个较富裕的国家前往伦敦参加讨论即将成立的主权国相关事宜的会议，但英国政府拒绝了这一要求。他们担心增加新的参会人员只会节外生枝。由于民族解放阵线在背后搞些小动作，本来就已声誉已损而又无能为力的阿斯纳杰于1965年年中丢掉了亚丁工会联盟秘书长的位子。

反观民族解放阵线，一直在不断发展壮大。就在民族解放阵线和阿斯纳杰及其领导下的人民社会党展开政治较量的同时，他们还在想方设法摧毁英国本就有限的反恐能力——在克拉特区卡塔叶市场上谋杀哈利勒巡警只是开始。民族解放阵线锁定政治保安处的阿拉伯官员进行绑架谋杀，然后将他们被打成筛子一样的尸体丢到亚丁的克拉特区阿拉伯人聚集地以及谢赫奥斯曼区，尸体上面还附有"NLF处死此人"的字样。这种方法出奇地奏效。到1965年6月，高级专员公署不得不承认："现在几乎没有阿拉伯人在亚丁政治保安处任职，即使保安处能招到阿拉伯人，要想重建以阿拉伯人为主的机构设置，也需要相当长的一段时间。在可预见的未来，能招到阿拉伯人的可能性为零。"这下英国政府沦落到要靠对阿拉伯语一窍不通的外籍员工来支撑机构运作了。[10]

尽管现实处处打脸，但英国还是自我催眠地认为他们或许能赶在1968年之前顺利实现权力的转交。然而，两起备受瞩目的谋杀迫使他们面对现实。亚丁立法院议长阿瑟·查尔斯（Sir Arthur Charles）每周三下午都会雷打不动地去打网球。1965年9月1日他打完球往车上走的时候，一名阿拉伯男子冲他叫了一声，待查尔斯应声转头，男子开枪将其打死。三天后，亚丁政治保安处副处长哈里·巴里（Harry Barrie）在开车上班的路上被杀，当时他的车子就停在靠近其办公地点的三岔路口。

因害怕遭到报复，立法院无一人愿公开对查尔斯的遇害进行声讨。新任高级专员理查德·特恩布尔爵士（Sir Richard Turnbull）立即下令实行宵禁。在伦敦的指示下，特恩布尔随即又中止宪法的实施：这就意味着议会的解散；如今高级专员拥有直接统治权。

1965年9月25日特恩布尔中止宪法成为整个事件的转折点。这一做法无异于是对当前政府体系的不信任投票。现在事情的责任落到了英国政府头上。要想重塑信任以便恢复自治政府，从而避免英国灰头土脸地从这片殖民地离开，他们当务之急就是击败这里的恐怖分子。

但几乎没有任何迹象表明英国能胜任这一挑战。亚丁港的运转依赖于每天往返于此的60000名务工人员，人数之多使得沿港口周边对进出人员进行检查非常困难。而且城镇内的安全措施也很松懈,"白人的脸再加上一个和善的微笑就能打开亚丁城内很多人家的门",一名具有丰富殖民地反恐经验的政治保安处官员到那里巡视的时候说道。不同部门之间还存在内讧。与此同时,民族解放阵线发起的针对性暗杀破坏活动也日益奏效。当人们逐渐认清与英国私通可能有惨遭横祸的现实时,英国所能搜集到的情报质量——这是反恐成功的保障——也骤然下降。[11]

最后,从伦敦方面来看,英国政府也没有要做出承诺的任何迹象,事实正好相反。丹尼斯·希利近期匆匆走访了亚丁和南阿拉伯联邦,回来后他已经确信建立统一的主权国是行不通的。"看到亚丁那些人满为患的贫民窟整日嘈杂不堪、臭气熏天,很难想象与南阿拉伯联邦的'联姻'能够拯救他们。"他事后如此写道,虽然有些事后诸葛亮的感觉。他发现特恩布尔对此事也持一种悲观态度。"当大英帝国湮没在历史大潮之下,"这位高级专员对他说,"留下的只有两样东西:一个是英式足球,另一个就是'滚蛋'两字。"[12]

* * *

美国对英国试图撤出亚丁的阻挠和威尔逊政府内部意见不统一使得英国直到 1965 年 12 月才最终明确对亚丁的政策。当时美国陷在越南战争泥潭中无法自拔,约翰逊政府认为英国此时嚷着要从亚丁和新加坡撤军对美国颇为不利。财政大臣吉姆·卡拉汉(Jim Callaghan)于同年夏访问华盛顿,为避免爆发另一次英镑危机寻求美国的资金支持,当时美国国防部部长罗伯特·麦克纳马拉(Robert McNamara)警告他说,英国在"从亚丁到香港之间地区"的任何退缩行为都将促使美国重新考虑"与英国各方面的关系"。约翰逊的国家安全顾问甚至建议以向英国提供资金支持换取英国对越南战争的支持。"一个营值十个亿",他向哈罗德·威尔逊的一个顾问建议道。但英国最终还是以微弱优势占了上风。威尔逊知道约翰逊会支持英镑体系,因为英镑贬值对美国出口商不利,因此他坚持要求美国支持英镑与统一的外交政策之间"不应有明显的联系"。他说他不会为了争取美国对英镑的支持而向越南派兵。[13]

麦克纳马拉对待卡拉汉的方式丝毫没有改善英美关系。乔治·布朗抱怨道,英国被人"像香蕉共和国"一样对待,而美国突然转变心意让希利觉得他们见风使舵,不厚道。很久之后,希利这样写道:"美国,过去30年来试图将英国排挤出亚洲、中东以及非洲,现在又绞尽脑汁地把我们拉进来;经过越南战争一事,他们不想变成唯一一个在有色人种自己的领土上对其进行杀戮的国家。"[14]

不管是布朗还是希利,他们都决意尽快结束在亚丁的驻军,二人看到,现在的亚丁正如之前的巴勒斯坦和埃及,"与其说是有利用价值的资本,不如说是个累赘"。但外交部持不同观点。他们有充分的理由担心,突然宣布从亚丁撤军会给英国与沙特阿拉伯和伊朗的关系带来灾难性影响,甚至有可能引起伊朗、伊拉克和沙特阿拉伯之间为争夺富裕但易受攻击的海湾国家而大打出手。如今,纳赛尔明显也在寻找从也门退出的路径,这又给了英国一个按兵不动的理由。因此,当内阁最终就英国对外政策开展讨论时,外交大臣迈克尔·斯图尔特（Michael Stewart）虽然承认当前形势难以为继，但英国不能一下子全部撤出，可以考虑"从中东一点一点地有序撤出"。根据一年前威尔逊表示要"均分负担"的想法，斯图尔特指出外交部在这方面已经取得一些成绩，通过促进与海湾地区领导人的合作，使这些国家更多地依靠自身资源来发展。[15]

斯图尔特提出的"从中东一点一点地有序撤出"与希利想的尽快撤军完全不同。10月12日和13日，《泰晤士报》刊登了该报军事记者围绕英国在中东所扮演角色撰写的两篇文章，文章反映出国防大臣的观点。第一篇题为《在南阿拉伯的多年付出竟是竹篮打水》的文章质疑，如果对亚丁军事基地的保护需要动用所有驻扎于此的军队，那这个基地存在的价值何在？同时文章还指出，政府一直坚持的令人满意的政治解决方式是不可能实现的。另一篇文章则称英国在海湾地区所发挥的只是一种威慑作用，就是为了防止大国吞并小国，维持该地区大量独立国家的存在，以保持石油价格的竞争性，鉴于此，英国可缩减在海湾地区的驻军数量。[16]

* * *

华盛顿方面，美国国务院已经看清了事态的发展方向，他们猜测即将召开的联合国大会可能会是英国的最后一根稻草。美国外交官预料亚丁派出的代表团会对英国政府中止宪法一事进行谴责，同时要求英国立即对基地进行清理。由于英国外交官承认他们"除了寄希望于中止宪法来恢复秩序并重新掌控局势之外已别无他法来解决亚丁危机",美国决定尽其所能在联合国大会上支持自己的盟友,因为"在现在这个节点从亚丁仓促撤出只会导致南阿拉伯陷入混乱局面,这有损于西方整体利益"。但美国的支持也未能阻止联合国大会于11月3日以压倒性多数投票通过一项严厉谴责英国的提案。[17]

联合国大会投票第二天,内阁下面的国防与海外政策委员会就做出亚丁军事基地不值得保留的结论,12月威尔逊访问华盛顿时把这一噩耗当面告知美国总统约翰逊。就在当年7月还向美国暗示英国将在越南战争期间坚守苏伊士以东的英国首相现在竟告诉约翰逊,亚丁"不宜视为长期军事基地",只不过他在说这话时又补充一句"英国将继续保持在海湾地区的军事存在"来缓解此事对约翰逊的打击。约翰逊当时肯定立马就意识到,威尔逊的这个决定会被越战反对者利用,但他最终对此也无能为力。正如财政部部长亨利·福勒(Henry Fowler)所说,强迫英国遵守它并不想做的承诺只会让美国损耗更多钱,"不管是在苏伊士以东、欧洲等地区还是国际金融机构,抑或其他任何地方,一个软弱的盟友对我们来说没有任何作用"。[18]

英国政府随后于1966年2月将这一消息透露给联邦最高委员会,不久便在22日当天发布《国防白皮书》。英国将于1968年之前撤出殖民地的消息让依赖英国存在来维持生计的商店店主、出租车司机以及本地官员深为震惊。纳赛尔本来已经决定退出也门,但当他得知这个消息时又改变了主意。在开罗大学的一次讲话中,他宣称不会把也门的部队撤回来,直到也门成立过渡政府,以此来为自己拖延时间。"我们是向费萨尔屈服还是在也门坚守十年？"他煞有介事地问道，"要我说，我们再守二十年也在所不惜。"[19]

* * *

英国以为他们明确了撤出亚丁的最后期限事情就会好转，实际上却适得其反。1966年1月，阿斯纳杰终于如愿以偿：他领导的人民社会党与卡坦·沙比领导的民族解放阵线联合建立南也门解放阵线（FLOSY）。在纳赛尔的支持下，FLOSY将武力驱逐英国势力。但这一联盟仅持续到当年12月。随着英国的撤离，已经意识到在争夺即将成立的独立国家领导权上互为对手的阿斯纳杰与卡坦·沙比开始反目。

英国以为他们在这场内讧中只不过是个看客，就像二十年前在巴勒斯坦那样。但事实并非如此。炸弹袭击与枪击事件仍在继续。1967年2月底，民族解放阵线劝诱英国情报官托尼·恩格尔多（Tony Ingledow）家的一名年轻用人，让他在酒会开始前把一枚定时炸弹安在恩格尔多的公寓书架上。当晚9点酒会开到正尽兴的时候炸弹爆炸，两名丈夫也在情报部门工作的妇女死亡。英国资深外交官山姆·法尔1967年4月与恐怖分子展开直接对话，看能否与其达成停止暴力活动的协议时，民族解放阵线的一名代表道出了其中缘由。"如果我们跟你们达成协议，"他解释道，"Al-Jabhat al-Hurria（南也门解放阵线）就会对外宣称我们是帝国主义的走狗，他们才是南阿拉伯利益的唯一真正代表。我们必须要让所有人都清清楚楚地明白一点，是 Al-Jabhat al-Qomia（民族解放阵线）在没有得到南也门解放阵线、埃及或者其他任何人帮助的情况下，以武力方式为南阿拉伯赢得自由。"[20]

5月，之前曾任驻埃及与伊拉克大使、现已退休的汉弗莱·杜维廉被重新起用，接替特恩布尔完成其职业生涯中最后一项任务。杜维廉到亚丁的时候，那里的治安极为混乱，他不得不从霍马克萨机场乘坐直升机前往他在这里的新家——名不副实的政府大楼。杜维廉这次的任务就是在英国撤离之前重建南阿拉伯和平秩序。一到政府大楼，他就召集各方展开会谈，并对外宣称："我们希望建立一个广泛的、能够代表整个南阿拉伯利益的中央临时政府。"杜维廉的目的就是把责任推给民族解放阵线和南也门解放阵线，英国记者汤姆·利特尔（Tom Little）记载道："如果他们不想要当前这个联邦政府，那他们就应该在协商一致的基础上共同改变现状。"[21]

第三次中东战争期间，开罗电台曝出英国暗中支持以色列的消息，杜维廉的境遇更是雪上加霜。如果他和他的同事不想在离开后让南阿拉伯陷入水深火热当中，那他就要正视两大恐怖组织制造的这种无法无天的局面，他们正是借此进行扩张。"恐怖分子为筹钱发起破坏活动对银行实施抢劫，现在要对这样的抢劫案进行调查已经变得不太现实，"利特尔回到伦敦后这样写道，"路上的行人什么都看不到，什么也听不到，最重要的是什么也不会说。大部分地方行政官员以及亚丁城内的法官都不会开庭审理。"[22]

此时乔治·布朗已经取代斯图尔特成为外交大臣。1967年6月20日，他宣布英国政府将为新政府提供900万英镑资金以及更为现代化的武器，包括淘汰老式恩菲尔德步枪的自动步枪、装甲车、野战炮以及"猎人"战机。同时向周边海域派驻海军，并在阿曼沿岸的马西拉岛（Masirah Island）配置轰炸机。布朗还表示，陪审机制将被暂时中止，而针对民族解放阵线的打压也将结束，因为这不利于谈判的开展。

在外界看来英国政府正逐渐控制局势，但在布朗发表声明的同一天发生的亚丁暴乱事件令这种看法立即就被打破。四名上校抱怨部落的联合影响晋升渠道后，军队发生兵变。不再信任自己人的联邦政府请求英军镇压叛乱，英军虽赶来镇压，但代价惨重，其中17人身亡，22人受伤。消息传到克拉特区军营里时，当地警察匆忙武装起来。警长助理本应安抚众人，但由于他私下里是民族解放阵线的高层人物，因此他可能还在旁边煽风点火激化冲突。英国巡警到克拉特察看时，那里店门紧闭，路上一片狼藉，到处都是用家具做的临时路障。英军很快被叛军的交叉火力打得七零八落。一名飞过战场上空的直升机飞行员称看到"两辆路虎汽车和遍地尸体"。阿盖尔与萨瑟兰高地步兵团（Argyll and Sutherland Highlanders，2006年并入苏格兰皇家兵团）一营营长科林·米切尔（Colin Mitchell）回忆说："克拉特已落入叛军之手。"与此同时，他还是前来辨认被肢解尸体的二人之一。[23]

很快就会以"疯子米奇"的外号被众人知晓的科林·米切尔是个狂暴易怒的人。这位曾在意大利和朝鲜打过仗的42岁职业军人有着极为丰富的平叛经验，通过走访巴勒斯坦、塞浦路斯和肯尼亚，他从中得出"适当使用非暴力极端手段可减少伤亡"的结论。

高层未能对克拉特展开营救的做法让他火冒三丈,他将此归咎于"政治权宜……凌驾于军事判断"的官僚文化。[24]

米切尔一启程就迫切想尽快夺回克拉特。但杜维廉就淡定得多。在他看来,米切尔就只是个"一流营长",仅此而已。杜维廉担心米切尔提出的高压手段会使警队伤亡惨重,而这有可能会再次引发暴动。同时,他还要考虑在那种情况下,大概100名左右身处也门内陆的英国政府官员和顾问的人身安全。其他英国政府官员通过警长助理牵线,已经在跟民族解放阵线展开谈判,希望能化干戈为玉帛,杜维廉和中东指挥部都在静观其变。[25]

但他们很快就发现,那些人根本没打算要结束当前僵局。双方不仅陷入为争夺控制权展开的斗争中无法自拔,而且对叛军而言,蒙受半个月前阿拉伯国家在第三次中东战争惨遭痛击的耻辱后,能够夺取英国殖民地中的重要战略区域也是挽回颜面的一种有效方式。

然而,想挽回颜面的何止阿拉伯国家,杜维廉和英军总司令都同意米切尔重新夺回这一重要战略区域的计划。7月3日晚,随着冲锋号的响起,阿盖尔与萨瑟兰高地步兵团再度进入克拉特区。在向媒体透露相关信息时,米切尔有意夸大自己与高层存在的意见分歧。

一到克拉特区,米切尔就开始贯彻他所谓的"阿盖尔法则","叛军清楚,如果他们制造事端,我们就会把他们的脑袋打开花",米切尔对一名记者说道。这种听起来像是虚张声势的做法随后变得愈发露骨。米切尔手下的士兵每杀掉一个阿拉伯人就会得到一个罗伯逊嘉奖证书。[26]

米切尔的这一做法很快就受到了谴责与遏制。不久后，炸弹袭击与枪击事件死灰复燃，这次重点针对阿盖尔与萨瑟兰高地步兵团。高级专员的住所遭到迫击炮轰炸。杜维廉试图促成与叛军之间的政治协议的努力也无疾而终。除亚丁之外，南阿拉伯联邦下面十七个保护国中，五个在8月的时候已经被民族解放阵线夺取政权，联盟旋即开始瓦解。英国能做的就只是安排这些国家的苏丹及其家眷逃亡海外。

杜维廉于11月28日离开，送行的军乐队演奏了一曲《物是人非》。第二天，最后一批英国军队撤离——那天也是纳赛尔最后一批驻军撤出也门的日子。

多年后，当回忆起帝国往事，杜维廉写道：

> 那时我们唯一能确定的是，如果不这样做，情况可能会更糟。到头来，又一个独立的阿拉伯小国（指南也门人民共和国）问世，积贫积弱的国情使其注定要经历暴动与叛乱的阵痛期。除了偌大的营房、机场、废弃的教堂和几个几乎看不清字的指向海陆空军小吃部或士兵食堂的方向牌，这里再无英国的影子。英军在此驻守期间，即便有一些英国人怀揣美好愿景无私付出，但这并没有给当地发展带来长远利益。不管我们的离开是对是错，也不管继我们之后这里将何去何从，我们在这里的日子已经结束。如果注定要离开，最好就别再徘徊。[27]

尾　声

埃及在第三次中东战争中的惨败让纳赛尔颜面尽失，而苏伊士运河的关闭以及阿拉伯国家石油禁运再度让英国面临巨大的财政压力。在接下来的三年中，耗资1.75亿英镑购买以美元计价的石油对英国来说难以负担。出于对英国政府可能采取资本管制的愤怒与恐惧，阿拉伯投资商从英国银行中撤出了大约同等数目的资金。此时，哈罗德·威尔逊依然不愿宣布英镑贬值，他认为这是维持工党政府最后一点声誉的做法。但到了1967年秋，威尔逊别无选择。11月19日——最后一批英军撤出亚丁前十天——英国政府宣布英镑贬值40分，财政大臣吉姆·卡拉汉辞职。

光是英镑贬值还不够。据民意调查显示，就在英国政府支持率下降的节点，他们还需要进一步削减公共开支。本来政府已经打算在1975年之前撤出海湾地区，但威尔逊及政府各部门负责人于1968年1月4日一致同意将撤离日期提前到1971年。

现在，向美国传达这一噩耗的艰巨任务就落到了外交大臣乔治·布朗头上。动身前往华盛顿之前，布朗对政府的这一决策可能在美国引发的反响心里一点儿底都没有。打算在当年11月美国大选中赢得连任的林登·约翰逊总统此时正准备他的国情咨文演说，美国驻伦敦大使已经提前警告布朗："我们在越南冲锋陷阵之时，却被多次自诩为'苏伊士运河以东的守护者'的首相抛弃了。我们一直以为他是我们最可靠的盟友。这种极具挑衅意味的举动实在愚蠢，完全让人无法接受。"[1]

1月11日，布朗与美国国务卿迪安·腊斯克会面之前，腊斯克已经得知其来意，因为对威尔逊的处理方式非常不满的丹尼斯·希利已经悄悄将1月4日内阁会议上的讨论情况透露给了一名在伦敦的美国外交官。然而，布朗说到此事时表现得好像还有转机一样。尽管腊斯克跟他说，他已经嗅到了"既成事实的刺鼻气味"，但他还是请布朗向威尔逊转达他的忧虑。据国务院对外关于此次会晤的说法，腊斯克直言他对英国政府的意图"大失所望"并"深感不安"。布朗一回到伦敦就原封不动地把腊斯克的话复述了一遍："大英帝国就该有大国的气魄。"[2]

但美国的控诉并没有任何作用。1968年1月12日，听了布朗讲述的与腊斯克的会谈情况，威尔逊及其同僚决定保持之前的决策不变。"是时候与之前的'老皇历'做个了断了，"据会议备忘录记载，"我们不能再仅仅因为美国希望我们采取某种政策或者害怕不遵从美国意愿而引发严重的经济后果而采取相应的政策。美国的友谊对我们来说弥足珍贵，但我们常常为这份友谊付出不菲的代价。现在两国都面临收支平衡上的难题。美国为解决这个问题所实行的政策是以自身利益为基础的。如果我们也这样做，他们没什么可抱怨的。"[3]

* * *

在英军撤离之前，还有一些事情要做个了结。虽然共产主义向中东的传播早有预兆，但真正落地是到 1968 年，当时英军撤出亚丁后引发的短暂战争推动该区域第一个也是唯一一个社会主义国家——南也门人民共和国——的诞生。虽然事后很快取代英国顾问的苏联、古巴等国的顾问再没能在也门取得如此重大的进展，但他们的影响迅速渗透到紧临也门、位于阿曼西南部的佐法尔（Dhofar）地区。

随着苏联援助资金的大量涌入，南也门见证了经济的迅猛发展，但邻近的佐法尔没有起色。夏季受季风气候和洋流海浪的影响，多山的佐法尔虽然土地肥沃，但即使以阿曼人均生活水平的最低标准来看，这里的人依然很贫穷，居住在此的多是以鱼干饲养家畜的牧民。"这里的每一个人，"一名英国士兵写道，"都机敏警觉、好勇斗狠且能言善辩。"自 20 世纪 60 年代中期起，最初由沙特支持的佐法尔解放阵线发起独立运动，1966 年差点成功暗杀苏丹。吃一堑长一智，此后苏丹便躲在塞拉莱（Salalah）的宫殿中遥控指挥下属处理政事，继续反对现代化进程。1967 年阿曼终于成功开采石油，源源不断的石油资源带来大量财政收入，苏丹开始从中分得一杯羹，但他拒绝共享这笔财富，辩称当务之急是先加强财政储备。英国在这里越来越不受欢迎。[4]

1967 年，南也门建立民主人民共和国为佐法尔的反抗活动注入了新的强劲动力。南也门为反抗力量提供了保护伞；苏联等国的顾问向他们输出意识形态，同时为其提供武器，指导他们开展游击战。到 1969 年，佐法尔已占领沿海高地，屡屡击败苏丹部队，尤为关键的是，他们还控制了连接塞拉莱和马斯喀特之间的道路以及北部油田。为了表明其斗争宗旨，佐法尔解放阵线更名为"阿拉伯湾人民解放阵线"。

眼看1971年撤军的最后期限越来越近，之前向美国保证他们会实现权力有序交接的英国不得不插手干预。已经明确苏丹的儿子卡布斯（Qaboos）为合适替代人选后——卡布斯曾在桑德赫斯特（Sandhurst）① 参加培训，然后又在贝德福德郡议会（Bedfordshire County Council）工作——英国便鼓动卡布斯推翻其父，1970年7月23日卡布斯按照英国的指示发动政变。

现如今，英国外交部声称名为"阿曼：1970年政治格局"（Oman：Politics 1970）的档案出于某些原因已经找不到了。但英国否认参与推翻阿曼苏丹一事的企图因为一份备忘录的出现而落空，这份备忘录的记载时间就是政变发生前几个小时，里面详细说明了阿曼苏丹被驱逐后的线路安排。被赶下台的苏丹——试图自卫时不小心打中了自己的脚——在伦敦公园路多尔切斯特酒店（Dorchester Hotel）的套房中度过了余生。据说每当有人跟他提到阿曼时，他就会狂笑不止。他的儿子卡布斯对阿曼进行了改革，至今仍在国内执政。[5]

就在几个星期前，哈罗德·威尔逊在大选中败北；继任者爱德华·希思（Edward Heath）在保守党政府是否会推翻工党政府撤出海湾地区的决策上未下定论。这在很大程度上取决于伊朗国王的态度，之前英国误认为此人反复无常、优柔寡断，但现在帮着阿曼镇

---

① 英国皇家陆军官校所在地。——译者注

压佐法尔叛乱，最近又流露出想购买大量英国坦克的意思。

伊朗国王从英国撤军中看到了机会——声明伊朗长期以来对巴林岛和波斯湾其他几个有争议的岛屿的所有权。当希思的外交大臣、前首相亚历克·道格拉斯-霍姆见到伊朗国王时，他已经明显看出要想说服这个伊朗统治者改变心意简直比登天还难。同年11月，就在英军撤出海湾地区之前，英国默许了伊朗对海湾三岛的占领，有人说这几个岛不过是"上面有几条蛇、三个居民以及一座灯塔的岩石"。[6]

可以说，南阿拉伯是英国声誉最经得住检验的地区。英国在这里的老牌盟友阿曼与英国的关系历久弥新。邻国也门那段动荡后殖民时代经历激起了他们对1967年之前的回忆。四十年后，当我于2006年春到这里访问时，还有人问我英国有没有可能回来。我到现在都不确定他说的是不是玩笑话。

致　谢

对温斯顿·丘吉尔阁下所著《第二次世界大战》(*The Second World War*)以及威尔弗雷德·塞西杰《阿拉伯沙漠》(*Arabian Sands*)等书的摘录经柯蒂斯·布朗有限公司许可后再版；《麦克米伦日记》(*Macmillan Diaries*)经潘·麦克米兰出版社许可后引用。对本人在著书过程中所查询由皇家版权所有的各类档案的引用，均征得皇家出版局同意。

对该书所引用内容，本人曾多方联系相关版权所有者。如不慎遗漏，欢迎各位联系出版商，对版权所有者指出的错误或疏漏之处，后期将予修订。

* * *

本书的问世要归功于科林·米德森（Colin Midson），在此期间也有很多人协助我进行调查撰写。感谢国家档案局、大英图书馆、伦敦图书馆的档案管理员和工作人员，以及牛津大学圣安东尼学院中东中心的全体师生，尤其是档案管理员黛比·厄舍（Debbie Usher）。特别感谢伦敦国王学院。作为该校访问学者，本人得以方便使用各种电子资源，尤其是报纸数据库，这些是独立历史学家凭个人之力无法获取的。此外，我还想向国务院档资处的每一位工作人员致以真诚的感谢,他们通过搜索引擎帮我核对所有与"美国外交关系"(Foreign Relations of the United States)系列丛书内容有关的引证材料,这些书是我查询最多的。

在苏塞克斯海岸与比尔·伍德伯恩(Bill Woodburn)和杰里米·托马斯爵士(Sir Jeremy Thomas)讨论布赖米问题,在国会大厦边品茶边听赖特勋爵(Lord Wright)讲述自己年轻时在贝鲁特担任外交官的故事、回忆约翰·斯莱德-贝克(他的日记为本书写作提供了重要素材)的点点滴滴真的是令人愉悦。同时,感谢史蒂夫·博伊尔(Steve Boyle)介绍蒙蒂·伍德豪斯(Monty Woodhouse)的儿子洛德·特林顿(Lord Terrington)、孙子杰克·伍德豪斯(Jack Woodhouse)以及沙先克·乔希(Shashank Joshi)、伊恩·菊池(Ian Kikuchi)、盖伊·莱伦(Guy Laron)、简·莫里斯(Jan Morris)、安德鲁·马塞尔(Andrew Mussell)、伊兰·帕普(Ilan Pappé)、史蒂文·瓦格纳(Steven Wagner)以及哈罗德·沃克爵士(Sir Harold Walker)给我认识,他们对本书的写作提出了深刻见解,并且在其他方面给予很大帮助。索菲·凯恩斯(Sophie Keynes)和格雷格·霍利奥克(Greg Holyoke)在成书的最后阶段提供了极大的帮助,约翰·希克(John Hick)对本书初稿拨冗垂阅。詹姆斯·克雷格爵士(Sir James Craig)、休·利奇(Hugh Leach)和艾弗·卢卡斯(Ivor Lucas)与我分享了他们对这个时代的记忆。只可惜,未能及时成书使难忘之人目睹其出版。

最后,我还要感谢我的经纪人凯瑟琳·克拉克(Catherine Clarke)、编辑迈克·琼斯(Mike Jones)和伊恩·麦格雷戈(Iain

MacGregor）以及将我的手稿整理成书的团队：梅利莎·邦德（Melissa Bond）、夏洛特·查普曼（Charlotte Chapman）、马特·约翰逊（Matt Johnson）、尚凯雅（Kaiya Shang）、休·斯蒂芬斯（Sue Stephens）和绘图师马丁·路比科夫斯基（Martin Lubikowski）。最该感谢的当属我的妻子安娜（Anna），没有她对我和两个可爱孩子的爱与支持，这本书连初稿都无法完成。

注 释

※ 注释中的缩写词

CAC——剑桥大学丘吉尔档案中心
FRUS——《美国外交文件集》
HC Deb——下议院辩论
IOR——伦敦印度事务部档案
JTA——犹太通讯社
MEC——牛津大学圣安东尼学院中东中心档案馆
SHAT——巴黎陆军历史处
TNA——伦敦国家档案馆
USIME——美国中东情报（参见在线档案与资源）

第一部分　自找麻烦（1941—1948）

※ 1　绝地反击

1. 该处是运用对偶句交错配列的范例。此处所用引述均出自丘吉尔题为《非洲的伟大设计》("'Great Design' in Africa")的演讲，*The Times*, 11 November 1942。

2. Churchill, *The Second World War*, Vol. IV, p.344.

3. HC Deb, 2 July 1942, Vol. 381, c. 528. 说话者为安奈林·贝文（Aneurin Bevan）。

4. Hassall, *Edwin Marsh*, p.484.

5. Willkie, *One World*, p.4; *FRUS*, 1942, Vol. IV, p.72, Kirk to Hull, 16 February 1942. 此话并不全面，当时德军已破译美国陆军武官向华盛顿报送英国军事计划时使用的电报密码 (TNA, FO 1093/238, Stockholm to FO, 13 August 1942)。

6. Mangold, *What the British Did*, p.6.

7. Willkie, *One World*, p.16.

8. Evans, ed., *The Killearn Diaries*, pp.215, 218, 4, 5, February 1942.

9. Willkie, *One World*, p.5; TNA, PREM 4/27/1;'Willkie at the Front', *Collier's Magazine*, 24 October 1942.

10. Willkie, *One World*, pp.14–15.

11. Churchill, *The Second World War*, Vol. II, p.500. 丘吉尔信上写的时间是1940年12月8日。

12. Neal, *Dark Horse*, pp.187–8.

13. Beschloss, Kennedy and Roosevelt, p.200;Winston Churchill, *The Second World War*, Vol.III, p.23.

14. Gilbert, *Churchill and America*, p.41; Meacham, *Franklin and Winston*, p.51; Churchill, *The Second World War*, Vol. III, p.23; "Willkie in Air Raid, Forgets his Tin Hat", *The Republic*, 28 January 1941.

15. TNA, PREM 4/26/6, memorandum, 6 June 1941.

16. Churchill, *The Second World War*, Vol.III, p.23.

17. Neal, *Dark Horse*, pp.196–7;Meacham, *Franklin and Winston*, p.75.

18. 'Willkie, Home, Sees Peace for Us in Help to Britain', *New York*

Times, 10 February 1941; 'Mr Churchill on Next Phase of War', *The Times*, 10 February 1941.

19. 'Verbatim Testimony of Wendell Willkie in Answer to Questions Put to Him by Senators', *New York Times*, 12 February 1941.

20. Neal, *Dark Horse*, pp.208–9.

21. Churchill, *The Second World War*, Vol.III, p.617.

22. 'Mr Churchill on a Symbolic Meeting', *The Times*, 25 August 1941; HC Deb, 9 September 1941, Vol. 374, c. 69.

23. *FRUS*, 1944, Vol.III, p.62, Hull to Roosevelt, 30 September 1944.

※ 2 腐朽的帝国统治

1. Fielding, *One Man in His Time*, p.27; Cooper, *Cairo in the War*, p.82.

2. Willkie, *One World*, p.27;'*One World*', *Life*, 26 April 1943, Willkie, *One World*, p.21.

3. SHAT, 4H 314, Proclamation du Général Catroux, faite au nom du Général de Gaulle, chef des Français, 8 June 1941; 'One World', *Life*, 26 April 1943.

4. Mott-Radclyffe, *Foreign Body in the Eye*, p.109.

5. TNA, FO 1093/238, Menzies(SIS)to Loxley, 17 November 1942.

6. TNA, FO608/107/2, 'The strategic importance of Syria to the British Empire', 9 December 1918.

7. Segev, *One Palestine Complete*, p.147.

8. Willkie, *One World*, pp.23–4.

9. Cowles, *Mike Looks Back*, p.78.

10. MEC, Slade-Baker Papers, diary, 22 October 1954;Harvey, ed., *The*

War Diaries of Oliver Harvey, p.319, 4 November 1943;TNA, FO1093/373, Menzies(SIS) to Sargent, 19 February 1948.

    11. Crum, *Behind the Silken Curtain*, p.154;Willkie, *One World*, p.19.

    12. Willkie, *One World*, p.30.

    13. Willkie, *One World*, p.30.

    14. HC Deb, 29 September 1942, Vol.383, c.667.

    15. TNA, PREM 4/27/1, 'Note of What Mr Wendell Willkie said to Mr AJ Toynbee at Mr TW Lamont's House in New York on the 27th October 1942'; Neal, *Dark Horse*, p.251.

    16. Neal, *Dark Horse*, p.260.

    17. TNA, PREM 4/27/1, US Office of War Information, Willkie's Report to the people, 26 October 1942.

    18. TNA FO371/61856.Official US figures estimated the Jewish population in 1941 at 4, 893, 748.

    19. 'On Red Prisoners and Poles', *Life*, 23 February 1942.

    20. Oren, *Power, Faith and Fantasy*, p.444.

    21. 'Palestine Project Pushed by Senator', *New York Times*, 2 November 1942.

    22. TNA, PREM 4/27/1, minute by Churchill, 5 November 1942.

    23.'Old Imperialistic Order', *The Times*, 18 November1942; TNA, PREM 4/27/1, Halifax to Eden and Churchill, 19 November 1942.

※ 3 引火上身

    1. JTA, 'Biltmore Declaration Will Be Principal Zionist Demand at Peace Conference', 27 November 1942; TNA, CAB 66/37/46, Casey,'Palestine', 21

April 1943.

2. Rathmell, *Secret War in the Middle East*, p.12.

3. Rhodes, James, *Chips: the diaries of Sir Henry Channon*, p.396, 7 November 1944; Eden, Another World, pp.132–3.

4. CAC, Amery Papers 2/2/19, Moyne to Amery, 16 February and 21 January 1943.

5. *FRUS*, 1941, Vol. III, p.643, Roosevelt to Jones, 18 July 1941; Anderson, *Aramco, the United States, and Saudi Arabia*, p.33.

6. CAC, Amery Papers 6/3/101, Moyne to Birdie Amery, 30 December 1942; Morton, *Buraimi*, p.10.

7. Magnes, 'Toward Peace in Palestine', p.248.

8. Thomas, *The Diplomatic Game*, p.10.

9. 'Supply Centre', *The Economist*, 13 March 1943; TNA, CAB 66/9/2, Middle East War Council, conclusions, 19 May 1943.

10. *FRUS*, 1943, Vol. IV, p.772, Pinkerton to Hull, 17 April 1943; TNA, CAB 66/37/46, Casey, Palestine', 21 April 1943.

11. TNA, CAB 66/37/46, Casey, 'Palestine', 21 April 1943.

12. TNA, CAB 66/37/46, Casey, 'Palestine', 21 April 1943.

13. *FRUS*, 1943, Vol. IV, pp.781–85, Hull to Roosevelt, 7 May 1943, enclosing Summary of Lieutenant Colonel Harold B Hoskins' Report on the Near East.

14. TNA, CAB 66/39/2, Casey, 'British Policy in the Middle East', 12 July1943.

15. Davis, 'Keeping the Americans in Line?', p.107; *FRUS*, 1943, Vol. IV, p.856, Kirk to Hull, 18 January 1943.

16. Yergin, *The Prize*, p.397; Davis, 'Keeping the Americans in Line?', p.111.

17. FRUS, 1943, Vol.IV, pp.778–80, Hurley to Roosevelt, 5 May 1943.

18. Medoff, *Militant Zionism in America*, p.90 ; O'Sullivan, *FDR and the End of Empire*, p.86.

19. Dockter, *Churchill and the Islamic World*, pp.235–6.

20. *FRUS*, 1943, Vol. IV, pp.773–5, King Abdul Aziz Ibn Saud to Roosevelt.

21. *FRUS*, 1943, Vol. IV, pp.786–7, Hull to Kirk, 26 May 1943, enclosing Roosevelt to King Ibn Saud.

22. 'The King of Arabia', by Noel Busch, *Life*, 31 May 1943.

23. Randall, 'Harold Ickes and United States Foreign Petroleum Policy Planning', p.375.

24. *FRUS*, 1943, Vol. IV, p.793, Memorandum by Weizmann, 12 June 1943.

25. TNA, CAB 66/36/50, Eden, Palestine', 10 May 1943.

26. TNA, CAB 195/2, meeting of 2 July 1943.

27. TNA, CAB 195/2, meeting of 14 July 1943.

28. TNA, CAB 195/2, meetingof 14 July 1943.

※ 4　暗送秋波

1. Field, 'Trade, Skills and Sympathy', p.6.

2. Crossman, *Palestine Mission*, p.181.

3. Hart, *Saudi Arabia and the United States*, p.38; *FRUS*, 1943, Vol. IV, p.931, Hull to Roosevelt, 6 July 1943.

4. *FRUS*, 1943, Vol. IV, p.796, Hull to Hoskins, 7 July 1943.

5. *FRUS*, 1943, Vol. IV, p.936, Kirk to Hull, 27 July 1943.

6. Killearn, diaries, 18 August 1943; Roosevelt, *Arabs, Oil and History*, p.212.

7. 'US Post-War Policy', *The Times*, 1 October 1943.

8. Congressional Record-Senate, 28 October 1943, p.8864.

9. 'American Resources after the War', *The Times*, 6 November 1943.

10. *FRUS*, 1943, Vol.IV, p.942, Hull to Ickes, 13 November 1943.

11. Harvey, ed., *The War Diaries of Oliver Harvey*, p.332, 19 February 1944.

12. Yergin, *The Prize*, p.401.

13. *FRUS*, 1944, Vol. HI, pp. 100–1, Churchill to Roosevelt, 20 February 1944.

14. *FRUS*, 1944, Vol.III, pp.101–3, Roosevelt to Churchill, 22 February 1944, Churchill to Roosevelt, 24 February 1944, Roosevelt to Churchill, 3 March 1944, Churchill to Roosevelt, 4 March 1944.

※ 5 茅坑里的石头

1. Wagner, 'Britain and the Jewish Underground', p.65.

2. TNA, FO 921/229, Killearn to Peterson, 18 February 1944; Killearn to Moyne, 29 March 1944.

3. Ritchie, *James M. Landis*, p.121.

4. Ritchie, *James M. Landis*, pp.124–5.

5. Landis, 'Anglo-American Co-operation', pp.69, 67.

6. Roosevelt, *Countercoup*, pp.35–6; TNA, FO 921/229, Killearn to Peterson, 16 March 1944.

7. TNA, FO 921/229, Moyne to FO, 29 March 1944.

8. IOR, R/15/1/377, 'Conversations with Mr Wallace Murray Regarding the Middle East'.

9. TNA, CAB110/185, 'Note for Discussion:Future Regional Economic Organisation in the M.E.', 26 May 1944;CAB 195/2, meeting of 14 July 1944;CAC, Amery Papers2/2/19, Moyne to Amery, 19 June 1944.

10. Hinds, 'Anglo-American Relations in Saudi Arabia', p.136.

11. *FRUS*, 1944, Vol. V, p.697, Hull to Winant, 1 May 1944.

12. TNA, FO 921/192, Moyne to FO, 5 July 1944.

13. Vitalis, *America's Kingdom*, p.79.

14. TNA, FO 921/192, Jordan to Eden, 6 September 1944; Moyne, minute, 13 September 1944.

15. TNA, CAB 110/185, minutes of meeting, 10 October 1944.

16. 'Talks in Cairo', *Daily Express*, 27 October 1944.

17. TNA, CAB 110/185, minutes of a meeting on 11 October 1944;'List of Commodities for which MESC recommendations should continue in the Middle East', n.d.

18. Wilmington, *The Middle East Supply Centre*, p. 165; Ritchie, *James M. Landis*, p.127.

※ 6 "犹太问题"

1. O'Sullivan, *FDR and the End of Empire*, p.120; TNA, FO 141/1001, Clayton, memorandum, 14 November 1944.

2. *FRUS*, 1945, Vol. VIII, p.2, memorandum of conversation between

Ibn Saud and Roosevelt, 14 February 1945.

3. Brands, *Inside the Cold War*, p.166.

4. *FRUS*, 1945, Vol. VIII, p.2, memorandum of conversation between Ibn Saud and Roosevelt, 14 February 1945.

5. 'Texts of Letters Exchanged by Ibn Saud and Roosevelt', *New York Times*, 19 October 1945.

6. Crum, *Behind the Silken Curtain*, p.16; *FRUS*, 1945 Vol. VIII, p.707, Truman to Abdullah, 17 May 1945.

7. Ovendale, 'The Palestine Policy of the British Labour Government', p.413; Ottolenghi, 'Harry Truman's Recognition of Israel', p.969.

8. Report of Earl G. Harrison on his 'Mission to Europe to inquire into the conditions and needs of those among the displaced persons in the liberated countries of Western Europe and in the SHAEF area of Germany-with particular reference to the Jewish refugees-who may possibly be stateless or non-repatriable,' n.d.

9. Harris, *Attlee*, p.390.

10. Cohen, 'The Genesis of the Anglo-American Committee on Palestine', p.190.

11. *FRUS*, 1945, Vol. VIII, pp.737-40, Truman to Attlee, 31 August 1945, and Attlee to Truman, 14 and 16 September 1945.

12. 'Palestine "Pledge" denied by Truman', *New York Times*, 27 September 1945.

13. 'Palestine "Pledge" denied by Truman', *New York Times*, 27 September 1945.

14. *FRUS*, 1945, Vol. VIII, p.764, Henderson, memorandum, 10 October 1945.

15. *FRUS*, 1945, Vol. VIII, p.769–70, Byrnes to Eddy, 13 October 1945, enclosing a message from Truman to Ibn Saud.

16. TNA, KV, 3/443-2, extract from CX report No. 54, 17 October 1945;*FRUS*, 1945, Vol. VIII, p.777, memorandum of a conversation between Byrnes and Halifax, 19 October 1945.

17. TNA, CAB 195/3 part 2, meeting of 13 November 1945.

18. MEC, Crossman Papers, 'The Palestine Report', speech to RIIA, 13 June 1946.

19. Crum, *Behind the Silken Curtain*, p.130.

20. Crossman, *Palestine Mission*, p.126.

21. Crum, *Behind the Silken Curtain*, pp.25, 9.

22. Crum, *Behind the Silken Curtain*, pp.213, 170; Crossman, *Palestine Mission*, p.42.

23. TNA, CAB 129/9, Report by the Anglo-American Committee of Inquiry, 20 April 1946.

24. TNA, CAB 195/4, meeting of 29 April 1946.

25. 'Text of President Truman's Statement on Report by Committee on Palestine', *New York Times*, 1 May 1946.

26. 'Government Studying the Palestine Report', *The Times*, 2 May 1946.

27. Rose, 'A Senseless Squalid War', p.93.

28. 'Sabotage and Violence in Palestine', *The Times*, 25 July 1946; Crossman, *Palestine Mission*, p.139, 11 March 1946; MEC, Crossman Papers, Singleton, 'Public Security', 9 April 1946.

29. Hoffman, *Anonymous Soldiers*, p.267.

30. Cesarani, *Major Farran's Hat*, p.39.

31. Hoffman, *Anonymous Soldiers*, pp.282–3.

32. 'Firm British Action in Palestine', *The Times*, 2 July 1946.

33. 'Jerusalem Bomb Kills 4I in Attack on British Offices', 'Bombed Hotel Property of New York Corporation', *New York Times*, 23 July 1946.

34. MEC, Crossman Papers, Shaw to Crossman, 2 August 1946.

35. TNA, CAB 195/4, meeting of 23 July 1946.

※ 7 为巴勒斯坦而战

1. TNA, CO537/1738, *New York Post*, 29 July 1946.

2. 'Divided Palestine is urged by Anglo-US Cabinet Body, delaying entry of 100, 000', *New York Times*, 26 July 1946.

3. 'Statement by Mr Truman', *The Times*, 24 July 1946.

4. TNA, CO 537/1738, press advertisement, 2. July 1946.

5. TNA, FO 371/52595, Halifax to Foreign Office, 6 March 1946.

6. 'Gillette Blames Policy', *New York Times*, 24 July 1946.

7. Barr, *A Line In The Sand*, p.329.

8. Oren, *Power, Faith and Fantasy*, p.488.

9. Medoff, *Militant Zionism in America*, p.152.

10. Hoffman, *Anonymous Soldiers*, p.323; 'Two Plays to Hold Premieres Tonight', *New York Times*, 5 September 1946.

11. TNA, CO 537/1738, MI5 to Trafford-Smith, 4 October 1946.

12. Ottolenghi, 'Harry Truman's Recognition of Israel', p.970; 'The Palestine Outlook: Mr Bevin on U.S. "Pressure"', *The Times*, 26 February 1947.

13. TNA, CAB 195/5, meeting of 15 January 1947.

14. Rose, '*A Senseless, Squalid War*', p.135.

15. HC Deb, 18 February 1947, Vol. 433, cc. 988–9.

16. TNA, CAB 195/5, meeting of 14 February 1947.

17. HC Deb, 25 February 1947, Vol. 433, c.2007.

18. TNA, FO 1093/420, 'Proposals for action to deter ships' masters and crews from engaging in illegal Jewish immigration traffic', 19 December 1946.

19. TNA, CAB 195/5 meeting of 19 December 1946; TNA, FO 1093/420, Proposals for action to deter ships' masters and crews from engaging in ilgal Jewish immigration trafic', 19 December 1946, 'C' to Hayter, 19 December 1946.

20. TNA, CAB 195/5, meeting of 20 March 1947.

21. TNA, CO 537/2314, 'Build Dov Gruner's Memorial'; Medoff, *Militant Zionism in America*, p.176.

22. TNA, CO 537/2314, FO to Washington, 22 May 1947; 'Halt in Palestine Agitation Here Requested by Truman', *New York Times*, 6 June 1947.

23. TNA, CO 967/103, Robey to Bromley, 9 September 1947; Eveland, *Ropes of Sand*, p.32; Roosevelt, *Arabs, Oil and History*, p.194.

24. '3 Slain on Zionist Vessel as Refugees fight British', *New York Times*, 19 July 1947.

25. 'British Statement to UN on Palestine', *The Times*, 27 September 1947.

26. Hecht, *A Child of the Century*, p.612.

27. Truman, *Memoirs*, Vol.II, pp.168–9.

28. TNA, CAB 195/6, meeting of 22 March 1948.

第二部分　重大让步（1947—1953）

※ 8　装在一个篮子里的鸡蛋

1. Seale, The Struggle for Syria, p.13.

2. TNA, CAB 195/5, meeting of 22 January 1947; Pappé, 'Sir Alec Kirkbride and the Anglo-Transjordanian Alliance', p.127.

3. *FRUS*, 1947, Vol. V, p.741, Marshall to Gallman, 14 February 1947.

4. *FRUS*, 1947, Vol. V, p.742, Gallman to Marshall, 17 February 1947;p.744, Marshall to Gallman, 3 March 1947; p.746, Editorial Note.

5. *FRUS*, 1947, Vol. V, pp.748–9, Marshall to Baghdad Embassy, 12 June 1947; p.749, note 3.

6. Wilford, *America's Great Game*, p.114.

7. Roosevelt, *Arabs, Oil and History*, pp.249, 6, 9.

8. Roosevelt, *Arabs, Oil and History*, p.101; Wilford, *America's Great Game*, p.79.

9. Roosevelt, *Arabs, Oil and History*, p.119.

10. Roosevelt, *Arabs, Oil and History*, p.122.

11. HC Deb, I4 July 1947, Vol. 440, c. 9; Roosevelt, *Arabs, Oil and History*, p. I22.

12. Roosevelt, *Arabs, Oil and History*, p.75.

13. Roosevelt, *Arabs, Oil and History*, p. I27.

14. *FRUS*, I947, Vol. V, p.759, Editorial Note.

15. Roosevelt, 'Triple Play for the Middle East', p.366.

16. Little, 'Pipeline Politics', p.273; TNA, FO371/75528, Syria, Political Summary for the Months of January and February 1949, n.d.

17. Little, 'Cold War and Covert Action', p.55; Wilford, *America's Great Game*, p.101.

18. Wilford, *America's Great Game*, p.72;'US Attaché Fights Off Gunmen', *New York Times*, 10 March 1949.

※ 9　探索不毛之地

1. MEC, Philby Papers, 2/3/2/6, Philby to Mrs Astley, 27 January 1948.

2. Morton, *Buraimi*, p.19.

3. Morton, *Buraimi*, p.15.

4. IOR, R/15/1/238 Ambassador Cairo to Political Resident Bushire, 1 April 1945.

5. Thesiger, *Arabian Sands*, p.41.

6. TNA, FO 371/68777, Burrows to Trott, draft, 20 February 1948.

7. Thesiger, *Arabian Sands*, p.156.

8. Thesiger, *Arabian Sands*, p.203.

9. MEC, Philby Papers, 2/3/2/6, Philby to Mrs Astley, 27 January 1948.

10. IOR, R/25/599, Bird to Jackson, 17 April 1948; MEC, Paxton Papers, Bird to Lermitte, 13 June 1948, 'Note on Mr Thesiger'.

11. IOR, R 15/2/599, Bird to Jackson, 17 April 1948.

12. MEC, Paxton Papers, Bird to Lermitte, 13 June 1948, 'Note on Mr Thesiger'.

13. Thesiger, *Arabian Sands*, p.272; Morton, *Buraimi*, p.48; Thesiger, 'A Further Journey Across the Empty Quarter', p.40.

14. Morton, *Buraimi*, p.48; Thesiger, 'A Further Journey Across the Empty Quarter', p.39; Thesiger, *Arabian Sands*, p.314.

15. Morton, *Buraimi*, p.76.

16. MEC, Paxton Papers, Bird to Lermitte, 28 April 1949.

17. IOR, R/15/2/465, FO to Bahrain, 7 May 1949; MEC, Paxton Papers, Bird to Longrigg, 10 April 1949.

18. IOR, R/15/2/549, memorandum, 4 May 1949.

19. MEC, Paxton Papers, Henderson to Lermitte, 20 March 1950.

20. IOR, R/15/2/250, Hay to Bevin, 25 April 1950.

※ 10　五五分成

1. *FRUS*, 1950, Vol. V, p.11, Funkhouser, memorandum of conversation, 10 January 1950.

2. *FRUS*, 1949, Vol. VI, p.1624, Editorial Note;1950, Vol. V, p.1147, Childs, memorandum of conversation, 23 March 1950; 1950, Vol. V, p.25, Note 2.

3. *FRUS*, 1950, Vol. V, p.1128, Truman to Ibn Saud, n.d.

4. McGhee, *Envoy to the Middle World*, p.186.

5. Grafftey-Smith, *Bright Levant*, p.267.

6. *FRUS*, 1950, Vol. V, p.52, Acheson to US Embassy, Saudi Arabia, 1 June 1950; p.56, Childs to Acheson, 13 June 1950.

7. *FRUS*, 1950, Vol. V, p.52, Acheson to US Embassy, Saudi Arabia, 1 June 1950.

8. *FRUS*, 1950, Vol. V, p.63, Childs to Acheson, 25 July 1950.

9. McGhee, *Envoy to the Middle World*, pp.320–21.

10. Yergin, *The Prize*, p.159; TNA, CAB 195/4, meeting of 3 June 1946; Louis, *The British Empire in the Middle East*, p.56.

11. Churchill, *The World Crisis* 1911–14, p.132; Abdelrehim, 'Oil Nationalisation and Managerial Disclosure', p.126.

12. Marsh, 'HMG, AIOC and the Anglo-Iranian Oil Crisis', p.147; Hardy, *The Poisoned Well*, p.109.

13. Abdelrehim, 'Oil Nationalisation and Managerial Disclosure', pp.117–21, 126.

14. Elm, *Oil, Power and Principle*, p.37.

15. TNA, CAB 195/9, meeting of 23 April 1951: Philip Noel Baker made the remark. Elm, in *Oil, Power and Principle*, p.102, 推测英伊石油公司中伊朗所占资产达到公司共计2.86亿英镑资产的10%。

16. *FRUS*, 1950, Vol. V, p.580, Douglas to Acheson, 12 August 1950.

17. McGhee, *Envoy to the Middle World*, pp.323–4.

18. *FRUS*, 1950, Vol. V, pp.106–9, Funkhouser, memorandum of conversation, 6 November 1950.

19. *FRUS*, 1950, Vol. V, p.1190, Truman to Ibn Saud, 31 October 1950; *FRUS*, 1951, Vol. V, p.277, Funkhouser, memorandum of conversation, 10 January 1951; *FRUS*, 1951, Vol. V, p.283, Acheson to Certain Diplomatic and Consular Posts, 25 January 1951.

※ 11 不幸的转折

1. *FRUS*, 1950, Vol. V, p.512, 'The Present Crisis in Iran', n.d.

2. Falle, *My Lucky Life*, p.76; McGhee, *Envoy to the Middle World*, p.390.

3. Elm, *Oil, Power and Principle*, p.70.

4. Kinzer, *All the Shah's Men*, p.75.

5. Elm, *Oil, Power and Principle*, p.76.

6. TNA, CAB 129/44/28, Bevin, 'Persia', 22 January 1951.

7. 'Iranian Intrigue', *Wall Street Journal*, 4 October 1952; *FRUS*, 1952–54, Iran 1951–54, p.126, Richards, 'Recent Increase in Political Prestige of Ayatollah Kashani', 20 August 1951; TNA, CAB 129/54/25, Eden, 'Political Developments in Persia', 5 August 1952, circulating Middleton's letter of 28 July 1952.

8. Elm, *Oil, Power and Principle*, p.74.

9. Elm, *Oil, Power and Principle*, p.78.

10. Goodman, *The Official History of the Joint Intelligence Committee*, p.357.

11. McGhee, *Envoy to the Middle World*, p.327, Falle, *My Lucky Life*, p.8o (the verdict was Middleton's).

12. *FRUS*, 1951, Vol. V, p.290, Fritzlan to State Department, 26 March 1951.

13. Thorpe, *Eden*, p.363; McGhee, *Envoy to the Middle World*, p.333; TNA, CAB 195/9, meeting of 5 April 1951.

14. Falle, *My Lucky Life*, p.79.

15. Louis, 'Britain and the Overthrow of Mosaddeq', in Gasiorowski and Byrne, eds, *Mohammad Mosaddeq and the 1953 Coup in Iran*, p.156; McGhee, *Envoy to the Middle World*, p.333.

16. USIME, CIA, National Intelligence Estimate: Iran's Position in the

East-West Conflict, 5 April 1951; *FRUS*, 1952–54, Vol. X, p.33, Rountree, memorandum of conversation, 17 April 1951; TNA, CAB 129/45/39, Morrison, 'Persian Oil', 20 April 1951.

17. *FRUS*, 1952–54, Vol. X, p.33, Rountree, memorandum of conversation, 17 April 1951.

18. TNA, CAB 129/45/39, Morrison, 'Persian Oil', 20 April 1951.

19. TNA, CAB 195/9, meeting of 30 April 1951.

20. *FRUS*, 1952–54, Iran 1951–1954, p.117, CIA, 'Effects of Closing Down the Iranian Oil Industry', 11 July 1951.

21. *FRUS*, 1952–54, Iran 1951–1954, p.90, Memorandum for the Record, 16 May 1951.

22. Catterall, ed., *The Macmillan Diaries*, Vol. I, p.75, 7 May 1951; HC Deb, 29 May 1951, Vol. 488, cc.41–2.

23. *FRUS*, 1952–54, Vol. X, pp.58–9, Stutesman, memorandum of conversation, 31 May 1951.

24. Kinzer, *All the Shah's Men*, p.93.

25. TNA, CAB 195/9/1, meeting of 25 June 1951; TNA, CAB 195/9, meeting of 2 July 1951.

26. *FRUS*, 1952–54, Vol. X, p.112, Harriman to State Department, 24 July 1951.

27. Elm, *Oil, Power and Principle*, p.135; TNA, CAB 195/9/1, meeting of 27 September 1951.

28. TNA, CAB 195/9/1, meeting of 27 September 1951.

29. *FRUS*, 1952–54, Vol. X, p.191, Gross to Hickerson, 2 October 1951; Dorril, *MI6*, p.562.

30. *FRUS*, 1951, Vol.IV, pp.974-5, Perkins to Acheson, 26 September 1951.

31. *FRUS*, 1952-54, Vol. X, p.244, Walters, memorandum of conversation, 28 October 1951.

※ 12 退居二线

1. Catterall, ed, *The Macmillan Diaries*, Vol. I, p.79, 11 June 1951, p.180, 13-15 August 1952.

2. *FRUS*, 1952-54, Vol. VI, part I, p.740, Bradley, notes, 5 January 1952; Thornhill, *Road to Suez*, p.36.

3. Colville, *The Fringes of Power*, p.596; HC Deb, 7 November 1951, Vol.493, c.193.

4. *FRUS*, 1952-54, Vol. X, p.280, Acheson to State Department, 10 November 1951; p.257, Acheson, memorandum of conversation, 4 November 1951; Shuckburgh, *Descent to Suez*, p.27, 4 November 1951.

5. Shuckburgh, *Descent to Suez*, p.27, 4 November 1951.

6. *FRUS*, 1952-54, Vol. X, p.280, Acheson to State Department, 10 November 1951, p.257.

7. *FRUS*, 1952-54, Vol. VI, p.1082, memorandum of a meeting between Eisenhower and Churchill, 25 June 1954; Brands, 'The Cairo-Teheran Connection', p.443; *FRUS*, 1952-54, Vol. X, p.280, Acheson to State Department, 10 November 1951; p.257.

8. Thornhill, *Road to Suez*, p.43; TNA, CAB 195/10, meeting of 12 November 1951.

9. TNA, CAB 195/10, meeting of 12 November 1951.

10. *FRUS*, 1951, Vol. V, p.431, Note 2; p.431, Caffery to State Department, 6 December 1951.

11. TNA, CAB 129/48/40, Eden, 'Egypt', 6 December 1951; TNA, CAB 195/10, meeting of 7 December 1951.

12. Shuckburgh, *Descent to Suez*, p.29, 16 December 1951.

13. *FRUS*, 1951, Vol. V, p.443, Note 2.

14. *FRUS*, 1952–54, Vol. VI, part I, p.721, Gifford to State Department, 28 December 1951.

15. *FRUS*, 1952–54, Vol. VI, p.731, Acheson, memorandum, 8 January 1952; Shuckburgh, *Descent to Suez*, p.32, 5 January 1952.

16. Thornhill, *Road to Suez*, p.55; *FRUS*, 1952–54, Vol. VI, pp.737–8, Acheson, memorandum, 8 January 1952.

17. Catterall, ed., *The Macmillan Diaries*, Vol.I, p.133, 17 January 1952.

18. Thornhill, *Road to Suez*, p.58.

19. Thornhill, *Road to Suez*, p.64.

20. TNA, FO 141/1453, Hamilton, minute, 13 February 1952.

21. TNA, CAB 195/10, meeting of 14 February 1952; Catterall, ed., *The Macmillan Diaries*, Vol. I, pp.163–4, 30 May 1952.

22. Lucas and Morey, 'The Hidden "Alliance"', p.97.

23. O'Sullivan, *FDR and the End of Empire*, p.61; Grafftey-Smith, *Bright Levant*, pp.238, 236; MEC, Slade-Baker Papers, diary, 21 August 1952.

24. Lucas, 'Divided We Stand', p.17.

25. Lucas and Morey, 'The Hidden "Alliance"', p.19; *FRUS*, 1952–54, Vol. IX, p.1839, Byroade to Acheson, 21 July 1952.

26. Thornhill, *Road to Suez*, p.88.

27. Thornhill, *Road to Suez*, p.88.

28. MEC, Slade-Baker Papers, diary, 19 September 1952.

29. Roosevelt, 'Egypt's Inferiority Complex', p.357.

30. MEC, Slade-Baker Papers, diary, 19 September 1952.

31. MEC, Slade-Baker Papers, diary, 8 September 1952; Brands, 'The Cairo-Teheran Connection', p.446; Lucas, 'Divided We Stand', p.21; Lucas and Morey, 'The Hidden "Alliance"', p.98.

32. Catterall, ed., *The Macmillan Diaries*, Vol.I, p.186, 27 September 1952.

※ 13 密谋摩萨台倒台

1. Maclean, *Eastern Approaches*, p.274.

2. Elm, *Oil, Power and Principle*, p.235.

3. TNA, CAB 129/54/25, Eden,'Political Developments in Persia', 5 August 1952, circulating Middleton's letter of 28 July.

4. TNA, CAB 195/10, meeting of 29 July 1952.

5. Rahnema, *Behind the 1953 Coup in Iran*, p. xvili.

6. TNA, CAB 195/10, meeting of 7 August 1952.

7. Dobson, *Anglo-American Relations in the Twentieth Century,* p.116.

8. Rahnema, *Behind the 1953 Coup in Iran*, p.25.

9. 'Iranian Intrigue', *Wall Street Journal*, 4 October 1952.

10. Brands, *Inside the Cold War*, p.267.

11. Rahnema, *Bebind the 1953 Coup in Iran*, p.25; USIME, CIA, 'Prospects for Survival of Mossadeq Regime in Iran', 14 October 1952,

and 'Probable Developments in Iran Through 1953', 13 November 1952; Shuckburgh, *Descent to Suez*, p.55, 20 November 1952.

12. Shuckburgh, *Descent to Suez*, p.47, 5 November 1952.

13. Talbot, *The Devil's Chessboard*, pp.200–3; Ferrell, ed., *The Eisenbower Diaries*, p.237, 14 May 1953; Thornhill, *Road to Suez*, p.122.

14. Hoopes and Brinkley, *FDR and the Creation of the UN*, p.56.

15. Catterall, ed., T*he Macmillan Diaries*, Vol. II, p.22, 20 March 1957; Lucas, *Divided We Stand*, p.37; Dulles, 'Policy for Security and Peace', p.355.

16. TNA, CAB 195/11, meeting of 30 December 1952.

17. Eisenhower, *Crusade in Europe*, pp.69–70; Ferrell, ed., *The Eisenbower Diaries*, pp.222–4, 6 January 1953.

18. Ferrell, ed., *The Eisenbower Diaries*, pp.222–3, 6 January 1953.

19. Colville, *The Fringes of Power*, pp.620, 629.

20. Shuckburgh, *Descent to Suez*, p.71, 7 January 1953.

※ 14 置身战场之人

1. *FRUS*, 1952–54, Vol. X, pp.662–3, Dulles to US Embassy London, 10 February 1953; USIME, CIA, 'Mossadeq Plans to Announce End of Oil Negotiations', 17 February 1953.

2. *FRUS*, 1952–54, Vol. X, pp.689–90, CIA, memorandum for the president, 1 March 1953.

3. *FRUS*, 1952–54, Vol. X, pp.693, 698, memorandum of discussion at the NSC, 4 March 1953; Wevill, *Diplomacy, Roger Makins and the Anglo-*

American Relationship, p.107.

4. USIME, CIA, 'The Iranian Situation', 8 March 1953.

5. *FRUS*, 1952–54, Vol. X, p.713, memorandum of discussion at the NSC, 10 March 1953.

6. Wilber, *Clandestine Service History: Overthrow of Premier Mossadeq of Iran, November 1952–August 1953*, p.2.

7. Wilber, *Iran: Past and Present*, p.90.

8. Wilber, *Clandestine Service History*, p.9.

9. Wilber, *Clandestine Service History*, p.6.

10. Roosevelt, *Countercoup*, p.19.

11. Wilber, *Clandestine Service History*, p.14; Woodhouse, *Something Ventured*, p.125.

12. Roosevelt, *Countercoup*, p.18.

13. Roosevelt, 'Propaganda Techniques of the English Civil Wars', p.373.

14. Brands, *Inside the Cold War*, p.272; TNA, FO 371/82393, Rothnie, minute, 19 March 1953.

15. Roosevelt, *Countercoup*, p.52; Dorril, *MI6*, p.588.

16. Kinzer, *All the Shah's Men*, p.9.

17. Wilber, *Clandestine Service History*, p.27.

18. TNA, FO 371/104569, note by Gandy, 17 August 1953; O'Connell, *King's Counsel*, p.19; Rahnema, *Behind the 1953 Coup in Iran*, p.99; Talbot, *The Devil's Chessboard*, p.229.

19. O'Connell, *King's Counsel*, p.19.

20. Roosevelt, 'Citizenship in a Republic', 23 April 1910.

21. Wilber, *Clandestine Service History*, p.51; TNA, FO 371/104569,

Makins to FO, 17 August 1953.

22. TNA, FO 371/104569, unsent FO response, 18 August 1953; CIA, *Clandestine Service History*, p.59.

23. Kinzer, *All the Shah's Men*, p.175.

24. *Saturday Evening Post*, 6 November 1954, cited in Woodhouse, *Something Ventured*, p.129.

25. Kinzer, *All the Shah's Men*, p.181.

26. Wilber, *Clandestine Service History*, pp.78–9.

27. Roosevelt, *Countercoup*, p.207.

28. Elm, *Oil, Power and Principle*, p.277.

29. *FRUS*, 1952–54, Iran 1951–1954, p.781, Editorial Note.

第三部分　转战苏伊士（1953—1958）

※ 15　以枪为礼

1. *FRUS*, 1952–54, Vol. IX, pp.11–12, memorandum of conversation, 11 May 1953, p.21, memorandum of conversation, 12 May 1953.

2. *FRUS*, 1952–54, Vol. IX, p.25, Caffery to State Department, noon, 13 May 1953; p.27, Caffery to State Department, 1 p.m. 13 May 1953.

3. *FRUS*, 1952–54, Vol. IX, p.406, Dulles to Certain Diplomatic Missions, 30 July 1953; Vol. IX, p.395, memorandum of discussion at the NSC, 9 July 1953.

4. Lucas, *Divided We Stand*, p.26.

5. Petersen, 'Anglo-American Rivalry in the Middle East', p.76.

6. Thornhill, *Road to Suez*, p.163; *FRUS*, 1952–54, Vol. IX, p.9, memorandum of conversation, 11 May 1953; Catterall, ed., *The Macmillan Diaries*, Vol. I, p.231, 12 May 1953.

7. *FRUS*, 1952–54, Vol. IX, p.10, memorandum of conversation, 11 May 1953; MEC, Slade-Baker Papers, diary, 19 January 1954.

8. *FRUS*, 1952–54, Vol. IX, p.2140, Caffery to State Department, 24 September 1953.

9. *FRUS*, 1952–54, Vol. IX, p.2219, Dulles to Embassy in the UK, 15 July 1953; MEC, Slade-Baker Papers, diary, 15 January 1954; Thornhill, *Road to Suez*, p.173.

10. Thorpe, *Eden*, p.420.

11. *FRUS*, 1952–54, Vol. VI, Part I, p.1024, Dulles, memorandum of dinner conversation, 12 April 1954; Mott-Radclyffe, *Foreign Body in the Eye*, pp.214–15; TNA, CAB 195/12, meeting of 22 June 1954.

12. Thornhill, *Road to Suez*, p.194; Lucas, *Divided We Stand*, p.37.

13. TNA, CAB 195/12, meeting of 7 July 1954.

14. Thornhill, *Road to Suez*, p.207.

15. Copeland, *The Game of Nations*, pp.176–8; Eveland, *Ropes of Sand*, p.102.

16. Beeston, *Looking for Trouble*, p.19; MEC, Slade-Baker Papers, diary, 8 November 1955.

※ 16 《巴格达条约》

1. TNA, CAB 129/68/31, Lloyd, 'Future Defence Arrangements with

Iraq', 31 May 1954.

2. 纳赛尔向效力于军情六处的斯莱德－贝克透露协议内容。MEC, Slade-Baker Papers, diary, 31 July 1954.

3. Shuckburgh, *Descent to Suez*, p.224, 15 July 1954.

4. TNA, CAB 129/65/4, Eden, 'United States Project to Associate Military Aid to Pakistan with Middle East Defence', 5 January 1954; Sanjian, 'The Formulation of the Baghdad Pact', p.240.

5. Seale, *The Struggle for Syria*, p.217; MEC, Slade-Baker Papers, diary, 18 March 1955, 2 February 1956.

6. MEC, Slade-Baker Papers, diary, 2 February 1956; Hart, *Saudi Arabia and the United States*, pp.235–6.

7. Heikal, *Cutting the Lion's Tail*, p.75.

8. TNA, FO 371/115493, Stevenson to FO, 'Discussion between the Secretary of State and Egyptian Leaders', 21 February 1955; Lucas, *Divided We Stand*, p.41.

9. Heikal, *Cutting the Lion's Tail*, p.77.

10. Thornhill, *Road to Suez*, p.209; TNA, CAB 195/13, meeting of 15 March 1955.

11. *FRUS*, 1955–57, Vol. XIV, p.118, memorandum of conversation, 24 March 1955.

12. Ashton, 'The Hijacking of a Pact', p.132.

13. Wilford, *America's Great Game*, pp.192–93; Tuhami to Nasser, 18 June 1955, http://digitalarchive.wilsoncenter.org/document/112263.

14. Lucas, *Divided We Stand*, p.48.

15. *FRUS*, 1955–57, Vol. XIV, p.237, Byroade to State Department, 9

June 1955.

16. Lucas, *Divided We Stand*, p.52.

17. Lucas, *Divided We Stand*, p.52; MEC, Slade-Baker Papers, diary, 5 November 1955.

18. Catterall, ed., *The Macmillan Diaries*, Vol. I, p.480, 22 September 1955.

19. USIME, Joint Chiefs of Staff, 'Comparative Cost of US Equipment to Egypt as opposed to the Cost of USSR Equipment', 5 October 1955.

20. Copeland, *The Game of Nations*, p.134.

21. *FRUS*, 1955–57, Vol. XIV, pp.520–21, State Department to Mission, UN, 27 September 1955.

22. Catterall, ed, *The Macmillan Diaries*, Vol.I, p.507, 13 November 1955.

23. Shuckburgh, *Descent to Suez*, p.281, 26 September 1955.

24. Catterall, ed., *The Macmillan Diaries*, Vol. I, p.489, 2 October 1955.

25. *FRUS*, 1955–57, Vol. XIV, p.519, memorandum of conversation, 26 September 1955;p.526, Dulles to State Department, 27 September 1955.

26. *FRUS*, 1955–57, Vol. XIV, p.543, memorandum of conversation, 3 October 1955.

27. TNA, CAB 195/14, meeting of 4 October 1955.

28. Lucas, *Divided We Stand*, p.53; TNA, CAB 195/14, meeting of 4 October 1955; TNA, CAB 128/29/34, meeting of 4 October 1955.

※ 17 过犹不及

1. 'Michael Weir', *Daily Telegraph*, 14 August 2006.

2. TNA, DO 35/6313, Samuel, 'Buraimi', 30 September 1955.

3. 'Breakdown of Arbitration over Buraimi', *The Times*, 17 September 1955; TNA, DO 35/6313, 'The Buraimi Dispute', 4 October 1955.

4. TNA, DO 35/6313, Samuel, 'Buraimi', 30 September 1955.

5. TNA, CAB 129/78/2, Macmillan, 'Middle East Oil', 13 October 1955;TNA, CAB 128/29/35, Cabinet, conclusions, 18 October 1955; Catterall, ed., *The Macmillan Diaries*, Vol. I, p.493, 20 October 1955.

6. Shuckburgh, *Descent to Suez*, p.293, 26 October 1955.

7. Catterall, ed., *The Macmillan Diaries*, Vol.I, p.508, 20 November 1955;'Aramco, Disputed by British and Arab Interests, Courts Favor in Saudi Arabia and Gains Profits', *Wall Street Journal*, 28 June 1956, 推测沙特占阿美石油公司的利润份额为 2.7 亿美元；瓦西列夫在《沙特阿拉伯史》(*Hictory of Saudi Arabia*) 一书中认为，这一数字还要更高，计 3.48 亿美元；Philby, 'The Scandal of Arabia-II', *Sunday Times*, 30 October 1955; TNA, CAB 129/78/2, Macmillan, 'Middle East Oil', 14 October 1955; CIA, 'Saudi Arabia: A Disruptive Force in Western-Arab Relations', 18 January 1956。

8. Catterall, ed, *The Macmillan Diaries,* Vol. I, p.508, 20 November 1955.

9. TNA, FO 371/115954, Turton, memorandum, 12 October 1955.

10. Yeşilbursa, *The Baghdad Pact*, pp. 143-4.

11. *FRUS*, 1955-57, Vol. XIV, p.821, Dulles to Macmillan, 5 December 1955; Shuckburgh, *Descent to Suez*, p.307, 2 December 1955.

12. Gorst, ' "A Modern Major General": General Sir Gerald Templer, Chief of the Imperial General Staff', in Kelly and Gorst, eds, *Whitehall and the Suez Crisis*, p.32; Horne, *But What Do You Actually Do?*, pp.44-5; French, *The British Way in Counter-Insurgency*, p.1.

13. MEC, Slade-Baker Papers, diary, 13 January 1956.
14. Catterall, ed, *The Macmillan Diaries*, Vol.I, p.516, 11 December 1955.
15. MEC, Slade-Baker Papers, diary, 13 January 1956.
16. Catterall, ed, *The Macmillan Diaries*, Vol.I, p.525, 12 January 1956.
17. 'British Assessment of Middle East', *Observer*, 8 January 1956.
18. TNA, FO 115/4547, Gardener, letter, 27 January 1956; *FRUS*, 1955–57, Vol. XII, p.567, memorandum of conversation, 30 January 1956; TNA, FO 115/4547, minute of the meeting of 30 January 1956; Lucas, *Divided We Stand*, p.90.
19. TNA, FO 15/4547.
20. TNA, CAB 195/14, meeting of 9 February 1956; 'Palace Brains Trust Angers Desert Rebels', *Daily Express*, 13 February 1956.
21. Glubb, *A Soldier with the Arabs*, p.300.
22. Asseily and Asfahani, eds, *A Face in the Crowd*, 30/11 'The Situation in Jordan', n.d., 33/11, 'Report from Amman', 11 March 1956.
23. MEC, Slade-Baker Papers, diary, 6 March 1956; Beeston, *Looking for Trouble*, p.21.
24. TNA, CAB 195/14, meeting of 5 March 1956; Shuckburgh, *Descent to Suez*, p.341, 3 March 1956.
25. Shuckburgh, *Descent to Suez*, p.345, 7 March 1956; Thorpe, *Eden*, p.466.
26. Shuckburgh, *Descent to Suez*, p.346, 12 March 1956.
27. Shuckburgh, *Descent to Suez*, p.345, 8 March 1956.

※ 18　摆脱纳赛尔

1. Von Tunzelmann, *Blood and Sand*, p.100.

2. *FRUS*, 1955–57, Vol. XV, p.307, Anderson to Dulles, 6 March 1956.

3. Ferrell, ed., *The Eisenbower Diaries*, p.318, 8 March 1956; Lucas and Morey, 'The Hidden "Alliance" ', p.103.

4. TNA, CAB 195/14, meeting of 21 March 1956.

5. Nutting, *No End of a Lesson*, p.34. 最开始的时候纳丁说艾登对他说的是，他想毁掉纳赛尔；艾登死后，纳丁称艾登用的是"谋杀"这个词。

6. TNA, CAB 195/14 meeting of 21 March 1956.

7. Ferrell, ed, *The Eisenbower Diaries*, p.323, 28 March 1956.

8. Wilford, *America's Great Game*, p.220.

9. Eveland, *Ropes of Sand*, p.169; Cavendish, *Inside Intelligence*, p.195; Dorril, *MI6*, p.569.

10. Eveland, *Ropes of Sand*, p.170.

11. Young, *Who Is my Liege?*, p.31.

12. Eveland, *Ropes of Sand*, p.171.

13. Wilford, *America's Great Game*, p.224.

14. Heikal, *Cutting the Lion's Tail*, p.118.

15. Eveland, *Ropes of Sand*, p.181; Wilford, *America's Great Game*, p.224.

16. Eveland, *Ropes of Sand*, p.189.

17. Eveland, Ropes of Sand, p.190.

18. 'US to Reshuffle Envoys to Bolster Role in Mideast', *New York Times*, 16 July 1956.

19. Ferrell, ed., *The Eisenbower Diaries*, p.318, 8 March 1956.

20. TNA, AIR 19/0163, Mclean, 'Notes on Conversation with King Saud, Riyadh', 22 October 1962; Vitalis, *America's Kingdom*, p.164; MEC, Slade- Baker Papers, diary, 6 March 1955, 3 July 1956.

21. MEC, Slade-Baker Papers, diary, 28 June 1956.

22. Asseily and Asfahani, eds, *A Face in the Crowd*, p.157, 131/13, 'Report on Development of Arab political activities in Lebanon in relation to the opposition to and support of the Turkish Alliance', n.d.

23. MEC, Slade-Baker Papers, diary, 10 February 1957.

24. TNA, CAB 129/82/34, Lloyd, 'Egypt', 20 July 1956.

25. Lucas, *Divided We Stand*, p.136.

26. *FRUS*, 1955–57, Vol. XV, p.867, memorandum of a telephone conversation, 19 July 1956; Kyle, *Suez*, p.129; Lucas, *Divided We Stand*, p.137.

27. *FRUS*, 1955–57, Vol. XV, p.873, memorandum of telephone conversation, 19 July 1956; MEC, Slade-Baker Papers, diary, 21 July 1956.

※ 19　詹金斯的耳朵战争

1. Thorpe, *Eden*, p.101.

2. 'Suez Canal Company', *The Times*, 18 June 1956. .

3. Von Tunzelmann, *Blood and Sand,* p.28.

4. MEC, Slade-Baker Papers, diary, 26 July 1956.

5. Horne, *Macmilan*, Vol.I, p.395.

6. Owen, *In Sickness and in Power*, p.121.

7. Lane, 'The Past as Matrix: Sir Ivone Kirkpatrick, Permanent Under-Secretary for Foreign Affairs', in Kelly and Gorst, eds, *Whitehall and the Suez Crisis*, p.209.

8. Shuckburgh, *Descent to Suez*, p.178, 26 April 1954; Lucas, *Divided We Stand*, p.142.

9. TNA, CAB 195/15, meeting of 27 July 1956.

10. *FRUS*, 1955–57, Vol. XVI, p.9, Eden to Eisenhower, 27 July 1956.

11. *FRUS*, 1955–57, Vol. XVI, pp.61–2, Murphy to Dulles and Hoover, 31 July 1956.

12. CIA, Intelligence Estimate, 'Nasser and the Middle East Situation', 31 July 1956; *FRUS*, 1955–57, Vol. XVI, p.70, Eisenhower to Eden, 31 July 1956.

13. *FRUS*, 1955–57, Vol. XVI, pp.98–9, memorandum of conversation, 1 August 1956.

14. TNA, CAB 195/15 meeting of 1 August 1956. 杜勒斯在7月31日与艾森豪威尔会晤时用到了"交出"一词，在8月1日与艾登一起吃午饭之前，他在与劳埃德的会面中再次用到这个词（*FRUS*, 1955–57, Vol.XVI, pp.64, 95）。

15. Kyle, *Suez*, p.163.

16. *FRUS*, 1955–57, Vol. XVI, p.119, Note 3.

17. HC Deb, 2 August 1956, Vol. 557, cc. 1603, 1608.

18. 'Channel Race Ban on Egyptians', *The Times*, 3 August 1956; 'One Man's War Breaks Out in Mayfair', *Daily Express*, 3 August 1956.

19. Catterall, ed., *The Macmillan Diaries*, Vol. I, p.586, 9 August 1956;TNA, CAB 195/15, meeting of 14 August 1956; MEC, Slade-Baker Papers, diary, 22 August 1956. 从斯莱德–贝克1952年8月28日至9月12日的日记内容来看，他与军情六处之间明显存在联系。

20. Lucas, *Divided We Stand*, p.180.

21. Lucas, *Divided We Stand*, p.186.

22. *FRUS*, 1955–57, Vol. XVI, pp.402–3, Eden to Eisenhower, 6

September 1956.

23. Lane, 'The Past as Matrix' in Kelly and Gorst, eds., *Whitehall and the Suez Crisis*, p.209; TNA, CAB 195/15, meeting of 11 September 1956.

24. HC Deb, 12 September 1956, Vol. 558, c. 11.

25. Kyle, *Suez*, p.246.

26. HC Deb, 13 September 1956, Vol.558, c. 304.

27. MEC, Slade-Baker Papers, diary, 15 September 1956.

※ 20　失算苏伊士

1. Von Tunzelmann, *Blood and Sand*, p.138.

2. Barr, *A Line in the Sand*, pp.286–93, 336–48.

3. Lucas, *Divided We Stand*, p.227; Shlaim, 'The Protocol of Sevres', p.512.

4. Kyle, *Suez*, p.296.

5. Von Tunzelmann, *Blood and Sand*, p.134; Onslow, 'Unreconstructed Nationalists and a Minor Gunboat Operation', p.81.

6. TNA, CAB 195/15 meeting of 18 October 1956.

7. Lucas, *Divided We Stand*, p.208.

8. Kyle, *Suez*, p.256.

9. Shuckburgh, *Descent to Suez*, p.317, 5 January 1956.

10. TNA, CAB 195/15, meeting of 18 October 1956.

11. Von Tunzelmann, *Blood and Sand*, p.46.

12. TNA, CAB 195/15, meeting of 23 October 1956.

13. Heath, *The Course of my Life*, p.169; TNA, CAB 128/30/74, Cabinet, 74th Conclusions, 25 October 1956.

14. TNA, CAB 138/30/74, Cabinet, 74th Conclusions, 25 October 1956.

15. MEC, Slade-Baker Papers, diary, 23 January 1957.

16. *FRUS*, 1955-57, Vol.XVI, p.798, Special Watch Report, 28 October 1956.

17. *FRUS*, 1955-57, Vol. XVI, p.818, Aldrich to State Department, 29 October 1956.

18. *FRUS*, 1955-57, Vol. XVI, p.818, Aldrich to State Department, 29 October 1956.

19. *FRUS*, 1955-57, Vol. XVI, p.807, memorandum of a telephone conversation, 28 October 1956.

20. *FRUS*, 1955-57, Vol. XVI, p.807, memorandum of a telephone conversation, 28 October 1956.

21. *FRUS*, 1955-57, Vol. XVI, pp.815-16, Dulles to Embassy in France, 29 October 1956.

22. Hennessy, *The Prime Minister*, p.236; Lane, 'The Past as Matrix', in Kelly and Gorst, eds, *Whitehall and the Suez Crisis*, p.213.

23. Shuckburgh, *Descent to Suez*, p.362, 1 November 1956; Von Tunzelmann, *Blood and Sand*, p.215.

24. *FRUS*, 1955-57, Vol. XVI, p.849, Eisenhower to Eden, 30 October 1956.

25. TNA, CAB 195/15, meeting of 2 November 1956, at 4.30 p.m.

26. Von Tunzelmann, *Blood and Sand*, p.297.

27. CAB 195/15, meeting of 4 November 1956.

28. HC Deb, 5 November 1956, Vol. 558, c. 1966; Kyle, *Suez*, p.452.

29. *FRUS*, 1955-57, Vol. XVI, pp.985-6, Eden to Eisenhower, 5

November 1956.

30. *FRUS*, 1955–57, Vol. XVI, p.1001, memorandum of a conference with the president, 5 November 1956.

31. Thorpe, *Eden*, p.529.

32. TNA, CAB 128/30, Cabinet, conclusions, 2 November 1956, 4.30 p.m.meeting; CAB 195/16, meeting of 8 January 1957; Horne, *Macmillan*, p.441.

33. Thorpe, *Eden*, p.538; Lucas, *Divided We Stand*, p.311.

34. Smith, *Ending Empire in the Middle East*, p.65; TNA, CAB 195/16, meeting of 28 November 1956.

※ 21　政变未遂

1. Eveland, *Ropes of Sand*, p.227; Lucas and Morey, 'The Hidden "Alliance"', p.112; Little, 'Cold War and Covert Action', p.67.

2. Hahn, 'Securing the Middle East', p.39.

3. Johnston, *The Brink of Jordan*, p.8o.

4. Johnston, *The Brink of Jordan*, p.54.

5. *FRUS*, 1955–57, Vol. XIII p.89, Mallory to State Department, 29 March 1957; Wilford, *America's Great Game*, p.267.

6. Wilford, *America's Great Game*, p.267; Shlaim, *Lion of Jordan*, p.131.

7. MEC, Slade-Baker Papers, diary, 11 April 1957.

8. MEC, Slade-Baker Papers, diary, 23, 30 April 1957; Johnston, *The Brink of Jordan*, p.67.

9. *FRUS*, 1955–57, Vol. XIII, p.109, Editorial Note.

10. Seale, *The Struggle for Syria*, pp.281, 319.

11. Rathmell, *Secret War in the Middle East*, p.138.

12. Asseily and Asfahani, eds, *A Face in the Crowd*, 144/12, report dated 30 May 1957; Rathmell, *Secret War in the Middle East*, p.136.

13. MEC, Slade-Baker Papers, diary, 6 August 1957; Little, 'Cold War and Covert Action', p.70.

14. Rathmell, *Secret War in the Middle East*, p.137.

15. *FRUS*, 1955–57, XIII, p.642, Dulles to Eisenhower, 20 August 1957.

16. Little, 'Cold War and Covert Action', p.72; *FRUS*, 1955–57, Vol. XIII, p.648, Dulles to Lloyd, 21 August 1957.

17. Goodman, *The Official History of the Joint Intelligence Committee*, p.396; Catterall, ed., *The Macmillan Diaries*, Vol. II, p.55, 27 August 1957.

18. Catterall, ed., *The Macmillan Diaries*, Vol. II, pp.57–8, 7 September 1957.

19. Kirk, 'The Syrian Crisis of 1957', p.60; *FRUS*, 1955–57, Vol. XIII, p.702, memorandum of NSC discussion, 12 September 1957.

20. Asseily and Asfahani, eds, *A Face in the Crowd*, p.143, 173/12, 'The Situation in Syria'; TNA, CAB 195/16, meeting of 8 October 1957.

21. *FRUS*, 1955–57, Vol. XIII, p.718, Strong to Rountree, 16 October 1957.

※ 22 革命之年

1. *FRUS*, 1955–57, Vol. XIII, p.745, Hare to State Department, 11 December 1957.

2. MEC, Slade-Baker Papers, diary, 12 February 1958.

3. Eveland, *Ropes of Sand*, p.271; Seale, *The Struggle for Syria*, p.323.

4. Yapp, *The Near East Since the First World War*, p.104.

5. Johnston, *The Brink of Jordan*, p.88.

6. MEC, Slade-Baker Papers, diary, 13 February 1958; Yaqub, *Containing Arab Nationalism*, p.194.

7. MEC, Slade Baker Papers, diary, 15 February 1958.

8. MEC, Slade-Baker Papers, diary, 28 March 1958.

9. Yaqub, *Containing Arab Nationalism*, p.197; MEC, Slade-Baker Papers, diary, 27 April 1959.

10. Yaqub, *Containing Arab Nationalism*, p.209.

11. *FRUS*, 1958–60, Vol. XI, p.47, memorandum of conversation, 13 May 1958.

12. TNA, CAB 195/17, meeting of 13 May 1958; Catterall, ed., *The Macmillan Diaries*, Vol. II, p.116, 13 May 1958.

13. lonides, *Divide and Lose*, p.189; MEC, Slade-Baker Papers, diary, 7 October 1957.

14. Falle, *My Lucky Life*, p.108.

15. Falle, *My Lucky Life*, pp.106–7, 118–19.

16. MEC, Slade-Baker Papers, diary, 6 March 1958.

17. Falle, *My Lucky Life*, p.113; MEC, Slade-Baker Papers, diary, 13 March 1958; TNA, CAB 195/17, meeting of 18 March 1958.

18. Shlaim, *Lion of Jordan*, p.158.

19. Falle, *My Lucky Life*, p.141; Beeston, *Looking for Trouble*, p.52.

20. TNA, CAB 195/17, meeting of 14 July 1958 at 7.30 p.m.; Ovendale,'Great Britain and the Anglo-American Invasion', p.291.

21. Catterall, ed., *The Macmillan Diaries*, Vol. II, p.134, 14 July 1958;TNA, CAB 195/17, meeting of 14 July 1958 at 11 p.m.

22. Beeston, *Looking for Trouble*, p.48.

23. Catterall, ed, *The Macmilan Diaries*, Vol. II, p.135, 16 July 1958.

24. Catterall, ed., *The Macmillan Diaries*, Vol. II, p.136, 17 July 1958.

第四部分　紧咬不放（1957—1967）

※ 23　山中叛军

1. Parris and Bryson, *Parting Shots*, p.330.

2. Mangold, *What the British Did*, p.29; Hart, *Saudi Arabia and the United States*, p.75.

3. Morris, *Sultan in Oman*, p.10.

4. TNA, CAB 195/16, meeting of 18 July 1957.

5. TNA, CAB 195/16, meeting of 18 July 1957.

6. TNA, CAB 195/16, meeting of 23 July 1957; 'US-British Rift Denied', *Washington Post*, 24 July 1957.

7. *FRUS*, 1955–57, Vol. XIII, p.233, Editorial Note.

8. Catterall, ed, *The Macmillan Diaries*, Vol. II, p.54, 13 August 1957.

9. 'Britain's Burden in Arabia', *The Times*, 22 August 1957.

10. 'New Ideas on the Tide of Oil', *The Times*, 21 August 1957.

11. Thesiger, *Arabian Sands*, pp.316–17.

12. Allfree, *Warlords of Oman*, p.98.

13. Bailey, *The Wildest Province*, p.252.

14. MEC, Smiley Papers, Smiley, letter, 5 December 1959.

15. Mott-Radclyffe, *Foreign Body in the Eye*, p.232; Smiley, *Arabian Assignment*, p.18.

16. Catterall, ed., *The Macmillan Diaries*, Vol. I, p.448, 14 July 1955; Morton, *Buraimi*, p.37.

17. Smiley, *Arabian Assignment*, pp.41–2; 'New Ideas on the Tide of Oil', *The Times*, 21 August 1957.

18. Smiley, *Arabian Assignment*, pp.49–50.

19. Smiley, *Arabian Assignment*, p.65.

20. Smiley, *Arabian Assignment*, p.66.

21. Smiley, *Arabian Assignment*, p.68.

22. MEC, Smiley Papers, Smiley to Amery, August 1958.

23. TNA, CAB 131/20, Lloyd, 'Muscat and Oman', 1 October 1958.

24. TNA, CAB 131/20, Report by the Working Party on Oman Policy, 7 November 1958, Annex A, 'Outline Concept of Special Operations in Oman'; Smiley, *Arabian Assignment*, p.70.

25. MEC, Smiley Papers, Smiley, letter, 28 October 1958.

26. MEC, Graham Papers, Deane-Drummond, "22 Special Air Service Operations in Muscat & Oman 1958/59', n.d.

※ 24　伊拉克与科威特

1. TNA, CAB 129/87/38, Lloyd, 'Persian Gulf', 7 June 1957.

2. TNA, CAB 129/87/38, Lloyd, 'Persian Gulf', 7 June 1957, Annex I.

3. TNA, CAB 195/17, meeting of 31 July 1958.

4. 这次政变的幕后主使是拉希德・阿里－阿尔・盖拉尼。当时 CIA 与纳粹德国情报官已经建立密切联系，他们鼓动盖拉尼于1941年推翻伊拉克政府。Trevelyan, *Public and Private*, p.44; MEC, Slade-Baker Papers, diary, 24 February 1959; *FRUS*, 1958–60, Vol. XII, p.445, memorandum of discussion at the NSC, 30 April 1959.

  5. Trevelyan, Public and Private, p.45; MEC, Slade-Baker Papers, diary, 10 July 1959.

  6. Trevelyan, *Public and Private*, p.45; Worrall, 'Coping with the Coup d'Etat', p.189.

  7. Trevelyan, *Public and Private*, p.46.

  8. MEC, Slade-Baker Papers, diary, 24 February 1959; Trevelyan, *Public and Private*, pp.42, 46; Falle, *My Lucky Life*, p.145; MEC, Slade-Baker Papers, diary, 19 December 1959.

  9. MEC, Slade-Baker Papers, diary, 16 February 1959; MEC, Slade-Baker Papers, diary, 17 February 1959; MEC, Slade-Baker Papers, diary, 14 March 1958.

  10. Mobley, 'Gauging the Iraqi Threat', p.21; Catterall, ed., *The Macmillan Diaries*, Vol. II, p.137, 18 July 1958.

  11. Bower, *The Perfect English Spy*, p.237.

  12. Trevelyan, *The Middle East in Revolution*, p.188.

  13. TNA, FO 371/164266, Baghdad to Foreign Office, 20 January 1962; CAB 131/25, Cabinet Defence Committee, minutes, 29 June 1961; Winger, 'Twilight on the British Gulf', p.666.

  14. TNA, CAB 195/19, meeting of 3 July 1961.

  15. Bower, *The Perfect English Spy*, p.238.

  16. Wolfe-Hunnicutt, 'The End of the Concessionary Regime', p.51.

17. Wolfe-Hunnicutt, 'The End of the Concessionary Regime', pp.49–50.

18. Lakeland Oral History Interview (Seeley G. Mudd Manuscript Library, Princeton), p.43.

19. *FRUS*, 1961–1963, Vol. XVIII, p.343, note I; Aburish, *A Brutal Friendship*, p.140.

※ 25 潘多拉之盒

1. Hart-Davis, *The War That Never Was*, p.5; HC Deb, 13 November 1962, Vol. 667, c.247.

2. MEC, Slade-Baker Papers, diary, 5 June 1956; TNA, CAB 195/17, meetings of 14, 15 April 1958.

3. 'New Wind in an Old Quarter?', *The Times*, 21 September 1962; Beeston, *Looking for Trouble*, p.41.

4. Adams Schmidt, *Yemen*, p.45.

5. TNA, AIR 19/1063, McLean, 'Report on Visit to the Yemen, 4 December-16 December 1962', n.d.; TNA, AIR 19/1063, Report of Visit to the Yemen 27–30 October 1962 by Lt Col Neil McLean.

6. Ferris, *Nasser's Gamble*, p.24.

7. Bass, *Support Any Friend*, pp.100, 77, 89.

8. *FRUS*, 1961–63, Vol. XVIII, p.177, Komer to Talbot, 12 October 1962.

9. Hart, *Saudi Arabia and the United States*, p.115.

10. Taylor Fain, 'John F. Kennedy and Harold Macmillan', p.109.

11. Clark, *Yemen*, p.91; Bower, *The Perfect English Spy*, p.248.

12. TNA, CAB 128/36, 59th Conclusions, 9 October 1962; TNA, CAB

128/36, 61st Conclusions, 23 October 1962.

13. Catterall, ed, *The Macmillan Diaries*, Vol. II, p.509, 22 October 1962.

14. Bower, *The Perfect English Spy*, pp.244–5.

15. Fielding, *One Man in his Time*, p. xii; HC Deb, 7 March 1956, Vol. 549, c.2146.

16. 'MP Not Guilty on Drinking Charge', *Guardian*, 16 January 1963.

17. TNA, AIR 19/1063, Report of Visit to the Yemen 27–30 October 1962 by Lt Col Neil McLean.

18. TNA, AIR 19/1063, Report of Visit to the Yemen 27–30 October 1962 by Lt Col Neil McLean.

19. 'With the Loyalists in the Yemen', by Neil McLean, *Daily Telegraph*, 6 November 1962; Hart-Davis, *The War That Never Was*, p.35.

20. TNA, AIR 19/1063, Report of Visit to the Yemen 27–30 October 1962 by Lt Col Neil McLean; TNA, CAB 128/36, 66th Conclusions, 6 November 1962.

21. *FRUS*, 1961–63, Vol. XVIII, p.238, Komer to Kennedy, 21 November 1962.

22. TNA, AIR 19/1063, 'Report on Visit to the Yemen, 4 December-16 December 1962; Bower, *The Perfect English Spy*, p.247.

23. TNA, CAB 129/112,'The Yemen', 10 January 1963; Catterall, ed., *The Macmillan Diaries*, Vol. II, p.541, 17 February 1963.

24. TNA, CAB 195/22, meeting of 3 January 1963; Catterall, ed, *The Macmillan Diaries*, Vol. II, p.538.

25. Catterall, ed, *The Macmillan Diaries*, Vol. II, p.544, 7 March 1963.

26. Bower, *The Perfect English Spy*, pp.246–7.

※ 26　秘密战争

1. Hart-Davis, *The War That Never Was*, p.12.

2. Bass, *Support Any Friend*, p.101.

3. Hart-Davis, *The War That Never Was*, p.12.

4. Hart-Davis, *The War That Never Was*, p.12.

5. Macintyre, *SAS*, pp.185–6.

6. HC Deb 22 March 1963, Vol. 674, c. 810.

7. TNA, AIR 19/1063, McLean, 'Report on Visit to the Yemen, 4 December–16 December 1962'.

8. Hart-Davis, *The War That Never Was*, pp.55, 50, 64; TNA, AIR 19/1063, McLean, 'Report on Visit to the Yemen, 4 December–16 December 1962'.

9. Walker, *Aden Insurgency*, p.57.

10. Smiley, *Arabian Assignment*, p.104.

11. Smiley, *Arabian Assignment*, p.124.

12. Smiley, *Arabian Asignment*, p.150.

13. Adams Schmidt, *Yemen*, p.258.

14. *FRUS*, 1961–63, Vol. XVIII, p.640; Badeau to State Department, 11 July 1963.

15. Bower, *The Perfect English Spy*, p.248.

16. Aldrich and Cormac, *The Black Door*, p.244; Mawby, 'The Clandestine Defence of Empire', p.119.

17. *FRUS*, 1961–63, Vol. XVIII, p.752, Rusk to Badeau, message from Kennedy to Nasser, 19 October 1963.

18. *FRUS*, 1961–63, Vol. XVIII, p.822, Rusk to London Embassy, 3

December 1963.

19. Ferris, *Nasser's Gamble*, p.220; Hart-Davis, *The War That Never Was*, pp.125, 160.

20. Jones, 'Where the State Feared to Tread', p.731.

21. HC Deb, 18 February 1964, Vol. 689, c. 1024;'Firm Denies Yemen Arms Deal', *The Times,* 25 February 1964.

22. Smith, *Ending Empire in the Middle East*, p.107; Hart-Davis, *The War That Never Was*, p.131.

23. TNA, FO 371/174629, T.F. Brenchley, 'Yemen:The Harib Incident', 14 April 1964.

24. *FRUS*, 1964–68, Vol. XXI, p.624, Bundy to Johnson, 9 April 1964.

25. *FRUS*, 1964–68, Vol. XXI, No. 330, Johnson to Douglas-Home, 12 April 1964.

26. Smith, *Ending Empire in the Middle East*, p.108.

27. *FRUS*, 1964–68, Vol. XXI, p.633, Komer to Bundy, 28 April 1964.

28. *FRUS*, 1964–68, Vol. XXI, p.638, Badeau to State Department, 8 May 1964; The Story Behind These Five Captured Letters', *Sunday Times*, 5 July 1964.

29. 'Surprise Visit to Yemen by President Nasser', *The Times*, 24 April 1964.

※ 27 落幕

1. Little, *South Arabia*, pp.69, 125.

2. Clark, *Yemen*, p.83.

3. Little, *South Arabia*, p.182.

4. Clark, *Yemen*, p.83.

5. French, *The British Way in Counter-Insurgency*, p.58.

6. Andrew, *The Defence of the Realm*, p.474.

7. TNA, CAB 195/24, meeting of 18 October 1964.

8. TNA, CAB 195/24, meeting of 26 November 1964; Healey, *The Time of my Life*, pp.278-9.

9. Little, *South Arabia*, p.115.

10. Walker, *Aden Insurgency*, p.141; French, *The British Way in Counter-Insurgency*, p.25.

11. French, *The British Way in Counter-Insurgency*, p.26.

12. Healey, *The Time of my Life*, pp.282, 283.

13. *FRUS*, 1964-68, Vol. XII, No.250, Bundy to Johnson, 10 September 1965; Pham, *Ending 'East of Suez'*, p.38.

14. Healey, *The Time of my Life*, p.281.

15. Smith, *Ending Empire in the Middle East*, p.113; TNA, CAB 128/39, CC(65) 49th Conclusions, 23 September 1965; Pham, *Ending 'East of Suez'*, p.39.

16. 'Wasted Years in South Arabia', *The Times*, 12 October 1965.

17. *FRUS*, 1964-68, Vol. XXI, p.152, circular airgram from State Department to certain posts, 15 October 1965.

18. *FRUS*, 1964-68, Vol. XII, p.511, memorandum: 'visit of Prime Minister Wilson', n.d; *FRUS*, 1964-68, Vol. XII, p.542, Fowler to Johnson, 18 July 1966.

19. Ferris, *Nasser's Gamble*, p.250.

20. Falle, *My Lucky Life*, p.170.

21. Little, *South Arabia*, p.168.

22.'Aden Struggle Over Who Will Succeed the British', *The Times*, 21 June 1967.

23. Walker, *Aden Insurgency*, p.248; Mitchell, *Having Been a Soldier*, p.13.

24. Mitchell, *Having Been a Soldier*, pp.115, I.

25. Trevelyan, *Public and Private*, p.73.

26. 'Lt Col CC "Mad Mitch" Mitchell', *Daily Telegraph*, 24 July 1996;French, *The British Way in Counter-Insurgency*, p.151.

27. Trevelyan, *Public and Private*, p.75.

※ 尾 声

1. Smith, *Ending Empire in the Middle East*, p.119.

2. TNA, CAB 128/43, CC (67) 6th Conclusions, 12 January 1968; *FRUS*, 1964–68, Vol. XII, p.604, memorandum of conversation, 1 January 1968.

3. TNA, CAB 128/43, CC(67)6th Conclusions, 12 January 1968.

4. Akehurst, *We Won a War*, p.8.

5. 佚失的档案是 FO 1016/795。

6. Buchan, *Days of God*, p.167.

参考书目

1. Archive Sources

Churchill College, Cambridge
Amery, L.

India Office Records, London
L/PS Series files (India Office: Political and Secret Department Records 1756–c. 1950)
R/15 Series files (Gulf States: Records of the Bushire, Bahrain, Kuwait, Muscat and Trucial States Agencies 1763–1951)

Middle East Centre Archives, Oxford
Crossman, R.
Deane-Drummond, A.
Graham, J.
Paxton, J.
Philby, H.
Slade-Baker, J.
Smiley, D.

National Archives, London
Files from series:
AIR 19 (Air Ministry: Private Office Papers)
CAB 66 (Cabinet: Second World War Memoranda)
CAB 67 (Second World War Memoranda)
CAB 110 (War Cabinet and Cabinet Office: Joint American Secretariat: Correspondence and Papers)
CAB 128 (Cabinet Post-War Conclusions)
CAB 129 (Cabinet Post-War Memoranda)

CAB 131 (Cabinet: Defence Committee: Minutes and Papers)
CAB 134 (Cabinet: Miscellaneous Committees: Minutes and Papers)
CAB 195 (Cabinet Secretary's Notebooks)
CAB 301 (Cabinet Office: Cabinet Secretary's Miscellaneous Papers, 1936–1952)
CO 537 (Colonial Office: Confidential General and Confidential Original Correspondence)
CO 733 (Colonial Office: Palestine Original Correspondence)
CO 967 (Colonial Office: Private Office Papers)
DO 35 (Dominions Office and Commonwealth Relations Office: Original Correspondence)
FO 115 (Foreign Office: Embassy and Consulates: United States: General Correspondence)
FO 141 (Foreign Office: Embassy and Consulates: Egypt: General Correspondence)
FO 248 (Foreign Office: Embassy and Consulates: Iran: General Correspondence)
FO 371 (Foreign Office: Political Departments: General Correspondence)
FO 800 (Foreign Office, Private Offices, Various Ministers' and Officials' Papers)
FO 898 (Political Warfare Executive and Foreign Office: Political Intelligence Department: Papers)
FO 921 (War Cabinet: Office of the Minister of State Resident in the Middle East: Registered Files)
FO 1093 (Permanent Under-Secretary's Department: Registered and Unregistered Papers)
HS 3 (Special Operations Executive: Africa and Middle East Group: Registered Files)
KV 3 (Security Service: Subject Files)
PREM 4 (Prime Minister's Office: Confidential Correspondence and Papers)
PREM 11 (Prime Minister's Office: Correspondence and Papers, 1951–1964)
T 220 (Treasury: Imperial and Foreign Division: Registered Files)

2. Online Archives and Sources

Aid, Matthew M., ed., US Intelligence on the Middle East 1945–2009, http://primarysources.brillonline.com/browse/us-intelligence-on-the-middle-east

Eddy, W., *FDR meets Ibn Saud*, http://susris.com/wp-content/uploads/2014/02/100222–fdr-abdulaziz-eddy.pdf

Foreign Relations of the United States, Volumes covering 1941–1971, https://history.state.gov/historicaldocuments

Lakeland, W., interview (Seeley G. Mudd Manuscript Library, Princeton), http://models.street-artists.org/wp-content/uploads/2010/07/Lakeland-interview-final.pdf

Stutesman, J., oral history interview, http://www.adst.org/OH%20TOCs/Stutesman,%20John%20H.toc.pdf

Reports by H. Tuhami for Nasser: http://digitalarchive.wilsoncenter.org/document/112263; http://digitalarchive.wilsoncenter.org/document/112262

Wilber, D., *Clandestine Service History: Overthrow of Premier Mossadeq of Iran, November 1952–August 1953*, March 1954, https://nsarchive2.gwu.edu/NSAEBB/ciacase/Clandestine%20Service%20History.pdf

3. Books, Theses and Articles

Abdelrehim, N, 'Oil Nationalisation and Managerial Disclosure: The Case of Anglo-Iranian Oil Company, 1933–1951', PhD thesis, University of York 2010

Aburish, S., *The St George Hotel Bar*, London 1989

Adams Schmidt, D., *Yemen: The Unknown War*, London 1968

Akehurst, J., *We Won a War: The Campaign in Oman, 1965–75*, Wilton 1982

Aldrich, R., *The Hidden Hand: Britain, America and Cold War Secret Intelligence*, London 2002

Aldrich, R., 'Policing the Past: Official History, Secrecy and British Intelligence Since 1945', *The English Historical Review*, Vol. 119, No. 483 (September 2004), pp. 922–53

Aldrich, R., and Cormac, R., *The Black Door: Secret Intelligence and 10 Downing Street*, London 2016

Allfree, P., *Warlords of Oman*, London 1967

Anderson, I., *Aramco, the United States, and Saudi Arabia: A Study of the Dynamics of Foreign Oil Policy, 1933–1950*, Princeton 1980

Anderson, P., '"Summer Madness": The Crisis in Syria, August–October 1957', *British Journal of Middle Eastern Studies*, Vol. 22, No. 1/2 (1995), pp. 21–42

Andrew, C., *The Defence of the Realm : The Authorized History of MI5*, London 2009

Ashton, N., 'The Hijacking of a Pact: The Formation of the Baghdad Pact and Anglo-American Tensions in the Middle East, 1955–58', *Review of International Studies*, Vol. 19, No. 2 (April 1993), pp. 123–37

Ashton, N., 'A Microcosm of Decline: British Loss of Nerve and Military Intervention in Jordan and Kuwait, 1958 and 1961', *The Historical Journal*, Vol. 40, No. 4 (December 1997), pp. 1069–83

Asseily, Y., and Asfahani, A., eds, *A Face in the Crowd: A Selection from Emir Farid Chehab's Private Archives*, London 2007
Bailey, R., *The Wildest Province: SOE in the Land of the Eagle*, London 2008
Baram, P., *The Department of State in the Middle East 1919–1945*, Univ. of Pennsylvania Press 1978
Barger, T., 'Middle Eastern Oil Since the Second World War', *Annals of the American Academy of Political and Social Science*, Vol. 401, America and the Middle East (May 1972), pp. 31–44
Barr, J., *A Line in the Sand*, London 2011
Bass, W., *Support Any Friend*, New York 2003
Beeston, R., *Looking for Trouble: The Life and Times of a Foreign Correspondent*, London 1997
Beschloss, M., *Kennedy and Roosevelt: The Uneasy Alliance*, New York c. 1980
Bew, J., *Citizen Clem: A Biography of Attlee*, London 2016
Blackwell, S., 'A Desert Squall: Anglo-American Planning for Military Intervention in Iraq, July 1958–August 1959', *Middle Eastern Studies*, Vol. 35, No. 3 (July 1999), pp. 1–18
Bower, T., *The Perfect English Spy: Sir Dick White and the Secret War, 1935–90*, London 1995
Bradshaw, T., 'History Invented: The British–Transjordanian "Collusion" Revisited', *Middle Eastern Studies*, Vol. 43, No. 1 (January 2007), pp. 21–43
Brands, H. W., 'The Cairo-Teheran Connection in Anglo-American Rivalry in the Middle East, 1951–53', *International History Review*, Vol. 11, No. 3 (August 1989), pp. 434–56
Brands, H. W., *Inside the Cold War: Loy Henderson and the Rise of the American Empire, 1918–1961*, New York 1991
Brecher, F., 'US Secretary of State George C. Marshall's Losing Battles against President Harry S. Truman's Palestine Policy, January–June 1948', *Middle Eastern Studies*, Vol. 48, No. 2 (March 2012), pp. 227–47
Brinkley D., and Facey-Crowther, D., eds, *The Atlantic Charter*, Basingstoke 1994
Buchan, J., *Days of God*, London 2012
Burrows, B., *Footnotes in the Sand*, Salisbury 1990
Catterall, P., ed., *The Macmillan Diaries*, Vols I and II, London 2003, 2011
Cavendish, A., *Inside Intelligence*, London 1997
Cesarani, D., *Major Farran's Hat: Murder, Scandal and Britain's War against Jewish Terrorism 1945–48*, London 2009
Chamoun, C., *Crise au Moyen Orient*, Paris 1963
Charmley, J., 'Churchill and the American Alliance', *Transactions of the Royal Historical Society*, Sixth Series, Vol. 11 (2001), pp. 353–71

Churchill, W. S., *The World Crisis 1911–1914*, London 1923
Churchill, W. S., 'Europe's Plea to Roosevelt', *Evening Standard*, 10 December 1937
Churchill, W. S., *Great Contemporaries*, London 1939
Churchill, W. S., *The Second World War*, Vols. I–VI, London 1948–54
Citino, N., 'Internationalist Oilmen, the Middle East, and the Remaking of American Liberalism, 1945–1953', *Business History Review*, Vol. 84, No. 2 (Summer 2010), pp. 227–51
Clark, V., *Yemen: Dancing on the Heads of Snakes*, New Haven 2010
Cohen, M., 'The British White Paper on Palestine, May 1939. Part II: The Testing of a Policy, 1942–1945', *The Historical Journal*, Vol. 19, No. 3 (September 1976), pp. 727–57
Cohen, M., 'American Influence on British Policy in the Middle East during World War Two: First Attempts at Coordinating Allied Policy on Palestine', *American Jewish Historical Quarterly*, Vol. 67, No. 1 (September 1977), pp. 50–70
Cohen, M. 'The Genesis of the Anglo-American Committee on Palestine, November 1945: A Case Study in the Assertion of American Hegemony', *Historical Journal*, Vol. 22, No. 1 (March 1979), pp. 185–207
Colville, J., *The Fringes of Power: Downing Street Diaries, 1939–1955*, London 1985
Conway, E., *The Summit*, London 2014
Cooper, A., *Cairo in the War, 1939–45*, London 1989
Copeland, M., *The Game of Nations*, New York 1969
Corera, G., *The Art of Betrayal*, London 2011
Cowles, G., *Mike Looks Back*, New York 1985
Crossman, R., *Palestine Mission*, London 1947
Crum, B. C., *Behind the Silken Curtain: A Personal Account of Anglo-American Diplomacy in Palestine and the Middle East*, New York 1947
Davidson, L., 'Truman the Politician and the Establishment of Israel', *Journal of Palestine Studies*, Vol. 39, No. 4 (Summer 2010), pp. 28–42
Davis, S., 'Keeping the Americans in Line? Britain, the United States and Saudi Arabia, 1939–45: Inter-Allied Rivalry in the Middle East Revisited', *Diplomacy & Statecraft*, Vol. 8, No. 1 (March 1997), pp. 96–136
de Moraes Ruehsen, M., 'Operation "Ajax" Revisited: Iran, 1953', *Middle Eastern Studies*, Vol. 29, No. 3 (July 1993), pp. 467–86
Deane-Drummond, A., *Arrows of Fortune*, London 1992
Dilks, D., ed., *The Diaries of Sir Alexander Cadogan, 1938–45*, London 1971
Dobson, A., *Anglo-American Relations in the Twentieth Century*, London 1995

Dockter, W., *Churchill and the Islamic World: Orientalism, Empire and Diplomacy in the Middle East*, London 2014

Dodge, B., 'American Educational and Missionary Efforts in the Nineteenth and Early Twentieth Centuries', *Annals of the American Academy of Political and Social Science*, Vol. 401, America and the Middle East (May 1972), pp. 15–22

Doran, M., *Ike's Gamble: America's Rise to Dominance in the Middle East*, New York 2016

Dorril, S., *MI6: Fifty Years of Special Operations*, London 2000

Dulles, J. F., 'Policy for Security and Peace', *Foreign Affairs*, Vol. 32, No. 3 (April 1954), pp. 353–64

Easter, D., 'Spying on Nasser: British Signals Intelligence in Middle East Crises and Conflicts, 1956–67', *Intelligence and National Security*, Vol. 28, No. 6 (2013), pp. 824–44

Eden, A., *Another World 1897–1917*, London 1976

Eisenhower, D., *Crusade in Europe*, New York 1948

Elm, M., *Oil, Power and Principle*, Syracuse 1994

Evans, T. E., ed., *The Killearn Diaries, 1934–1946: The Diplomatic and Personal Record of Lord Killearn (Sir Miles Lampson), High Commissioner and Ambassador, Egypt*, London 1972

Eveland, W., *Ropes of Sand: America's Failure in the Middle East*, New York 1980

Evensen, B., 'Truman, Palestine and the Cold War', *Middle Eastern Studies*, Vol. 28, No. 1 (January 1992), pp. 120–56

Falle, S., *My Lucky Life*, Lewes 1996

Ferrell, R., ed., *The Eisenhower Diaries*, New York 1981

Ferris, J., *Nasser's Gamble*, Princeton 2013

Field, J., 'Trade, Skills and Sympathy: The First Century and a Half of Commerce with the Near East', *Annals of the American Academy of Political and Social Science*, Vol. 401, 'America and the Middle East' (May, 1972), pp. 1–14

Fielding, X., *One Man in his Time: The Life of Lieutenant-Colonel NLD ('Billy') McLean, DSO*, London 1990

French, D., 'Duncan Sandys and the Projection of British Power after Suez', *Diplomacy & Statecraft*, Vol. 24, No. 1 (March 2013), pp. 41–58

French, D., *The British Way in Counter-Insurgency, 1945–1967*, Oxford 2011

Gandy, C., 'A Mission to Yemen: August 1962–January 1963', *British Journal of Middle Eastern Studies*, Vol. 25, No. 2 (1998), pp. 247–74

Gasiorowski, M., and Byrne, M., eds, *Mohammad Mosaddeq and the 1953 Coup in Iran*, Syracuse 2004

Gibson, J., *Jacko: Where Are You Now? A Life of Robert Jackson, Master of Humanitarian Relief; The Man Who Saved Malta*, Richmond 2006.

Gilbert, M., *Churchill and America*, London 2005
Glubb, J., *A Soldier with the Arabs*, London 1957
Goodman, M., *The Official History of the Joint Intelligence Committee*, Vol. I, London 2014
Gorst, A., and Lucas, W. S., 'The Other Collusion: Operation Straggle and Anglo-American Intervention in Syria, 1955–56', *Intelligence and National Security*, Vol. 4, No. 3 (1989), pp. 576–95
Grafftey-Smith, L., *Bright Levant*, London 1970
Grob-Fitzgibbon, B., *Imperial Endgame*, Basingstoke 2011
Hahn, P., 'Securing the Middle East: The Eisenhower Doctrine of 1957', *Presidential Studies Quarterly*, Vol. 36, No. 1 (March 2006), pp. 38–47
Harbutt, F., 'Churchill, Hopkins, and the "Other" Americans: An Alternative Perspective on Anglo-American Relations, 1941–1945', *International History Review*, Vol. 8, No. 2 (May 1986), pp. 236–62
Hardy, R., *The Poisoned Well: Empire and its Legacy in the Middle East*, London 2016
Hare, R., 'The Great Divide: World War II', *Annals of the American Academy of Political and Social Science*, Vol. 401, America and the Middle East (May 1972), pp. 23–30
Hare, P., *Diplomatic Chronicles of the Middle East: A Biography of Ambassador Raymond A. Hare*, Lanham 1993
Haron, M., 'The British Decision to Give the Palestine Question to the United Nations', *Middle Eastern Studies*, Vol. 17, No. 2 (April 1981), pp. 241–8
Harris, K., *Attlee*, London 1982
Hart, P., *Saudi Arabia and the United States: Birth of a Security Partnership*, Bloomington 1998
Hart-Davis, D., *The War That Never Was*, London 2011
Harvey, J., ed., *The War Diaries of Oliver Harvey*, London 1978
Hassall, C., *Edward Marsh, patron of the arts*, London 1959
Healey, D., *The Time of my Life*, London 1989
Heath, E., *The Course of my Life: My Autobiography*, London 1998
Hecht, B., *A Child of the Century*, New York 1955
Heikal, M., *Cutting the Lion's Tail: Suez through Egyptian Eyes*, London 1988
Hennessy, P., *The Prime Minister: The Office and its Holders Since 1945*, London 2000
Hinchcliffe, P., *Without Glory in Arabia*, London 2006
Hinds, M. 'Anglo-American Relations in Saudi Arabia, 1941–1945: A Study of a Trying Relationship', PhD thesis, London School of Economics 2012
Hoffman, B., *Anonymous Soldiers: The Struggle for Israel 1917–1947*, New York 2015

Hoopes, T., and Brinkley, D., *FDR and the Creation of the UN*, New Haven and London 1997
Horne, A., *Macmillan: The Official Biography*, Vol. I, London 1989
Horne, A., *But What Do You Actually Do?*, London 2011
Hudson, M., 'To Play the Hegemon: Fifty Years of US Policy toward the Middle East', *Middle East Journal*, Vol. 50, No. 3 (Summer 1996), pp. 329–43
Innes, N., *Minister in Oman*, Cambridge 1987
Ionides, M., *Divide and Lose*, London 1960
James, L., *Churchill and Empire*, London 2013
Johnston, C., *The Brink of Jordan*, London 1972
Jones, C. '"Where the State Feared to Tread": Britain, Britons, Covert Action and the Yemen Civil War, 1962–64', *Intelligence and National Security*, Vol. 21, No. 5 (2006), pp. 717–37
Jones, C., 'Military Intelligence, Tribes, and Britain's War in Dhofar, 1970–1976', *Middle East Journal*, Vol. 65, No. 4 (Autumn 2011), pp. 557–74
Jones, M., 'The "Preferred Plan": The Anglo-American Working Group Report on Covert Action in Syria, 1957, *Intelligence and National Security*, Vol. 19, No. 3 (2004), pp. 401–15
Kelly S., and Gorst, A., eds, *Whitehall and the Suez Crisis*, London 2000
Kinzer, S., *All the Shah's Men: An American Coup and the Roots of Middle East Terror*, New York 2003
Kirk, G., 'The Syrian Crisis of 1957 – Fact and Fiction', *International Affairs*, Vol. 36, No. 1 (January 1960), pp. 58–61
Kyle, K., *Suez*, New York 1991
Landis, J., 'Restoring World Trade', *Proceedings of the Academy of Political Science*, Vol. 21, No. 3 (May 1945), pp. 175–82
Landis, J., 'Anglo-American Co-Operation in the Middle East', *Annals of the American Academy of Political and Social Science*, Vol. 240, Our Muddled World (July 1945), pp. 64–72
Lesch, D., 'When the Relationship Went Sour: Syria and the Eisenhower Administration', *Presidential Studies Quarterly*, Vol. 28, No. 1, Wheeling and Dealing in the White House (Winter 1998), pp. 92–107
Levey, Z., 'Britain's Middle East Strategy, 1950–52: General Brian Robertson and the "Small" Arab States', *Middle Eastern Studies*, Vol. 40, No. 2 (March 2004), pp. 58–79
Little, D., 'Cold War and Covert Action: The United States and Syria, 1945–1958', *The Middle East Journal* (Winter 1990), Vol. 44, No. 1, pp. 51–75
Little, D., 'Pipeline Politics: America, TAPLINE and the Arabs', *Business History Review*, Vol. 64, No. 2 (Summer 1992), pp. 255–85
Little, T., *South Arabia: Arena of Conflict*, London 1968
Louis, W. R., *The British Empire in the Middle East, 1945–51*, Oxford 1984

Louis, W. R., and Shlaim, A., eds, *The 1967 Arab–Israeli War: Origins and Consequences*, Cambridge 2012

Lucas, I., 'The Middle East and the Cold War', *Cambridge Review of International Affairs*, Vol. 7, No. 1 (1993), pp. 12–20

Lucas, I., *A Road to Damascus: Mainly Diplomatic Memoirs from the Middle East*, London 1997

Lucas, S., 'Divided We Stand: The Suez Crisis of 1956 and the Anglo-American "Alliance"', PhD thesis, LSE 1991

Lucas, S., *Divided We Stand: Britain, the US and the Suez Crisis*, London 1991

Lucas S., and Morey, A., 'The Hidden "Alliance": The CIA and MI6 Before and After Suez', *Intelligence and National Security*, Vol. 15, No. 2 (2000), pp. 95–120

McGhee, G., *Envoy to the Middle World*, New York 1983

Macintyre, B., *SAS: Rogue Heroes: The Authorized Wartime History*, London 2016

Maclean, F., *Eastern Approaches*, London 1991

Magnes, J., 'Toward Peace in Palestine', *Foreign Affairs*, Vol. 21, No. 2 (January 1943), pp. 239–49

Mangold, P., 'Britain and the Defence of Kuwait, 1956–71', *The RUSI Journal*, Vol. 120, No. 3 (1975), pp. 44–8

Mangold, P., *What the British Did*, London 2016

Marsh, S., 'The Special Relationship and the Anglo-Iranian Oil Crisis, 1950–4', *Review of International Studies*, Vol. 24, No. 4 (October 1998), pp. 529–44

Marsh, S., 'HMG, AIOC and the Anglo-Iranian Oil Crisis', *Diplomacy & Statecraft*, Vol. 12, No. 4 (December 2001), pp. 143–74

Mawby, S., 'The Clandestine Defence of Empire: British Special Operations in Yemen 1951–64', *Intelligence and National Security* (2002), Vol. 17, No. 3, pp. 105–30

Meacham, J., *Franklin and Winston: An Intimate Portrait of an Epic Friendship*, New York 2003

Mead, W. R., 'The New Israel and the Old: Why Gentile Americans Back the Jewish State', *Foreign Affairs*, Vol. 87, No. 4 (July–August 2008), pp. 28–46

Medoff, R., *Militant Zionism in America: The Rise and Impact of the Jabotinsky Movement, 1926–1948*, Tuscaloosa 2002

Mejcher, M., 'Saudi Arabia's "Vital Link to the West": Some Political, Strategic and Tribal Aspects of the Transarabian Pipeline (TAP) in the Stage of Planning 1942–1950', *Middle Eastern Studies*, Vol. 18, No. 4 (October 1982), pp. 359–77

Mitchell, C., *Having Been a Soldier*, London 1969

Mobley, R., 'Gauging the Iraqi Threat to Kuwait in the 1960s', *Studies in Intelligence*, Fall/Winter 2001, pp. 19–31

Moe, R., *Roosevelt's Second Act: The Election of 1940 and the Politics of War*, New York 2013
Morris, J., *Sultan in Oman*, London 1957
Morton, H. V., *Atlantic Meeting*, London 1944
Morton, M. Q., *Buraimi: The Struggle for Power, Influence and Oil in Arabia*, London 2013
Mott-Radclyffe, C., *Foreign Body in the Eye: A Memoir of the Foreign Service Old and New*, London 1975
Nachmani, A., '"It is a Matter of Getting the Mixture Right": Britain's Post-War Relations with America in the Middle East', *Journal of Contemporary History*, Vol. 18, No. 1 (January 1983), pp. 117–40
Neal, S., *Dark Horse: A Biography of Wendell C. Willkie*, New York 1984
Nutting, A., *No End of a Lesson: The Story of Suez*, London 1967
O'Connell, J., *King's Counsel*, New York 2011
Onslow, S., 'Unreconstructed Nationalists and a Minor Gunboat Operation: Julian Amery, Neil McLean and the Suez Crisis', *Contemporary British History*, Vol. 20, No. 1 (March 2006), pp. 73–99
Oren, M., *Power, Faith and Fantasy: America in the Middle East, 1776 to the Present*, New York 2007
O'Sullivan, C., *FDR and the End of Empire: The Origins of American Power in the Middle East*, Basingstoke 2012
Ottolenghi, M., 'Harry Truman's Recognition of Israel', *Historical Journal*, Vol. 47, No. 4 (December 2004), pp. 963–88
Ovendale, R., 'The Palestine Policy of the British Labour Government, 1945–46', *International Affairs*, Vol. 55, No. 3 (July 1979), pp. 73–93
Ovendale, R., 'Great Britain and the Anglo-American Invasion of Jordan and Lebanon in 1958', *International History Review*, Vol. 16, No. 2 (May 1994), pp. 284–303
Owen, D., *In Sickness and in Power*, London 2008
Pappé, I., 'Overt Conflict to Tacit Alliance: Anglo-Israeli Relations 1948–51', *Middle Eastern Studies*, Vol. 26, No. 4 (October 1990), pp. 561–81
Pappé, I., 'Sir Alec Kirkbride and the Anglo-Transjordanian Alliance, 1945–50', in Zametica, J., ed., *British Officials and British Foreign Policy, 1945–50*, Leicester 1990
Parris, M., and Bryson, A., *Parting Shots*, London 2010
Pearson, I., 'The Syrian Crisis of 1957, the Anglo-American "Special Relationship", and the 1958 Landings in Jordan and Lebanon', *Middle Eastern Studies*, Vol. 43, No. 1 (2007), pp. 45–64
Penkower, M., 'Eleanor Roosevelt and the Plight of World Jewry', *Jewish Social Studies*, Vol. 49, No. 2 (Spring 1987), pp. 125–36
Petersen, T. T., 'Anglo-American Rivalry in the Middle East: The Struggle for the Buraimi Oasis, 1952–1957', *International History Review*, Vol. 14, No. 1 (February 1992), pp. 71–91

Petersen, T. T., 'Transfer of Power in the Middle East', *International History Review*, Vol. 19, No. 4 (November 1997), pp. 852–65

Pham, P., *Ending 'East of Suez': The British Decision to Withdraw from Malaysia and Singapore, 1964–68*, Oxford 2001

Podeh, E., *The Decline of Arab Unity: The Rise and Fall of the United Arab Republic*, Brighton 2015

Porath, Y., 'Nuri al-Sa'id's Arab Unity Programme', *Middle Eastern Studies*, Vol. 20, No. 4 (October 1984), pp. 76–98

Rahnema, A., *Behind the 1953 Coup in Iran*, Cambridge 2015

Randall, S. J., 'Harold Ickes and United States Foreign Petroleum Policy Planning, 1939–1945', *Business History Review*, Vol. 57, No. 3 (Autumn 1983), pp. 367–87

Rathmell, A., *Secret War in the Middle East*, new edn, London 2014

Rhodes James, R., *Chips: The Diaries of Sir Henry Channon*, London 1967

Ritchie, D. A., *James M. Landis: Dean of the Regulators*, Cambridge, MA 1980

Roberts, A., *Masters and Commanders*, London 2008

Roosevelt, T., 'The Man in the Arena', Speech at the Sorbonne, France 1910

Roosevelt, K., 'Propaganda Techniques of the English Civil Wars and the Propaganda Psychosis of Today', *Pacific Historical Review*, Vol. 12, No. 4 (December 1943), pp. 369–79

Roosevelt, K., 'The Arabs Live There Too', *Harper's Magazine*, October 1946, pp. 289–94

Roosevelt, K., 'Egypt's Inferiority Complex', *Harper's Magazine*, 1 October 1947, pp. 357–64

Roosevelt, K., 'The Partition of Palestine: A Lesson in Pressure Politics', *Middle East Journal*, Vol. 2, No. 1 (January 1948), pp. 1–16

Roosevelt, K., 'Triple Play for the Middle East', *Harper's Magazine*, April 1948, pp. 359–69

Roosevelt, K., 'The Middle East and the Prospect for World Government', *Annals of the American Academy of Political and Social Science*, Vol. 264 (July 1949), pp. 52–7

Roosevelt, K., *Arabs, Oil and History*, London 1949

Roosevelt, K., *Countercoup: The Struggle for the Control of Iran*, New York 1979

Rose, N., *'A Senseless Squalid War': Voices from Palestine 1945–1948*, London 2009

Rubin, B., 'Anglo-American Relations in Saudi Arabia, 1941–45', *Journal of Contemporary History*, Vol. 14, No. 2 (April 1979), pp. 253–67

Rubin, B., *The Great Powers in the Middle East 1941–1947*, London 1980

Sanjian, A., 'The Formulation of the Baghdad Pact', *Middle Eastern Studies*, Vol. 33, No. 2 (April 1997), pp. 226–66

Seale, P., *The Struggle for Syria*, London 1965
Segev, T., *One Palestine, complete: Jews and Arabs under the British mandate*, London 2000
Shlaim, A., 'The Protocol of Sevres, 1956: Anatomy of a War Plot', *International Affairs*, Vol. 73, No. 3 (July 1997), pp. 509–30
Shlaim, A., *Lion of Jordan*, London 2007
Shuckburgh, E., *Descent to Suez: Diaries 1951–56*, London 1986
Slonim, S., 'Origins of the 1950 Tripartite Declaration on the Middle East', *Middle Eastern Studies*, Vol. 23, No. 2 (April 1987), pp. 135–49
Smiley, D., *Arabian Assignment*, London 1975
Smith, S., *Ending Empire in the Middle East: Britain, the United States and Post-war Decolonisation*, London 2012
Sweet Escott, B., *Baker Street Irregular*, London 1965
Tal, L., 'Britain and the Jordan Crisis of 1958', *Middle Eastern Studies*, Vol. 31, No. 1 (January 1995), pp. 39–57
Talbot, D., *The Devil's Chessboard: Allen Dulles, the CIA and the Rise of America's Secret Government*, London 2016
Talhamy, Y., 'American Protestant Missionary Activity among the Nusayris (Alawis) in Syria in the Nineteenth Century', *Middle Eastern Studies*, Vol. 47, No. 2 (2011), pp. 215–36
Taylor Fain, W., '"Unfortunate Arabia": The United States, Great Britain and Yemen, 1955–63', *Diplomacy & Statecraft*, Vol. 12, No. 2 (June 2001), pp. 125–52
Taylor Fain, W., 'John F. Kennedy and Harold Macmillan: Managing the "Special Relationship" in the Persian Gulf Region, 1961–63', *Middle Eastern Studies*, Vol. 38, No. 4 (October 2002), pp. 95–122
Thesiger, W., 'A New Journey in Southern Arabia', *The Geographical Journal*, Vol. 108, No. 4/6 (October–December 1946), pp. 129–45
Thesiger, W., 'Across the Empty Quarter', *The Geographical Journal*, Vol. 111, No. 1/3 (January–March 1948), pp. 1–19
Thesiger, W., 'A Further Journey Across the Empty Quarter', *Geographical Journal*, Vol. 113 (January–June 1949), pp. 21–44
Thesiger, W., 'Desert Borderlands of Oman', *The Geographical Journal*, Vol. 116, No. 4/6 (October–December 1950), pp. 137–68
Thesiger, W., 'Buraimi Oasis', *Illustrated London News*, 3 July 1954
Thesiger, W., *Arabian Sands*, London 1991
Thomas, J., *The Diplomatic Game*, n.d.
Thornhill, M., *Road to Suez: The Battle of the Canal Zone*, Stroud 2006
Thorpe, D. R., *Eden: The Life and Times of Anthony Eden, First Earl of Avon, 1897–1977*, London 2003
Trevelyan, H., *The Middle East in Revolution*, London 1970
Trevelyan, H., *Public and Private*, London 1980
Truman, H., *Memoirs*, Vols I and II, London 1955 and 1956

Twitchell, K., *Saudi Arabia: With an Account of the Development of Its Natural Resources*, Princeton 1958

Tydor Baumel, J., 'The IZL Delegation in the USA 1939–1948: Anatomy of an Ethnic Interest/Protest Group', *Jewish History*, Vol. 9, No. 1 (Spring 1995), pp. 79–89

Vassiliev, A., *The History of Saudi Arabia*, London 1998

Vitalis, R., *America's Kingdom*, London 2009

Von Tunzelmann, A., *Blood and Sand*, London 2016

Wagner, S., 'Britain and the Jewish Underground, 1944–46: Intelligence, Policy and Resistance', MA thesis, University of Calgary 2010

Walker, J., *Aden Insurgency: The Savage War in Yemen 1962–67*, Barnsley 2011

Walton, C., *Empire of Secrets: British Intelligence, The Cold War, and the Twilight of Empire*, London 2013

Wevill, R., *Diplomacy, Roger Makins and the Anglo-American Relationship*, Farnham 2014

Wilber, D., *Iran: Past and Present*, Princeton 1958

Wilford, H., *America's Great Game*, New York 2013

Willkie, W., *One World*, London 1943

Wilmington, M. W., *The Middle East Supply Centre*, Albany 1971

Winger, G., 'Twilight on the British Gulf: The 1961 Kuwait Crisis and the Evolution of American Strategic Thinking in the Persian Gulf', *Diplomacy & Statecraft*, Vol. 24, No. 4 (2012), pp. 660–78

Wolfe-Hunnicutt, B., 'The End of the Concessionary Regime: Oil and American Power in Iraq, 1958–72', PhD thesis, Stanford University 2011

Woodhouse, C. M., *Something Ventured*, London 1982

Woodward, L., *British Foreign Policy in the Second World War*, Vols I–V, London 1970–76

Worrall, R., '"Coping with the Coup d'Etat": British Policy towards Post-Revolutionary Iraq, 1958–63', *Contemporary British History*, Vol. 21, No. 2, pp. 173–99

Wright, D., 'Ten Years in Iran – Some Highlights', *Asian Affairs*, Vol. 22, No. 3 (1991), pp. 259–71

Yapp, M., *The Near East Since the First World War*, London 1996

Yaqub, S., *Containing Arab Nationalism: The Eisenhower Doctrine and the Middle East*, Chapel Hill 2004

Yergin, D., *The Prize*, New York 2003

Yeşilbursa, B., 'The American Concept of the "Northern Tier" Defence Project and the Signing of the Turco-Pakistani Agreement, 1953–54', *Middle Eastern Studies*, Vol. 37, No. 3 (July 2001), pp. 59–110

Yeşilbursa, B., *The Baghdad Pact: Anglo-American Defence Policies in the Middle East 1950–1959*, London 2005

Young, G. K., *Who Is my Liege?*, London 1972

Zadka, S., 'Between Jerusalem and Hollywood: The Propaganda Campaign in the USA on Behalf of the Palestinian Jewish Insurgency in 1940s', *Revue Européenne des Études Hébraïques*, No. 3 (1998), pp. 66–82

索 引

（索引页码为原书页码，即本书边码）

In subentries, the initials WC refer to Winston Churchill; JFD to John Foster Dulles; DDE to Dwight D. Eisenhower; LBJ to Lyndon B. Johnson; JFK to John F. Kennedy; HM to Harold Macmillan; FDR to Franklin D. Roosevelt; KR to Kim Roosevelt; HST to Harry S. Truman; WW to Wendell Willkie.

Abadan, 47, 121, 134
Abdul Ilah, 19, 216, 223, 260, 266
Abdullah of Jordan, 29, 64, 90, 93–7, 99–101
  assassinated, 202
Abu Dhabi, 107–9 passim, 110, 112
  oil found near, 198
Acheson, Dean, 134, 138–41, 142, 143–4, 147, 155
  and Eden, 138, 139, 142, 144, 153–4, 155
  Iran oil boycott abandoned by, 161
  and Iran PM, 153–4
  UK's talks with, 143–4
  welcoming statement of, 150
Aden, 212, 296–7, 301, 326
  army mutiny in, 333–4
  becomes part of Federation of South Arabia (q.v.), 301
  constitution suspended in, 328, 330
  curfew in, 328
  and Hong Kong, 329
  incompetent terrorism in, 322
  internecine violence in, 331–2
  LBJ supports UK presence in, 320
  Nasser promises to drive UK out of, 317
  'Nasser's next target', 297
  and National Liberation Front (NLF), 323, 324, 325, 327, 328, 331–2, 333, 334
  news of UK evacuation from, 331
  and People's Socialist Party (PS), 323, 324, 326
  seen as liability, 329
  street riots in, 301
  targeted assassination in, 328
  UK to help new government in, 332–3
  UK troops leave, 334
  UK's withdrawal from, 316, 328–31, 338
  violence to evict UK from, 331
Aden Legislative Council, 301
Ahmad, Imam, 297–8
Akhavi, Col. Hassan, 168
al-Asnag, Abdullah, 323, 326–7, 331
Al Jawf, 304, 308
Al Kawma, 314
al-Shaabi, Qahtan, 323, 331
Aldrich, Winthrop, 238–9, 240
Alpha plan, 187, 189, 193, 210–11 (see also Egypt; Israel)
  and JFD's new plan, 212
Amer, Abdel Hakim, 184, 204, 228, 299, 305
American League, 77–9 passim, 84, 86, 89
  and Gruner hanging, 85–6

Amery, Julian, 278, 281, 306, 308, 313
  and Hussein, 302
Anderson, Robert, 206, 210
Anglo-American Committee of
  Enquiry, 68, 69–73 *passim*, 79
  report of, 72–3
Anglo-Iranian Oil Company, xiii, 21,
  48, 105, 120–36 *passim*, 138, 274,
  296 (*see also* Iran)
  Iran takes over, 135–6, 222
  and nationalisation, xiii, 126, 134, 141
  and Supplemental Agreement, 122–3,
    124, 127, 128, 160
Anglo-Iraqi agreement, 190–1
Anglo-Jordanian Treaty, 186
Anglo-Persian Oil Company, *see*
  Anglo-Iranian Oil Company
Arab–Israeli war, first, outbreak of, 90
Arab–Israeli war, second, *see* Suez Crisis
Arab–Jewish state proposal, 34
Arab League, 28, 60, 102, 188, 190, 293,
  327
  security pact of, 183, 188
Arab Legion, 94, 100, 202, 204, 207–8
Arab Solidarity Agreement, 250, 260
Arab Union, 286
  Feisal as king of, 260
Arab uprising (1936), 18
Aramco (formerly CASOC), xiii, 48,
  55, 57, 96–7, 101, 102, 103, 105–13
  passim, 124–5, 131, 160–1, 206 (*see
  also* California Arabian Standard
  Oil Company)
  and Anglo-Iranian, 120, 121
  and anti-UK riots, 205
  and Buraimi, 200
  demands on, 117
  demo at, 219
  and Oman revolt, 275–6
  output cut by, 115–16
  surrender of neutral zone stake by,
    115
  tax affairs of, 118–19
Arif, Col. Abdul Salam, 286
Arif, Gen. Rafiq, 265–6
armistice:
  1918, 5
  1949, 90, 211
Ashraf, Princess, 166
Aswan Dam, 212, 227
  Nasser announces payment for, 222

Nasser sees UK–US loan loss as
  disaster for, 221
and other countries' finance, 219–21
possible Russian contract for, 219
US and UK decide not to help
  finance, 220
Atlantic Charter, 5, 9, 13, 14–15, 48–9,
  58, 66
Attlee, Clement (*see also* United
  Kingdom):
  and Anglo-American Committee of
    Enquiry, *see main entry*
  election called by, 136
  and HST, 65–7, 68, 135
  illness of, 133
  Iran plan shelved by, 135
  and Operation Agatha, 75
  and Palestine, 65–6
  robust action demanded of, 82
  US loan requested by, 69
Azm, Khalid al, 252, 253

Baath Party, 249, 258, 259, 288, 289,
  294–5
  increasingly popular, 217
Badr, Imam, 298, 302, 306
Baghdad Pact, 191, 202, 204, 209, 249
  and Lloyd's offer to Nasser, 212
Bahrain, 208
  Egypt encourages domestic
    opposition in, 274
Bakdash, Khalid, 252, 256
Balfour Declaration, 18, 23–4
  anniversary of, 25
Barrie, Harry, 327
Baruch, Bernard, 89–90
Bedell Smith, Walter, 170
Beeston, Dick, 314
Begin, Menachem, 75
Beihan, 304, 311, 316–17
  machine-gunned outpost in, 319
Beihan, Sharif of, 316–17
Beirut:
  civil war in, 262
  HM in, 202
  Hussein of Jordan visits, 217
  US forces land in, 267
  WW meets de Gaulle in, 17
Belgium, and partition, 89
Ben Gurion, David, 27–9 *passim*, 73,
  74, 236 (*see also* Israel)

agrees to attack Egypt, 236
  and Nasser, 210
  and Russia-Egypt arms sale, 193
Ben Hecht, 81, 85
Bergson, Peter, *see* Kook, Hillel
Bernstein, Leonard, 81
Bevin, Ernest, 66
  and Anglo-American Committee of Enquiry, *see main entry*
  on Anglo-Iranian, 120
  critical of US, 69, 82, 90
  death of, 133
  disintegrating strategy of, 94
  and HST, 71
  illness of, 131
  on Mosaddeq, 129
  and Palestine, 66-7, 68-9, 82, 83-4
  sabotage approved by, 85
  on US support for partition, 90
Bikini Atoll, 182
Biltmore Declaration, 24, 27-8
bin Ataishan, Turki, 197
Bird, Richard, 109-11, 112-13
Bizri, Afif, 254, 256
  Nasser's view of, 258
  sacked, 259
Black Saturday (1952), 146, 214
Blue Line Agreement, 104-5
Bowles, Chester, 299
Boyle, Tony, 310, 315, 324
Brando, Marlon, 81
Bretton Woods, 58
Brewster, Ralph, 45-6
Brook, Sir Norman, 293
Brown, George, 325, 329, 331, 337-8
Bulganin, Nikolai, 245
Bullard, Sir Reader, 198, 199
Bulwark, HMS, 293
Bundy, McGeorge, 294
Bunker, Ellsworth, 308, 313, 316
Buraimi, 107, 109-10, 111, 112, 197-201, 206, 276, 279, 280
  and arbitration, 198-200
  and Ibn Saud's claim, 113, 116, 197
Burrows, Bernard, 278-9
Butler, Rab, 267, 318, 320
Byrnes, James, 66-7, 68-9, 95
Byroade, Hank, 192, 193

Cadogan, Alec, 156
Caffery, Jefferson, 150

Cairo:
  as 'crossroads of the free world', 16
  Free Officers take over, 148
  lions in zoo at, 147
  secret world in, 34
  US university in, 43, 57
  WW in, 16
California Arabian Standard Oil Company (CASOC, later Aramco), 30, 35, 38 (*see also* Aramco)
  plan to buy into, 43-4
  and private investment, 48
  and UK veto, 48
Callaghan, Jim, 329, 337
Carroll, George, 164, 168
Casey, Richard, 33-5, 39-40, 45
Challe, Maurice, 232, 233
Chamoun, Camille, 261-2, 267, 269
Charles, Sir Arthur, 327-8
Chehab, Farid, 102
Chehab, Fuad, 262, 269
chemical weapons, 314-15
China, pressure on Saud to recognise, 219
Christie, John, 314
Churchill, Winston (*see also* United Kingdom):
  and Abdullah, 94
  on Anglo-Iranian, 120
  and Atlantic Charter, *see main entry*
  calls on, to resign as defence minister, 4
  at Casablanca conference, xi
  and Casey proposals, 39-40
  and civilian Suez contractors, 182
  concessions rejected by, 139
  and DDE, 157-8, 183
  Eden confides in, 231
  and Eden withdrawal suggestion, 146
  and Egypt insurgency, 143 (*see also* Suez: and UK forces)
  on El Alamein, 5-6
  Empire supported by, 5-6, 26
  'end of the beginning' remark of, 3
  FDR called in error by, 14
  FDR letter of, 9-10
  FDR's May 1943 meeting with, 36-7
  FDR's relationship with, 10-11
  FDR's spat with, 49
  Five Senators blamed by, 49
  and Hurley, 36
  and JFD, 156, 158-9, 179

Churchill, Winston – *contd*
  KR meets, 173
  lack of scruples regarding law, 143
  Mansion House addressed by, 3, 4, 5–6, 26, 140
  and mischievous Parliamentary question, 22
  and Mosaddeq plot, approval for, 164 (*see also* Operation Ajax)
  New Deal articles by, 10
  and oil boycott, 140
  partition idea hated by, 51
  resignation, 190
  secret Stalin visit of, 22
  on Suez base, 144, 146, 182
  on Suez crisis, 139
  and Suez uniform policy, 180–1
  tension between FDR and, 14–15
  on Tobruk, 4
  and US request for joint statement, 39
  at US strategy conference, 36
  vote of confidence in, 4, 7
  and Washington talks, 143–4
  WW meeting of, 13–14
  WW's relationship with, 9, 11–12, 13–14, 21–2, 25, 26
  WW's scepticism concerning, 9
  and WW's UK visit, 11–12
  at Yalta, 62
CIA, 206
  and arms for Nasser, 184
  in Egypt, 148, 191, 210, 213
  firmans distributed by, 170
  and Iran, 132, 134, 155, 161–2, 163
  and Iraqi Health Alteration Committee, 294
  in Jordan, 217–18
  in Lebanon, 164, 165, 215, 216, 217, 294
  and MI6, 213–15, 243
  and Mosaddeq plot, *see* Operation Ajax
  in Saudi Arabia, 218–19
  support for dismemberment of Saudi Arabia, 206
  and support-for-royalists question, 316
  in Syria, 102–3, 217
  and Voice of the Arabs, 184–5
Cold War, and US–UK differences, xii
Cooper, Johnny, 310–11, 312–13, 315, 317, 318, 321

Copeland, Miles, 102–3, 184, 191, 194, 250, 294
Crater, 322, 327, 333, 334
Crossman, Richard, 69, 71
  on American 'danger', xi
  on Palestine visit, xi
Crum, Bartley, 70–1, 75
Cuban Missile Crisis, 299, 302, 305, 309
Cyprus:
  Eden sends troops to, 205
  and illegal immigrants, 80
  internment camp on, 87
  MI6 station on, 163
Czechoslovakia, and Syria arms deal, 216

Daily Express, 88, 207
Daily Mail, 242
Daily Telegraph, 215–16, 305, 313
Dalton, Hugh, 65–6, 88, 137
Damascus (*see also* Syria), mob storms US embassy in, 102
Danaba Basin, 324
Darbyshire, Norman, 163–4, 165–6, 170
Dayan, Gen. Moshe, 236
de Gaulle, Charles:
  back-pedalling by, 17
  WW's meeting with, 16–17
de la Billière, Peter, 321, 324–5
Dean, Patrick, 237
Deane-Drummond, Tony, 282, 283–4
DeGolyer, Everette, 117
Delmer, Sefton, 207
Dennison, Malcolm, 284
Dewey, Thomas, 61, 81–2
Dhahran, 62, 116–17, 119, 206
Dhofar, 338–40
Dhofar Liberation Front, 339
Dieppe Raid, 4
Dixon, Pierson, 241, 242, 245
Douglas-Home, Alec, *see* Home, Lord
Drake, Eric, 135–6
Duce, James Terry, 124–5
Dulles, Allen, 160, 162, 165, 168, 225–6, 258, 261
  and attempted coups in Syria, 248, 253
  on Gromyko, 255–6
  on UK Syria plans, 216

Dulles, John Foster, 156–7, 158–9, 165, 205, 224–5
  and Alpha plan, 212
  and Anglo-Iraqi agreement, 191
  and Aswan loan, *see main entry*
  considers moving against Nasser, 206
  on 'ditching' Nasser, 211
  and Eden, 181
  Eden seeks to steal a march on, 188
  and Eden's case for 'ganging up', 182–3
  on Eden's letter on Nasser, 229
  and Egypt–Israel initiative, 187
  Egypt visit by, 177–9
  and failed Syria coup, 248
  HM's meeting with, 194–5
  on Iran tanker shortage, 161
  on Mosaddeq's tenure, 162
  and Neguib, 177, 179
  and Russia–Egypt weapons plan, 192–3, 193–4, 194–5
  and SCUA, 228, 229
  and Syria, 206
  on UK involvement in Suez Crisis, 240
  and UK support for defensive alliance, 183
  and US weapons to Egypt, 185
  WC's attack on, 159

Economist, 32
Eddy, Bill, 57–8, 63, 67, 119
Eden, Anthony:
  and Acheson, 138, 139, 142, 144, 153–4, 155
  and Anglo-American ME relationship, xiv
  and Anglo-Iraqi agreement, 190–1
  becomes PM, 191
  Bulganin's letter to, 245
  on Caffery, 150
  and Casey proposals, 39–40
  and civilian Suez contractors, 182
  'completely disintegrated', 208–9
  concessions rejected by, 139
  confides in WC, 231
  and DDE, 156
  DDE's letter to, in Suez Crisis, 241
  Egypt coup considered by, 211
  and Egypt insurgency, 142–3 (*see also* Suez: and UK forces)
  and Egypt–Israel initiative, 187
  on 'elimination of Nasser', 224
  evaporating popularity of, 205
  fast Suez landing urged by, 242–3
  and French Suez idea, 234–6
  'ganging up' favoured by, 182
  and Glubb, 208
  and Greater Syria, 94
  highly regarded as foreign secretary, xi
  HM blames, 247
  and Hoskins mission, 44
  illness of, 223
  and Iran PM, 153–4
  and JFD, 181
  and JFD, chance to steal a march on, 188
  in Jordan debate, 208
  letter to DDE from, on Nasser, 228–9
  and martial-law request, 142
  and McLean, 303
  on Moyne, 28–9
  Nasser's meeting with, 189
  and Northern Tier, 186, 188
  and Nutting, 211–12
  and oil boycott, 140
  and Powell, xi
  premiership in prospect for, 190
  and SCUA, 228, 229
  on Suez, 221–2
  Suez Crisis letter of, to DDE, 244–5
  troop-withdrawal suggestion by, 146
  and Turco-Iraqi pact, 190
  and UN resolution, 242
  US blamed by, 195
  and US request for joint statement on Palestine, 39
  wants Nasser murdered, 212
  and Washington talks, 143–4
  weakness in argument of, 227
  and WW, 25
  on 'Zionist propagandists', xiv
Eden, Clarissa, 209
Edwards, Capt. Robin, 325
Egypt (*see also* Alpha plan; Cairo; Farouq, King; Free Officers; Nasser, Gamal Abdel; Neguib, Mohammed):
  and abrogation of 1936 treaty, 139
  and Alpha, 187, 189
  and Arab Solidarity Agreement, 250, 260

Egypt – contd
  and Aswan Dam, see main entry
  Badr's visceral hatred of, 306
  Ben Gurion agrees to attack, 236
  Bevin's plan for, 66
  and Black Saturday, 146
  and chemical weapons, 314–15
  crisis and violence in, 141–3, 145–6
    (see also Ismailia)
  and fears of Soviet weaponry, 185
  and fedayeen commandos, see
    fedayeen
  Gaza retaliation by, 193
  hatred of, for British, 178
  inflation and food shortages in, 8
  instability in, 141
  and Ismailia troubles, see Ismailia
  Israel defeats (1948), 141
  Israelis executed by, 190
  Jordan and Syria under command
    of, 238
  and Khawlan, see main entry
  and Khawlan mortar attack, 317
  and king's abdication, 149
  and Marib, 309
  peace initiative between Israel and,
    187
  and Russian weapons, 191–5, 211,
    234
  Saudi deal with, 308
  Saudi territory bombed by, 305
  and Sèvres meetings, 236–7
  stagnating economy of, 180
  and Suez, see Suez; Suez Crisis
  Syria seeks political union with,
    258–9 (see also United Arab
    Republic)
  as threat to UK, 214
  and Tripartite Declaration, 211
  UK blames, 16
  UK defence of, 40
  UK imperial troops return to, 7–8
  and UK treaty of 1936, 139
  UK's awful relations with, 7, 16
  UK's invasion of (1882), 7
  and UK's proposal to use Israel,
    233–4
  and US weapons, 181, 184, 185, 191–2
  US's thwarted deal with, 183–4
  Yemeni republic recognised by, 299
Eichelberger, James, 213–14, 215, 294

Einstein, Albert, 69, 70
Eisenhower, Dwight D. 'Ike' (see also
  United States):
  on Alpha plan, 210–11
  becomes president, 155–6
  Bulganin's letter to, 245
  diverts funds to aid Middle East, 249
  and 'drastic action' on Syria, 254
  and Eden, 156
  Eden's Suez Crisis letter to, 244–5
  KR briefs, 173–4
  Mosaddeq deal worries of, 163
  and Mosaddeq's tenure, 162
  re-election of, 246
  requests forces to combat
    Communism, 249
  and Saud, 213
  on Saudi–Egypt separation, 218
  stroke suffered by, 206
  and WC, 157–8, 183
El Alamein, xiv, 4, 5–6, 25, 29
Elizabeth II, 296, 301
Empty Quarter (Rub al Khali), 104,
  105–7 passim, 115, 116, 118, 197,
  304
Eveland, Bill, 213–17, 248
Exodus, 86–7, 88

Fahud, 277–8, 280
Faisal, Prince, 207, 218–19, 300, 305,
  306, 309
Falle, Sam, 151–2, 153, 264, 265, 266,
  289, 331
  and end of diplomatic relations, 155
  on Zahedi, 154
Farouq, King, 20, 143, 144, 146, 147–9,
  303
  goes into exile, 149
  and Killearn, 8
Farran, Roy, 87
fedayeen, 141–2, 145, 180, 193, 233
  resumed attacks by, 178
  and US weapons, 181
Federation of South Arabia, 301, 304,
  307, 318–19, 323, 326 (see also
  Aden)
Feisal II, King, 29, 93–4, 222–3, 260
  assassinated, 266
  as king of Arab Union, 260
Fertile Crescent, see Greater Syria
Five Senators, 45–6, 49, 51

索 引 495

A Flag Is Born (Hecht), 81, 85
Fowler, Henry, 331
France:
   Israel's conspiratorial relationship with, 232
   itching to attack Nasser, 232
   and Nasser, directing Israel against, 234–5
   and partition, 89
   and Sykes–Picot, 17
   UK's strained relationship with, 17
   and Vichy, 17
   and weapons for Israel, 191
   WW2 fall of, 17
Franks, Brian, 308, 309
Fraser, Sir William, 120–1, 122, 128, 132
Free Officers, 148–50, 151, 180, 192, 323
Front for the Liberation of South Yemen (FLOSY), 331–2
Funkhouser, Richard, 124–5

Gaitskell, Hugh, 136, 208, 227, 230, 242, 268
Gaza, Israel attacks, 190, 193
Gazier, Albert, 232–3
Gidel, Gilbert, 122
Gillette, Guy, 65, 67, 79–81
Glubb, Sir John, Pasha, 207–8, 303
Gneisenau, 3
Goiran, Roger, 164, 168
Greater Syria ('Fertile Crescent'), 28, 30, 51, 94, 95–6, 98, 99–101, 116, 256
Greenwood, Arthur, 326
Gromyko, Andrei, 255–6
Gruner, Dov, 83, 85–6

Haganah, 32–3, 68, 70, 73, 74–5, 81, 87
   and *Exodus*, 87
Hall, George, 73, 74, 76
Hamilton, John, 149
Harib, 304, 308, 319, 320
Harper's Magazine, 97, 101
Harriman, Averill, 136
Harrison, Earl, 65
Hashemites, 19, 28, 29, 30, 93, 97, 211, 214, 219
   collapse of, in Iraq, 269, 286, 291
   exaggerated menace of, 117

Hassan, Abdullah bin, 311–12, 315, 318
Hassan (Badr's uncle), 298, 302
Hassan, Mahmud, 198, 199, 201
Hawrani, Akram al, 252
Head, Antony, 183, 243, 246
Healey, Denis, 326, 328, 329, 330, 338
Heath, Edward, 340
Heath, Vice Mshl Maurice, 281–2
Hecht, Ben, 81, 86, 89
Henderson, Edward, 113–14
Henderson, George, 323
Henderson, Loy, 165, 171, 255
Himyar, Suleiman bin, 277, 284
Hiram, Dan, 317
Hitler, Adolf, 146, 228, 307
   Soviet invasion of, 5, 21
   WC's argument for UK resistance to, 6
Hiyari, Ahmad Yusuf, 265
Holocaust, 24, 65
Home, Lord (later Alec Douglas-Home), 172, 243, 292, 293, 301, 307, 308
   becomes PM, 316
   and Beihan, 318
   JFK's royalists spat with, 316
   and UK rifles to Yemen, 318
   Yemen policy review ordered by, 320
Hong Kong, 329
Hoover, Herbert, on Nasser's actions, 225
Hopkins, Harry, 10
Hoskins, Franklin, 42–3
Hoskins, Col. Harold, 3, 33–4, 39, 41, 42, 57–8
   Saudi Arabia mission of, 43–4
Hull, Cordell, 41, 43, 44, 47, 49, 56–7
Hurley, Patrick, 44
   and Ibn Saud's change of heart, 38
   ME posting of, 58
Hussein, King, 202, 203–4, 249–53, 260, 309
   Amery met by, 302
   and Arab Solidarity Agreement, 250
   asks HM for help, 268
   determined to fight Israel, 238
   federation suggested by, 260
   and Glubb, 207–8
   military help requested by, 233
   plot suspected against, 265–6, 268
   Roosevelts meet, 217–18

Hussein, King – contd
  UK military support for, 268–9
  and Yemen's new status, 300
Hussein, Sharif, 29

Ibn Jiluwi, 106, 107, 116
Ibn Saud, King, 29–30, 35, 37–8, 53, 56–7, 95, 100, 103–18 passim (see also Saudi Arabia)
  and Aramco, see main entry
  and Buraimi, see main entry
  and CASOC, 35, 43
  death of, 114, 197
  declining health of, 113
  and FDR, 61–3, 67
  and Fertile Crescent scheme, 30
  FO withholds tariffs from, 56
  and HST, 67–8
  HST's letter to, 117
  and IPC, see Iraq Petroleum Company
  large family of, 115
  letter of, to FDR, re refugees, 37–8
  in Life article, 38
  Lord Moyne meets, 29, 31
  military alliance sought by, 117
  and TAPLINE, 97
  and Thesiger, see Thesiger, Wilfred
  and undefined frontier, 104–5
  vast wealth in prospect for, 103
  WC's praise for, 37
  and Zionist propaganda, 37
Ickes, Harold, 35, 38, 43, 44
  'blunderbuss shot' of, 48
  criticised by Hull, 47
Ilyan, Michael, 216, 217, 248, 253
  Damascus fled by, 217
Ingledow, Tony, 331–2
Ionides, Michael, 263
Iran (see also Mosaddeq, Mohammad):
  and Anglo-Iranian, see main entry
  and Bakhtiari oilfield attack, 161
  and 50–50 deals, 118, 119, 121, 122, 124, 125, 128, 131, 173 (see also Anglo-Iranian Oil Company; Aramco)
  and Lend-Lease, see main entry
  and Mosaddeq, replacement for, see under Mosaddeq, Mohammad
  and Mosaddeq's referendum, 167
  National Front in, 123, 128, 129, 130, 133, 153

  and oil boycott, 140, 153, 161
  and parliament boycott, 162
  in parlous state, 126
  and plots against Mosaddeq, see Operation Ajax; Chapter 13
  shah of, see Mohammed Reza Pahlavi, Shah
  and Soviet influence, 120
  and tanker shortage, 161
  and Tudeh Party, 124, 153, 162, 170–1
  and US communism fears, 162
  US's poisoned relations with, 174
  Zahedi becomes PM in, 172
Iraq:
  and Arab League, 28
  and Baathist coup in Baghdad, 294–5
  economic problems of, 293
  and Feisal I, 19–20
  and feudal conditions, 264
  and Hashemites, see main entry
  inequality, UK worried by, 263
  infant mortality in, 20
  July 1958 coup in, 281
  and Kirkuk massacre, 288
  Kuwait, claim to, 286
  and Lend-Lease, see Lend-Lease
  and military aid deals, 182–3, 186
  and Mosul revolt, 287
  oil income in, 20
  'sham' independence of, 264
  support canvassed from, 255
  and Turco-Pakistan pact, 187
  and UAR, 259
  and UK JIC prediction, 290
  UK presence in, 20
  UK vs US in, 286–7
  UK–US share in oil of, 49
  UK's continuing presence in, 186
  and UK's defence of Kuwait, 291, 292–3
  UK's dependence on, 286
  and US military aid, 186
  Willkie in, 19–20
Iraq Development Board, 263
Iraq Petroleum Company (IPC), 48, 96, 97, 105, 107, 109, 110–12 passim, 114, 202, 279, 294
  Syria sabotages pipeline of, 245, 255
  UK owns most of, 20
Iraqi Health Alteration Committee, 294

Irgun, 68, 70, 71, 73-4, 81-6 *passim*
  attacks by, 75-6, 78, 84, 85
  Baruch's support for, 89
  and death sentences, 87-8
  kidnaps by, 87-8
Ismailia, 139, 141, 142, 145
Israel (*see also* Alpha plan; Ben Gurion, David):
  and Alpha, 187, 189
  Egypt's defeat by, 141
  French suggest directing against Nasser, 234-5
  French weapons delivered to, 191
  Gaza attack by, 190, 193
  HST recognises, 101
  Nasser's plan for war with, 211
  and overflights, 268-9
  peace initiative between Egypt and, 187
  state of, declared, 90
  and Tripartite Declaration, 211
  and UK military aid to Jordan, 268
  UK's improving relations with, 317
  UK's proposal to use, on Egypt, 233-4

Jalali, Ali, 164, 170, 171
Jebel Akhdar, 113, 277, 280-5, 297, 310, 324
Jersey Standard, 48
Jewish Agency, 32, 65, 72, 73, 74-5, 83, 87, 94
  and Biltmore, 27-8
  and Operation Agatha, 74-5
Jews, 62 (*see also* Chapter 6)
  and Biltmore Declaration, 24
  and Holocaust, 65
  and HST, 64-5
  Ibn Saud on, 62
  Nazi atrocities against, 19, 24
  opening of Palestine to, *see* Palestine
  Poland suggested for, 63
  and refugees, Ibn Saud's appeal concerning, 37-8
  in US, 23
  and Zionist movement, *see* Zionists
Johnson, Jim, 308, 309, 310-11
Johnson, Lyndon B., 337
  becomes president, 317
  and British pound, 329
  UK supported by, in Aden, 320

  and UK's Aden withdrawal, 330-1
  and Vietnam, 320
Johnston, Charles, 302, 310
Jordan (*see also* Abdullah of Jordan; Hussein, King):
  and Abdullah's annexation, 203
  and abrogation of UK treaty, 249-50
  and Arab Solidarity Agreement, 250
  and Baghdad Pact, 202, 204
  believed to be Israeli target, 239
  divide in, 204
  under Egyptian command, 238
  and Eisenhower Doctrine money, 252
  and fear of UK-Israel war, 203
  and frontier tensions, 232-3
  Glubb sacked from, 208
  and Hashemites, *see main entry*
  independence gained by, 94
  and Nabulsi, 250-1
  nationalists win election in, 236
  opens relations with Moscow, 250
  and Palestinian population, 203-4
  and pipeline, 96
  refugees into, 203-4
  Saudi and Syrian troops sent to, 252
  in Saudis' pay, 202
  spring 1957 crisis in, 250
  and TAPLINE, 102
  and UAR, 259
  UK cabinet considers unstable situation in, 235
  UK debate on, post-Glubb, 208-9
  UK sends more troops to, 187
  UK's continuing presence in, 186-7
   (*see also* Anglo-Jordanian Treaty)
  US money for, 269
Jordan, Stanley, 55, 56, 58
Jumblatt, Kamal, 262

Karimi, Col. Zand, 168
Kashani, Ayatollah Abol-Ghasem, 129-30, 151, 154-5, 161-2, 171
  and parliament boycott, 162
Keeler, Christine, 311
Kennedy, John F. (*see also* United States):
  assassinated, 316
  become US president, 294
  Home's royalists spat with, 316
  jets sent to Saudi by, 309

Kennedy, John F. – *contd*
  message of, to Faisal, 305
  and UK and Yemeni regime, 307
  and Yemen, 299
Kenya, independence gained by, 317
Keyvani, Faruq, 164, 170, 171
Khalil, Insp. Fadhli, 322, 327
Khawlan, 309, 311–12, 315, 318
  Egyptians lured into, 312
  mortar attack in, 317
Khrushchev, Nikita, 195, 255, 291
  warning of, over Syria, 256
Killearn, Lord, *see* Lampson, Miles
King David Hotel, 75–6, 80, 82
Kirkbride, Alec, 94–5, 99, 101
Kirkpatrick, Ivone, 223
Komer, Robert, 206, 294, 295, 300, 320
Kook, Hillel (a.k.a. Bergson), 77, 78–9, 81
Kulthum, Umm, 185
Kurdish rebellion, 294
Kuwait:
  Arab League joined by, 293
  declared part of Iraq, 291
  Egypt encourages domestic opposition in, 274
  half Britain's oil produced by, 274
  Iraq's claim to, 286 (*see also* Chapter 24)
  and land lease to foreign powers, 274
  oil boom in, 289
  recurrence of threat to, 293 (*see also* Chapter 24)
  UK sends troops to, 293
  UK–US share in oil of, 49
  and UK's Operation Vantage, 291
Kuwait, Emir of, 289, 291
Kuwait Oil Company, 274, 290

Lakeland, William, 149, 295
Lampson, Miles, 8, 45, 51–2, 141, 143
Landis, James, 51–5 *passim*, 58–9
  and Moyne, 54, 57, 59
Lansing, Robert, 156
Lawrence, T. E., 93, 94
Lebanon (*see also* Chamoun, Camille):
  and British and French forces, 17
  civil war erupts in, 262
  elections in, 253
  and Fertile Crescent scheme, 28
  and pact, 188
  and pipeline, 96
  support canvassed from, 255
  and TAPLINE, 102
  and UAR, 259
  US forces land in, 267
Lend-Lease, 10, 13, 15, 30, 31, 35–6, 37, 45–7 *passim*, 58
  HST's concern over, 45
  Ibn Saud's concerns over, 38
Life, 24, 38, 44
Little, Tom, 331
Liwa:
  and Abu Dhabi, 107
  conflict epicentre, 106
  and Ibn Saud's claim, 113
  Thesiger on, 111
Lloyd, Selwyn, 205, 215, 225–6, 238–9, 244, 254, 265, 274, 281, 282, 286
  and Aden, 297
  and CIA–MI6 meeting, 214
  and French Suez idea, 235
  and Glubb, 208
  Lebanon concerns of, 263
  Nasser policy requested by, 212
  and Oman revolt, 275–6
  at Sèvres meeting, 236
Love, Kennett, 170
Luxembourg, and partition, 89

McGhee, George, 117–18, 119–20, 123–4, 127, 130–2, 137
McLean, Billy, 302–5, 306, 307, 308, 309, 311–12, 313
  charged with drink-driving, 303
  and working with Israel, 317
  Yemen war cost calculated by, 317
MacMichael, Harold, 18
Macmillan, Harold, 146, 150, 250
  and Aden, 297, 301
  Badr's letter to, via McLean, 306
  and Buraimi arbitration, 200
  casus belli call of, 227
  on containment policy over Syria, 256
  DDE asked for 'fig leaf' by, 246
  Eden blamed by, 247
  and hesitancy over Syria, 255
  Iraq fears of, 263
  and Iraq killings, 267
  and Jebel Akhdar, 281
  and JFD, 157
  JFD's meeting with, 194–5

McLean meets, 306
and military support for Jordan, 268–70
moved to Treasury, 205
and Nuri, 202
and Oman revolt, 275–6
resigns, 316
on Russia–Egypt weapons plan, 193, 194–5
and SCUA, 229
troops sent to Kuwait by, 293
on UK's financial position, 246
on Washington talks, 144–5
on WC, 138
and Yemen's new status, 300–1
McNamara, Robert, 329
Magnes, Judah, 31, 32
Maher, Ali, 146, 147, 149, 238
resigns, 150
Majali, Hazza, 204
Marib, 304, 308, 309, 311, 317
Marshall, George, 90, 95–6, 98
Marshall Plan, 97
Mead, James, 45
Meade, Stephen, 102–3
Menderes, Adnan, and Nuri, 187–8, 189–90
MESC, *see* Middle East Supply Centre
Middle East Defence Organization, 178
Middle East Economic Council, 32, 40, 48
Middle East Supply Centre (MESC), 31–2, 34, 35, 36, 37, 40, 48, 50, 52–5, 58, 59–60
Middle East talks (1944), 54, 56
Middleton, George, 152–3
and end of diplomatic relations, 155
MI5, 81, 324
MI6, 20, 34, 68, 69, 73, 85
and Iraqi army, 291
and Mosaddeq plot, *see* Operation Ajax
and Nasser's interest in peace deal, 187
saboteurs in, 87
US spies' talks with, 213–15
Mitchell, Lt Col. Colin, 333–4
Mohammed Reza Pahlavi, Shah, 20–1, 122, 123, 126, 130–1, 160, 161, 164, 165–8, 170, 171, 172, 340
Baghdad flight of, 168

and *firmans*, 166, 167–8, 169–70, 171
newspaper attack on, 170
and Operation Ajax, 165–7
pulled-down statues of, 171
Ramsar departure of, 167
Mollet, Guy, 235
Molotov, Vyacheslav, 193
Montgomery, Fld Mshl Bernard, 74, 82
WW's opinion of, 8
Morrison–Grady proposal, 78, 80
Morrison, Herbert, 131, 132–3, 134, 137
Iran plan shelved by, 135
Mosaddeq, Mohammad, 123, 127–8, 130, 133–4, 137, 160–73 *passim*, 274 (*see also* Iran)
action against opponents by, 155
becomes PM, 134
and cheap oil, 173
CIA–MI6 plot against, *see* Operation Ajax
DDE's changing attitude to, 162
detailed resolution published by, 133
diplomatic relations with UK cut by, 155
and dissolution of Majlis, 170
and expulsions, 136–7, 138–9
and Harriman, 136
and officers' early retirement, 154
and oil company takeover, 135–6, 222
propaganda against, 165
referendum ordered by, 167
resignation threat by, 161
and shah's *firmans*, 167–8, 169
surrender of, 172
talks rejected by, 135
and threat to US interests, 160–1
WC criticises, 139
Zahedi suggested as replacement for, 152
Mott-Radclyffe, Charles, 182
Mountbatten, Lord, 203, 224
Moyne, Lord, 28–32 *passim*, 58, 59–60
assassinated, 59
and Jeddah meeting, 29, 31
and Landis, 54, 57, 59
as new ME minister, 51
Murphy, Robert, 225
Murray, Wallace, 48, 49–50, 54–5, 56
Muscat, 112, 273, 275, 277, 278–9
Sultan of, *see* Said bin Taimur, Sultan

Muslim Brotherhood, 141, 146, 180, 187, 303

Nabulsi, Suleiman, 249–51
Najran, 304
Nasiri, Nematollah, 168, 172
Nasser, Gamal Abdel:
  and Arab League, 188
  and Aswan Dam, *see main entry*
  becomes deputy PM, 179, 180
  and Ben Gurion, 210
  on Bizri, 258
  Canal blocked by, 245
  and chemical weapons, 314–15
  CIA spy's message to, 215
  and continued canal operation, 227
  different US/UK plans for, 212
  on driving UK out of Aden, 317
  Eden on 'elimination of', 224
  Eden on military action against, 224
  Eden's letter concerning, 228–9
  Eden's meeting with, 189
  as Eden's nemesis, xiv
  escape route from Yemen sought by, 329
  first estimates of, 189
  French suggest directing Israel against, 234–5
  and Glubb, 208, 209, 303
  helps Syria repel Turkish attack, 256
  and hero status, 187
  and HM–JFD talks, 195
  and JFD, 177–8
  JFK's pointed message to, 316
  KR's view of, 181–2
  Lakeland meets, 149
  Lloyd wants new policy against, 212
  and McLean, 303, 305
  and MI6, 187
  and Mosul revolt, 287
  moves to 'ditch', *see Chapter 18*
  Neguib ousted by, 182
  and Nuri, 188–9
  Nuri blamed by, 189
  and Nutting plan, 211–12
  and Oman revolt, 275
  and peace deal with Israel, 210 (*see also* Alpha plan)
  plan to isolate, 211
  and possible war with Israel, 211
  previously unseen side of, 189
  public support for, 290
  rapid deal with, 183
  Russia courted by, 192
  and Russian weapons, *see under* Egypt
  'saviour of Islam', 219
  on SCUA, 230
  stalks out of Suez talks, 180
  and Syrian call for political union, 258–9
  and Syria's secession from UAR, 298
  on Turco-Iraqi pact, 189–90
  and UK occupation, 177–8
  and UK supplies to royalists, 321
  and US, 184, 299, 305–6, 307
  and Voice of the Arabs, 184–5
  and war costs, 317
  willing to discuss peace, 206
  and Yemen, 297–8, 299, 305, 307, 308 (*see also main entry*)
  Young's suspicions of, 214
National Security Council, 162, 163, 178, 213, 253
NATO, 157
  and DDE's fears of Communism, 249
Neguib, Mohammed, 148–9, 153, 177, 183
  becomes PM, 150
  and JFD, 177, 179
  ousted, 182
Netherlands, and partition, 89
New Deal, 10, 36, 52
New York Post, 77
New York Times, 36, 41, 48, 76, 78, 86, 103, 181, 216, 218
Nixon, Richard, 287
Nizwa, 275, 276, 277, 280
Northern Tier, 178–9, 186, 187, 188
Nuri Said, 19, 20, 29–30, 223, 234, 263–6
  and Anglo-Iraqi agreement, 190–1
  assassinated, 266
  Egyptian media attack, 188
  and Fertile Crescent scheme, 28
  and HM, 202
  and Iraq Development Board, 263
  last stint as PM by, 264
  and Menderes, 187–8, 189–90
  and Nasser, 188–9
  and Northern Tier, 187
  offer to UK by, 187

on Saudi bribery, 201
and Turco-Pakistan pact, 187
Nutting, Anthony, 211–12, 232, 233
and French Suez idea, 235
Nuwar, Ali Abu, 233, 250–2

Oman, 105, 107, 111, 198, 273, 277, 281
  (see also Jebel Akhdar)
  air strikes on rebels in, 275
  concessions in, 105
  Dhofar in, 338–9, 340
  Gulf entrance commanded by, 275
  inland, revolt in, 274
  and maps, 116
  new strategic significance of, 275
  rebellion gains momentum in, 282
  revolt in, 274–7
  SAS arrive in, 283
  and UK reputation, 340
Oman, Imam of, 275, 276, 277
Operation Agatha, 74–5
Operation Ajax, 163–72 passim
  and anti-Mosaddeq propaganda, 165
  arrest attempt during, 168
  finalising of, 164
  near-failure of, 169
  and street disturbances, 171–2
  time called on, 172
  and tip-off, 168
Operation Bonaparte, 200
Operation Boot, see Mosaddeq, Mohammad: CIA–MI6 plot against
Operation Eagle, 145
Operation Musketeer, 224
Operation Nutcracker, 324
Operation Pile-Up, 230
Operation Vantage, 291
Othman, Sheikh, 327
Ottoman Empire, 20, 42, 93
  declares war on UK, 7
  disintegrates, 105
  Egypt remains part of, 7

Pakistan:
  and military aid deals, 182–3, 186
  and US military aid, 186
Palestine (see also Anglo-American Committee of Enquiry; Chapter 7):
  and Arab–Israeli war, 90
  Balfour calls for Jewish home in, 18
  beginning of end of UK rule in, 84
  and Bevin, see Bevin, Ernest
  and Casey proposals, 39–40
  and Dewey's demand, 82
  FDR avoids talking of, 25
  FDR favours opening of, 61
  and FDR–Ibn Saud meeting, 62–3
  and Fertile Crescent scheme, 28
  and Hecht play, 81
  Ibn Saud's call for land other than, 38
  and Jewish refugees, 65–7, 84
  Jewish terrorist attacks in, 19
  limited Jewish immigrants to, 18–19
  Magnes's idea for, 31
  martial law imposed in, 85
  and partition, 18, 51, 72, 89–90, 101–2
  rail-network attacks in, 69, 73
  refugees to, and Ibn Saud's appeal, 37–8
  rising tensions in, 18
  UK's withdrawal from, 88–9, 90, 186
  WW's statement on, 25, 27
Palmach, 74–5
Parachute Regiment, 205, 268, 324
Pearl Harbor, 5, 13
Pearson, Lester, 242
People's Front for the Liberation of the Arabian Gulf, 339
People's Republic of South Yemen, 338
Peterson, Maurice, 54–5, 56–7
Petroleum Reserves Corporation, 38, 48
Philby, Kim, 98, 251, 261
Philby, St John, 107–8
Pineau, Christian, 225, 226, 235, 236, 237
Port Said:
  Egyptian troops in, 243
  Mountbatten suggests seizing, 224
  and Soviets, 245
Powell, Enoch:
  at Casablanca conference, xi
  and Eden, xi
Pravda, 192
Profumo, John, 311, 313, 316

Qaboos, Sultan, 339, 340
Qasim, Abdel-Karim, 266, 286–9, 291–5 passim
  executions ordered by, 288
  growing paranoia in, 287

Qasim, Abdel-Karim – *contd*
  killed, 295
  and Kurdish rebellion, 294
  and Kuwait emir's worries, 290
  plot to overthrow, 287
qat, 322
Qatar:
  concessions in, 105
  and Ibn Saud's claim, 113
  and maps, 116
Qavam, Ahmad, 152, 154
Qazzaz, Said, 287
Quraishi, Abdullah, 198
Quwatly, Shukri, 99–100, 101, 102–3, 202, 214, 248, 249, 253, 259

Radfan, 323, 324, 325
Radio Cairo, 331
Ramadan Offensive, 308
Ras Tanura, 121
Rashidian, Asadollah, 151–2, 155, 163, 167–8
Razmara, Gen. Ali, 123, 128, 129
  killed, 130
Red Line Agreement, 48, 96
  and Atlantic Charter, *see main entry*
Restoration Plot, 303
Riyadh, 107
  Ibn Saud captures, 29, 118
  palace in, 100
Rommel, Erwin, 6–7, 8, 29
Roosevelt, Archie, 253
Roosevelt, Archie, Middle Eastern mission of, 217–19
Roosevelt, Eleanor, 81
  and Jewish army movement, 25
Roosevelt, Franklin D. (*see also* United States):
  and Arab politics, 36
  and Atlantic Charter, *see main entry*
  at Casablanca conference, xi
  death of, 63
  in decline, 13
  on empire, 4–5
  fourth win by, 61
  and Hurley, 36
  and Ibn Saud, 61–3, 67
  Ibn Saud's appeal to, re refugees, 37–8
  Ickes's warning to, 35, 38
  and Lend-Lease, *see* Lend-Lease and Neutrality Acts, 9
  seen as spent force, 15
  and supply of oil to Allies, 46
  tension between WC and, 14–15
  and Tobruk, 4
  WC's letter to, 9–10
  WC's meeting with, 36–7
  WC's mistaken call to, 14
  WC's relationship with, 10–11
  WC's spat with, 49
  Weizmann's meeting with, 38–9
  WW seen as possible successor to, 13
  WW's post-travels report to, 22–3
  at Yalta, 62
  Zionists' call on, 25
Roosevelt, Kim, xii, 97–9, 100–1, 147, 148, 169, 181–2, 210, 250
  1956 mission of, 217–19
  and Mosaddeq plot, *see* Operation Ajax
  on Nasser, 181–2
  and Russia–Egypt weapons plan, 194
  shah's meeting with, 166–7
  UK Saud and Nasser plans rejected by, 215
  and weapons for Egypt, 184
  Whitehall tour by, 173
  Zahedi's meeting with, 169
Roosevelt, Polly, 97, 100
Roosevelt, Theodore, 97, 169
Rub al Khali (Empty Quarter), *see* Empty Quarter
Rusk, Dean, 317, 318, 319, 320, 338
Russell, Richard, 46

Sabri, Ali, 148
Sadat, Anwar, 148, 180, 185
Saddam Hussein, 288, 294
Said bin Taimur, Sultan, 109, 274–85 *passim*, 339–40
Salisbury, Lord, 212
Sallal, Abdullah, 298, 302, 304, 307
Sanaa, 298, 299–300, 301, 302, 304, 305, 307, 316, 317, 319
  royalists surround, 306
Sandys, Duncan, 275, 296, 302, 307, 311, 319–20, 324
  and Beihan, 318
  constitutional conference convened by, 325
Sarraj, Abdul Hamid, 248, 252–3, 254, 256, 261

SAS, 282–5, 308, 310–11, 324–5
  beginnings of, 310
Saud, King (*see also* Saudi Arabia):
  and Arab Solidarity Agreement, 250
  and Arab Union, 260
  DDE's hopes for, 213
  enthroned, 197
  McLean meets, 304
  mediation in Damascus by, 256
  and Nasser, 219
  and Oman revolt, 275
  as prince, 95
  and roads and schools, 207
  Roosevelts meet, 218
  and warning of trap, 261
  workers confront, 219
  and Yemen's new status, 300
Saudi Arabia, 205 (*see also* Ibn Saud, King; Saud, King)
  and Arab Solidarity Agreement, 250, 260
  and Aramco, *see main entry*
  and Aramco money, 205
  and bribery, 55, 198, 201–2
  and Buraimi, *see main entry*
  Egypt bombs territory of, 305
  Egyptian military mission expelled by, 219
  Egypt's deal with, 308
  grounded air force of, 304
  JFK sends jets to, 309
  and Lend-Lease, *see* Lend-Lease
  riots' orchestration suspected of, 205
  and Shakhbut, 198
  as threat to UK, 214
  UK–US views on future of, 206
  US support for, 305
  war disrupts oil market in, 30
Scharnhorst, 3
Schwarzkopf, Gen. Norman, 166
Sèvres meetings, 236–7
Shakhbut, Sheikh, 106, 109, 112, 198, 280
Shawcross, Sir Hartley, 198
Shepilov, Dmitri, 192
Shishakli, Adib, 216, 254
Shuckburgh, Evelyn, 139, 155, 159, 183, 195, 201, 203, 242
  on Eden, 208–9, 241
Sinai, Israel's invasion of, 248

Sinclair, Sir John, 160, 161, 163, 172–3, 315
Singapore, surrender of, 3, 15
Six-Day War, 331, 334, 337
Slade-Baker, John, 228, 230, 263–4
Smiley, David, 278–9, 280–1, 313–14, 317
Soames, Christopher, 281
Socony, 48
South Arabian League, 324
South Yemen, 331, 338–9
Soviet Union:
  and Aswan Dam, *see main entry*
  and fears for Iran, 120
  fears of weapons from, for Egypt, 185
  Hitler invades, 5, 21
  increased likelihood of war with, 119
  Jordan opens relations with, 250
  and 'Northern Tier', 178, 188
  and SCUA, 232
  and Suez Crisis, 245
  Syria as satellite of, 254
  Syria signs agreement with, 253
  and weapons for Egypt, 191–5, 211, 234
  Yemeni republic recognised by, 299
Spears, Louis, 17–18
Spectator, 205
Stalin, Joseph:
  and second-front call, 21–2
  UK allies itself to, 5
  WC's secret meeting with, 22
  and WW, 21
  at Yalta, 62
Standard Oil Company, 30
Stern Gang, 68, 70, 74, 81
Stevenson, Adlai, 320
Stewart, Michael, 329–30, 331
Stimson, Henry, 39, 41
Stirling, David, 308, 311, 315
  SAS founded by, 308, 310
Stokes, Richard, 136
Stone, 'Rocky', 168, 169, 253–4
Struma, 24, 27
Suez base:
  and UK deal put to Nasser, 183
  UK departure from, 177, 180, 184, 186, 187, 224
  and UK forces, 7, 66, 139, 141–3 *passim* (*see also* Suez Crisis)
  and uniform policy, 180–1

Suez Canal:
    as link in UK defence, 221–2
    record income of, 222
    UK and French shares in, 222
Suez Crisis:
    Anglo-French resolution on, 232
    and 'Britain at War' headline, 242
    and Bulganin letter, 245
    and Commons suspension, 242
    crisis, see Suez Crisis
    and Eden's case for 'ganging up', 182
    and Eden's letter to DDE, 244–5
    and Egyptian retreat, 242, 243
    and Egypt–UK talks, 177, 180
    Egypt's threat concerning, 133
    and elite French troops, landing of, 244
    Group, 181
    and HM's *casus belli* call, 227
    HM's suggestion regarding, 195
    and imminent Israeli attack, 238–9
    and Israeli drop, 239
    London conference on, 226, 228
    Nasser allows continued operation of, 227
    Nasser announces nationalisation of, 221–2
    Nasser blocks Canal during, 245
    and oil refinery, 141
    and Operation Musketeer, 224
    and Operation Pile-Up, 230
    outbreak of war in, 239
    and second Arab–Israeli war, see Suez Crisis
    seeds sown for crisis of, 7
    and Turkey, 182
    and UK anti-war protests, 243
    and UK bombers, 242
    UK cabinet divided over, 243
    and UK ceasefire, 246
    and UK drop, 243–4
    and UK economy, 223
    and UK's Egypt invasion (1882), 7
    and UK's financial position, 246, 337
    and UN resolution, 242
    and US attitude, 240
    US seeks ceasefire in, 241
    Users' Association (SCUA), 228, 229, 232
    and WC's hopes for US troops, 144
Suleiman, Abdullah, 118, 119

Sunday Times, 205, 220, 321
Sykes–Picot, 17
Syria:
    Anglo-American plot to overthrow, 248–9
    and Anglo-American Working Group, 256
    and Arab Solidarity Agreement, 250, 260
    and Arab sympathy during Turkish threat, 256
    and Baathists, *see* Baath Party
    and Czech arms deal, 216
    under Egyptian command, 238
    four-man rule in, 252
    French take over, 17
    government collapses in, 188, 217
    IPC pipeline sabotaged by, 245, 248, 255
    JFD considers dealing with, 206
    and Khrushchev's warning, 256
    and massing Turkish troops, 255–6
    mob storms US embassy in, 102
    and need for Saud's overthrow, 214
    and pact, 188
    People's Party of, 215
    and pipeline, 96
    Roosevelts travel to, 217
    in Saudis' pay, 202
    secedes from UAR, 298, 299
    seeks political union with Egypt, 258–9 (*see also* United Arab Republic)
    seen as Soviet satellite, 254
    and TAPLINE, 101–2
    as threat to UK, 214
    UK and US aerial reconnaissance of, 249
    US attempts coups in, 253, 254
    US favours coup in, 217
    US favours regime change in, 252
    US opposes covert action in, 216
Szold, Henrietta, 19, 70

Talal, King, 202
Talib, 275, 276, 277, 282, 283, 284, 313
TAPLINE, 96–7, 100, 101–2, 103, 117, 124, 255
Templer, Sir Gerald, 203–4
Thant, U, 313

Thesiger, Wilfred, 104, 105–11 *passim*, 113–14, 197, 277–8, 280, 292
Thorneycroft, Peter, 318
Times, 276, 330
Tobruk, capitulates, 4
Transjordan, 94
  and Fertile Crescent scheme, 28
Trevaskis, Sir Kennedy, 323–4, 326
Trevelyan, Humphrey, 287, 288, 291–2, 295, 331, 333–5
Tripartite Declaration, 211, 233, 238
  thought outdated, 241
Trucial States, 273
Truman Committee, 46–7, 64
Truman, Harry S.:
  Agatha criticised by, 75
  and Anglo-American, *see main entry*
  appeal by, to US citizens, 86
  and Attlee, 65–7, 68, 135
  becomes president, 63–4
  and Bevin, 71
  and Ibn Saud, 67–8
  Israel recognised by, 101
  and Lend-Lease, *see* Lend-Lease
  letter of, to Ibn Saud, 117
  and partition, 89–90
  on Saudi integrity, 124
  and Saudi military requirements, 117
  troubled presidency of, 77
  UK's talks with, 143–4
  and US Jews, 64–5
Tudeh Party, 124, 153, 162, 170–1
Tuhami, Hassan, 192
Turco-Iraqi pact, 188, 189, 190, 191
Turco-Pakistan pact, 186, 187
Turkey:
  and Germany, 93
  and Suez, 182
  support canvassed from, 255
  troops massing in, 255–6
Turnbull, Sir Richard, 328, 331
Turp, Robert, 318

UN Yemen Observation Mission (UNYOM), 313, 315
United Arab Republic (UAR), 261, 286, 290 (*see also* Egypt; Syria)
  coups planned by, 265
  formation of, 259
  Syria secedes from, 298, 299
  Yemen joins, 298

United Kingdom (*see also individual prime ministers*):
  and Aden, 301
  and Aden withdrawal, 316, 328–31
  and Anglo-American summit, 183
  and Anglo-Iranian, *see main entry*
  and Atlantic Charter, *see main entry*
  Baghdad Pact joined by, 191
  and Buraimi, *see main entry*
  and Casey proposals, 33, 39–40
  and CASOC veto, 48 (*see also* California Arabian Standard Oil Company)
  and conservation of oil stocks, 47
  Egypt invasion by (1882), 7
  Egypt's fraught relations with, 7, 16, 178
  as Egypt's kingmaker, 149
  and Europe–India route, xii
  and fedayeen, *see main entry*
  France's strained relationship with, 17
  and funds to Ibn Saud, 30
  and Gulf departure date, 337–8
  help from, for new Aden government, 332–3
  and immigration restrictions, 24
  Iran severs diplomatic relations with, 155
  Israel considered by, to deal with Egypt, 233–4
  Jewish Agency spied on by, 73
  Joint Intelligence Committee of, 130, 240, 290
  and Kuwaiti oil, 274
  Kuwait's defence against Iraq by, 291
  and Lend-Lease, *see* Lend-Lease
  and ME oil domination, xiii
  Middle East Command of, 296
  military support from, for Jordan, 268–9
  and Oman revolt, 275–6
  perceived threat from, to USA, 38 (*see also* Ickes, Harold)
  prevarication by, 48
  and Qasim, 286
  stakes of, in oil companies, 47
  and Sykes–Picot, 17
  and Syria coup, 248
  US military aid to, 9–10
  and US request for joint statement, 39
  US's fragile truce with, 50

United Kingdom – contd
  US's ME conference with, 48–9
  WC's second term begins in, 138
  withdrawal of, from Palestine, 88–9, 90
  WW becomes critic of, 6–7
  WW's report to FDR on, 22–3
  and Yemen's new, 302, 306
United Nations, and Palestine, 72, 78, 83, 84, 87, 88, 89
United States (*see also individual presidents*):
  Africa landings of, 27
  and Anglo-American summit, 183
  and Anglo-Iranian, *see main entry*
  'arsenal of democracy', 10
  and Aswan loan, *see main entry*
  and Atlantic Charter, *see main entry*
  and attempted coups in Syria, 253, 254
  and Baghdad Pact, 249
  and Bikini Atoll, 182
  and Casey proposals, 33
  colonial powers' dependence on, 21
  and Empire, 26
  and French Suez idea, 235
  Iran's poisoned relations with, 174
  Lebanon landing by, 267
  and Lend-Lease, *see* Lend-Lease
  and military aid for Iraq, Pakistan, 182–3, 186
  and Neutrality Acts, 9
  and Oman revolt, UK response to, 275–6
  and partition, 101–2
  and Qasim removal, 286
  and Red Line Agreement, 48 (*see also* Red Line Agreement)
  strategy conference of, 36
  and Suez Crisis, attitude of, 240
  and Syria coup, 248
  Syria coup idea revisited by, 217
  and TAPLINE, 103
  and thwarted Egypt deal, 183–4
  UK's fragile truce with, 50
  and UK's Gulf departure date, 337–8
  UK's ME conference with, 48–9
  UK's perceived threat to, 38 (*see also* Ickes, Harold)
  and weapons for Egypt, 184, 185, 191–2
  World War II entered by, 5, 13

UNSCOP, *see* United Nations: and Palestine

Vandenberg, Arthur, 12–13
Vietnam, 299, 320, 328, 329, 337
Visscher, Charles de, 198, 199
Voice of the Arabs, 184–5, 188, 204, 208, 212, 264, 276
von Horn, Carl, 313, 314, 315

Wall Street Journal, 154
Wallace, Henry, 12
Warburton, Nick, 325
Weill, Kurt, 81
Weizmann, Chaim, 37, 43–4, 71
  FDR's meeting with, 38–9
Welles, Sumner, 34, 39
West Bank, 90, 101
  annexation of, 203
  disputed frontier on, 186
  riots across, 204
Wilber, Donald, 163–4, 165–6, 170
Willkie, Wendell:
  becomes outspoken critic of UK, 6–7
  and de Gaulle, 16–17
  death of, 61
  election hopes of, 6, 9, 13, 23, 25–6, 61
  on Montgomery, 8
  on Palestine question, 25, 27
  Palestine tour by, 18
  'Report to the People' by, 23
  round-the-world trip of, 6–22 *passim*, 70
  and second-front call, 21–2
  and Szold, 19
  UK ambassador's exchange with, 26
  UK blamed by, 16
  UK censorship of, 22
  on UK ME rule, 22–3
  UK visit by, 11–12
  and WC's Mansion House speech, 26
  WC's relationship with, 9, 11–12, 13–14, 21–2, 25, 26
Wilson, Harold, 325–6, 329 (*see also* United Kingdom)
  and Gulf departure date, 337–8
  pound devalued by, 337
Wilson, Woodrow, 5, 89
Windham, Ralph, 83, 87
Wisner, Frank, 163

索 引 507

World War II:
  ends, 64
  and Holocaust, 65
  US joins, 5
Wright, Michael, 264–5, 291

Yalta, 62
Yassin, Yusuf, 198, 199, 201
Yemen, 297–9, 300–1
  Aden in, *see main entry*
  becomes republic, 298–9, 300
  chemical weapons in, 314–15
  Egyptian troops in, 307, 308
  and Khawlan, *see main entry*
  Nasser seeks escape route from, 329
  Nasser's last troops leave, 334
  new regime in, and UK, 302, 306
  People's Republic formed in, 338
  severs ties with London, 307
  UAR joined by, 298
  and UK interests, 300
  and UK rifles, 318–19
  war in, *see Chapter 26*; *see also*
    Nasser, Gamal Abdel
Young, George, 214–15, 303

Zahedi, Ardeshir, 169–70
Zahedi, Gen. Fazlollah, 152–5 *passim*,
  165–72 *passim*
  arrested, 161
  becomes PM, 172
  goes into hiding, 168
  Goiran meets, 168
  and officers' early retirement, 154
  and shah's *firmans*, 167–8, 171
  shah's support for, 164
  UK suggestion of, 163
Zaim, Col. Husni, 102–3
  killed, 113
Zayid, Sheikh, 109, 114, 198, 201
Zein, Queen, 202
Zia Tabatabai, Seyyid, 151
Zionists:
  and calls on FDR, 25
  full-page ads of, 25, 36
  growing US strength of, 27
  Ibn Saud dismisses claims of, 38
  long campaign of, 24
  and Moyne murder, 29
  and partition, 89
  and Revisionists, 24, 25, 27, 40
  and threat of force, 32
  and True, 64–5
  US conference of, 24
  US propagandists among, xiv
  and US/UK public opinion, 33
  WC's support for, 39
Zog, King, 303

图书在版编目(CIP)数据

沙漠之王：英美在中东的霸权之争 /（英）詹姆斯·巴尔（James Barr）著；赵叶译. --北京：社会科学文献出版社，2024.11

书名原文：Lords of the Desert: Britain's Struggle with America to Dominate the Middle East

ISBN 978-7-5228-3587-7

Ⅰ.①沙… Ⅱ.①詹… ②赵… Ⅲ.①中东-现代史 Ⅳ.①K370.5

中国国家版本馆 CIP 数据核字（2024）第 084486 号

沙漠之王：英美在中东的霸权之争

著　　者 /〔英〕詹姆斯·巴尔（James Barr）
译　　者 / 赵　叶

出 版 人 / 冀祥德
责任编辑 / 刘　娟
责任印制 / 王京美

出　　版 / 社会科学文献出版社·甲骨文工作室（分社）（010）59366527
　　　　　 地址：北京市北三环中路甲 29 号院华龙大厦　邮编：100029
　　　　　 网址：www.ssap.com.cn

发　　行 / 社会科学文献出版社（010）59367028
印　　装 / 三河市东方印刷有限公司

规　　格 / 开　本：889mm×1194mm　1/32
　　　　　 印　张：16.625　插　页：0.375　字　数：361 千字
版　　次 / 2024 年 11 月第 1 版　2024 年 11 月第 1 次印刷
书　　号 / ISBN 978-7-5228-3587-7
著作权合同
登 记 号 / 图字 01-2024-4401 号
定　　价 / 99.00 元

读者服务电话：4008918866

版权所有 翻印必究